풍수지리 맥(脈)

1. 이젠 풍수지리를 말한다(이론편)
2. 이것이 풍수지리다(사례편)

> 66
> 풍수지리는 기(氣)의 각종 맥(脈)에 의한
> 이(理)의 합리(合理) 학문으로 과학이며 철학이다
> 99

한누리미디어

태고의 하늘빛 대동 세상을 비추소서!

현동(玄同) 박 윤 규

얼마나 긴 목마름으로 기다리고 기다렸던가!
태고의 하늘빛 다시 보게 되기를…

아득한 옛날 하늘빛 지상에 가득할 때
모든 사람 빈부귀천 차별이 없고
다툼도 모른 채 함께 즐기고 놀았으니
이름하여 대동 세상이라 하였더니라.

우주의 수레바퀴 돌고 돌아 지축이 기울고
인심이 변하니 지상에는 하늘빛 감춰지고
차별과 억압이 왕노릇하는 소강 세상 되었더니라.

하지만 어찌 한탄만 하고 있으랴?
그 어둠과 혼란의 시절에도 동방의 어진 군자들이
하늘의 뜻을 찾아서 새겨 읽었더니라.

*축시−찬인 현동(玄同) 박윤규 선생, 각자인 밝은솔 황해경 선생 부부 작품

고구려 신라 백제의 어진 군자들과
고려의 도선국사가 펼치었고
조선의 무학왕사가 맥을 이었던
그 하늘빛 오늘날 다시 지상에 나타나니
대동 세상 꿈꾸는 대동학의 출세로구나.

그 얼마나 긴 목마름으로 기다리고 기다렸던가!
하늘 땅 사람 하나 되어 내남없이 손잡고
다시금 차별 없고 다툼 없는 세상을 열고저
태고의 하늘빛 대동학을 비추니
삿된 길 물리치고 참된 빛의 길을 가소서!
어둔 세상 물리치고 참된 빛의 세상 만드소서!

정신적 선과 덕을 알리는 길잡이

2011년 봄날.

주말에 사무실에 출근하여 일을 하다가 청주 홍덕사지(사적 제315호)를 돌아보는데, 한 분이 다가와 조심스럽게 말을 걸기 시작했다.

"혹시 여기서 근무하세요?"

"네. 그렇습니다만, 왜 그러시죠?"

평소에도 관람객이 홍덕사지에 대해 질문하는 경우가 많아 자주 설명을 해 드렸기 때문에 평소와 다름없이 인사를 했다.

"참 좋은 데 근무하시네요?"

"왜요?"

"사실 저는 풍수지리하는 사람인데요…."

그러면서 홍덕사지 금당에는 소원을 들어주는 영험한 성불(聖佛)과, 몸까지 치유하는 풍수지리 대명당(대명혈) 대혈(大穴)이 있는 성지(聖地)요, 삶의 길잡이 책인 직지(白雲和尙抄錄佛祖直指心體要節), 즉 성서(聖書)의 요람으로 삼성(三聖)이 있는 문화·풍수지리 관광의 명소가 될 것이라는 이야기를 나누었다. 이렇게 직지와 홍덕사가 인연(因緣)이 되어 만난 분이 광명(光明) 박용태(朴容泰) 선생이다.

풍수지리하면 떠오르는 인물이 도선국사(道詵國師)와 무학대사(無學大師)일 것이다. 이 두 분의 공통점은 새로운 왕조를 건국하는 데 큰 공을 세운 풍수지리의 대가이며, 또한 승려이다. 특히 무학대사는 이성계를 도와 조선 건국에 중요한 역할을 담당하였고, 왕사를 지낸 조선의 승려이다. 무학대사는 몽골항쟁 때 귀주성 전투의 영웅 박서(朴犀 : 박혁거세왕 후손으로 원래 죽산박씨였으나, 귀주성 전투 공적을 인정받아 음성박씨로 관향되어 시조가 됨) 장군의 명문가 후손이다. 광명선생 역시 박서장군의 24세손으로 무학대사와 같은 음성박씨이다.

무학대사와 일가일족인 광명선생은 30여 년 전부터 풍수지리에 관심을 갖고 연구하기 시작하여 매일같이 청주 양병산에서 기(氣) 수련을 하였으며, 최근 10여 년 전부터는 흥덕사지에서 조석으로 기 수련을 하고 있다. 광명선생은 그 동안 수련하고 연구한 결과를 흥덕사지에서 국내 최초로 현장 명당점혈토론회(풍수지리대동토론회)를 주관하여 개최하였다.

그리고 2014년 대한민국풍수지리연합회가 주관한 풍수지리세미나에서 '직지 · 흥덕사지 문화 · 풍수지리 관광 스토리텔링 개발과 파워스팟 제안에 대한 연구' 논문을 발표하였다. 즉, 명당혈(明堂穴)의 생성원리도, 혈의 작혈도, 혈도, 혈토(穴土)와 혈판(穴坂) 이(理), 입향수수(立向收水)와 입자수(入字水) 이(理), 혈과 용사 이(理), 혈과 발복 이(理), 풍수지리 과학의 이(理)에 대한 연구 결과인 '풍수지리의 이' 를 흥덕사지에 대입하여 풍수지리학적으로 분석한 내용을 발표하였다. 이는 명당혈의 생성원리 등을 도식화하여 밝힘으로써 풍수지리를 이학(理學)으로 풀어낸 국내외 최초의 사례가 된다.

광명선생은 풍수지리학의 음택과 양택의 발복과 의학통으로 정신적 육체적인 고통에서 벗어나게 한 사례들을 수없이 많이 지켜보았다.

그 예로 남명천화상송증도가 목판본의 간행시기를 정확히 알지 못하였는데, 1470년경이라 하였다. 후에 발문에서 확인한 결과 1472년이었다. 또한 음택을 점혈하는데 흰 점박이 은빛 노루가 둥지를 틀고 있었으며, 양택으로 점혈한 곳에서는 오죽(烏竹)이 자라고 있었다. 그리고 몸이 불편한 직원이 흥덕사지 탑 앞 정혈한 혈에서 치유되는가 하면, 홍덕사지에서 기도하여 소원을 성취한 다양한 사례들을 직접 보았다.

그 외에도 2014년 직지축제와 2016년 직지코리아국제페스티벌에서 홍덕사지 명당혈에서 기를 체험하는 '파워스팟' 프로그램을 주관하여 국내외 남녀노소를 막론하고 기를 체감하는 현장을 지켜보았으며, 이는 첫 파워스팟 성공사례가 되었다.

광명선생은 풍수지리 대가 무학대사의 정통풍수지리의 맥을 잇는 선(善)과 덕(德)을 알리는 이학인(理學人)으로서 즉, 풍수지리학이 이학으로의 미래 추구 학문에 바탕이 되고 한 획을 긋는 대가(大家)가 되리라 생각한다. 따라서 풍수지리학이 더 이상 미신(迷信)으로 취급되어 금기시 되는 일은 없을 것이고, 생활 속에 과학적인 학문으로 자리매김하길 바라는 마음이다.

이렇듯 광명선생의 대동학정통풍수지리가 풍수지리를 수학하거나 풍수지리에 관심이 있는 분들에게 많은 도움이 되길 바란다.

이 시대에 요구되는 합리적 학문과 미래 지향적 참사랑(眞愛)을 알리는 진정한 내용이 담긴 풍수지리학이 궁극적으로 추구하는 정신적 선과 덕을 알리는 길잡이로서 많은 분들이 깨닫고 실생활에 적용하는 계기가 되길 바라며, 나아가 세계인이 함께하는 학문이 되길 바라는 마음으로 추천사를 쓴다.

2017. 12.

청주고인쇄박물관 학예연구실장
이학박사 현진 **황 정 하**

성인(聖人)은 진리(眞理)인 진법(眞法)을 법칙으로 삼고,

현인(賢人)은 이치(理致)인 이법(理法)을 법칙으로 삼으며,

지자(智者)는 옛것을 익힌 지(知)를 법칙으로 삼는다.

진리(眞理)는 상도(上道)요

이치(理致)는 중도(中道)이며

지(知)는 하도(下道)이다.

— 대동학(大同學) 명상 글 중에서

풍수지리는 과학이며 철학이다!

터를 관(觀)하면 그 터와 연관된 인생과 지역과 나라의 홍망성쇠가 예견된다. 터도 생명체여서 살아 있기 때문이다. 터는 사람이 살며 생활하는 양택과 죽은 자가 머무르는 음택 묏자리로 대별되고, 그것은 다시 길지(吉地)와 흉지(凶地), 그리고 그저 무난한 곳으로 나뉜다.

명당혈(穴)이 있는 길지에서는 복록이 발원되니 애써 찾아야 하고, 수맥·살기·살혈이 있는 흉지에서는 화(禍)가 나타나니 애써 피해야 한다. 이는 풍수지리학적으로 감정한 결과와 거의 일치한다는 것을 필자는 많은 체험과 사례를 통하여 증험했다. 그러므로 풍수지리학은 천(天)·지(地)·인(人) 삼재(三才)를 아우른 우주적 학리(學理－수리, 물리)요 도리(道理)라 할 수 있다. 반만 년 이상 이어져 온 단군민족 특유의 정통풍수지리는 유사 이래 오늘에 이르도록 오랫동안 막연한 형이상학이거나 허황한 미신으로 치부되기도 하였다. 더러는 오랜 관습에 길들여져 '맞으면 좋고 아니면 말고' 라는 식으로 대수롭지 않은 민속 문화의 하나 정도로 폄하되기도 했다.

하지만 믿거나 말거나 관계없이 터는 엄연히 살아 있고, 이제는 그것을 과학적으로 증명하여야 할 때에 이르렀다. 그리고 풍수지리는 비단 터의 문제뿐만 아니라, 인간의 존재 근원은 물론이요 삶의 전반에 긴밀하게 연계되어 있다. 그러므로 풍수지리는 현대적 과학임과 동시에 삶의 진리(眞理)가 망라된 고도의 철학임을 필자는 논증하고자 한다.

풍수지리에 있어 명당(明堂)은 밝은 진혈(眞穴)을 말한다. 명당엔 명혈(明穴)이 있고, 명혈은 지기(地氣)·천기(天氣)·생기(生氣)인 각종 기(氣)의 맥(脈)이 기운화(氣運化)로 어우러진다. 이들 기맥(氣脈)이 상호 작용하여 결(結)함으로써 작혈(作穴)되는 것이다. 그리고 작혈된 혈은 색상·크기·위치 등이 각기 다른 천태만상으로 존재한다. 또한 저마다 태극(太極)과 음양(陰陽), 그리고 오행(五行)의 성질이 있어 부(富)·귀(貴)·문(文) 등 갖가지 내용으로 시기도 다르게 발복(發福)한다.

뿐만 아니라 혈도 사람처럼 생로병사(生老病死)와 초·청·장·노년의 성쇠 과정이 있어 혈마다 그 결과가 다르게 나타난다. 명당은 부귀장수의 복록으로 귀결하는가 하면, 수맥·살기·살혈이 있는 흉지(凶地)는 신체 부위별 질병과 빙의 등 재앙으로 발현되기도 한다. 그리고 그것은 철저하게 그 터와 인연이 닿은 사람과 상호 작용으로 저마다 다른 양상으로 일어난다. 이렇게 삶과 죽음의 터가 인생의 길흉을 크게 좌우하니 풍수지리의 중요성은 결코 가볍게 여길 수 없다. 그것은 무심한 듯이 보이는 땅이 실은 하나로 연결된 거대한 생명체라는 데 기인한다. 따라서 땅에서 태어나 땅의 소산을 먹으며 땅을 딛고 살아갈 수밖에 없는 인간의 몸 역시 땅의 영향에서 벗어나기란 지극히 어려운 일이다.

그런데 역으로 바로 여기에서 인간의 지혜와 그 오묘함과 능력의 광대무변함이 발휘되니 역시 인간은 만물의 영장이라 할 만한 것이다. 그 영장의 한 정점에 풍수지리가의 자리와 역할이 있으니 풍수지리를 결코 경원시할 수 없는 이유가 된다.

진정한 풍수지리의 대가는 음양택(陰陽宅)의 혈(穴)을 활용하여 화(禍)를 복(福)으로 바꾸는 전화위복의 용사자가 되어야 한다. 그것은 개인과 한 가계(家系)의 융성과 몰락을 좌우할 뿐만 아니라, 난세(亂世)를 치세(治世)로 바꾸고 왕조를 교체하여 새 시대를 여는 일에도 깊이 관여할 수 있다. 이 모든 것이 구세제민(救世濟民)이라 하여 하늘의 뜻을 받들어 행사하는 자가 진정한 풍수지리의 대가이니 어찌 풍수지리를 미신이나 관습으로 치부하는 것을 지켜볼 수만 있겠는가.

우리가 또 오해하는 것이 바로 풍수지리의 근원이다. 풍수지리는 단군민족 고유의 도학이며, 한 갈래의 맥(脈)이다. 우리의 정통(正統) 풍수지리는 진리(眞理)를 깨쳐야 정도(正道)의 이(理)를 펼칠 수 있는 최고도의 학문이요 도학인 것이다.

그런데 작금의 풍수지리의 현실은 어떠한가? 유감스럽게도 풍수지리는 저 서쪽 중원에서 전래된 학문으로 오래도록 오해하였다. 한민족의 정통풍수지리가 서토로 흘러들어가 엇비슷한 모습으로 축소되고 왜곡된 역사가 있었다. 그리고 한민족이 역사의 중심 벌판에서 동쪽으로 밀려나면서 발행된 갖가지 책과 잡술로 구성된 이론이 역수입되면서 마치 원전인 양 받들게 된 것이 오랜 역사의 그늘이다. 게다가 풍수지리와 전혀 상관없는 교수·강사가 갑자기 풍수지리사로 둔갑하여 행세하는가 하면, 입으로만 그럴 듯하게 풍수지리를 설하는 구풍수(口風水)와 증명하지도 못하는 온갖 이론으로 무장된 두풍수(頭風水)가 혹세무민(惑世誣民)하는 세상이 되고 말았다. 풍수지리는 이론과 실기가 필히 병행되지 않으면 안 되는 극히 전문적인 학문임에도 비전문가가 풍수지리사 자격증을 남발하거나 박사학위를 부여하는 등 어처구니없는 지경에 이르러 풍수지리학이 믿지 못할 학문으로 취급받고 저급한 미신으로 치부되고 만 것은 자업자득이라 할 것이다.

또한 중화인민공화국(China)이 동북공정하며 풍수지리 종주국이라고까지 주장하며 세계기록유산으로 유네스코에 등재하려 하는 현실에서는 풍수지리 학인의 한 사람으로서 통탄을 금치 못할 일이다. 이 모두 정통풍수지리의 맥이 끊어진 데서 비롯된 원인으로 이를 더 이상 지켜볼 수만은 없다. 이에 필자는 그 왜곡됨을 바로잡고 정통을 바로 세워 더 이상 혼란을 없애고자 무딘 붓을 들어 세상에 대적해 논지를 펼쳐 증명해 보려는 참이다.

풍수지리에 있어 핵심은 명당혈(穴)을 찾는 정혈(正穴)과 혈의 주인을 정하는 정혈(定穴), 그리고 혈자리 중심에 하단전을 정확하게 안치하여 유택을 마련하는 용사(用事)에 있다. 혈을 찾을 수 있는 자라면 마땅히 혈의 생성원리를 해당 혈마다 설명할 수 있어야 한다. 하지만 대다수가 갖가지 이론에 근거하여 대충 비슷하게 읊어댈 뿐 정확하게 논증하지를 못한다. 그것은 혈자리를 파 보면 바로 증명되는 것이니 거짓말을 할 수 없는 일이다. 그런데 이런 저런 요상한 해설로 귀에 걸면 귀걸이 코에 걸면 코걸이 식으로 풀어내니 풍수지리가 믿지 못할 비과학적인 것으로 낙천되고 마는 것이다.

풍수지리는 이론과 실기를 철저하게 겸비해야 하는 학문이다. 예로부터 득도(得道)의 방안에도 '이립(理入)은 쉽고 행립(行入)은 어렵다'고 했다. 이립은 이론으로 접근하는 것이고, 행립은 실기로 접근하는 것이다. 풍수지리에서 실기란 정확하게 터의 혈을 찾고 옳게 쓰도록 하는 용사를 통한 실증적이고 실체적인 입증을 전제한다. 혈은 대충 더듬어서 찾을 수도 없지만, 한 치만 어긋나거나 한 갈래 수맥도 간과해도 안 되니 실제로 정혈하기란 매우 난망한 일이다. 그러므로 용사는 절대로 이론만으로 실행할 수 없는 고난도의 일인 것이다.

풍수지리에서 혈을 찾는 비밀은 바로 기(氣)의 맥(脈)에 있다. 기를 체득(體得)하지 못한 학인은 절대로 풍수지리사 지사(地師)가 될 수 없을 뿐만 아니라 정혈을 정확하게 용사할 수 없다. 그럼에도 기를 체득하기는커녕 기에 대한 기초도 모르는 한심스런 두풍수·구풍수가 풍수지리사 노릇을 하고 있는 것이 세간의 실정이다.

그런 연고로 어렵사리 명당혈을 찾아 근처에 가고서도 진기(眞氣)의 각종 기맥(氣脈)이 결합된 혈을 정확하게 정혈하지 못하는 허명만 가득한 명사(名師)들이 허다하다. 게다가 오히려 혈을 파괴하는 업을 범하기 일쑤이며 심지어 음택 용사가 전무한 자가 풍수지리를 말하는 한심하고 암담한 것이 현실이다.

터에 밝은 진기(眞氣)의 맥(脈)이 뭉친 혈(穴)이 있어야 명당임은 누차 말한 바와 같다. 그 혈처(穴處)를 정확히 점하려면 풍수지리의 이(理)를 알아야 하는 동시에 기(氣)를 체감(體感)할 수 있어야 한다. 기감으로 기의 방향과 결합한 자리를 점검해야 혈의 중심을 정확하게 파악할 수 있기 때문이다. 이것은 풍수지리 이론의 양대 축이라 할 수 있는 이기론(理氣論)과 형기론(形氣論)의 글자만 해독해도 답이 나오는 일이다. 공통으로 쓰인 글자가 바로 기(氣)가 아닌가. 그러니 기를 모르고서는 그 어떤 이론도 쓰임이 되지 못한다는 건 불문가지라 할 것이다.

그러므로 풍수지리의 문을 여는 비밀의 열쇠는 바로 기라고 할 수 있다. 만물은 저마다 독특한 기를 지니고 있고, 생명 활동이 활발할수록 기의 세기는 강하다. 그리고 기는 각각 그 빛깔과 크기와 상태가 다르게 나타난다. 물론 사람도 강력한 기를 품고 있으며, 기의 활동은 곧 생명 활동과 한 가지다. 이를 도가(道家)에서는 '통기생생(通氣生生)이요 절기사망(絶氣死亡)'이라고 한다. 그러므로 기를 운행하고 발산하고 점검할 수 있는 능력을 체득하는 것은 이론을 습득하는 것과 더불어 풍수지리사의 가장 중요한 기초 수련이라 할 수 있다. 풍수지리를 이해하는 것은 지식을 습득하는 것으로 가능하지만 풍수지리사가 되려면 수련을 통해 기를 체득해야만 한다. 기로써 기맥(氣脈)을 찾고 맥(脈)들로 결합(結合)한 혈의 상태와 위치를 가늠할수 있어야 제대로 된 명당을 찾아 정확하게 정혈(正穴)하여 혈의 주인을 정하는 정혈(定穴)까지 할 수 있기 때문이다.

이렇게 기를 제대로 운행하고 점검할 수만 있어도 중간급의 풍수지리사는 될 수있다. 하지만 지금까지 필자가 세간에서 경험해 본 바로는 그것조차 제대로 행사하는 풍수지리사를 찾아보기 어려웠다.

2014년 필자는 '현장점혈토론회─현장정혈대동토론회'를 열어 풍수지리사들을 한 자리에서 정혈(正穴)하는 실력을 비교 점검한 적이 있었다. 여기서 각종 이론에 합당한 실체를 점혈하기를 통해 확인하였는데 혈자리를 정확하게 찾아내는 사람을 찾아볼 수 없었다. 오히려 참석자 중 기를 아는 몇몇 풍수지리 학인들이 오점에 대하여 지적하여 이름 있는 풍수지리사들을 머쓱하게 만들었다. 필자가 정혈한 혈들을 구체적으로 설명하자 모든 참석자가 인정하였고, 필자는 학인들의 질문에 자세히 답했는데 그 후 인연이 많이 생겨났고 사제지간의 연도 맺은 바 있다.

하지만 기를 체득했다고 해서 풍수지리의 명사나 대가가 될 수 있는 건 아니다. 기가 비밀의 문이기는 하지만 그 문을 열고 난 후 가야 할 길은 아득하게 멀기만 하다.

명당 터에 있는 혈은 이기론과 형기론으로 더듬더듬 찾아낼 수 있을 가능성이 있다 할 수 있으나 혈은 기의 운화(運化) 줄기인 맥으로써 중심을 찾을 수 있다. 그러나 직접적인 정혈(正穴)과 용사를 하려면 눈이 열려야 한다. 기를 더듬어서 아는 단계가 아니라 그 색깔과 크기와 형태를 볼 수 있어야 한다. 이른바 천안(天眼), 신안(神眼), 혜안(慧眼), 도안(道眼)이라고 하는 그 눈이 열려야 한다는 것이다. 그래야만 지기(地氣), 생기(生氣), 천기(天氣)의 각종 맥을 점검하여 지혈(地穴─지하혈), 인혈

(人穴一지상혈), 천혈(天穴一공중혈)을 볼 수 있고, 그들의 어우러짐과 혈관의 두께와 혈 중심 깊이와 높이 그리고 혈의 오행(五行) 성질 등을 정확하게 알 수 있기 때문이다.

그걸 정확하게 모르면 명당을 찾고도 집이나 무덤의 좌향을 어긋나게 자리하는 실수를 저지르기 십상이다. 그러면 명당혈의 효과는 제대로 발(發)하지 않는다. 그리고 눈이 열리지 않으면 땅에서 발산하는 강한 기운이 진기인지 탁기인지 구별하여 길지(吉地)인지 흉지(凶地)인지 정확하게 분별할 수가 없고, 그로 인해 흉지를 명당으로 오인하여 그릇된 용사를 하게 되는 치명적인 실수를 자행할 수도 있는 것이다. 그러므로 어설프게 공부한 자를 두고 '반풍수 집안 망친다'는 속담이 있게 된 것이니, 풍수지리인은 실로 두려워해야 할 일이다.

소싯적에 필자는 노자의 도덕경을 읽다가 강한 의구심에 사로잡혔다. 도란 말로 설명할 수 없는 것이며 말을 하면 그것은 이미 도가 아니라고 하는 게 아닌가. 또한 도는 만지거나 볼 수 있는 것이 아니라고도 했다. 그래서 도라는 것이 참으로 암담하고 허망하게 느껴졌다. 이때 필자는 그 도란 것은 합리적인 학문이 될 수 없겠다는 판단을 내렸다. 그리고 어떤 학문이든 정통을 바로 세우고 대중화하려면 검증하고 증명할 수 있도록 해야 한다는 의지를 굳히게 된 것이다.

모든 학문은 그 이치가 합리(合理)적이어야 한다. 즉, 논리로 설명이 가능하고 상식으로 이해되는 객관성을 가져야 한다는 말이다. 필자는 스무 살에 풍수지리 서적을 보게 되었다. 그런데 풍수지리학을 수학하면서 허다한 이론들에 많은 의문점을 품을 수밖에 없었다. 세상엔 똑같은 사람이 없듯 혈도 똑같은 혈이 있을 수 없는 법인데 대다수가 그럴싸하게 말로 둘러댈 뿐 실체가 잡히지 않았고, 원리가 명확하지 않았다. 그래서 이(理)에서 언급한 기(氣), 혈(穴)에 대한 실체를 알고자 수학하고 수련하는 과정이 참으로 지난했다. 하지만 꾸준한 기수련 과정을 통과하면서 마침내 눈이 열리는 천우신조에 감읍하는 일을 겪었다.

그 후 풍수지리의 시조라 일컫는 도선국사와 중시조 무학대사가 정혈하셨던 정통 사찰, 천년고찰 부도·탑 등을 답사하며 공부를 확인해 나갔다. 그 결과 그 분들이 한 치의 오차도 없이 점혈하고 용사했음에 감탄하며, 그 분들 역시 어떤 능력으로 점혈하였는지 충분히 이해가 되었다. 두 선사(禪師)께 직접 가르침을 받을 수는 없으나 그 분들의 음우(陰佑)는 공부를 확증해 주는 커다란 가르침이었던 것이다. 더불어 부덕한 필자에게 열린 풍수지리의 세계와 깨달음 또한 두 분 선사와 더불어 많은 성현의 도우심 덕분임을 깨우치게 되었다.

이러한 공부의 결과로 마침내 풍수지리의 기(氣)와 이(理)의 원리(原理)인 이기상원론(理氣相原論)을 정립하게 되었다. 이에 대한 논문을 대한민국풍수지리연합회(2014. 7. 6.)에서 주최한 풍수지리세미나에서 발표하였던 것이다. 이는 유사 이래 최초로 풍수지리에 대한 명확한 체계를 세우고 정통성을 회복한 획기적인 사건이다.

여기서 필자는 명당혈(穴)의 생성원리도, 혈도, 혈 기운화도, 혈의 상·중·하단 혈 구도, 혈의 9단계 기운화도와 발복(發福)의 이(理) 등 다수의 이(理)를 도식으로 밝혀 풍수지리의 비밀을 과학적으로 증명할 터전을 닦았다. 더불어 수맥의 원리인 입자수의 이(理), 수맥점검법(수맥 찾는 4가지 분류와 방법) 등을 처음으로 증거하였고, 이기론·형기론·통맥론·물형론·천안론·감여론·현공론 등 갖가지 풍수지리 이론이 모두 오 천 년 선도인들의 맥(脈)을 잇는 정통풍수지리 범주의 학문임을 실증했다. 이를 기회로 필자는 앞으로 풍수지리를 실증적 차원에서 홍보하고 보급하려 한다. 그리하여 정통풍수지리의 중요성을 알리고, 그 뿌리의 맥(脈)이 우리 민족에게서 발원하였음도 증거할 것이다. 아울러 풍수지리가 과학이며 이(理)에 의한 과학으로 고도의 실증 학문임을 세계 만방에 표방하려 한다.

그 일환으로 기(氣)의 대중화를 위하여 2014년과 2016년에 직지코리아 국제페스티벌에서 파워스팟(power spot) 체험 행사를 열었다. 성서(聖書) 직지(直指)의 요람인 청주시 소재 흥덕사지에서 명당혈(穴)의 기(氣)를 느껴보는 기체험 프로그램이었다. 프로그램을 주관하여 시범 보이고 남녀노소에게 기체감을 지도하였다. 이를 통해 내국인은 물론 세계인에게 기(氣)를 일반적으로 인지시키고 일상에서 활용할 방안을 모색했던 것으로 한국관광공사가 전략적으로 기획한 풍수지리, 문화 관광상품인 파워스팟의 최초 성공 사례가 되었다.

풍수지리는 이론과 실기를 반드시 병행하여야 하는데 이 책도 두 가지 큰 줄기로 이루어져 있다. 전편이랄 수 있는 '이젠 풍수지리를 말한다'에서는 풍수지리의 이론을 다룬다. 혈의 생성원리도와 천·지·인 상중하 혈도, 혈의 기(氣) 운화도, 수학 공식에 대입하여 혈심(穴深)을 구하는 이(理), 수맥의 입자수 이(理), 수맥 찾는 4가지 방법, 용사법, 발복의 이(理) 등을 최초로 공개하였다. 아울러 이(理)에 관하여 이해를 돕고자 시각적 자료(파워포인트)를 손수 작성하여 펼쳐 놓았다.

후편 격인 '이것이 풍수지리다'는 당연히 실기다. 필자가 공부한 것과 음택과 양택을 증험한 사례를 공개했다. 여기엔 필자의 경험과 필자에게 수학한 학인들의 체험담도 있고, 실제로 장묘 용사를 의뢰한 분들의 사례도 있다. 여기서 발생한 신기한 경험들은 모두 실증임을 증거할 수 있는 사람들의 사례만 선별해 실었다. 이를 통해 풍수지리가 미신이 아닌 증명 가능한 생활 과학이며 고도의 도학임을 피력하고자 한 것이다.

아무쪼록 본서《풍수지리 맥(脈)》을 통하여 풍수지리학이 형이상학적(形而上學的) 인식에서 우리의 일상에 응용이 가능하고 마땅히 적용해야 하는 형이하학적(形而下學的) 학문이라는 인식의 토대가 닦이기를 희구해 본다. 그리고 한 걸음 더 나아가 풍수지리의 근본 원리가 도리(道理)와 진리(眞理)를 향해 열려 있다는 점을 짚어두고 싶다. 그것은 종교와 학문을 초월하여 효(孝)와 선(善)을 바탕삼아 참사랑(眞愛)을 실천하고 적선적덕(積善積德)을 추구하는 삶이다. 나아가 대동(大同)으로 배우고 깨달음으로써 삶의 극치를 깨쳐 풍요롭고 아름다운 삶의 방편이 되고 동시에 세계인이 추구해야 할 학문으로서 자리매김하기를 간구하는 것이다.

특히 유수한 동학(同學)이나 후학(後學)들이 조상 성현의 음우에 힘입어 풍수지리가 세계인의 학문으로 실현될 때 우리 민족에게 큰 부흥이 일어나 인류를 선도하는 원대한 꿈을 이루게 되리라 기대해 본다.

2017 정유년 말미에

광명(光明) **박 용 태**(朴容泰) 배상

차례

이젠 풍수지리를 말한다—이론편(理論篇)

1. 풍수지리에 대한 이해

2. 이기상원론편(理氣相原論篇)

Contents

차례

Contents

차례

Contents

차례

Contents

차례

Contents

이것이 풍수지리다 —사례편(事例篇)

차례

Contents

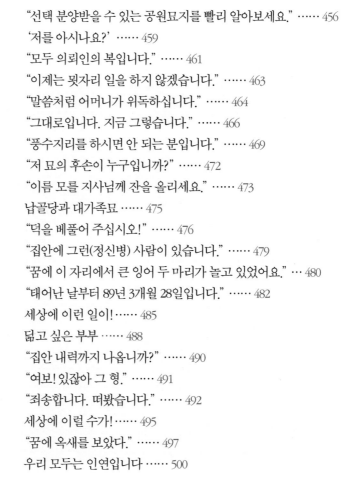

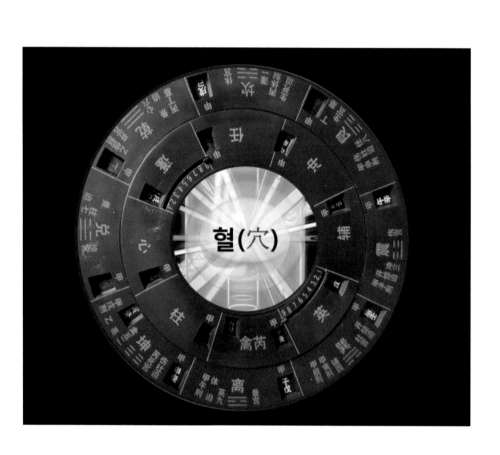

이젠 풍수지리를 말한다

혈의 생성원리도, 혈도, 작혈도, 혈의 기운화도 등
국내외 최초로 이(理)를 공개한다

1 풍수지리에 대한 이해

> "풍수지리는 우리 민족 특유의 도(道)의 맥(脈)으로
> 이기, 형기, 통맥 물형, 천안, 감여론 등 풍수지리 모두
> 정통풍수지리학(正統風水地理學)의 범주에 있다."

- 풍수지리란
- 정통풍수지리의 맥(脈)
- 풍수지리의 지향점
- 풍수와 풍수지리는 전혀 다른 것이다
- 풍수지리의 종주국은 단군민족 대한민국이다
- 풍수지리학의 중요성
- 이(理)를 넓게 수학해야 한다
- 풍수지리는 합리적 학문이며 과학이다
- 풍수지리의 기(氣)와 이(理)
- 풍수지리 원리(原理)는 기(氣)에서 시작된다
- 기(氣)와 혈(穴)
- 기(氣)의 중요성
- 기(氣) 수련의 필요성

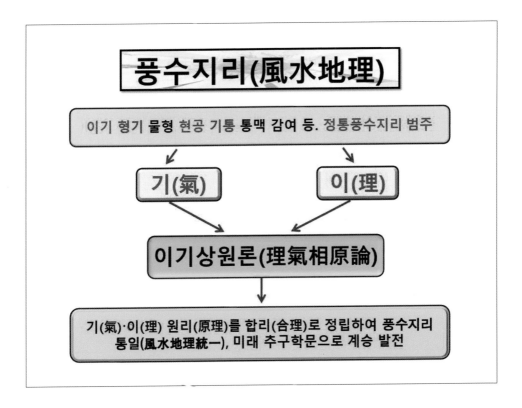

풍수지리란

　천지만물(天地萬物)은 뿌리와 줄기에 맥(脈)이 없이 존재하는 것이 없고 저마다 머무는 터 또한 백두산 대맥(大脈)으로 이어진 정맥(正脈)과 지맥(地脈)에 자리하고 있다. 우리는 단군민족 후손의 혈맥(血脈)으로 분파(分派)되어 저마다의 성씨(姓氏)로 존재하고 있으며, 상 · 중 · 하단의 대맥(大脈)과 각각의 맥으로 구성되어 존재한다. 풍수지리 또한 단군민족 고유의 특성에다 특유의 도맥(道脈)으로 이어진 '이(理)'의 이치(理致)와 진리(眞理)를 실천하는 학문으로서의 '맥(脈)'으로 이어져 '정통풍수지리학(正統風水地理學)'의 근간이 된다.

　풍수지리학(風水地理學)의 맥은 우리 단군민족과 대한민국이 근원(根源)이요 본산(本山)이기에 종주국(宗主國) 민족으로서의 자부심을 가져야 한다.

풍수지리에서 핵심이라 할 수 있는 혈(穴)은 천기(天氣), 지기(地氣), 생기(生氣) 등의 각종 기(氣)의 맥(脈)이 결속하여 작혈(作穴)되기에 여러 기(氣)의 각종 맥을 모르면 풍수지리를 행할 수 없는 것으로 지맥(地脈), 수맥(水脈) 등의 맥을 알고 짚어야만 풍수지리를 제대로 논하고 행할 수 있는 것이다.

한의학에서 인체의 맥을 짚어 병증(病症)을 살피는데 만약에 맥이 없다고 하면 그것이 무엇을 의미하는지 잘 알 것이다. 풍수지리 또한 기가 흐르는 기운화(氣運化)의 맥을 짚어야 혈을 정혈하고 터의 지맥, 생기맥, 천기맥, 수맥 등을 제대로 점검하고 감정할 수 있는 것으로써 풍수지리야말로 맥이 전부라 해도 과언은 아닐 것이다.

정통풍수지리의 맥(脈)

풍수지리에 있어서 시조(始祖)는 통일신라 말기의 도선국사(道詵國師, 827~898), 중시조(中始祖)는 여말선초의 무학국사(無學國師, 朴自超, 왕사, 1327~1405)라고 일컫는데 도선국사 이전에도 신라의 아도화상·원효대사 등 많은 선사들이 있었다.

도선국사와 무학국사같이 풍수지리의 맥(脈)을 잇는 바른 계통의 풍수지리를 행한 지사(地師)를 '정통풍수지리가(正統風水地理家)' 라 칭하고 풍수지리의 시조로 모시는 것이다.

이와 함께 두 선사(禪師)가 행했던 풍수지리는 기학(氣學)의 이치를 깨달아 음양(陰陽)과 오행의 도리를 진리의 진법으로 실천했다고 하며, 이렇게 바른 계통의 풍수지리를 행했다 하여 정통풍수지리의 맥(脈)을 이어온 선사라고 칭하는 것이다.

하지만 현실적으로는 선사(禪師)들로 이어진 맥을 제대로 잇지 못하고 끊어진 지 오래 되어 출처불명의 이론이 난무하는 형편이다. 더군다나 이기·형기·물형·현공·기통·통맥·천안·신안론 등 모두가 단군민족의 고유전통으로서 정통풍수지리(正統風水地理)의 범주에 있음에도 자신들이 행하는 논(論)만이 옳다고 주장하고는 심지어 같은 이론을 행하면서도 서로를 인정하지 않는 것이 현실이다.

모든 만물은 이치(理致)와 진리(眞理)의 속에 있다. 부모가 있어야 남녀 아이가 탄생하듯 혈(穴)도 음양(陰陽)을 근본(根本)으로 오행(五行)이 생(生)하는 것인데 음양(陰陽)을 알지 못하고 어찌 오행(五行)을 말할 수 있겠는가.

음양(陰陽)의 이치(理致)를 깨달아야 오행(五行)의 이치를 행할 수 있음이니 음양과 오행을 행하려면 기(氣)를 수련하여야만 깨칠 수 있고 비로소 풍수지리를 제대로 행할 수 있는 것이다. 그런데 저마다 행하는 나름대로의 소론만이 옳다고 주장하고 넓게 통찰하지 않는 소치로 인해 혼란을 야기하는 것이 현실인데 모름지기 풍수지리 학문을 제대로 수학하려는 자는 이론과 함께 기를 수련하고 깨친 이치와 진리의 이(理)를 독실하게 실천하여야 함을 가슴 깊이 새겨야 할 것이다.

풍수지리의 지향점

풍수지리는 종교가 아닌 이학(理學)으로 분류되는 학문으로서 우리의 정통풍수지리학의 맥(脈)은 하나임에도 풍수지리의 계보나 계파를 운운하는 것은 풍수지리의 맥을 모르기 때문인데 그로 인해 일상에서 파생되는 문제점이 많았다.

풍수지리학은 선도(禪道)를 바탕으로 하는 도리학(道理學)의 맥(脈)으로써 많은 선사·대사 등 풍수지리의 명사(明師)들께서 행해 왔는데, 현재는 좌도(左道)와 우도(右道)를 병행하고서 도리(道理)를 행하는 학인을 찾아보기가 매우 어렵다.

도선국사의 풍수지리 비법을 논하거나 자칭 도선국사 후계자라고 자임하는 자들조차 기(氣) 수련을 하지 않아 기(氣)를 알지 못하고 이론의 공통 핵심인 혈(穴)에 내재되어 있는 기(氣)를 부정하거나 입으로만 말하고 있다. 게다가 자칭 교수라는 자들조차 풍수지리를 논하는 내용의 대부분이 과거 중화인민공화국에서 전해진 출처 불명의 서적에서 도출해낸 이치(理致)를 담아 우리 현실에 부적합하며, 대한민국의 지형에 맞지 않는 것들을 여과 없이 어거지로 대입함으로써 논하는 자체가 그야말로 구풍수(口風水)에 불과할 따름이다.

그래서 앞으로는 풍수지리 학인들 모두가 이(理)의 이론을 수학하고 기(氣)를 수련함으로써 '이(理)'를 체계적으로 정립시키는 것과 더불어 풍수지리에 관한 이론을 통일(統一)시켜 후학들에게 미래학문으로 계승 발전시키길 기대하며 대한민국 특유의 정통풍수지리학(正統風水地理學)이 세계무형문화유산으로서 유네스코에 하루빨리 등재되어 풍수지리 종주국으로서의 위상 회복은 물론 우리 대한민국의 풍수지리학이 세계인의 문화로서 자리하도록 함께 노력하길 바라는 것이다.

풍수와 풍수지리는 전혀 다른 것이다

풍수지리와 풍수를 구분 못하는 경우도 적지 않다. 풍수(風水)는 말 그대로 바람과 물을 논하는 것으로 흔히 장풍득수(藏風得水)를 말한다. 풍수지리(風水地理)는 바람(風)과 물(水)을 포함한 땅(地), 즉 우주에 수리(數理), 물리(物理), 성리(性理) 등 이(理)의 총체적 합리(合理)를 논하는 이학(理學)으로서 존재한다. 특히 풍수지리는 우리 민족 특유의 전통학문으로서 선도사상으로 수많은 명(明) 선사들 사이의 바른 계통으로 이어져 온 고도의 도학이며 기(氣)와 이(理)의 이치(理致)와 진리(眞理)를 깨쳐 도리(道理)를 양택과 음택에 적용하는 차원이 다른 학문이다.

풍수에서 말하는 장풍득수란 말 그대로 '바람은 감추고 물은 얻는다'는 뜻인데, 현실적으로 수맥은 무조건 나쁜 것이라고 치부하고 있으니 이는 분명히 짚고 넘어갈 필요가 있는 것이다.

세간에는 청오경, 금낭경, 장경 등 역수입된 서적을 논하면서 풍수지리가 중화인민공화국으로부터 생겨났다는 어처구니없는 말을 하는 자들이 있는가 하면 이 같은 내용을 담은 서책들을 출간하며 정통풍수지리를 논하는 자들도 있다.

풍수지리(風水地理)는 이학(理學)으로 입으로만 말하는 구풍수(口風水)가 아니다. 기(氣)와 이(理)의 원리(原理)인 이기상원론(理氣相原論)을 적용하여 실천하는 학문이며 풍수지리의 이(理) 중 수맥의 이(理) 또한 그림이나 도구 등으로 제거되거

나 차단되는 것이 절대 아님에도 불구하고 수맥처방을 한다 하며 혹세무민하는 속
사들이 너무나 많은 것이 현실이다.

명당혈(穴)과 수맥(水脈)을 지혜롭게 활용하는 정통풍수지리(正統風水地理)의 이
(理)와 학리(學理)를 도리(道理)로 실천하고자 한다면 기(氣)와 이(理)의 이치(理致)
와 진리(眞理)를 수학하고 깨달은 이치와 진리를 정도(正道)로써 실천하여야 한다.

풍수지리를 한다고 말하는 사람이나 단체가 아무런 이(理)도 없이 입으로만 말하
는가 하면 수맥이나 기(氣)를 인정하지 않는다거나 지질학 교수가 풍수지리를 말하
는 경우, 공학 교수가 풍수지리의 이(理)를 모른다고 말하면서 계측기의 단순 수치
로 명당찾기 등을 논하는 경우, 심지어 건축학, 경영학 교수 등 풍수지리학과 전혀
관계없는 사람이 갑자기 풍수지리 교수로 둔갑하여 풍수지리를 입으로만 말하는 것
모두가 풍수지리(風水地理) 이(理)의 합리(合理)에 부적합한 행위로써 이 같은 무책
임한 언행들은 혹세무민하게 되고 나아가 정통풍수지리학을 퇴보시키고 폄훼하는
결과가 된다는 것을 깨닫고 개인의 목적으로 유위(有爲)하는 일이 더 이상은 없어야
할 것이다.

풍수지리의 종주국은 단군민족 대한민국이다

대한민국과 중화인민공화국의 학자가 동북공정에 대하여 논하는 자리에서 중화
인민공화국의 학자가 "한국의 학자들이 고조선의 역사를 부정하는데 동북공정에
대하여 말할 수 있는가?"라고 물은 적이 있다고 한다.

우리나라를 대표하는 학자, 교수라는 사람들이 단군민족의 역사를 제대로 알고
민족성을 제대로 인식하여 후학들에게 전수해 주어야 하는데도 불구하고 고조선의
역사 자체를 부정한다면 동북공정을 논할 가치와 자격이 없다고 말하는 것으로 이
는 국제적으로도 대단히 수치스런 일로써 정통풍수지리의 종주국조차도 모르고 풍
수지리를 논하는 자체가 모순이라는 것이다.

우리 단군민족의 문화인 정통풍수지리를 제대로 알지도 못하고 금낭경, 청오경 등의 서적만을 논하며 정통풍수지리로 오인하여 말하거나 관련 서적을 출간한다면 중화인민공화국에서 정통풍수지리를 유네스코 무형문화유산에 등재하려는 것을 인정하게 되는 결과가 된다. 이는 민족과 역사에 씻을 수 없는 과오가 될 것이며, 우리의 전통 문화를 스스로 부정하는 결과가 되어 중화인민공화국이 풍수지리를 자기네 문화유산으로 유네스코에 등재한 후 "한국의 풍수지리 교수나 학자가 단군민족의 정통풍수지리를 부정하며 금낭경과 청오경 등을 정통풍수지리서로 인정하는데 무슨 말이 필요한가?"라고 반문한다면 어찌 되는 일인가.

이런 결과가 예견되는 것은 아직도 정통풍수지리의 이론이 정립(定立)되지 않았기 때문인데 단군민족의 고유 정통풍수지리(正統風水地理)가 하루빨리 정립되어 학문적으로도 통일(統一)되어야 하고 더불어 우리 대한민국이 고유의 정통풍수지리를 유네스코에 무형문화유산으로 등재시킴으로써 우리 민족 고유의 세계무형문화유산이 되어야 한다.

풍수지리학의 중요성

풍수지리는 국가를 포함한 개인의 가족 구성원과 선대(先代) 그리고 후손(後孫) 만대를 포함한 가문(家門)의 흥망성쇠(興亡盛衰)를 좌우하게 되니 그 중대성을 어찌 한 마디로 다 표현할 수 있겠는가. 풍수지리에 관심 있어 수학하려는 분들과 함께 대화할 때 "풍수지리는 구세제민하는 학문이다"라고 말한다.

대명당혈(穴)을 정혈하면 구세(救世)로 나라 구하는 정치인, 나라 경제를 구하고자 앞장서는 사업가, 선(善)과 덕(德)이 흥하는 세상으로 구하는 덕망을 지닌 정신적인 지도자·봉사자 등이 출현하는 발복(發福)이 있다.

선과 덕을 행한 적선적덕(積善積德)자에게 명당혈을 정혈해 장묘하면 혈(穴)복을 받게 되고, 흉지에서 명당혈이 있는 길지로 이장하면 고통에서 구하니 무외시(無畏

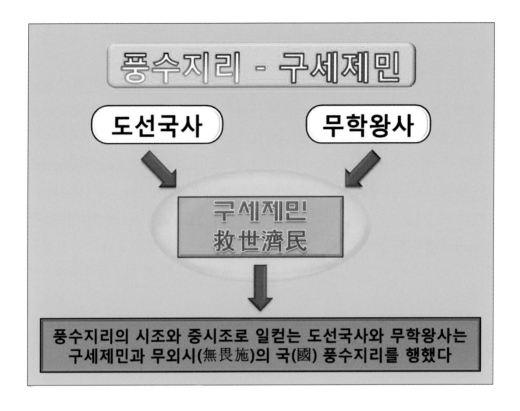

施)하고 구세제민(救世濟民)하게 된다. 위와 같이 풍수지리를 행하는 지사는 양택과 음택을 점검, 감정, 점지, 정혈, 용사함에 있어 항상 자신의 일처럼 행하여야 하며 풍수지리를 행하는 학인은 구세제민, 무외시를 행하여 산 자나 죽은 자 모두에게 고통이나 두려움, 또한 억울한 일이 없도록 하여야 하고 이를 행함에 있어 매 순간 신중히 판단한 후 최선을 다하여야 한다.

이(理)를 넓게 수학해야 한다

풍수지리에 있어 이론과 형격만 논하면 이(理)의 이치를 적용했다 할 수 없으며 기를 체감, 또는 천안·혜안을 행할 수 있다 하여도 진리(眞理)·진법(眞法)을 깨달지 못하면 결과적으로 패(敗)하고 부질없는 짓이 된다. 이치와 진리를 적용하고 실천할 수 없으면 풍수지리를 행한다 할 수 없는 것이다.

이치와 진리를 깨닫게 되면 진법(眞法)도 깨닫게 됨으로써 적선적덕한 자가 명당혈(明堂穴)의 주인이 되고 적선적덕한 후손(後孫)이 명당 명혈의 발복(發福)을 받게 되니 이것이 바로 풍수지리 진법(眞法)의 묘리(妙理)이다.

풍수지리학은 수많은 이(理)의 이치(理致)와 진리(眞理)를 대입하여 점검하고 재확인하며 다시 적용하여 실천하는 고도(高度)의 학문임에도 불구하고, 하나의 이(理)인 수맥(水脈)도 제대로 알지 못하는 상태에서 수맥이 풍수지리의 전부인 양 주장하며 출판하는 속사들이 있는데 이들은 기운화(氣運化)의 현묘한 이(理)를 일부분 체감하거나 볼 수 있다고 하면서 마치 새로운 이론을 발견한 것처럼 주장하는 경우가 많았다.

한두 가지 이(理)만으로 풍수지리학을 논(論)하는 것은 무리(無理)인 것이 분명하다. 수많은 이(理)의 상호 도리(道理)를 깨닫지 못하면 이치(理致)를 행할 수 없고 이치를 깨달았다 할지라도 상호 작용하는 원리(原理)로서의 진리(眞理)를 깨닫지 못했다면 진리 또한 행할 수 없다. 그러므로 이(理)와 이치(理致)와 진리(眞理)가 풍수지리와 무슨 관계가 있고 무슨 소용이 있냐고 부정하며 반문하는 자에겐 진법(眞法)을 전하는 자체가 상당한 무리인 것이다.

풍수지리학의 이(理)를 근본적으로 수학하는 진정한 학인(學人)이 되고자 한다면 이의 원리(原理)를 넓게 수학함은 물론 기(氣)를 반드시 수련해야 할 것이다.

풍수지리는 합리적 학문이며 과학이다

풍수지리는 합리적인 학문이며 과학이라고 거듭 주장했다. 이렇듯 풍수지리가 합리적인 학문이라 함은 풍수지리를 행함에 있어 결과적으로 많은 사람들이 공감하면 합리적이라고 할 수 있는데 혈이 있는 곳에 잠자리를 정하는 경우 의뢰인이 잠자리에서 기감을 느끼거나 몸이 좋아지는 것을 체험하는 경우가 있고, 수맥과 살혈이 있는 곳에서 질병이 유발되어 혈자리로 옮긴 후 병이 호전되는 등의 사례가 많이 있었다. 혈을 정혈하면 부부가 동시에 혈의 기를 체감하는 사례도 많았으니 이는 풍수지리가 합리적인 학문이라고 말하는 근거가 되는 것이다.

풍수지리는 과학이라고 주장함은 수리(數理)로 혈의 넓이(혈판)와 혈의 깊이(혈심) 그리고 높이, 나아가 평수까지 수학공식에 대입하여 수치로 나타낼 수 있어 혈의 대요(大要)를 수치로 나타내고 기체감으로 혈의 물리적 성질과 구조를 가늠할 수 있는 것 모두 기를 전혀 모르는 일반인도 체감이 가능하니 풍수지리는 합리적인 학문이며 과학이라 할 수 있는 것이다.

수천 년 동안 이어져 온 민족 고유의 정통풍수지리를 이제는 보다 더 심도 있고 구체적인 체계를 세워 과학적으로 증명할 때가 되었다. 그동안 정통풍수지리를 연구하면서 풍수지리를 과학으로 증명하기엔 불가능하다고 말하는 사람들이 많았는데 지금까지 풍수지리의 이(理)를 수리의 수치와 물리의 체계로 증명하기보다는 각자 자신이 행하는 이론을 입으로만 주장했기에 '풍수지리는 과학' 이라고 말하면 '이건 또 무슨 귀신 씨나락 까먹는 소리냐' 고 반문하는 사람들이 많았다.

풍수지리를 행하는 사람들이 풍수지리의 핵심이라 말할 수 있는 혈과 혈심 그리고 혈의 넓이조차 알 수 없는 상태에서 자신이 행하는 방법이 최고라고 주장만 했지 구체적인 데이터로 접근하려 하지 않았음은 학인들에게 전적인 책임이 있다고 볼 수 있는데 '연구 없는 풍수지리학은 발전될 수 없다' 고 말하고 싶다. 자신이 행하는 이론에 논리적 데이터 없이 타인에게는 무조건 비판만 하였으니 진위 여부를 떠나 학인으로서 옳지 못한 자세를 취한 것이다. 기(氣)와 이(理)에 대한 논리가 전제되어야 하는데 '책에서 그렇다고 한다' 라는 식으로 말하면 수많은 풍수지리 서적이 다 옳다는 말인지, 아니면 자신이 읽고 공부한 책만이 옳다는 것인지 이에 대한 해답이 애매모호한 것이다. 명당의 혈, 수맥 등 만물이 각기 다르고 혈마다 이(理)가 다른데 어찌 하나의 이(理)만을 적용하여 모두 같다고 할 수 있겠는가.

혈의 지름으로 넓이는 몇 평방미터이고 혈의 깊이 또는 높이가 몇 센티미터라는 식으로 구체적으로 말하고 함께 기를 체감하게 하면 학인들이 공감하고 동행할 것이다. 이렇게 되면 분명 풍수지리는 합리적이고 과학적이라고 세상 사람들이 다투어 인정할 것이다.

풍수지리의 기(氣)와 이(理)

이기(理氣)론과 형기(形氣)론의 경우 공통으로 기(氣)를 논하는 학론임에도 이(理)를 논하면서 실제로는 기(氣)를 논하지 않아 아이러니(irony)라 할 수 있다.

기운화(氣運化)를 점검하고 기운화 이(理)에 의한 원리(原理)를 대입하여 혈(穴)의 이(理)와 기타 수많은 이(理)를 점검하고 확인하며 재확인한 후 적용하는 풍수지리(風水地理)는 선도(禪道)로 이어져 오면서 많은 선사가 있었다. 유학도인 성리학(性

기(氣)와 혈(穴)

이기(理氣)론   형기(形氣)론

공통   기(氣)

핵심   혈(穴)

혈(穴)

실재하는 기(氣)를 실제 논하지 않음은 아이러니!!

理學)의 대가 퇴계 이황(李滉, 1502~1571)은 주리(主理)론적 이기이원론(理氣二元論)을 주장하였고, 율곡 이이(李珥, 1537~1584)는 주기(主氣)론적 이기일원론(理氣一元論)을 주장하였으며 음택을 점지한 기록이 있는 송자(宋子; 우암 송시열; 宋時烈, 1607~1689)와 다산 정약용(丁若鏞, 1762~1836) 선생 또한 기(氣)와 이(理)를 논했었다. 이처럼 대현군자(大賢君子)들도 기(氣)와 이(理)에 대하여 수학하고 형이상학과 형이하학으로 나누어 구체적으로 논했다는 것을 기(氣)와 이(理)의 이치(理致)를 행하는 풍수지리(風水地理) 학인이라면 반드시 새겨야 할 필요가 있다.

기(氣)는 오행(五行)인 이(理)에 원리(原理)가 있고 기(氣)의 작용으로 혈(穴)에 이(理)인 원리가 있으며 오행(五行)의 기(氣)와 혈(穴)엔 각각 크고 작은 기(氣)가 있음이니 이기상원론(理氣相原論)이란 연구결과가 증명해 준다. 그러므로 음양(陰陽)의 원리(原理)인 기(氣)와 이(理)에 대한 연구를 거듭해야 한다. 서양의 과학은 이제 원자(原子)에서 힉스(Higgs) 입자를 발견하는 과정을 거쳐 앞으로 힉스 입자를 구성하는 음(陰)과 양(陽)의 두 구성단위 입자(粒子)를 발견함으로써 음(陰)과 양(陽)의 두 입자를 보다 구체화 하면 머지않아 음양(陰陽)의 기학론(氣學論)을 동서양이 함께 연구하게 될 것으로 예견된다.

기(氣)와 이(理) 중에서 무엇이 먼저이냐를 논박(論駁)하기에 앞서 기(氣)와 이(理)는 모두 중요한 명제임을 부인할 수 없어 풍수지리(風水地理)가 보다 발전하기 위해선 무엇보다 중요한 발복(發福)에 대한 기(氣)와 이(理)를 과학적으로 밝히려는 노력이 필요하며 정자실험이나 유전학적 DNA 실험과 같이 보다 과학적인 방법으로 접근하여 연구하여야 할 것이다.

풍수지리 원리(原理)는 기(氣)에서 시작된다

옛적부터 우리 민족은 기(氣)가 붙은 말을 많이 사용해 왔다. 기운, 기력, 기세, 기후, 기상, 기싸움, 기분, 기절, 원기, 일기, 습기, 감기 등 생활 속에서 기를 활용했던 민족으로 정통풍수지리 또한 각종 기맥(氣脈)에 있는 기를 논하는 학문이다.

풍수지리(風水地理)는 이(理)가 있고 이의 합리가 전제되어야 하고 이학(理學)으로의 원리(原理)를 깨쳐 도리(道理)로 행하는 학문으로 이(理)의 근본은 기(氣)이다.

우주의 만물에는 기(氣)가 있고 사람도 마찬가지로 저마다 기(氣)가 있어 이 기(氣)를 발산하며 만물은 진기(眞氣)와 악기(惡氣)를 각기 발산한다.

서로 다른 기(氣)가 발산하면서 기맥이 형성되고 기맥의 상호작용으로 혈(穴)이 작혈(作穴)되어 명혈(明穴)과 대명혈(大明穴)로 작혈된 혈(穴)은 등급이 정해지고 발복되는 반면, 수맥(水脈)과 각종 살기(殺氣)인 악기(惡氣)로 작혈되면 살혈(殺穴)이라 하는데 수맥(水脈), 살기(殺氣), 살혈(殺穴)에 체백이 있으면 그에 따른 크고 작은 흉(凶)으로 화(禍)가 나타나게 된다.

지맥의 종류 — 지기맥(地氣脈)과 명기맥(明氣脈)

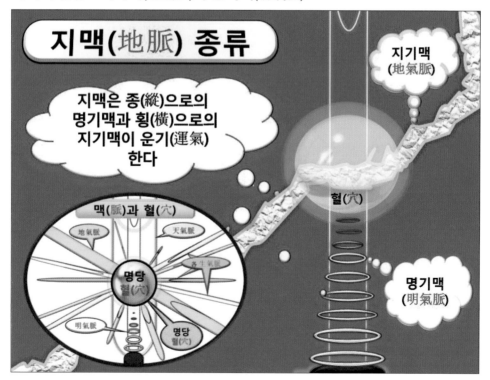

천기맥(天氣脈)

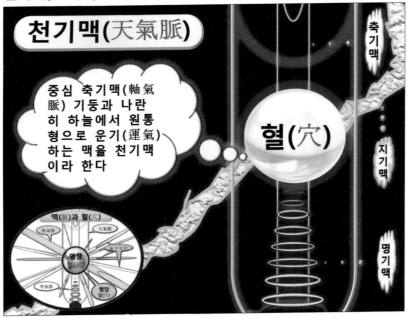

생기맥(生氣脈)

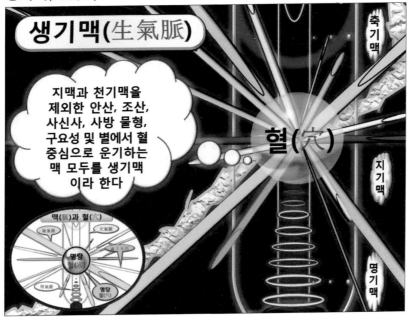

기(氣)와 혈(穴)

각종 기맥으로 결(結)하여 작혈되는 혈(穴)의 기(氣)는 크게 세 가지로 분류되는데 지기(地氣), 생기(生氣), 천기(天氣)로 나뉜다.

지기(地氣)는 땅속에서 일자형(一字形), 갈지자형(之字形) 등으로 이리저리 뻗어가다 하나로 되고 다시 나누어지는 형태로 운기(運氣)하는 기맥으로서 이를 지맥(地脈), 용맥(龍脈), 지혈기맥(地穴氣脈), 지기혈맥(地氣穴脈) 등으로 나누기도 하는데 땅속 깊은 곳에서 구멍이 뚫린 반지 같은 모양의 도넛 형태로 솟아오르는 기맥이 있어 이를 특히 명기맥(明氣脈)이라 명명했다.

생기(生氣)는 지상과 공중에서 운기되거나 혈자리 중심으로 각기 다른 각도로 운기하는 맥으로서 혈의 네 방향의 사신사(四神砂)와 구요성(九曜星) 외 별에서 운기

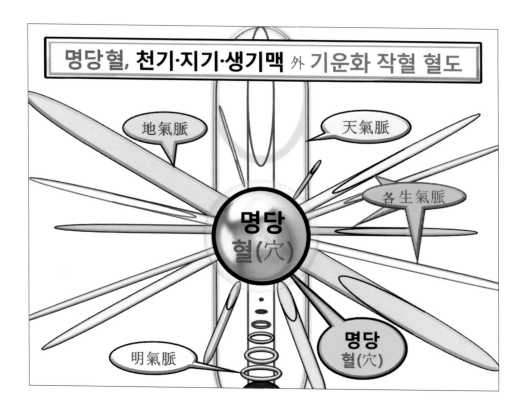

되는 기(氣) 모두를 생기의 맥이라 한다.

천기(天氣)는 하늘에서부터 수직으로 물줄기가 이어지는 것처럼 운화하는 기의 맥으로서 이를 도학에서는 천냉수라 말하기도 하는데 맥의 굵기는 제각기 다르다. 천기, 지기, 생기 중 어느 것이 좋으냐고 묻는 경우 각기 세기와 성질이 다르고 혈이 작혈되려면 천기, 지기, 생기가 삼합(三合)으로 어우러져야 하기에 모두 중요하다고 답한다.

기(氣)는 색상, 모양, 세기, 굵기 등 가지각색의 맥(脈)으로 운기하며 기맥이 결(結)하여 작혈된 혈(穴), 혈이 결한 곳을 혈처(穴處)라 하며, 혈의 둥근 입체형의 크기와 넓이의 공간을 혈장(穴場)이라 하는데 혈장은 제각기 다르며 혈의 등급 또한 제각기 다르다.

기맥의 수, 기의 종류, 기의 세기, 맥의 넓이 등으로 하나의 혈이 작혈되기에 이 세상에 똑같은 사람이 있을 수 없듯이 혈 또한 똑같은 혈이 있을 수 없다. 혈은 남녀처럼 음(陰)과 양(陽)으로 구분되며 저마다 성격이 다르듯 혈도 음양(陰陽)과 오행(五行)의 성질을 갖지만 등급이 다르기에 발복 내용 또한 다른 것은 당연지사다.

음양을 모르면서 어찌 오행을 말할 수 있으며 각기 다른 기와 혈을 하나의 이론에 꿰맞추려 하고 천태만상의 형격을 어찌 획일화 하려 하며 한결같다고 억지스러운 변명과 주장을 할 수 있겠는가. 이 모두 이(理)와 거리가 먼 괴리이다.

기(氣)의 중요성

풍수지리 이론 중에서 이기론(理氣論)과 형기론(形氣論)은 매우 중요한 풍수지리의 핵심이다. 이기(理氣)와 형기(形氣)에 공통으로 존재하는 '기(氣)'를 말하려는 바 기를 알지 못하면 풍수지리 학문의 이치와 진리를 깊이 있게 깨칠 수 없다.

이론에 앞서 오행을 알고 오행을 알기 전에 음양을 알아야 하며, 음양에 앞서 기를 알아야 음양을 알고 오행도 알 수 있어서 이론에 대입할 수 있는 것인데, 기와 혈의 음양을 알지 못하는 상태에서 이론만으로 대입하여 말하는 것은 한 마디로 어불성설이다.

가령 남자인지 여자인지 음양을 알고 어린아이인지 어른인지 등을 구별한 후 신체적 특성에 따라 옷을 만들거나 고르는 것인데 기를 체감하지 못하여 기의 실체도 모르고 이론만을 내세워 그 틀에 대입하여 오행을 말하고 정혈을 논하는 것은 이치에 맞지 않아 말이 되지 않는다는 것이다.

풍수지리에서 매우 중요시 하는 기를 알면 혈자리의 혈심과 광중의 넓이, 수맥, 혈의 차등(국반, 도반, 향반) 등을 알 수 있게 되고, 좌향의 방위를 패철 사용으로 생기는 오차를 기운화 방위를 점검함으로써 좌향을 정확하게 정할 수 있다.

엘로드나 기타 기구로 기를 점검하고 측정하려 하나 정확히 측정하기는 매우 어려울 뿐만 아니라 측정 과정에서 감지되는 기가 악기(惡氣)인지 진기(眞氣)인지 구별할 수 없는 데다 악기를 진기로 오인하여 점혈할 경우 불행한 일이 벌어지는 단초를 제공하는 것이 된다.

이런 이유로 진정한 풍수지리사가 되고자 한다면 먼저 기(氣)를 체감하여 체험한 후 점검하는 법을 숙달한 다음 각자 행하는 기론(이론)에 대입하여 적용하고 재차 확인한다면 오점은 거의 없을 것이다. 기의 중요성을 알고 기 체감으로 혈을 점검하고 정혈하려면 반드시 기를 수련하여야 한다.

필자는 소싯적에 도덕경(道德經)을 볼 때 제대로 보이지도 않고 제대로 볼 수도 없었지만 이를 이름하여 '도(道)'라 하는 내용을 보면서, 볼 수도 없고 만질 수도 없다면 이는 합리적인 학문으로서 발전할 수 없다는 강한 비판과 함께 의구심이 작용하면서부터 기(氣)에 관한 서적을 독파하며 홀로 심법을 만들어 수련하게 되었다. 풍수지리와 관련된 경(經)과 그 밖의 경들을 읊어 수십만 번 이상 헤아릴 수 없을 만큼 읊었던 것 모두 어느 순간부터 우연이 아닌 필연이었음도 알게 되었다.

기(氣) 수련의 필요성

풍수지리에 이(理)는 기(氣)가 본(本)이니 마땅히 기를 체감할 수 있어야 한다. 기를 수련하다 보면 어느 단계에 이르러 온몸으로 기(氣)들을 체감할 수 있게 되며 정진하면 나아가 악기(惡氣)까지 구별할 수 있어 풍수지리를 점검하고 감정하여 정혈할 수 있게 된다.

기수련법 중 먼저 하단전을 축기하여야 상단전에 에너지를 공급하기에 에너지가 적으면 가까이 밖에 볼 수 없고 에너지가 충만하면 멀리 넓게 볼 수 있어 원격시를 할 수 있으며 투시도 가능하다.

한편, 기학(氣學)을 수학하고 수련한 성현(聖賢)들 중 세상 사람들이 많이 알고 있는 대표적인 분은 공자(孔子), 노자(老子), 화담 서경덕(徐敬德, 1489~1546), 퇴계

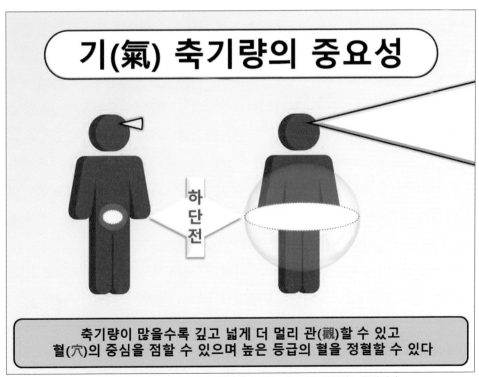

기(氣) 축기량의 중요성

하 단 전

축기량이 많을수록 깊고 넓게 더 멀리 관(觀)할 수 있고
혈(穴)의 중심을 점할 수 있으며 높은 등급의 혈을 정혈할 수 있다

하단전의 축기량은 상단전에서 관(觀)할 수 있는 에너지를 공급하는 동력이다

이황, 율곡 이이 등의 많은 현자가 있다. 혜강(惠崗) 최한기(崔漢綺, 1803~1879)는 조선 후기의 실학자이자 지리학자, 철학자, 과학사상가로 선생의 사상을 집대성한 기학(氣學)은 기의 인식론적 역할을 강화했고 동양의 철학과 서양의 과학을 접목하여 철학적으로 기학을 발전시켰다.

조선시대 유학자(儒學者) 중 대표적인 퇴계 이황과 율곡 이이 등의 현인(賢人)들이 기학(氣學)을 수학하고 수련한 사실과 이 분들의 학문을 전수받은 서애 류성룡(柳成龍, 1542~1607), 우암 송시열을 비롯한 수많은 대학자(大學者)와 관료(官僚)인 제자들이 양성(養成)된 사실에 대하여는 세상 사람들이 너무도 모르고 있다.

성현과 현인 등 학인들이 기학을 수련하는 것은 그에 따른 학문을 깊이 있게 깨닫고자 함이었다. 학식이 뛰어나고 학문적 업적을 크게 이룬 대학자(大學者)가 되고자하는 사람과 각 분야의 지도자, 그리고 가르침을 행하고자 하는 자는 자고로 기(氣)를 수련해야만 한다.

기(氣)를 알지 못하면 학문의 원리인 이치를 이해할 수 없으며 도리(道理)인 진리(眞理)를 알 수 없기에 스스로를 깨칠 수 없는 이유이다.

흔히 '기싸움한다'고 이르는데 적절한 표현인지는 모르겠으나 기를 수련해야 축기(蓄氣)가 되고 축기된 기량이 많아지면 많아질수록 등급별 혈의 중심에 들어갈 수 있는 힘이 생겨 정혈(正穴)할 수 있는 것이다. 기수련을 하지 않고 엘로드로 혈을 체크하면 혈장 안에 들어가지 못하고 수맥과 혈장 사이에 흐르는 또 다른 기운에 따라 혼돈에 빠지는 경우가 많아 대부분 패하고 마는 것이다. 풍수지리 학인이 되려면 바로 이 점에서 기를 수련해야 하는 가장 큰 이유가 되는 것이고, 궁극적으론 기의 실체를 알기 위해서 기맥을 점검하여야 혈을 정혈하는 것이다.

결론적으로, 선(禪)문화 민족인 우리나라의 풍수지리학은 선문화에 기초를 둔 기학(氣學)에서 시작된 것으로서 기(氣)를 체감하고 점검하지 못하면서 기존의 논거에 의해서만 이를 대입하여 명당을 찾고자 혈을 점혈하려 한다면 한 마디로 무리(無理)하여 풍수지리를 논할 수 없게 되는 것이다.

풍수지리를 말하는 사람은 세상에 꽤나 많으나 우도(右道)와 좌도(左道)를 실제로 병행하는 자는 찾아보기 힘들다. 풍수지리학은 이(理, 우도)와 기(氣, 좌도)의 합리(合理)로써 이기상원론(理氣相原論)의 원리이기에 우도(理, 이론)와 좌도(氣, 수련) 모두를 필히 병행해야만 도리의 풍수지리학을 제대로 행할 수 있기에 이론을 수학하고 기를 반드시 수련하여야 하는 것이다.

수학과 수련을 거듭 정진하다 보면 단계별로 진일보(進一步) 되어 통맥(通脈), 물형(物形), 원격시, 투시 등 천안(天眼)의 경지에 이르게 되며, 끊임없이 정진한다면 신통들과 명리학, 의학통학, 작명학 등 모든 이(理)의 이치(理致)와 진리(眞理)가 둘이 아닌 하나로 통(通)함을 깨달아 일도일통(一道一通)으로의 이(理)를 깨치게 됨으로써 도리(道理)를 행할 수 있게 된다. 그야말로 도통(道通)하게 되는 것이다.

후학들에게 특별히 당부하고 싶은 것은 수련하고 수도하는 사람은 너무나 많고 또 스스로를 위해 행하는 것이 당연한데 수련하며 도를 쌓았으면 선행(善行)을 하여야 덕(德)이 쌓인다. 그러나 이런 것을 너무나 모르는 것 같다.

아무튼 작든 크든 쌓은 것으로 선을 쌓는 참사랑을 행하여 덕을 쌓는 적선적덕(積善積德)을 하여야만 승계위된다는 것과 정혈할 수 있다는 것 또한 알았으면 좋겠다.

일도일통(一道一通)

　애초에 도(道)는 하나이고 하나로 통(通)하는데 종교와 학문을 행하는 자가 욕심으로써 이를 애써 부인하고 분리하려 한다면 어리석음에서 영원히 벗어나지 못할 것이다.

- 대동학(大同學) 명상 글 중에서

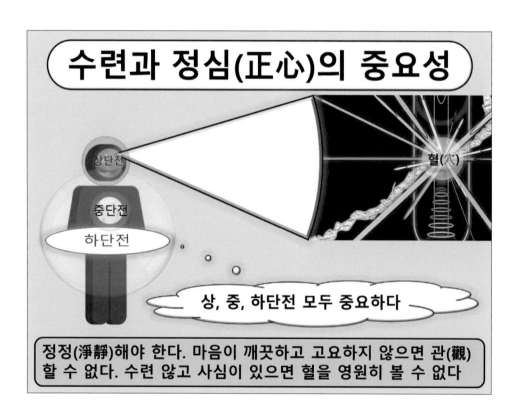

2 이기상원론편(理氣相原論篇)

"이기(理氣)론과 형기(形氣)론의 경우 공통으로 기(氣)를 논(論)한다는 것인데 이(理)를 말하면서 실제로 기(氣)를 논하지 않는 것은 합리적이지 못하다."

풍수지리의 원리, 이기상원론(理氣相原論)

이기(理氣)론과 형기(形氣)론의 경우 공통으로 기(氣)를 논(論)한다는 것인데 이(理)를 말하면서 실제로 기(氣)를 논하지 않는 것은 합리적이지 못하다. 이기·형기·물형·현공·기통·통맥·천안·감여·신안론 등의 논(論) 모두가 기(氣)의 운화를 점검하고 기운화(氣運化)에 다시 이(理)에 의한 원리(原理)를 대입하여 재확인하면서 적용해야 한다.

유학도인 성리학(性理學)의 퇴계 이황은 주리(主理)론적 이기이원론(理氣二元論)을 주장하였고, 율곡 이이는 주기(主氣)론적 이기일원론(理氣一元論)을 주장하였다. 이처럼 대현군자(大賢君子)들이 기(氣)와 이(理)에 대하여 수학하고 수련하여 형이상학과 형이하학으로 나누어 구체적으로 논했다는 것을 기(氣)와 이(理)의 이치

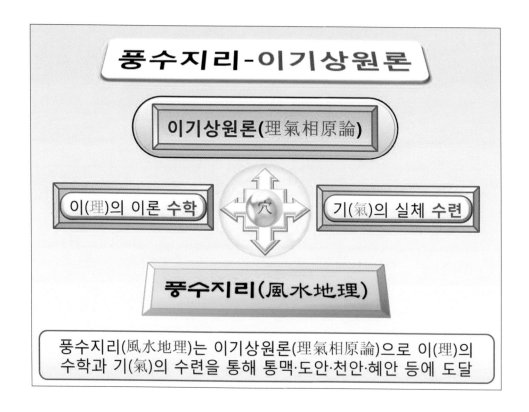

(理致)를 행하는 풍수지리(風水地理) 학인이라면 반드시 주목할 필요가 있다.

그동안 이(理)와 기(氣)를 연구한 결과 주리(主理)나 주기(主氣)가 아닌 이에 기가 있고 기에도 이가 있으니 이기상원론(理氣相原論)임에 연구 결과를 대입하고 적용하여 실천했다.

이기상원론의 원리(原理)는 기(氣), 이(理)의 이치(理致)를 지리(地理)에 대입 적용하면서 도리(道理)를 정도(正道)로 실천하는 학문으로서 이학(理學)은 물리학(物理學), 수리학(數理學－수학) 등의 이의 학리(學理)를 전제로 논해야 한다.

이(理) 없는 논(論)은 불합리(不合理)로서 불합리는 학리와 부합할 수 없다. 풍수지리는 이의 원리를 합리로서의 학리를 밝히는 학문임에 이(理) 없이 풍수지리를 논할 수 없으며, 이(理) 없이 논함은 무리(無理)인 것이다.

이(理)와 기(氣)는 이기상원론(理氣相原論) 원리(原理)의 운화 작용이며 명당혈

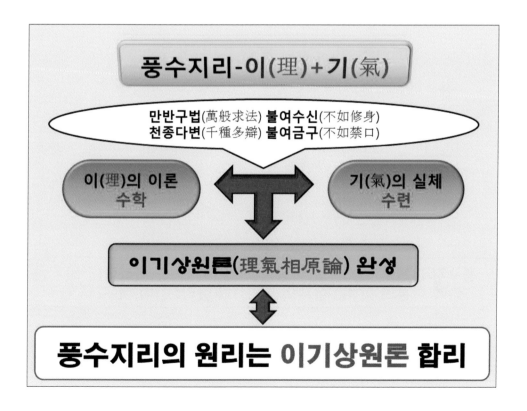

(穴)이 작혈됨도 이기상원론의 원리이다.

풍수지리에 있어 이격(이기), 형격(형기), 통맥, 천안 등 많은 논이 있으며 사신사, 좌향, 수맥의 이(理) 등 수많은 이(理) 모두가 중요하나 풍수지리에 있어 역시 핵심은 혈(穴)이다. 실재하는 혈을 실제로 논하는 합리(合理)의 학문인 풍수지리학임에 앞으로 보다 과학적이고 합리적으로 발전시켜야 하며 기(氣)와 이(理)의 원리(原理)를 정립하여 풍수지리를 통일하고 나아가 과학으로의 미래를 추구하는 학문으로 계승 발전시켜야 할 것이다.

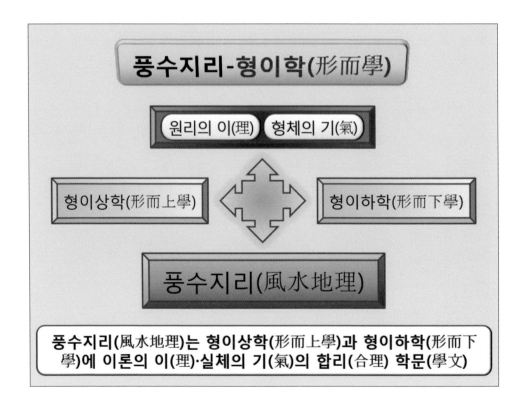

명당혈(明堂穴)의 생성원리

천기 · 생기 · 지기의 각종 기맥의 결합으로 작혈되는 혈(명당혈, 明堂穴), 천
(天) · 지(地) · 인(人) 혈은 각기 태극되고, 천 · 지 · 인혈의 합으로 삼태극(三太極)

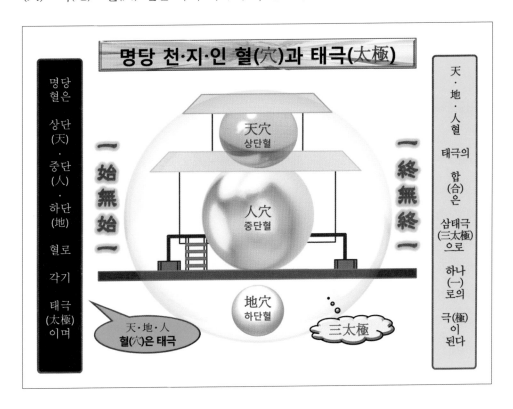

명당 천·지·인 혈(穴)과 태극(太極)

명당혈은 상단(天) · 중단(人) · 하단(地) 혈로 각기 태극(太極)이며

~ 始無始 ~

天穴
상단혈

人穴
중단혈

地穴
하단혈

天·地·人
혈(穴)은 태극

三太極

~ 終無終 ~

天 · 地 · 人 혈 태극의 합(合)은 삼태극(三太極)으로 하나(一)로의 극(極)이 된다

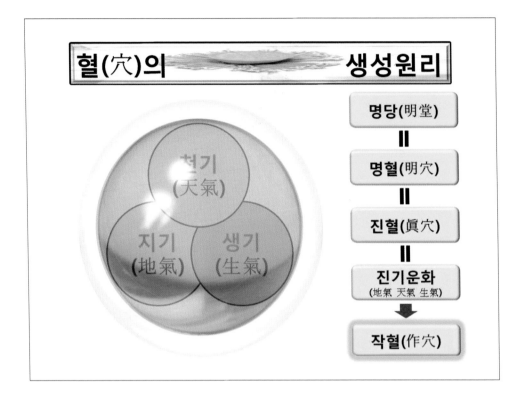

을 이룬다.

　명당(明堂)터에 밝은 혈(穴)인 진기(眞氣)로 뭉친 진혈(眞穴)의 혈이 있어야만 명당이라 하는 것으로 천기(天氣)·지기(地氣)·생기(生氣)의 각종 기(氣)의 맥(脈)이 기운화(氣運化)하여 기맥(氣脈)이 한 곳에 결(結)하여 작혈(作穴)된 것이 명당혈이다. 천지조화로 작혈된 혈(穴)은 색상·크기·위치 등 제각기 나타나는 천태만상이며, 태극(太極)된 혈의 각기 성질에 따라 음양과 오행(五行)의 성질이 있어 부(富)·귀(貴)·문(文) 등 갖가지 내용으로 발복(發福)이 나타난다.

　혈(穴)의 형성(形成)은 우주만상(宇宙萬象)의 조화현상(造化現象)인 것으로, 천기(天氣)·지기(地氣)·생기(生氣)의 맥들에 조화로 기(氣)가 응결(凝結)하여 혈(穴)이 생성되는 것이다.

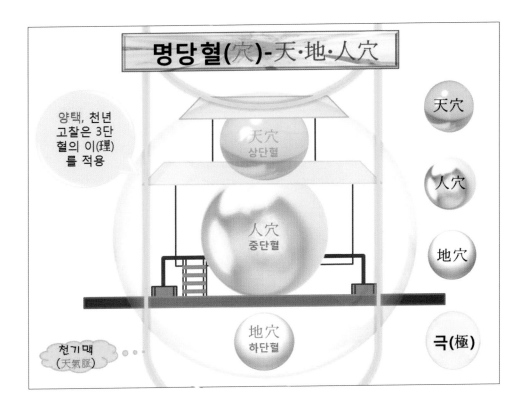

명당혈(穴)-天・地・人穴

양택, 천년 고찰은 3단 혈의 이(理)를 적용

天穴
상단혈

人穴
중단혈

地穴
하단혈

천기맥 (天氣脈)

天穴

人穴

地穴

극(極)

혈(穴)과 태극(太極)

혈(穴), 천(天)・지(地)・인(人)혈은 기(氣)의 이화(理化)로 하나의 극(極)이 되고, 천・지・인혈의 합으로 삼태극(三太極)이 또 하나의 극이 형성된다.

일시무시일(一始無始一) 일종무종일(一終無終一), 사람의 피부도 9층 조직으로 하나의 겹을 이루고 혈도 1(一)의 양과 2(二)의 음이 합으로 3(三)으로 극이 된다. 천・지・인혈 각기 극이 되어 3개의 명당혈의 합이 9가 되어 또 하나의 태극을 이루니 시작도 없고 끝도 없는 것이다.

천(天)・지(地)・인(人)혈로 태극을 형성하며 천혈이 발달한 경우, 지혈이 발달한 경우, 인혈이 발달한 경우 등 태극마다 제각기 다르다.

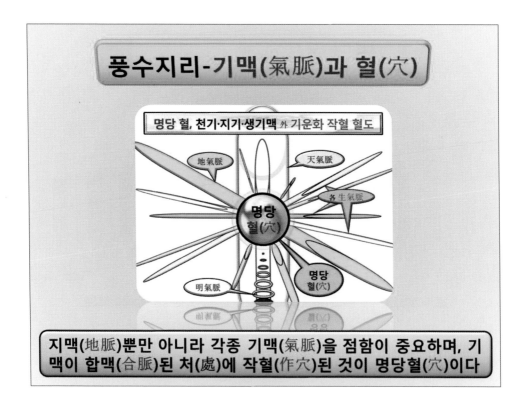

풍수지리-기맥(氣脈)과 혈(穴)

명당 혈, 천기·지기·생기맥 가 기운화 작혈 혈도

地氣脈　　天氣脈

各 生氣脈

명당 혈(穴)

명당 혈(穴)

明氣脈

지맥(地脈)뿐만 아니라 각종 기맥(氣脈)을 점함이 중요하며, 기맥이 합맥(合脈)된 처(處)에 작혈(作穴)된 것이 명당혈(穴)이다

작혈(作穴)하는 법

천기(天氣)·지기(地氣)·생기(生氣)인 각종 기(氣)의 맥(脈)이 결(結)하여 작혈(作穴)된 명당혈(穴), 작혈된 혈은 음양(陰陽) 오행(五行)의 성질을 각기 갖는다.

음양의 이치에 따라 양혈(陽穴)이 있으면 근처에 음혈(陰穴)도 함께 있으니 양혈을 정혈했으면 음혈도 정혈할 수 있다. 음양의 혈을 정혈했다면 정확히 감정하기 위하여 보다 정진하여 혈의 오행도 점검할 수 있어야 한다.

도선국사(道詵國師) 왈(曰), "대저 작혈하는 법이 천만 가지이나 모두 같지 않으니 고인(古人)이 말하기를 땅 보는 것이 사람의 상(相) 보는 법과 같다고 했다. 관상(觀相)하는 사람은 한 사람의 상을 보아 한 사람의 길흉을 쉽게 알지만 만인의 길흉(吉

凶)을 알지 못하고, 땅의 상을 보는 것도 한 산의 길흉은 알기 쉽지만 만산(萬山)의 길흉을 분별하기 쉽지 않으니 우주조화의 현묘(玄妙)한 기틀을 파악하지 않고서야 어찌 혈을 놓치지 않고 다 찾을 수 있다 할 수 있으리오. 그렇기에 고원전(古原典)에도 오직 사람의 정신과 심술(心術)에 달려 있다"고 했다.

기(氣)와 맥(脈)

각종 맥이 통하여 통맥(通脈)으로 작혈된 혈(穴)은 천기(天氣)·지기(地氣)·생기(生氣) 등 기맥(氣脈)의 크기·세기·각도 등이 다르며, 각기 다른 기(氣)가 현묘(玄妙)한 운화(運化)로 결하니 혈(穴)마다 성질이 다를 수밖에 없다.

이렇듯 똑같은 혈이 있을 수 없기에 각기 다른 혈을 점검·감정·정혈하는 데 있

용맥(龍脈), 지맥(地脈), 지기혈맥(地氣穴脈) 지혈기맥(地穴氣脈)

지기맥과 생기, 천기맥이 결합하여 혈(穴)이 된다

어 획일화된 이론이나 형격에만 대입한다면 그 자체가 이치에 어긋나 오점으로 패하고 마는 이유이다.

도선국사는 "산수(山水)도 이(理)와 기(氣)가 조화를 이루어 그 중에서 형태를 이루었으니, 아름다운 형상이 있으면 반드시 흉악한 형상이 있을 것이니라. 또한 성장 왕성하는 기운이 있는가 하면 반대로 쇠잔하여 소멸해 가는 기운이 있느니라"고 했다.

맥(脈)과 혈(穴)

맥(脈)은 핏줄과 같고 혈(穴)은 심장과 같다. 혈맥(血脈)으로 피가 돌아 심장에서 온몸으로 순환하듯 맥의 흐름에 있어 중심은 혈이다.

꽃이 피고 열매가 맺듯 작혈됨에 있어 용맥(龍脈)은 중요한 맥이다. 용맥을 지맥(地脈), 지기혈맥(地氣穴脈), 지혈기맥(地穴氣脈)이라고도 하는데 나무의 뿌리처럼 이어지는 대맥(大脈)과 분지맥(分枝脈) 또는 분파맥(分波脈)으로 사람의 핏줄처럼 여러 갈래로 존재하다가 생기맥과 천기맥이 한 곳에 결한 것을 혈(穴)이라 하며 그 곳을 혈처(穴處)라 한다. 천기, 지기, 생기의 맥을 알면 혈을 점할 수 있어 혈의 점검, 정혈, 용사할 수 있게 된다.

파문처럼 9단계로 혈기운화도(穴氣運化圖), 혈의 기운화는 혈 중심으로 갈수록 세기가 커진다. 천, 지, 인혈 모두 축기맥으로 관통되어 있고 중심에서 가장 크게 기(氣) 운화하여 발(發)하기에 혈(穴)을 영어로 파워홀(power hole)이란 이름을 붙여본다.

지맥의 종류－지기맥(地氣脈－龍脈)

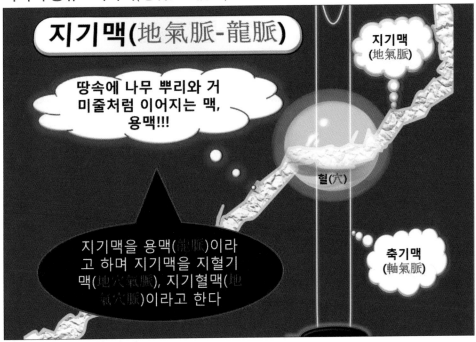

지맥의 종류－명기맥(明氣脈)

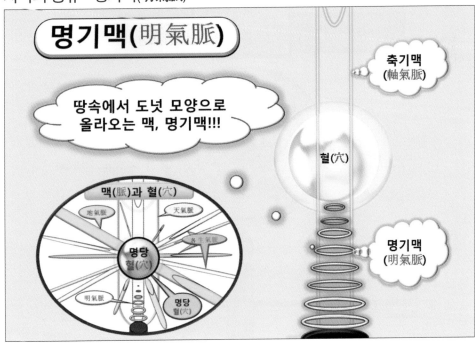

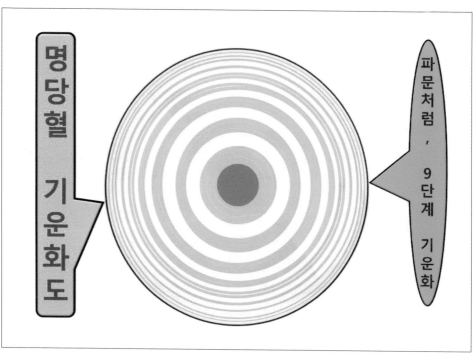

명당혈 기운화도

파문처럼, 9단계 기운화

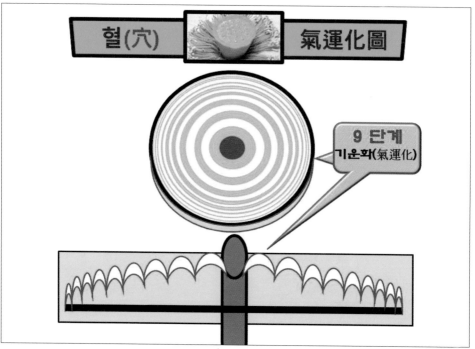

혈(穴) 氣運化圖

9 단계 기운화(氣運化)

혈의 기(氣)운화 이(理)

작혈된 혈은 살아있는 생명체와 같다. 기(氣)의 운화(運化) 작용이 끊임없이 이어지기 때문이다. 기의 세기는 혈 중심으로 갈수록 세고 9단계로 기운화(氣運化)하며 파문처럼 운화한다.

지맥이 물을 만나면 멈춘다든가 끊어진다는 것은 이치에 맞지 않는 말로 기맥은 물이나 장애물이 있어도 통과한다.

작혈된 혈을 죽은 자의 묏자리가 되면 발복이 있고, 산 자가 머무는 양택에선 혈의 기운화 작용으로 병이 호전되거나 치유되는데 이 모두 기의 운화 작용인 것이다.

오염된 물에 맑은 물을 지속적으로 주입하면 어찌 되는가. 결국 맑아진다. 혈도 기운화 작용으로 막힌 경락과 경혈을 뚫고 좋은 기운을 한없이 운기하며 채우고 탁기(濁氣)를 밀어내 생하게 하니 병이 호전되고 치유된다.

혈토(穴土)의 이(理)

혈(穴)은 표토 · 단토 · 혈토 순으로 있으며, 혈토 중심엔 혈판이 있고 무늬가 다양하다.

혈중토질(穴中土質), 혈토(穴土) 중 비석비토(非石非土)에 대하여 도선국사는 "혈(穴) 가운데 혈토(穴土)가 반드시 다른 흙과 달라 기이한 빛이 난다"고 했고, 혈판의 무늬에 대하여 "이상한 무늬와 층층 꽃무늬 같으며 혹 이상한 색깔이 선명하여 비단수를 놓은 것 같고 견실(堅實)하고 광윤(光潤)하여 흙 같으나 흙이 아닌 것이 길(吉)하다"고 했다.

혈 주위에 토질이 좋다고 다 명당이 아닌 것이다.

중요한 것은 토질이 좋은 곳에서 혈처를 찾고 혈처를 찾았으면 혈 중심을 정하여 용사하는 것이 대단히 중요한 것이다.

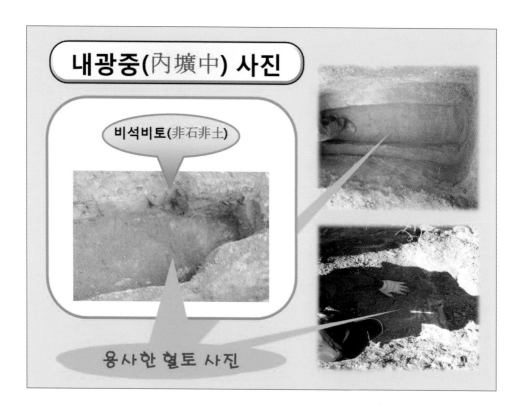

내광중(內壙中) 사진

비석비토(非石非土)

용사한 혈토 사진

혈의 중심을 점했다면 용사하며 주의할 사항은 사전 혈판이 있는 땅속 깊이인 혈심(穴深)을 알고 광중작업을 해야지 혈심에 깊이의 이(理)도 모르고 흙이 좋다고 깊이 무조건 파내려 갔다간 십중팔구 혈판이 파괴되기에 혈이 죽어 사혈(死穴) 된다.

혈판(穴坂)의 이(理)

혈 중심에 혈판(穴坂)은 두께·넓이·길이·색상·무늬가 각기 다르고 무늬마다 발복(發福) 내용이 다르며, 혈판은 동물·꽃 등 무늬가 다양하고 층으로 된 혈판도 있다.

도선국사는 "혈토(穴土)를 말하면 혈(穴)의 한가운데에 평평함이며, 금(金)으로

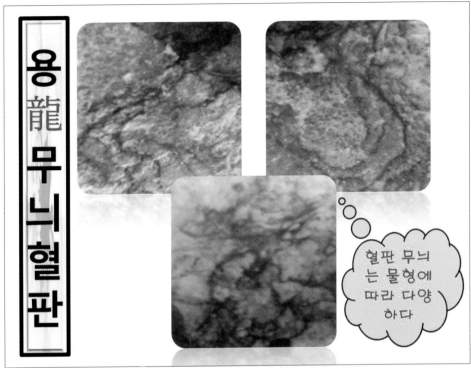

혈판 무늬는 물형에 따라 다양하다

대혈이 파괴된 현장에 용(龍) 무늬들이 있어 사진에 담았다

말하면 둥글게 혈처(穴處)에 도달한 혈후형상(穴後形象)이요, 물(水)은 혈처(穴處)의 좌우에 안고 있는 것이고, 목(木)은 좌우의 선익(蟬翼)이며, 그 사이에 새우수염 같은 하수사(下水砂)가 있어 양쪽 물을 갈라 합하게 하여 혈판(穴坂)의 경계가 드러나느니라" 라고 했다.

지면에서 혈판 깊이인 혈심(穴深) 또한 혈마다 모두 깊이가 다르다. 혈심이 제각기 다르기에 용사 전에 제전에서 혈판까지 깊이를 점검하여 사전 보토(補土) 여부를 결정한 후 인원과 장비를 계획하여 용사시 보토한다.

용사하면서 혈의 중심 깊이 혈심(穴深)에 있는 혈판은 천광의 깊이를, 기벽(氣壁)은 천광의 넓이를, 혈기막(穴氣膜)은 봉분의 넓이와 높이를 결정하는데, 양택도 마찬가지로 하단혈을 절대 보존하면서 중단혈과 상단혈을 적용하고 입향수수(立向收水)와 입자수(入字水)의 이(理)를 적용한다.

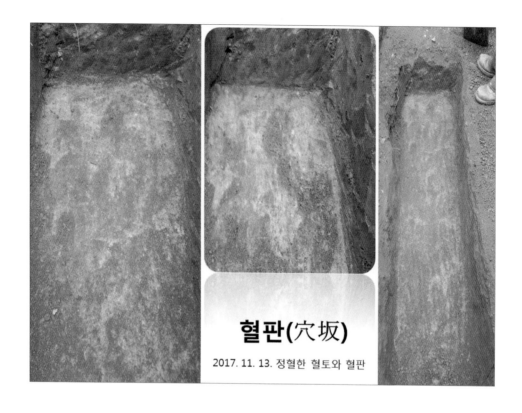

혈판(穴坂)

2017. 11. 13. 정혈한 혈토와 혈판

혈기막(穴氣膜)의 이(理)

혈(穴)의 기운화(氣運化)로 막(膜)이 형성되는 것을 혈막(穴膜) 또는 혈기막(穴氣膜)이라 명명했다. 혈기막은 혈 중심으로 일정한 공간에 원형의 막으로 형성된다.

혈에서 형성되는 혈기막은 살기(殺氣−탁기, 악기 등 포함)가 침범할 수 없는 일정한 울타리 안이나 테두리처럼 원형의 현묘(玄妙)한 진기(眞氣) 범위의 영역이다.

혈기막은 포근하고 평안하게 작용하고 체내와 실내의 악기(惡氣)를 진기(眞氣)로 전환시키는 작용뿐만 아니라 혈기막이 발하는 현묘한 각종 이(理) 작용의 가치는 돈으로 계산할 수 없는 무한대의 가치에 이를 수 있다.

전원주택, 아파트, 주택, 상가, 공장을 포함한 양택은 부동산 매입·설계·인테리어 초기부터 혈을 적용하고 설계시에는 혈 중심을 정확히 위치하게 하는 것이 보다

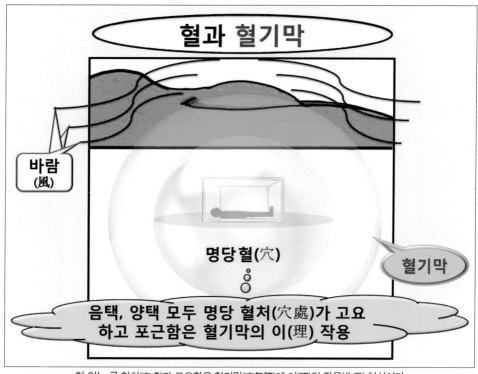

혈 있는 곳 혈처(穴處)가 고요함은 혈기막(穴氣膜)에 이(理)의 작용(作用) 현상이다
여름에는 시원하고 겨울에는 따뜻한 기온이 감돌기에 혈 있는 명당의 특이점이다

중요하다. 묘의 봉분(封墳) 넓이와 높이를 이(理) 없이 각자 다르게 행하고 있으나
봉분의 넓이와 높이가 결정되는 주된 기준은 바로 혈기막으로, 모든 혈에는 혈기막
이 있으며 봉분은 혈의 기운을 담기 위한 솥뚜껑 같은 역할을 한다고 하겠다.

기벽의 이(理) — 고난도 단계

기(氣)의 운기(運氣) 작용으로 혈(穴)엔 사각 공간의 형태로 벽이 조성되는데 이를
기벽(氣壁)이라 명명했다. 명혈(明穴)의 대명혈(大明穴) 등급에 따라 기벽의 넓이와
길이가 제각기 다르다. 기벽은 방의 형태와 같은 사각 공간에 유리벽처럼 생긴 것을

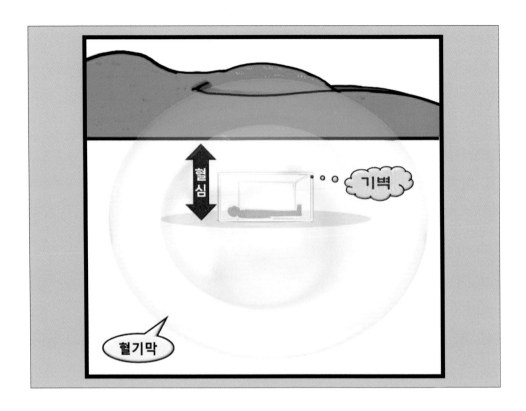

말하며, 기벽 공간의 넓이에 따라 안장할 수 있는 체백의 수가 결정됨으로써 기벽의 공간이 넓으면 여러 위(位)의 조상을 함께 안장하고 봉안할 수 있다.

용사시 기벽이 훼손되는 것을 방지하기 위하여 각별히 주의할 점이 많다. 일반 장묘법과는 달리 매우 조심스럽게 용사(用事)하여야 한다.

혈심(穴深)과 혈장(穴場)의 이(理)

혈 중심에서 혈장의 지름에 의한 평수(坪數)를 구하는 공식(혈장의 반지름×혈장의 반지름×π)이고, 혈심을 피타고라스의 정리, 그리고 사인(sin), 코사인(cos), 탄젠트(tan) 삼각비를 적용한 수학공식에 대입해 혈심을 구하는 이(理) 모두 혈을 훼손하거나 파괴하지 않고 고인을 정확히 자리하게 하기 위한 것으로써 용사시 적용한다.

이 공식을 대동학 정통풍수지리 학인에게 전수했었는데 학인은 일취월장하여 그 외 여러 수학공식으로 혈심을 구하게 되었으니, 이는 학인의 대단한 업적이요, 풍수지리학계의 쾌거로 필자 또한 보람되어 함께 기뻐했다.

물리의 기(氣) 에너지를 혈(穴)에 운기(運氣)하는 각 기맥을 기체감하여 각도를 구하여 수학공식에 대입해 땅 속의 혈심을 구하는 대동학 정통풍수지리학회 학인을 보고 풍수지리학에 입문한 지 얼마 되지 않았음에도 이처럼 성과가 있자 학인들이 칭찬하는 것을 옆에서 지켜보며 보람되게 생각했다.

혈을 점혈하고도 혈의 중심 깊이인 혈심(穴深)을 정확히 점하지 못하면 용사하며 필패하게 되고, 혈 중심을 점했다 할지라도 고인의 배꼽 아래 하단전과 혈의 중심이 일치하게 안장하여야 하는데 필자로선 이를 알고 제대로 용사한 묘를 근현대에선 찾아볼 수가 없었다.

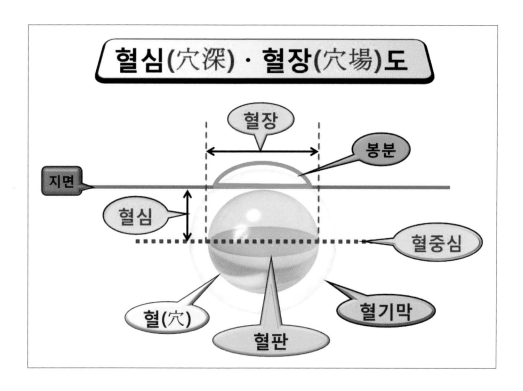

혈심(穴深) 구하는 방법 1

혈심(穴深) 구하는 방법 2

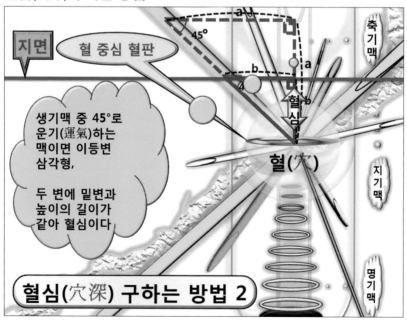

혈심(穴深) 구하는 방법 3

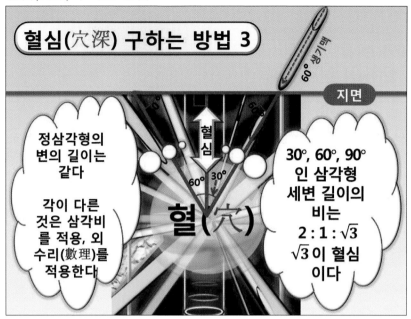

혈(穴) 넓이(평수) 구하는 방법

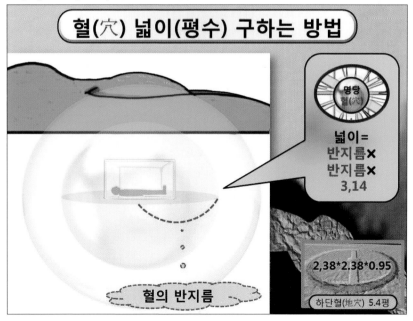

쌍혈(雙穴)과 층혈(層穴)

혈상(穴相)에 혈이 형성되는 과정에서 각기 다른 무늬·두께·넓이의 혈판이 작혈되는데, 하나의 혈상에 그리고 혈의 사방에 또 다른 혈이 형성되면 쌍혈(雙穴)로 계란의 쌍알을 비유해 본다. 혈상의 혈이 상하(上下)의 높이에 혈이나 혈판이 형성되면 이를 층혈(層穴)이라 한다.

쌍혈의 경우 세상에 흔하지 않지만 층혈의 경우엔 쌍혈보다 더욱더 흔하지 않아 명혈(明穴)인 것으로, 위와 아래에 서로 다른 혈이나 혈판이 형성된 층혈에 체백을 모실 경우 두 가지 발복하는 장점이 있으나 층혈에 대한 장묘법은 일반적인 장묘법과 다르다.

층혈을 정혈할 수 있으려면 천안통 5단계 중 3단계가 되면 층혈이 보일 것이며, 층혈 혈판 각각의 무늬를 보면 물형론을 이해할 수 있을 것이다. 이 단계에 이르면 땅

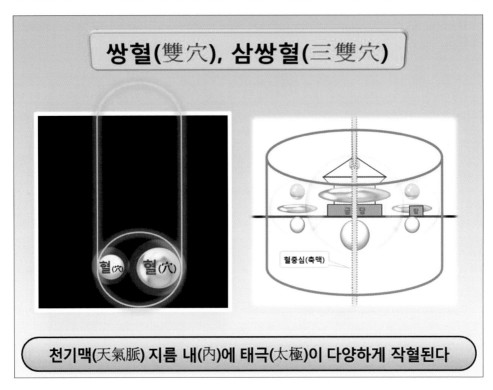

천기맥(天氣脈) 지름 내(內)에 태극(太極)이 다양하게 작혈된다

속에 있는 시신이 보이고 동기감응되는 현상이 보일 것이며, 시신의 고개가 얼마나 돌아갔는지는 물론 체백에 흐르는 지맥과 분지맥이 용광로에서 녹아 흐르는 금가루 액처럼 빛나게 흐르는 아름다움을 동영상이나 TV화면처럼 보게 될 것이다.

혈의 음양과 오행

작혈된 혈은 음양(陰陽)이 있고, 그 다음 오행(五行)이 있다.

무학대사는 "가법(假法)은 오행(五行)이요, 진법(眞法)은 음양(陰陽)이다. 오행은 본원이 음양이요, 음양은 오행의 어머니인 즉, 그 근본을 버리고 말단(末端)만 힘쓰는 것은 아주 잘못된 것이다." 또한 "지금의 속사(俗士)들이 오행(五行) 금수목화토(金水木火土)에만 구애되어 있으니, 이는 항해 중의 뱃전에 칼을 그려놓고 빠진 칼

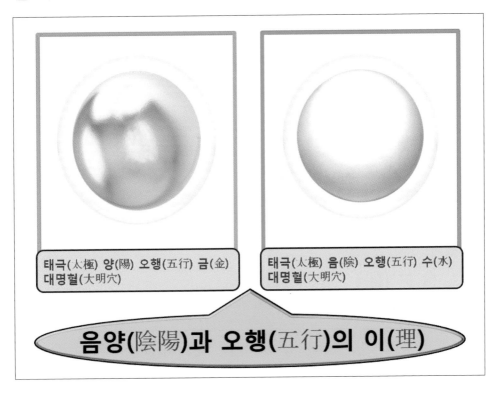

태극(太極) 양(陽) 오행(五行) 금(金)
대명혈(大明穴)

태극(太極) 음(陰) 오행(五行) 수(水)
대명혈(大明穴)

음양(陰陽)과 오행(五行)의 이(理)

을 찾는 격이며, 그림 속에서 천리마를 찾는 것과 같다 할 것이다. 이는 참으로 허망한 일이라 아니할 수 없는 것이니 저 오행이 사람을 해치고 의혹에 빠지게 한 지가 이미 오래 되었다"고 했다.

　이론만이 아닌 실재하는 음양과 오행을 알고 적용함이 중요하기에 실제 기(氣)로 음양과 오행을 구별할 수 있어야 하겠다.

혈(穴)의 등급(等級)

　사람의 피부가 9겹으로 되어 있고, 혈도 3극이 세 개가 하나 되어 9극을 이루며 혈의 등급도 9단계로 등급이 있다.

　혈(穴)은 대명혈(大明穴)과 명혈(明穴)로 구별하며, 대명혈(大明穴)은 상대명혈

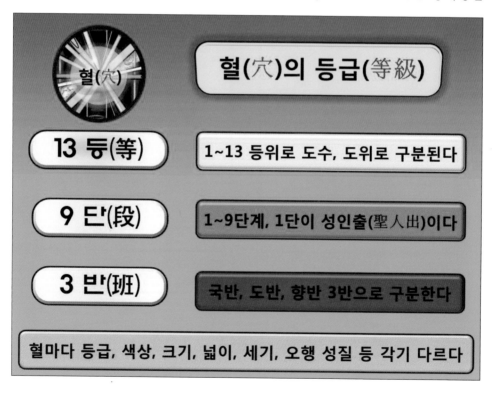

혈(穴)	혈(穴)의 등급(等級)
13 등(等)	1~13 등위로 도수, 도위로 구분된다
9 단(段)	1~9단계, 1단이 성인출(聖人出)이다
3 반(班)	국반, 도반, 향반 3반으로 구분한다
혈마다 등급, 색상, 크기, 넓이, 세기, 오행 성질 등 각기 다르다	

(上大明穴-9급), 중대명혈(中大明穴-8급), 하대명혈(下大明穴-7급)로 구분되어 국반급에 해당하고, 명혈(明穴)은 도반급(6~4급)과 향반급(3~1)으로 구분한다.

상대명혈(上大明穴)은 성인(聖人)이 출현하고, 중대명혈(中大明穴)은 현인(賢人)이 출현하며, 하대명혈(下大明穴)은 국왕(國王)이나 대통령이 출현하되 성군(聖君)인지의 여부에 따라 둘로 나뉜다. 명혈 6급은 정승급(영의정, 좌의정, 우의정)으로 지금의 국무총리, 명혈 5급은 장관급, 명혈 4급은 차관급 순이다.

양택과 음택의 혈(穴)의 등급(等級) 기준은 같다. 음택과 양택 모두 중요한 것은 혈(穴)이며, 혈의 등급에 따라 단계별 발복의 차원이 다르게 나타난다.

혈의 생로병사(生老病死)

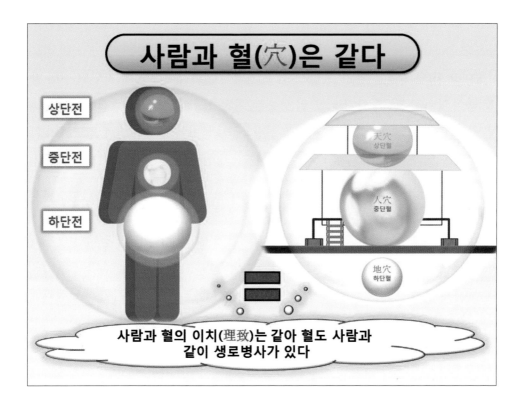

혈도 사람처럼 살아 움직이는 힘, 그 기운이 다하여 기(氣)가 없으면 죽는다. 그러기에 혈도 역시 생로병사(生老病死)의 과정이 있어 혈에 기가 없으면 사혈(死穴)이되고 마는 것이다.

도선국사는 "그렇다. 이치에는 어느 것에나 상대적이어서 길(吉)한 것이 있는 데는 반드시 흉(凶)한 것이 있는 것이고, 기(氣)는 반드시 새로 성장하는 기운과 소멸하는 기운이 있기 마련이다. 혈기왕성한 혈이 있는가 하면 병들고 죽어가는 혈이 있으니, 이를 구별하지 못하면 혈을 찾는 지사라 말할 수 없는 것이다"라고 말했다.

사혈(死穴)과 살혈(殺穴)

사혈(死穴)과 살혈(殺穴)은 다른 것이다. 사혈은 진혈(眞穴)의 광중작업 중 혈심을모르거나 혈장을 알지 못하여 망혈(亡穴) 되게 하거나 도로, 주택, 아파트, 산업단지등을 조성하며 혈들을 모두 훼손하는 경우를 포함하여 진혈이 사(死)하게 되면 이를사혈이라 한다. 살혈은 진기(眞氣)의 각종 기맥이 운화하여 진혈이 작혈되는 데 반(反)하여 악기(惡氣) 중 살기(殺氣)인 상충살, 황천살 등이 운(運)하여 결혈되면 이를살기혈(殺氣穴) 또는 살혈이라 하는데, 살방(殺方) 살기에 수맥이 함께 결합하여 살혈(殺穴) 되면 큰 화(禍)가 생기게 되어 풍환자, 정신질환자 등 각종 질병유발의 원인이 되고 생(生)하거나 생한 것은 모두 보존하기 어렵게 된다.

살혈(殺穴)을 점하여 용사한 경우 예외는 있으나 3년 정도 지나면 각가지 현상들이 나타나는데, 살혈은 고인과 후손에게 막대한 화(禍)를 초래하며 양택의 경우도마찬가지이다. 진혈(眞穴) 혈판과 살혈(殺穴) 혈판은 기의 운화작용에 따른 무늬·색상 등 많은 것이 다름을 알아야 하며, 진혈과 살혈을 구별 못한다면 풍수지리를말할 수도 없고 행할 수도 없는 것이다.

수련한 축기도 없고 마음도 변하여 정심을 잃었다면 영원히 진혈을 점혈할 수 없게 되는 것으로, 바른 마음도 없고 축기된 기력도 없다면 사혈과 살혈의 탁기에 끌

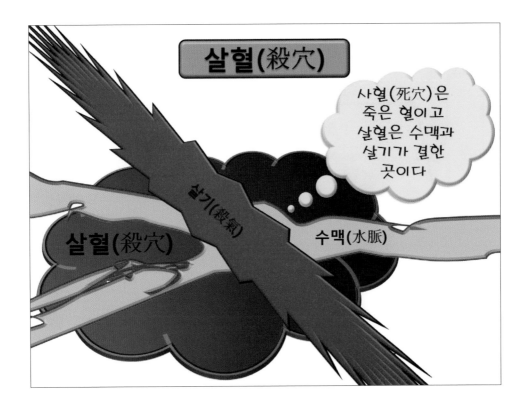

려가는 것임에 이는 슬픈 일이며 오점으로 인해 고인과 후손들이 피해를 입어서는
안 된다.

혈은 무수히 많다

풍수지리에서 말하는 명당, 대명당혈은 무수히 많다.
대자연에는 수없이 많은 지기, 생기, 천기 맥이 상호 결합하여 무수히 많은 혈자리
가 만들어진 것으로, 이 좁은 국토에 명당혈이 더 있겠느냐고 흔히 말하거나 질문하
곤 하는데 혈은 산(山), 밭(田), 논(畓), 택지(주택, 아파트), 강가, 호수 등에 셀 수 없
이 많으며 길가에도 많다. 하여 음택(묘자리)과 양택(주택, 아파트, 상가, 공장 등) 터

의 혈자리를 용도에 적합하게 활용할 수 있도록 선도하는 것이 지사(地師)가 하는 일이다.

명당은 만들 수 있는 것이 아니다

음택과 양택 모두 터에 혈이 있어야만 명당이라 하는데, 비보(裨補)를 운운하며 명당을 만들 수 있다고 속여 꾀어내는 괴인(拐引)들이 판을 치는 세상이 되어 버렸다. 명당혈(穴)은 수 세기, 수십 세기, 수천 세기에 걸쳐 각종 기맥이 결하여 작혈되는데 바람과 물, 풍(風)과 수(水)의 길만을 바꾸어 명당을 만들 수 있다고 하거나 비보를 운운하며 수맥과 살기를 차단하고 제거할 수 있다고 말하는 속사까지 있어 돈에 어두워 유위(有爲)하여 혹세무민하는 자들이 있으니, 어허! 세상이 어찌 되려고 이 같은 통탄할 일들이 있는가, 참으로 개탄을 금할 수 없는 것이다.

위 같은 속사와 잡사의 해괴망측한 일이 이곳저곳에서 마구 벌어지고 있으니, 필자는 이를 막기 위하여 단군역사 오 천 년 이래 국내외 최초 명당혈의 생성도, 혈의 작혈도, 혈도, 혈의 기운화도, 혈의 생성원리를 3D 영상 등 논문과 함께 연구결과를 2014년 7월 6일 대한민국풍수지리연합회 주최로 열린 청주풍수지리세미나에서 발표하면서 명당혈은 입으로 만들어지는 것이 절대 아니며, 수맥 또한 성인도 바꿀 수 없는 것이므로 더 이상 혹세무민하지 말고, 더 이상 피해당하는 일도 없어야 한다고 거듭해서 역설한 바 있다.

혈과 수맥의 이(理)

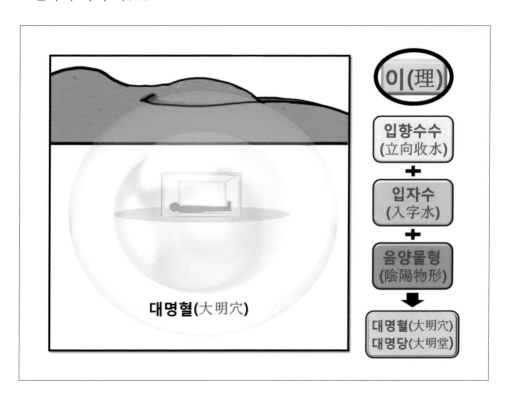

풍수지리 시조 도선국사께서는 "경루(瓊樓)와 보전(寶殿)은 극히 귀한 땅이 아니면 그 형태를 보지 못하며, 모나고 두둑한 창고와 둥근 창고사(倉庫砂)는 반드시 부국(富局)에만 있으며, 삼분삼합(三分三合)은 혈토승금(穴土乘金)하고, 양쪽 언덕과 두 날개는 인목(印木)의 정(情)이요, 좌우선익(左右蟬翼) 사이에 물이 안고 도니 이는 상수(相水)의 정(情)이다"라고 했다.

성장한 혈이 내수맥과 외수맥 그리고 천기맥이 작으면 명혈에 속하고, 천기맥의 지름이 크고 내수맥(內水)이 크며 외수맥(外水)이 겹으로 장엄하면 대국(大局) 대명혈로 작혈된다.

혈(穴) 주위에 수맥 파장과 세기가 각기 다르게 미치는 영향권인 수맥권(水脈圈)의 이(理) 또한 점검하고 대입하여 적용하여야 한다.

3 수맥

"명당혈(穴)이 크면 클수록 혈 주위에 수맥도 크고 넓으며
명당혈이 작으면 작을수록 수맥의 크기는 작고 좁아 비례된다."

- 수맥(水脈)이란
- 수맥파(水脈波)란
- 수맥엔 외수맥과 내수맥이 있다
- 수맥권 – 무용지혈(無用之穴)
- 흉지(凶地)란
- 수맥과 질병관계(살기, 살혈 – 상충살, 황천살) 질병유발 원인
- 수맥을 알면 병을 고치고 재발하지 않는다
- 흉지와 빙의
- 수맥과 암 발생 관계
- 수맥과 혈의 특성
- 살혈 터를 면함도 중요하다
- 길지와 흉지
- 약수(藥水)와 관정(管井)
- 건물붕괴 원인은 수맥
- 수맥을 제거하거나 차단할 수 있을까
- 수맥을 절대 보존하라
- 수맥을 측정하는 방법
- 수맥을 점검하는 방법
- 입향수수(立向收水)와 입자수(入字水)의 이(理)
- 좌향(坐向)의 이(理)

수맥(水脈)이란

　혈(血), 사람에겐 피가 있어 생명을 유지하듯 혈(穴) 또한 작혈(作穴)되고 생(生)하는 데 있어 필수 요건이 수맥(水脈)으로 수맥은 인간을 포함한 대자연의 생명의 젖줄이며 원천이다.

　땅속의 지기(地氣)와 수맥(水脈)은 핏줄과 거미줄(그물)처럼 맥이 통하며 조화를 이룬다. 땅속 물길인 수맥은 도랑물·개울물·냇물·강물·나이아가라 폭포수(水)처럼 깊이와 넓이 그리고 세기가 모두 다르며, 수맥은 고유 파장(波長)과 함께 수기(水氣)를 발생한다. 수맥의 고유 파장과 수기(水氣)의 세기에 따라 질병을 유발하는 원인이 되며 질병상태 또한 다르게 나타난다. 수맥을 점검하는 방법으로 엘로드로 점검하는 방법이 있고, 수맥 파장에 따른 세기인 수기(水氣)를 기감(氣感)으로 점검하는 방법이 있으며, 관(觀)하고 청(聽)하는 방법도 있다.

수맥의 형태는 나무뿌리와 같이 여러 가지 모양으로 다양하게 형성되며 음양(陰陽)인 부부가 합하여 자식이 태어나듯 각종 기의 맥이 한 곳에 결하고 수맥의 득수(得水), 파수(破水)가 함께하여 혈이 작혈되고 수맥이 보존되어야만 결혈(結穴)된 혈(穴)도 생겨나니 수맥과 혈은 불가분의 관계에 있다.

풍수지리의 시조 도선국사는 "산(山)과 물(水)이 명랑하고 수려하며 뚜렷하고 원만하게 둘러 짜이면 길한 땅이 될 것이고 역량(力量)이 장원할 것이며, 산이나 물이 거칠고 험상궂어 활의 등처럼 반배(反背)되면 흉한 것이니 기(氣)가 짧고 우그러져 빨리 쇠망할 것이니라. 반드시 수법(水法)과 아울러서 보아야 하니 평지에서는 수법이 가장 큰 관건이니라"라고 말했다.

수맥은 동서를 막론하고 새로운 주목하에 연구하는 분야이며 수맥차단에도 많은 사람들이 관심을 갖는다. 수맥을 차단한다며 수맥의 수로를 바꾸려 하는 자가 있는가 하면, 수맥파가 차단된다며 갖가지 대용품 상행위와 동판작업 그리고 고액의 인테리어 등을 행하고 있다.

음택의 경우 수맥을 제대로 점검하지 못하여 광중작업시 물이 나오면 수맥의 물줄기를 돌리면 된다고 수로를 내는가 하면, 바닥에서 물이 나오면 깊이 파야 물이 올라오는 것을 막을 수 있다며 눈 가리고 아웅하는 식으로 깊이 파서 물이 보이지 않게 한 후 하관하는 해괴망측한 용사를 하는 자도 있다. 이 모두 크게 잘못된 행위이며 세상 사람들이 풍수지리를 미혹하다고 말하게 하는 행위이다.

진혈의 혈장, 혈판, 혈심은 이미 정해져 있는 것이며 용사를 제대로 행하였다면 진혈에선 물이 나지 않는 법이다.

수맥파(水脈波)란

수맥(水脈)은 땅속에 흐르는 물줄기라고 생각하면 이해하기 쉽다. 지상에 물이 흐르는 것을 보자면 도랑, 개천, 냇물, 강처럼 넓이가 있고 나이아가라 폭포처럼 강하게 흐르기도 하는데 땅속의 물길도 이와 같으며 나무를 뽑으면 큰 뿌리에 여러 줄기의 잔뿌리를 연상하면 수맥을 이해하기 쉽다.

그렇다면 수맥파란 무엇인가. 계곡이나 기타 물이 흐르며 나는 물소리가 있는데 그 물소리가 다양함은 지세와 곳곳의 환경에 따라 그 소리는 지점마다 달라지게 된다는 것은 누구나 다 아는 상식으로서 땅속의 물 흐름도 이와 같다. 땅속의 수맥이 제각기 지점마다 다르게 움직임에 변형이 있게 되어 변형된 파(波)에는 파장이 있고 파장은 저마다의 파형이 있으며 동시에 주파수(周波數－frequency－Hz)를 갖는데 이를 수맥파(水脈波)라 한다.

수맥파는 주파수와 파형의 변화세기, 즉 크기를 데시벨(decibel, dB)에 따라 인체에 미치는 악영향은 신체부위와 뇌신경에 따라 다양하게 나타나는데 뇌의 후두엽을 자극하는 경우 시력이 저하되고 심지어 뇌의 컨트롤 기능이 저하되는 원인이 되기도 한다.

또 잠자리에서 수맥파로 인한 수면장애나 기타 빙의 등 갖가지 현상으로 나타나며 불면증 환청, 환각, 정신계 질환과 암 발생의 원인이 되기도 한다.

수맥파는 흐르는 자체에 데시벨이 존재함은 기(氣)가 있어 어떤 지점을 통과하는 단위시간당 전하량을 수전류(水電流)라 명명하며 필자 또한 그동안 연구해 왔고 앞으로도 지속적으로 연구할 필요가 있다고 생각한다.

수맥마다 폭(넓이), 깊이, 세기, 형태가 각각 다르며, 수맥이 파동하며 파장이 발생한다. 전자공학적으로 파장이 발생한다는 것은 주파수(周波數－frequency)가 있게 되고 주파수는 반복되는 파장이 있어 헤르츠(Hz)가 그 수를 나타내며 파장과 헤르츠의 영향에 따라 인체에 갖가지 질병유발로 작용되어 시간이 지나면 신체부위별 질환과 빙의 등 정신질환으로 나타나게 한다.

그 반면에 혈은 인체에 유익한 영향을 가져다 주는 파장을 발생시켜 신체 부위별로 정상적인 흐름을 유도하여 기존의 병을 호전되게 하고 치유하는 작용을 한다.

수맥엔 외수맥과 내수맥이 있다

풍수지리를 논한다고 하면 혈(穴)과 수맥(水脈)이라는 말을 가장 많이 사용한다고 하여도 과언은 아닐 것이다. 수맥은 내수맥(內水脈)과 외수맥(外水脈)으로 나뉜다. 수맥이 혈(穴)을 보호하며 득수와 파수엔 내수맥과 외수맥이 있는데 혈 중심에서 벗어나 형성된 큰 수맥을 외수맥이라 하고 혈에서 가까이 있는 수맥을 내수맥이라 명명했다.

외수맥을 점검하고 내수맥을 점검하지 않았거나 내수맥의 약한 기를 알지 못하여 내수맥을 점검하지 못한 경우 혈을 용사시 광중에 물이 침범하거나 유택 후 관에 물이 차고 봉분에 물이 생기는 것 모두가 결국, 수맥을 점검하지 못하여 일어나는 현상으로 볼 수 있다.

내수맥은 엘로드나 기타 기구로 감지하는 데 어려움이 많다. 내수맥은 너무나 미세한 수맥의 기(氣)이기에 점검하는 데 어려움이 있는 것으로서 이렇게 미세한 수맥의 기는 기(氣)를 제대로 수련한 자만이 기체감으로 점검할 수 있다.

내수맥을 점검하지 못해 수많은 시간 동안 형성된 혈을 하루아침에 훼손하거나 파손하여 고인을 편안하게 모시기는커녕 고인을 불리하게 하고 묘자리의 수맥으로 인하여 자손들에게 악영향을 주는 큰 죄를 범하게 된다. 넓은 땅에 아무 곳이나 광중작업하면 되지 않느냐고 생각하는 사람들이 많다. 광중작업시 호미 끝으로 톡 쳤는데 물길이 솟으며 광중 안에 물이 고이면 혈은 그만 죽어버려 사혈이 되고 만다.

앞의 사진(p.91)은 지방출장 중 특(特) 3급인 대명혈(大明穴 — 덕망 있는 국왕지지)을 훼손한 현장 사진인데 인간의 무지(無知)로 인해 대자연과 대명혈이 훼손되는 것은 불행한 일이다. 대명혈(大明穴)이 훼손됨으로써 대명혈을 지키는 지신(地神)이 크게 노(怒)한 상태라 필자는 현장을 찾아 산신제(山神祭)를 극진히 올렸다.

그러다 그 산의 수맥과 혈을 훼손하고 파괴한 일을 지인에게 말하자 우연히도 그 지인은 "그 산을 사서 조립식으로 공장 지은 사람은 내가 아는 사람인데 쫄딱 망했어"라고 말하는 것이 아닌가.

순간 명혈(明穴)과 대명혈(大明穴) 그리고 명당은 신(神)이 지킨다는 무학대사의 말이 생각났다.

수맥권 — 무용지혈(無用之穴)

수맥의 세기와 파장 등에 따라 수맥과 수맥으로부터 미치는 영향권 내의 거리와 공간을 포함한 범위 안을 '수맥권(水脈圈)'이라 한다.

수맥을 점검하면서 수맥의 수맥로(水脈路)만 점검하는 경우가 대부분인데 수맥이 미치는 영향의 권역인 수맥권도 반드시 점검하여야 한다. 수맥권은 엘로드로 점검할 수 없으며 기통(기학)과 의통(의학통학)을 병행할 수 있는 고도의 수련자만이 점

검을 할 수 있다.

수맥의 세기와 파장이 크면 클수록 수맥권으로 인한 악영향이 혈 중심까지 전달되는 경우가 있다. 수맥권도 수맥의 세기, 파장, 위치, 방향, 흐름 등 각기 다른 영향으로 여러 가지 질병을 유발하는 요인이 되어 나타나게 된다.

수맥권으로 활용할 수 없는 혈인 무용지혈(無用之穴)이 있을 수 있기에 진혈(眞穴)의 여부를 정혈(正穴)할 때 혈에 수맥이 미치는 영향의 범위인 수맥권을 반드시 점검하여야 하며 정혈(正穴) 후 혈에 진정한 주인을 정하는 정혈(定穴)을 하고 각종 기맥, 물형, 좌향, 혈심, 혈판, 기벽 등을 용사에 적용한다.

수맥은 점검할 수 있어도 수맥권을 점검하지 못한다면 정혈에서 패(敗)하게 되고 용사에 필패하게 되는데 세상에 무수히 많은 혈을 정혈(正穴) 또는 정혈(定穴)하지 못한다면 패를 말해 무엇하겠는가.

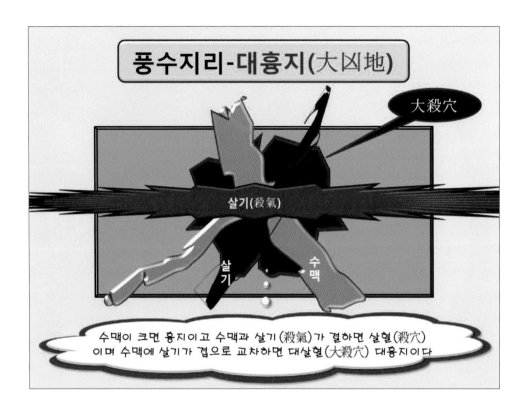

흉지(凶地)란

　수맥과 살기(殺氣)가 결(結)하면 살혈 터로 수맥, 살기, 살혈이 있는 터를 흉지(凶地)라 하며 수맥과 살기가 겹으로 결한 살혈처는 대살혈(大殺穴)로서 대흉지이다.

　음택과 양택 모두 수맥 흉지, 살기로 결한 살혈 대흉지는 무조건 가려서 피해야 한다. 흉지와 대흉지의 정도에 따라 질병유발과 신경계 마비, 가위눌림, 빙의 등 제각기 나타나는 질환의 원인이 된다. 생물학적 유전의 유전형질에 의한 자손에게 전달되는 질병의 경우와 달리 풍수지리학적 이(理) 중 수맥, 살기, 살혈의 악영향으로 인하여 후손에게까지 전해지는 질병이 있다.

　음택과 양택의 터를 감정한 결과 수맥, 살기가 있는 살혈 터인 경우 악영향으로 신체 부위별 질병이 유발됨에 있어 뇌신경계 전두엽에 악영향을 받는 경우에 정신질환자가 나타난 사례들과 후두엽에 악영향을 받는 경우 시신경 장애가 나타나는 사례 등을 볼 때 묘터 흉지(凶地)는 여러 대에 걸쳐 후손에게 악영향이 있으니 수맥, 살기, 살혈이 있는 흉지를 사전에 선별하여 피하는 것이 지혜이다.

수맥과 질병관계(살기, 살혈－상충살, 황천살), 질병유발 원인

물이 무서울까 아니면 불이 무서울까. 불은 타고 나면 흔적이라도 있는데 물은 흔적도 없는 경우가 많으니 물이 더 무섭다고 한다.

수맥찾기, 명당찾기 하면서 수맥의 이(理)와 명당혈 이(理)는 별개가 아닌 상호작용의 이(理)와 연관이 있다. 혈이 있는 명당 길지(吉地)인지, 아니면 수맥·살기·살혈이 있는 흉지인지에 따라 흥망성쇠로 결정되는 주된 요인이 된다. 음택과 양택 모

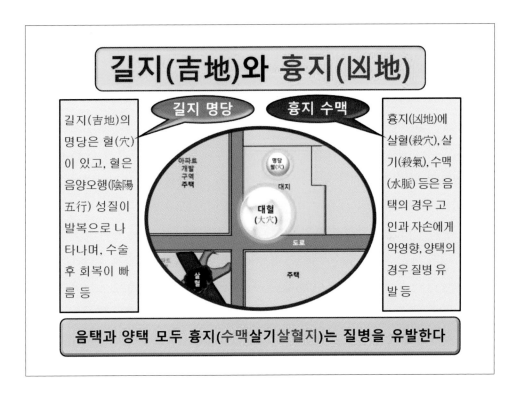

두에 똑같이 나타난다. 명당혈(穴)이 있는 터에 수맥이 옆에 함께 있는 터가 있고 수맥만 있는 터가 있는가 하면 수맥과 살기가 함께 있는 터가 있는 등 각기 다른 특성으로 악영향이 있어 흉지는 무조건 피해야 한다는 것이다.

감정 결과 흉지의 세기, 넓이, 모양 등에 따라 신체 부위별 질병유발이 다르고 악화 정도가 다르게 나타난다.

수맥을 알면 병을 고치고 재발하지 않는다

사람들은 병이 생겼을 때 병만 치료하려고 하는데 그 병의 원인을 찾으려 노력하지 않는 것은 깊이 생각해 볼 필요가 있다. 양택과 음택에 있는 수맥과 관련하여 연구한 결과 수맥에 영향을 받으면 질병의 유발요인이 된다는 결론을 얻었고, 음택과 양택의 질병 유발요인에 있어 다른 점이 있다면, 음택의 경우 동기감응에 의하여 간접적으로 후손에게 전해지고 양택의 경우는 직접적으로 전해진다는 것이다.

음택과 양택의 수맥을 점검한 후 질병 유발부위와 통증의 정도를 점검하면서 당사자(의뢰인과 의뢰인 가족 포함) 또는 후손들을 차례로 의통학 점검을 병행했을 때 질병요인과 질병부위가 일치하는 여부까지 점검한다. 그 후 일치하면 점검 결과를 말하며 어디가 어떻게 아프지 않느냐고 구체적으로 말하는데 필자의 경우 점검 내용에 대하여 의뢰인들은 신기하다는 표정과 함께 점검 결과와 일치한다고 모두들 인정하는 분위기였다.

아픈 부위와 내용을 점검하는 의통(의통학)을 행하며 즉석에서 병이 호전되게 하고 치유되게 하는 의학통학을 행하는 동안 의뢰인은 자신의 신체에서 작용하는 기운화 현상 등을 구체적으로 표현할 때 필자는 학문을 하는 사람으로서 많은 보람을 느끼곤 했다. 핵융합 발전 등에서 생명체의 유전자 변이가 나타나는 재앙을 막아야 하지만 수맥은 질병을 유발할 뿐만 아니라 파장(wavelength)과 진동(vibration)은 건축물이 붕괴되는 원인이 되기도 하니 수맥에 대한 연구는 고대부터 동서양 모두 오랫동안 연구해 왔던 분야이다. 대부분 수맥을 건축물에 미치는 영향에 국한하여 연구했었다면 앞으로는 수맥이 인체에 미치는 영향에 대하여 구체적이고 심층적인 분석을 위해 체계적으로 연구하여 데이터(data)에 의한 과학으로의 풍수지리가 의학분야와 연계하여 발전시킬 필요가 있다고 생각한다.

나아가 기(氣)와 맥(脈) 그리고 혈(穴)의 이(理)가 접목되어 풍수지리학과 의학통학이 BT(생명공학, biotechnology) 응용기술학에 초석이 되길 기대한다.

흉지와 빙의

흉지에선 질병이 유발되며 심하면 빙의, 환청, 환각, 가위눌림, 수면장애 등의 질

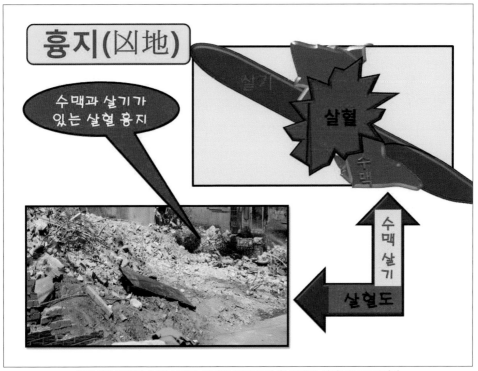

돌연사가 있었던 수맥(水脈)과 살기(殺氣)가 결한 흉지(凶地) 살혈도(殺穴圖)이다

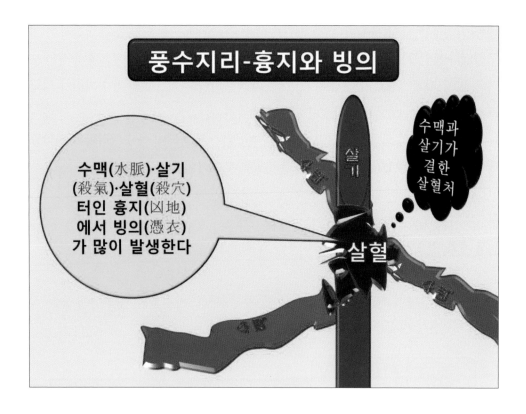

환이 발생한다. 흉지에서 장기(臟器), 신경계, 정신계 등에 질환이 발생하는데 이 터에 머문 시간에 따라 질병을 앓는 정도와 관계가 있으며 질환별 차이는 악영향을 주는 기운에 따라 다르게 나타난다.

신경계 질환인 경우 악영향을 주는 곳을 피하여 자리해야 하고 주위에 혈이 있으면 치료 효과가 배가된다.

정신계 질환 중 빙의의 경우 치료한 후 또 그 자리에 머물면 재발하는 빈도가 높다. 이유는 다시 빙의되거나 또 다른 빙의가 생길 확률이 높기 때문이다.

의학통학을 행하여 치료한 사례들을 볼 때 정신계에 이상을 가져온 빙의를 치료하였다면 그 자리에 다시 머물면 안 된다. 특히 흉지에서는 정신계 질환이 재발하는 경우가 많으니 자리를 옮기거나 이사를 하여 재발하지 않도록 원천적인 조치를 하여야 한다.

수맥과 살기가 결(結)한 살혈 터 사진

수맥과 암 발생 관계

의사들은 암이 발생하는 원인 중 상당부분 스트레스와 불면증을 예로 든다.

스트레스는 잠을 못 이루게 하고, 불면증이 되면 스트레스가 많아지기 마련인데 수맥마저 침상을 지나가게 되면 숙면을 취하지 못하게 된다.

또한 수맥은 정신질환의 발병에도 중요한 요인이 되기도 하는데 심하면 빙의, 환청, 환각 등의 정신질환이 발생하기도 한다.

수맥이 있는 곳은 가구나 화분을 배치하여 피하고 전원주택 설계시에는 베란다나 다용도실 등으로 수맥을 피하여 설계하도록 한다.

사람이 사는 집을 포함하여 터마다에는 수맥이 있는가 하면 좋은 기의 기맥과 각종 기맥으로 뭉친 혈이 있다. 이를 감정하여 수맥이 있는 공간은 피하고 혈이 있는 공간을 적극 활용하면 된다.

하지만 거대한 수맥이 있다면 이사를 고려해야 한다.

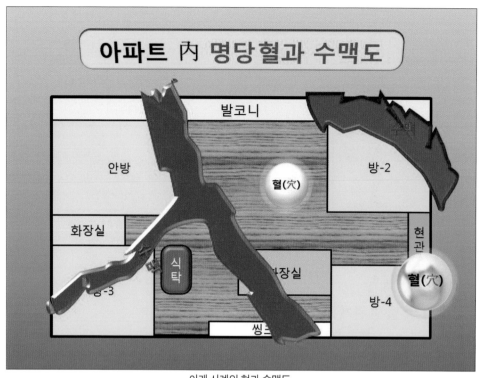

아래 사례의 혈과 수맥도

수맥과 혈의 특성

수맥은 질병을 유발하지만 명당혈은 병을 호전시키고 치유시킨다. 혈의 오행 성질을 적용하면 더욱 효과적이다. 오랫동안 거식증으로 인해 병마와 싸워야 했던 사람이 본서 음택 사례기 〈"저 묘의 후손이 누구입니까?"〉의 주인공 김종목 관장이 소개한 사람인데 김 관장님께서 산송장과 다름없다 했을 정도로 몰골이 차마 눈 뜨고 볼 수 없을 정도였으나 대동학 사무실에 방문한 날부터 섭식하기 시작했다. 기력회복을 위해 명당혈(穴)에 정혈한 후 환자를 포함한 가족(4명) 모두 명당혈의 기(氣)를 체감하면서 구체적으로 표현하는 등 함께 기뻐했었고 환자의 원기회복 및 쾌유를 빌며 가족에게 활기가 있기를 기원했었다.

길지(吉地)와 흉지(凶地)

수맥과 살기가 있
는 살혈 흉지

명당 혈이 있는
명당 길지

명당혈(穴)과 살혈(殺穴) 地는 유별하다

살혈 터를 면함도 중요하다

출장 현장에서 의뢰인은 두 필지 중 맘에 든다는 터가 어떠하냐고 묻기에 "이 터
는 살혈이 있고 살혈로 인하여 정신질환자가 나오는 자리입니다"라고 하자 의뢰인
이 화들짝 놀라며 전에 집이 있었는데 정신질환자가 있었다며 인정하였다. 그리고
동행한 대동학 정통풍수지리 학인 견각(見覺) 선생에게 수맥과 살기가 교차하는 살
혈 중심에서 기(氣)를 체감해 보라 하자 체험 후 "검고 안 좋은 기운이 올라와 몸을
감싸고 있습니다. 명당혈을 구하는 것도 중요하지만 흉지살(상충, 황천 등)처 살혈
터를 면하라 함을 강조하는 것에 대하여 잘 알게 됐습니다"라고 했다.

수맥, 살기, 살혈터에선 불면증, 빙의 등 각종 질병이 유발되고 명당혈(穴) 터에선
병이 치유되니 흉지(凶地)와 명당혈(穴)이 있는 길지(吉地)를 선별하여 사전에 계약

하는 것은 지혜로운 일이다. 역시 수맥은 차단이나 제거되지 않는 것이며, 흉지를
길지로 전환하거나 명당으로 절대로 만들 수 없기 때문이다.

길지와 흉지

　수맥이나 살기, 살혈이 있는 흉지(凶地)에서 병이 생기고 명당혈(穴)이 있는 길지
(吉地)에선 병이 낫는 사례들로 볼 때 길지와 흉지는 이렇듯 길흉화복(吉凶禍福)으
로 정반대의 결과로 나타나니 매우 중요하다.
　길지와 흉지의 중요성을 알고 사전 매수계약, 이사, 설계 전 선별 선택함은 분명히
지혜의 소산이다.

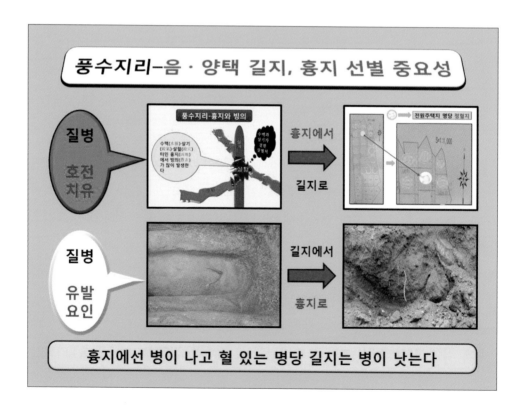

약수(藥水)와 관정(管井)

　명당혈처(穴處)에 있는 입자수(入字水)는 좋은 물이 나는 명기(明氣)의 약수이며, 합수(合水)되는 곳이 관정자리로 합수하는 곳에 관정해야 물이 많이 나온다.

　물이 합수하는 곳에서 물이 많이 나고 물길이 갈라지는 곳은 물이 적게 나온다. 관정하며 물이 나는 여부가 중요하겠지만 물이 많이 나오는 것이 관건으로서 합수처를 관정해야 하는 것이다. 명당혈이 클수록 대명혈 주위에 약수효과는 높다. 양택의 명당혈, 수맥 등을 정확히 점검하여 사전 설계, 건축, 인테리어에 적용해야 한다.

　지하수를 개발하며 수맥(水脈)과 살기(殺氣－상충살기, 황천살기 등) 맥이 결(結)하는 살혈(殺穴) 처에 관정(管井)하면 화(禍)가 따르니 절대적으로 금(禁)하여야 한다.

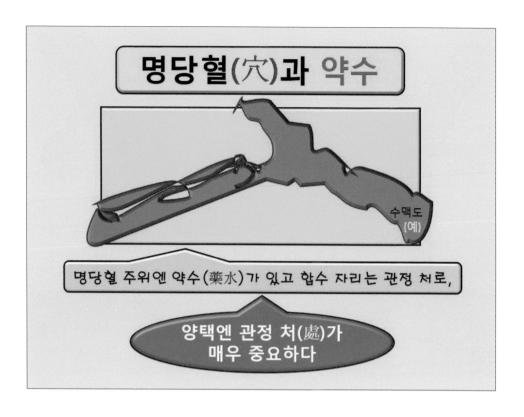

명당혈(穴)과 약수

수맥도
[예]

명당혈 주위엔 약수(藥水)가 있고 합수 자리는 관정 처로,

양택엔 관정 처(處)가
매우 중요하다

건물붕괴 원인은 수맥

묏자리의 광중에 있어야 할 체백이 이동되어 유실(流失)되는 경우들이 있다. 원거리로 이동하였다면 이는 수맥이 원인이다. 체백을 찾으려면 수맥의 득수(得水)와 파수(破水) 지점을 점검하여 찾는 방법이 있다. 수맥의 영향에 따라 집을 포함한 건물에 벽이 갈라지고 심하면 붕괴되는 원인이기도 하니 수맥으로 인하여 많은 변화가 있는 것이다.

얼마 전 한 터에 같은 설계로 지은 두 건물 중 하나가 붕괴되는 사건이 있었다. 원인은 수맥이 있는 곳을 흙으로 메우고 택지 개발하여 건물을 지었지만 수맥으로 땅속의 지반이 약해지자 견딜 수 없어 건물이 붕괴된 것이다.

건물이 균열되고 붕괴되는 것은 풍수지리의 이(理)를 적용하지 않아 발생하는 경

우가 많으며, 건축하며 인명사고가 발생하거나 사업을 실패하는 원인은 길지가 아닌 흉지이거나 명당혈을 훼손하고 파괴한 것과 연관이 많다.

초대형 건물의 경우 땅속 물길을 고려하지 않고 건물을 지으면 무너지거나 갈라져 과도한 유지보수비로 경영에 타격을 주고, 또 소문이 안 좋게 나면 고객이 발길을 돌리게 된다. 이렇듯 수맥은 건물을 무너트려 막대한 재산상에 피해가 발생하는데 수맥이 중요하지 않다 말할 수 있겠는가?

수맥을 제거하거나 차단할 수 있을까

성인도 할 수 없는 수맥제거나 차단으로 명당을 만들 수 있다는 속사가 많은 것이 현실이다. 수맥은 차단할 수도 차단될 수도 없는 것이 이치인데 요즈음 수맥을 차단할 수 있다며 고가의 동판작업이나 수맥을 차단할 수 있는 제품이라고 선전하며 각종 상품을 판매하는 행위가 많아져 참으로 안타깝고 슬픈 현실이다. 이는 풍수지리학인에게 전적인 책임이 있다.

수맥을 차단하는 작업이나 수맥을 차단할 수 있는 제품이 있다고 가정할 때, 수맥 차단 작업과 제품을 설치 또는 사용 후 수맥이 차단되었다면 타 풍수지리사가 수맥을 재점검하여도 수맥이 감지되지 않아야 하는데 수맥의 득수나 파수인 수맥로를 감지하고 수맥의 영향으로 해로움까지 감정한다면 이는 수맥차단이 되었다 말할 수 없는 것이다.

필자가 대전에 있는 어느 해장국집에서 식사를 주문하고 기다리는 동안 습관처럼 식당을 점검하였는데 수맥의 세기가 크게 감지되어 수맥의 득수, 파수의 땅속 물길을 가리키며 수맥의 세기가 크고 넓다고 말하자 식당주인은 "그렇잖아도 거기에 수맥이 있다고 하며 어느 풍수인이 수맥을 차단할 수 있다고 해서 동판작업을 권하여 많은 돈이 들었습니다"라고 말하는 것이 아닌가.

"수맥은 근본적으로 차단할 수 없는 것입니다. 수맥을 피해서 활용하는 지혜가 필요한 것입니다. 수맥이 있어야 명당혈이 있고 혈도 보존됩니다. 이곳은 주방과 식탁에 혈이 있고, 출입문은 여기 남쪽으로 활용하세요"라고 일러주었다.

동판이나 기타 제품으로 수맥을 차단할 수 있다고 말하는 것은 실내에 악취가 난다고 해서 이를 제거할 수 있다며 향수를 뿌려 향수의 고유 향기가 나니 악취를 제거했다고 말하는 것과 같은 것이다.

위 해장국집을 포함하여 동판작업, 그림, 기타 등으로 수맥을 제거했거나 차단했다면 필자가 수맥을 감지하지 못했어야 했는데 수맥을 그대로 점검했었던 사례들과 연구 결과 수맥은 제거되거나 차단되지 않는다는 것이다. 수맥을 포함한 살기, 살혈의 고유특성은 변하지 않는 것이므로 절대 인위적으로 변하게 해서는 아니 된다. 혈(穴)이 있는 길지 명당도 절대 만들 수가 없는 것이므로 사전에 분별하여 계약하는 것이 최선의 방법이다.

수맥을 절대 보존하라

수맥(水脈)은 절대로 보존해야 한다. 수맥은 혈(穴)에 있어 어머니와 같고 젖줄과 같으며 남녀에 있어 짝(配)처럼 혈과 수맥은 따로 떼려 하여도 뗄 수 없는 관계이다. 음양(陰陽) 없이 합(合)이 있을 수 없어 혈이 작혈되지 않으니 태극(太極)도 없다.

수맥은 기(氣)의 모(母)이고 사람이나 땅이나 물이 중요함을 더 이상 강조할 필요가 없는 것으로, 수맥을 무조건 나쁘다거나 해로운 것으로만 여기지 말고 지혜롭게 활용(活用)하되 절대 보존해야 하는 것이다. 수맥을 파괴하면 그 대가는 결국 인간에게 돌아오니 개발 또는 건축하며 수맥과 지맥(地脈) 그리고 혈(穴)을 절대 보존하여야 함을 거듭 새겨야 할 것이다. 연구와 사례들을 종합한 결과 수맥이 각종 질병을 유발하지만 수맥이 해롭다 하여 수맥을 차단할 목적으로 수맥로를 훼손하거나 파괴하지 말아야 하며, 수맥은 근본적으로 차단될 수 없는 것이니 차단하려 하지도 말아야 한다.

수맥인 땅속 물길을 파괴하면 명혈이 파괴되고 나아가 대자연이 훼손 또는 파괴되어 인재(人災)로 이어짐을 어찌 모르는가. 산(山) 정상이나 중턱에 수맥로가 훼손되고 파괴되면 산 아래 혈도 훼손되거나 파괴된다는 것을 알았으면 좋겠다.

지혜로운 자는 수맥과 명당 명혈을 절대 훼손하거나 파괴하려 하지 않으며 상생의 이치를 알고 실천한다. 그 누구도 대자연을 훼손하거나 파괴할 수 없고 유위할 수도 없는 것임에도 용사시 광중에 물이 고이면 물길을 돌린다며 수로를 만드는가 하면 심지어 광중 깊이를 무시하고 구덩이를 아주 깊게 만든 다음 다시 메우고 그 위에 고인을 모시면서 자신이 개발한 새로운 장법이라 자랑하는 속사도 있다.

광중작업하다 물이 나면 오점한 것을 바로 인정하고 다른 곳을 점해야 하는데 오히려 '물명당' 이라 하니 차마 웃지 못할 일이다. 수맥의 수로를 바꾸거나 깊이 파는 행위는 대자연을 훼손하는 행위이니 금해야 한다. 대자연을 유위하는 자는 절대로 진정한 학인이 될 수 없다. 수맥을 차단하려 혈과 산세를 훼손하거나 파괴하는 어처구니없는 행위는 절대 행하면 안 된다. 대자연을 유위하거나 훼손하고 파괴하는 것은 의(意), 신(身), 구(口) 업(業)보다 큰 대죄의 악업(惡業)이라 하겠다.

　우주 대자연에서 한 인간은 미물에 불과하고 죽어서 자연으로 돌아간다. 인간이 대자연을 파괴해서는 절대 아니 되며 대자연의 흐름 또한 절대 거역하거나 역행할 수 없다는 것 또한 알아야 한다.

수맥을 측정하는 방법

　수맥을 측정하는 방법은 4가지가 있다. 최소한 한 가지 이상은 알아야 수맥을 제대로 오점 없이 점검할 수 있다. 수맥은 혈의 젖줄과 같아서 수맥을 알아야 혈을 알 수 있다.

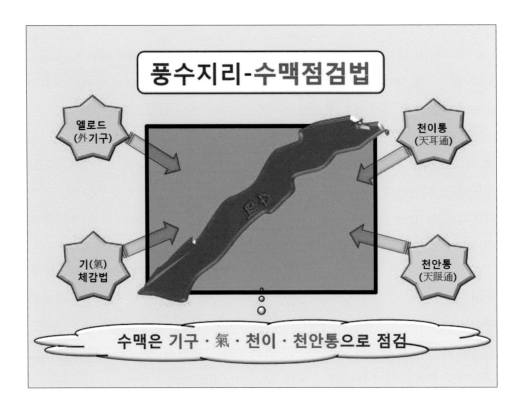

연구 결과 크게 네 가지 방법이 있어 두 가지 이상의 방법을 수맥찾기에 대입해 적용하면 오점할 확률은 적어지며 네 가지 방법까지 모두 적용해 점검한다면 오점하지 않게 된다.

필자는 전수받는 학인에게 이장하며 혈과 수맥의 합수 지점을 점검하라 하고 점검했다면 혈심이 몇 센티미터냐 묻고 합수 지점을 표시하게 한 후 광중작업하며 혈의 깊이를 눈으로 확인하게 하고 합수 지점에서 보토에 필요한 흙을 파면서 물줄기가 합하여 물이 나는 것을 눈으로 확인하게 한다. 그렇게 하면 학인은 확신하며 자신감을 갖는다.

수맥을 점검하는 방법

수맥을 점검하는 방법으로는 엘로드(ㅆ 기구), 기(氣) 체감법, 천이통(天耳通), 천안통(天眼通)이 있다.

1. 엘로드 등 기구 또는 매개물로 측정하는 방법

서양에서도 막대기나 추를 이용하여 수맥을 찾으며 프랑스에서는 '라디에스테지' 라는 막대기를 사용했고, 영국과 미국에서는 '다우징 로드' 라는 추를 이용하여 수맥을 찾는다고 하는데 이 모두 기구로 측정하는 것으로 분류된다.

수맥을 측정하는 엘로드, Y로드 등 기구만으로 수맥을 측정하는 경우 한계가 있어 참고하면 되는 것이지 맹신하면 오점하는 경우가 많으며 엘로드로 점까지 보듯 엘로드를 맹신하는 경우가 많은데 이는 절대 금물이다.

필자는 수맥측정법을 전수할 때 엘로드 사용법을 알려주는 이유는 엘로드의 오점과 점검할 수 있는 한계를 깨우치도록 하게 하기 위한 것으로 기(氣)를 체감하여 수맥, 기맥, 혈을 감지하게 되면 엘로드 등 기타 기구가 무용지물임을 깨치고 스스로 엘로드를 사용하지 않게 된다.

2. 기 체감법

전기는 60헤르츠(Hz)로 1초에 60번 사인파(sine wave)가 파동하여 꺼졌다 켜졌다를 반복하니 눈으로 구분할 수 없어 항상 켜져 보이는 것으로 수맥은 7.83Hz의 미세한 움직임으로 이를 감지하려면 수맥이 발생하는 주파수 파형의 미세한 세기를 기(氣)로써 감지하는 것이 기 체감법이다.

주파수가 있다는 것은 움직이고 있다는 것이고 움직임이 있다는 것은 각기 주파수의 형태인 파형과 세기의 기가 있어 수맥의 기를 측정하는 것을 말한다.

수맥인 땅속 물길도 제각기 다르기에 파형의 변화가 있게 되어 변이 파동의 인체에 악영향으로 신체부위별 질병유발 원인으로 수맥의 기와 수맥에 따른 질병유발로 인한 질병부위를 동시에 점검하는 방법이 있다.

반면, 주파수발생기(frequency generator. signal generator)로 파형과 헤르츠를 이용하여 의학분야의 물리치료에 응용하여 적용되고 있음에 저주파의 세기와 형태에 따라 약이 될 수 있고 독이 될 수도 있는 것이다.

3. 천이통(天耳通)

주파수가 있음은 소리가 있다는 것이다. 7.83Hz 소리로 듣는 천이통 방법이 있다. 물이 움직인다는 자체는 소리가 있고 소리가 다름은 주파수와 파형과 관계가 있다.

물리치료 받을 때 느낌이 다른 것은 주파수 파형을 변경해서 그런 것이다. 사람이 소리를 들을 수 있는 가청주파수는 20Hz~20kHz이다. 이 대역을 가청 주파수대(audio frequency band)라고 한다. 이 주파수를 벗어나는 소리는 사람들의 귀에 들리지 않는다고 하는데 천이통(天耳通)에 연관된 기 수련을 하면 가청주파수 외 대역까지 들을 수 있다. 이는 특이한 일이 아니라 일반 사람도 감각이 발달한 사람은 들을 수 있다.

4. 천안통(天眼通)

하단전에 기를 모으는 축기를 하고 이를 단련시키는 것을 반복하며 상단전에 전기를 보내듯 에너지를 보내는 것을 숙달하다 보면 전구가 켜지듯 상단전이 열리고 여러 가지를 동시에 볼 수 있다. 이 상황을 정진하다 보면 에너지의 세기에 따라 멀리 관(觀)할 수 있어 보이는 것이 시간과 공간을 초월하여 점차 차원이 다르게 볼 수 있는 천안통(天眼通)이 되는데 천안통에도 차원별 단계가 있다.

혈을 보는 단계에서 처음에는 커다란 점으로 보이고, 다음 혈의 색상과 크기가 보이며, 그 다음 혈 안에서의 기가 움직이는 현상까지 볼 수 있게 되는데 그렇듯 기 수련 단계별로 차원이 다르며 정진하면 땅속의 혈이 보이고 혈의 크기, 혈판의 무늬, 혈심이 보이면 3차원 이상의 고차원적 단계가 되어 땅속의 물길인 수맥도 당연히 볼 수 있게 되는 것이다.

이와 같이 보는 차원에 따라 관(觀)하는 능력이 다르게 되어 지맥과 수맥을 볼 수 있어 점검할 수 있고 더 나아가 살기와 살혈을 관할 수 있게 되면 의통학과 연계하여 수맥, 살기, 살혈의 기(氣)로 인한 질병유발 원인까지 점검하고 기에 의한 질병은 기로써 치료할 수 있는 단계가 된다.

수맥을 관하는 방법은 혈을 보는 방법과 같다. 혈을 찾으려면 먼저 주산을 본다. 주산에 지맥이 어떻게 흐르는지 보고 천기, 지기, 생기맥들이 한 지점에 뭉쳐 혈이 맺힌 곳을 찾는 방법인데 수맥도 대, 중, 소수맥을 보고 외수맥과 내수맥을 차례로 보면 혈을 감싸고 있는 내수맥까지 볼 수 있어 내수맥을 보았다면 혈과 각종 맥 그리고 수맥이 동시에 보일 것이다.

입향수수(立向收水)와 입자수(入字水)의 이(理)

풍수지리의 핵심이라 할 수 있는 기(氣)의 맥(脈), 혈, 수맥 모두 하나로 이(理)가 입향수수(立向收水)의 이(理)이며, 혈 주위의 수맥은 득수(得水)와 파수(破水)가 '입(入)' 자로 오고 가니 '입자수(入字水)의 이(理)'라 명명했으며, 입자수의 이(理)를 적용하면 수맥(水脈)을 상세히 점검할 수 있다.

각종 생기맥, 지기맥(용맥, 지맥, 지기혈맥, 지혈기맥), 천기맥이 기운화(氣運化) 작용으로 통맥(通脈)되어 작혈(作穴)되는 혈(穴)은 이(理)가 있고, 혈 주위엔 득수와 파수의 수맥의 이(理)가 있어 두 이(理)의 합일된 이(理)가 입향수수(立向收水)의 이(理)로, 이를 무학대사가 적용했었다.

무학대사는 "왕후장상과 충신열사와 숭유(崇儒)나 석부(碩富)는 다 산천의 정기가 뭉쳐서 생기는 것이니 대지(大地)나 호혈(好穴)은 사람마다 구한다고 얻어지는 것이 아니다. 또한 길한 땅을 얻지도 못하고 거기에다 입향수수(立向收水)의 법도 맞지 않으면 단번에 패하고 망하는 것이다"라고 했다.

입향수수(立向收水)의 이(理)와 용혈사수향(龍穴砂水向)의 이(理)는 이치(理致)의 범위가 다르다. 용혈사수향의 이(理)만을 적용하여 정혈한다면 소수의 혈만 정혈할 수밖에 없겠으나 입향수수의 이(理)를 적용하면 보다 폭넓게 대입하여 다수의 명당혈을 정혈할 수 있는 것이다.

좌향(坐向)의 이(理)

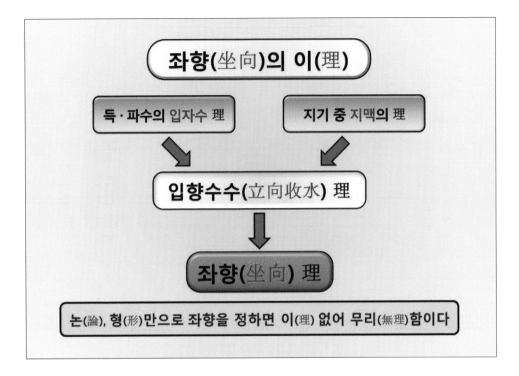

혈(穴)이 작혈(作穴)되며 지맥(地脈)의 방향과 입자수(入字水) 이(理)의 수법(水法)이 일치하면 입향수수(立向收水)의 이(理)에 부합되니 향(向)이 정해지고 향이 정해지니 좌(坐) 또한 정해진다. 좌향(坐向)은 팔괘(八卦) 방위, 24향법, 72룡향법 등이 있으며, 물형음양법(物形陰陽法), 지기통맥법(地氣通脈法), 입향수수법(立向收水法), 입자수법(入字水法) 등이 모두 일치하는지 점검한 후 좌향을 정한다.

혈 주위 내수맥과 외수맥 그리고 천기맥이 작으면 명혈(明穴) 명당(明堂)에 속하고 천기맥(天氣脈)은 지름이 크고 내수맥(內水脈)이 크면서 외수맥(外水脈)이 겹으로 장엄하면 대국(大局)으로 대명혈(大明穴), 대명당(大明堂)으로 작혈된다.

수맥 찾기, 명당혈 찾기를 하거나 논함에 있어 수맥과 혈의 하나 된 이(理)인 입향수수(立向收水) 이(理)의 범주를 벗어나지 못할 것으로 풍수지리 점검하고 감정하여 정혈하며 입향수수의 이(理)를 반드시 대입하고 적용해야 한다.

七十二룡좌향법

용물형(龍物形) 용맥(龍脈)이 실제 혈(穴)에 오가는 것으로 좌향(坐向)을 정하는 법이다

직지 · 흥덕사지 문화 · 풍수지리 관광 스토리텔링 개발과 파워스팟 제안에 관한 연구

光明 박용태

성서, 성지, 성불
삼성(三聖)이 있는 흥덕사지

국내외 최초 명당혈 생성원리도, 혈도, 작혈도, 이기상원론, 수맥을
측정하는 4가지 분류와 방법, 발복의 이(理) 등 연구 발표한 논문 표지

4 풍수지리 점검, 감정, 정혈하기

"풍수지리의 점검, 감정, 정혈은 단계별로 차원이 다르다."

- 점검, 감정, 정혈 단계

1) 풍수지리 점검이란
- 음택 점검 범위
- 흥망성쇠
- 만물을 점검하면 기(氣)가 있다
- 음양과 오행 중 무엇이 선행(先行)인가

2) 풍수지리 감정이란?
- 풍수지리 감정 삼요(三要)
- 풍수지리 감정과 질병
- 음택도 살혈은 무조건 피하고 면해라
- 사무자리, 공부자리의 중요성
- 맛집으로 성공하는 식당의 공통점
- 전원주택 감정
- 상가 감정
- 점포 감정
- 아파트 감정
- 묘지 감정
- 사무실 감정
- 부동산 사무실 감정

- 공인중개사 사무실 감정
- 주택과 황토방 터 감정
- 전원주택 분양지 감정
- 아파트 감정
- 신축 주택 감정
- 개축 터 감정
- 어린이집 감정
- 식당 감정
- 학교 교장실 감정
- 상가 분양 감정
- 주택 리모델링 감정
- 귀농 터 감정
- 학원 건물 감정
- 임야 감정
- 상가주택 감정
- 영어학원 감정
- 폐가 물건 감정
- 리모델링할 주택 감정
- 수퍼마켓 감정
- 분양 물건 감정
- 매물 터 감정
- 인테리어 감정
- 사무실 자리 감정
- 매물 컨설팅 감정
- 재건축 주택 감정
- 황토방 감정

3) 풍수지리 정혈
- 세상엔 셀 수 없을 만큼 무수히 많은 명당혈(穴)이 있다

풍수지리사 기본 단계

점검(點檢)-혈과 수맥 등 유무를 확인

감정(鑑定)-길, 흉지 따른 길흉화복 판정

정혈(正穴)-스스로 혈을 찾을 수 있는 단계

혈을 찾는 정혈(正穴)보다 혈에 진정한 주인을 정하는 정혈(定穴) 또한 차원이 전혀 다른 단계이며 그 다음이 용사 단계이다

점검, 감정, 정혈 단계

기(氣), 맥(脈), 혈(穴), 수맥(水脈) 등의 이(理)를 깨쳤다면 풍수지리 점검(點檢)을 할 수 있고, 다음 이에 대한 감정을 할 수 있으며, 나아가 혈을 정혈(正穴)할 수 있다.

점검을 할 수 있다면 이에 대한 길흉화복(吉凶禍福)을 감정할 수 있어야 하며, 정진한다면 타인이 정혈한 혈을 점검하고 감정하는 단계를 넘어 직접 혈을 찾는 정혈(正穴)을 할 수 있다.

더 나아가 고도의 단계에 이르면 혈의 주인을 정(定)할 수 있는 정혈(定穴)의 단계에 이른다.

1) 풍수지리 점검이란

양택과 음택 모두 터에 기, 혈, 수맥 등 풍수지리의 여러 이를 대입하여 길(吉)함과 흉(凶)함을 낱낱이 검사하는 것을 풍수지리 점검(點檢)이라 한다.

길지(吉地)와 흉지(凶地)

명당혈(穴)과 살혈(殺穴)지는 유별하다

위 사진은 음택의 길지와 흉지를 점검하여 파묘한 사진이다. 오른쪽 사진에서 보여주는 바대로 흉지를 점검하며 후손 중 뇌신경 이상자가 있을 거라 짚어내자 이를 인정하며 이장을 요청해 다섯 발짝 위에 있는 혈을 정혈하여 유택을 마련했다.

보기에도 아늑해 보이는 길지인 왼쪽 혈에 신장(伸葬)한 후 미망인의 꿈에 묘 안에서 커다랗고 둥근 빛이 났다고 한다.

다음 페이지의 그림은 아파트사업단지의 길지와 흉지를 점검한 예로서 오른쪽 사진 터가 수맥과 살기가 결한 살혈 흉지라 하자 옆에 있던 동네 사람은 그 자리에서 돌연사가 있어 폐건물이 되었다고 했다.

왼쪽에 혈이 있는 길지는 바로 분양이 완료되었고, 흉지(凶地)를 지켜본 결과 분양되지 않은 곳이 많다.

풍수지리 점검할 때 엘로드만으로 수맥과 기를 측정하는 경우가 많다. 엘로드로는 악기와 진기를 구별할 수 없으니 이를 구별하지 못하면서 의뢰인에게 "기가 세게 흐르는 좋은 명당자리입니다"라고 말하는 불행한 일은 없어야 한다.

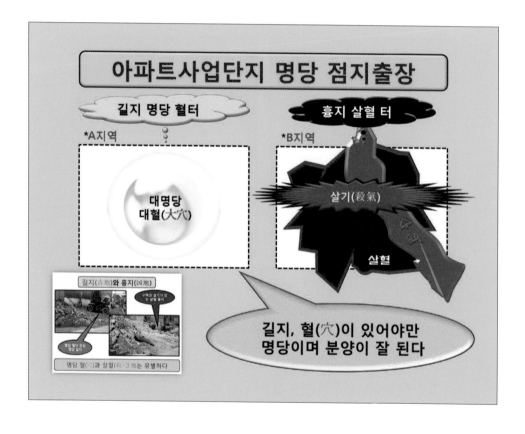

음택 점검 범위

조상의 체백이 명당에 있으면 좋으나 흉지에 있는 경우도 있으니 모두 점검하여 편안하게 모시는 것은 당연한 일이다.

그러나 조상의 묘가 전부 혈이 있는 명당에 모셔지는 경우는 희박하기만 해서 필자는 어떤 묘를 점검하거나 감정할 때 그들 조상의 묘들도 함께 감정하고 의뢰인이 사는 집과 근무처도 가능하면 함께 점검하여 감정한다.

도선국사는 "화복(禍福)을 한 산의 길흉에만 기대어 논(論)함은 옳지 않으며 무릇 사람의 집에 고조(高祖)·증조(曾祖) 이래로 여러 위(位)의 조상 분묘가 있는데 길하기만 할 수도 없고 흉하기만 할 수도 없으니 총체적으로 종합해서 판단한 후에 참작하여 분별할 것이니라"라고 했다.

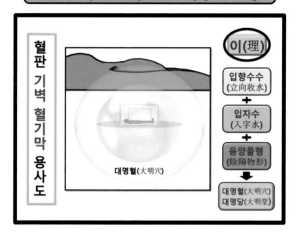

흥망성쇠(興亡盛衰)

길지(吉地)　　　　흉지(凶地)

길지와 흉지 터에 따라 흥망성쇠가 예견되고 나타난다

홍망성쇠

　음택과 양택에 있어 이장(초장)을 하거나 이사(이전)를 하는 경우, 옮긴 터를 감정하면 흥하고 망함과 성하고 쇠함인 흥망성쇠(興亡盛衰)가 예견된다.

　수맥, 살기, 살혈이 있는 흉지(凶地)에서 명당혈(穴)이 있는 길지(吉地)로 옮겨 흥(興)하고 성(盛)하는 예.

- 흉지에서 명당혈(穴)이 있는 터로 이장하는 경우
- 흉지 아파트에서 명당혈(穴)이 있는 아파트(주택, 전원주택)로 이사하는 경우
- 명당혈에서 대명당(大明堂)인 대명혈(大明穴)로 개업, 이사, 이장하는 경우
- 공장, 상가, 점포, 사무실, 아울렛, 백화점, 빌딩 등 명당혈이 있는 곳으로 개업, 이전하는 경우

- 병원, 병실, 작업실, 사무자리 등 건축하거나 머무는 자리가 길지인 경우
- 대통령 집무실, 관청, 기업 빌딩 등이 명당, 대명당 길지로 이전한 경우
- 양택, 음택이 흉지에서 명당혈이 있는 길지 터로 이사, 이전, 이장하는 경우

명당혈(穴)이 있었던 길지(吉地)에서 흉지(凶地)로 옮겨 망(亡)하고 쇠(衰)하는 예.
- 명당혈(穴)이 있었던 묘에서 흉지로 이장한 경우
- 명당혈(穴)이 있었던 아파트(주택, 전원주택)에서 흉지로 이사한 경우
- 대명당(大明堂)인 대명혈(大明穴)에서 무해지나 흉지로 이사, 이장한 경우
- 공장, 상가, 점포, 사무실, 백화점, 빌딩 등을 흉지로 이전하여 개업하는 경우
- 병원, 병실, 작업실, 사무자리 등을 건축하거나 머무는 자리가 흉지인 경우
- 대통령 집무실, 관청, 기관장실, 사장실 등이 흉지에 있거나 흉지로 이전하는 경우
- 양택과 음택 모두가 혈이 있는 길지에서 흉지로 이사, 이전, 이장하는 경우 등이다.

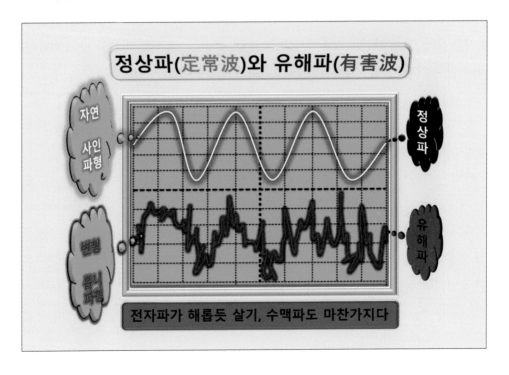

만물을 점검하면 기(氣)가 있다

명작을 포함한 행위작품 모두는 작가의 본령(本靈)의 에너지인 기(氣)가 담아져 기(氣)의 운화(運化)가 있게 되는데 작품들에서 에너지인 기(氣)를 각각 점검해 보면 작가의 기력(氣力)의 축기(蓄氣) 정도를 알 수 있고 작가가 기력(氣力)을 얼마만큼 작품에 담았는지를 알 수 있다.

서예와 그림 등 모든 작품을 기체감법으로 점검할 수 있어 점검해 보면, 서예작품인 경우 하나 하나의 글자와 전체의 필체들을 각각 점검하면 기(氣)의 분포를 알 수 있으며, 작가의 기력과 작품에서 표출되는 기(氣)의 운화(運化)를 점검해 보면 명작(名作)을 심사하는 방법 중 하나의 기준이 될 수 있다.

달마도(達摩圖)의 경우 사람들의 관심이 많다. 달마도가 효험이 있느냐, 아니면 없는 것이냐가 관심사인데 결론을 말하자면 달마도는 효험이 있다. 하지만 중요한 것은 달마도가 어떤 사람의 작품인가에 따라 효험의 효과 정도는 다른 것이며 한 사람의 작품도 기의 차이는 모두 다르다. 60년 동안이나 수묵화를 그린 방정 한건동 선생은 60년 만에 자신의 작품에서 빛을 보았다고 했는데 악한 마음을 갖고 작품한다면 선한 기가 아니라 악기가 전해지니 작품 활동함에 있어 마음가짐이 얼마나 중요한지 더 말할 필요가 없을 것이다.

작가가 쌓은 덕(德)의 정도에 따라 명작 여부가 결정되어 효험의 효과 정도를 결정하는 요인이 된다.

하지만 달마도를 포함 그림, 서예, 서각 작품과 동물(거북이, 두꺼비, 코끼리, 돼지, 닭 등)의 모형을 포함한 만물은 기(氣)가 있어 기를 발산하지만 수맥 차단과 제거와는 전혀 상관없는 별개이니 수맥을 차단하거나 제거되지 않는다는 것을 알았으면 좋겠다. 더군다나 수맥 등에서 흉지를 혈(穴)이 있는 명당으로 만들거나 바꿀 수 없는 것이니 이로 인한 피해가 더 이상은 없어야 하겠다.

음양과 오행 중 무엇이 선행(先行)인가

오행(五行)의 근본은 음(陰)·양(陽)이다. 다시 말하자면, 오행의 모태(母胎)는 음·양인 것으로, 음양의 자(子)격인 오행을 먼저 정해 놓고 모태인 음·양을 정하거나 음·양을 적용하지 않으면 이는 이치에 맞지 않는 괴리이다. 자식이 부모를 정한다는 말은 논할 가치조차 없는 괴리에 불과하다. 도선국사의 음양론은 안산에 양 또는 음이 있어야 한다고 하며, 음이 좌동하면 양이 안산에 있어야 한다는 음양설과 풍수지리의 무학대사는 음과 양이 서로 마주보고 산과 물이 짝을 지어 합하면 이것이 천지조화와 자연의 신비한 운행이치인 것이라고 한 내용과 더불어 역학(易學)에서는 일음일양(一陰一陽)은 도(道)라 하였다. 음과 양이 서로 그 집을 감싸고 동(動)과 정(靜)이 서로 근원이 되어 음양이 서로 자리를 넘겨받으면 만물이 화순(化醇)한다 하였고, 이치로 미루어 보면 음기(陰氣)가 화(化)하여 양기(陽氣)로 변하여 가히 조화(造化)의 기틀이 이루어지는 것이다. 양기가 화하여 음기로 변하면 역시 조화의 기틀이 이루어지게 되는 것으로써 이는 독양불생(獨陽不生), 즉 양(陽) 하나만으로는 생명이 생기지 못하는 것이며, 또 독음부장(獨陰不長) 즉 음(陰) 하나만 있어가지고서는 자라지 못한다는 뜻이다.

이런 내용과 함께 무학대사의 "음양교구가 이루어져야 하는 것이니 이는 마치 남녀가 짝짓기하는 것과 같은 이치인 것이다. 이는 이기(二氣)가 서로 합하여 만물이 생성하듯이 부부가 서로 사랑하고, 합교한 연후에야 자식을 낳고 길러내게 되는 원리와 같은 것이다. 어찌 양(陽)이 양을 만나 생육(生育)이 이루어지며 음(陰)이 음을 만나 독생(獨生)하겠는가"라 했던 내용을 참조해 보면, 음·양의 자(子)격인 오행(五行)만을 중시하고, 또 음양을 모르고 어찌 오행만을 선행하는가라고 묻고 싶다.

자석도 N극과 S극이 서로 마주해야 합하고 전기, 전자공학의 근본인 에너지의 원리도 +극과 −극이 합하여야만 에너지가 발생되는 것이다. 풍수지리에서 말하는 기(氣)는 반드시 보내는 쪽과 받는 쪽이 있어 음양이 합일(合一)한다. 오행만을 선행한다면 음양의 이치를 적용하지 못해 실패하는 것으로 풍수지리, 작명, 명리학 모두 남(男)과 여(女)를 구분 못하고 오행만 적용한다면 낭패를 면하지 못한다는 말이다.

2) 풍수지리 감정이란

　풍수지리 점검 후 길지인지 흉지인지를 구분하고, 또 터의 특성에 따라 명당인지의 진위(眞僞)를 낱낱이 밝힌 연후에 복(福)과 화(禍)의 생성을 감별하여 흥망성쇠(興亡盛衰)를 판정함으로써 풍수지리적으로 영향이 미치는 부동산 가치 등을 종합적으로 분석하여 평가하는 것을 풍수지리 감정(鑑定)이라 한다.

　일례로, 현장에서 풍수지리 점검 후 수맥, 살기, 살혈이 있는 흉지에 따른 악영향이 신체부위별 질병을 유발하는 원인으로 나타남을 감정하여 이르면 그에 따른 자신의 질병을 잘 알기에 현장에서 확인이 가능한 것이다.

　부동산 가치는 입지조건, 시세, 동향 등을 살펴야 하지만 이 모두에 만족스럽다 해도 그곳이 흉지라면 화를 유발할 수 있으므로 계약하지 말아야 한다.

한 건물 같은 층에 아파트, 점포, 사무실, 식당 등 모두가 명당혈이 있는 명당이라 해도 바로 옆은 수맥 등이 있어 흉지가 존재하므로 이를 선별함이 중요하다. 지가(地價)가 높은 동네를 무조건 명당이라고 말한다면 이(理) 없는 무리의 소치(所致)이다.

아파트 분양 선전 문구에서 명당 아파트 단지라는 홍보는 아파트 분양 사업자의 일방적인 주장이지 풍수지리적으로는 타당하지 않은 것이다.

아파트의 경우 동별, 층별, 호수별로 혈이 있는 명당은 따로 있고 혈의 주위에는 수맥이 있기에 길지 옆은 대부분 흉지라는 점에서 사전에 감정하여 선별 계약함이 매우 중요하다.

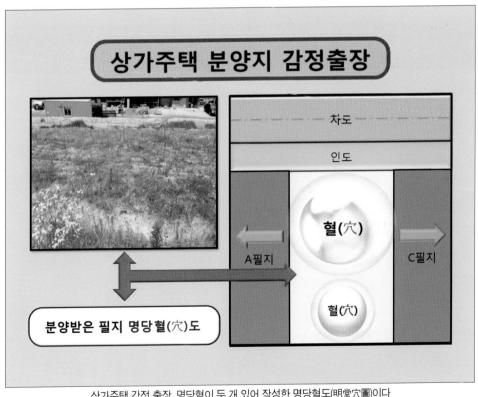

상가주택 감정 출장, 명당혈이 두 개 있어 작성한 명당혈도(明堂穴圖)이다

풍수지리 – 감정 3요

조상 여러 위(位) 분묘

주거지 주택 아파트 호수

근무지 공장 사무실 호실

음택 양택 모두 점검하면 종합적인 감정 결과가 나타난다

풍수지리 감정 삼요(三要)

사람마다의 복(福)을 논하자면 태어날 때의 복, 조상으로부터 내려오는 음덕의 음복, 양택과 음택의 명당 발복 등에서 요구되는 삼요(三要)가 있다.

풍수지리 감정시 여러 위(位)의 조상 분묘, 살고 있는 아파트(주택), 근무하는 사무실(상가) 등에서 사람의 종합건강검진 결과처럼 감정 삼요를 적용하여 점검하면 보다 입체적인 분석으로 감정 결과가 나타난다.

조상묘, 주거지, 근무지 모두 길지이면 좋으나 그렇지 않고 흉지가 있다면 피하는 방법으로 활용하면 된다.

풍수지리 감정과 질병

　인간을 포함한 생물의 대표적인 특징이 부모로부터 자손에게 전해지는 유전인데, 유전은 한 집안의 내력이라 할 수 있으며 유전적 질병을 내적인 요인으로 본다면 수맥, 살기, 살혈이 있는 터 즉, 흉지의 영향으로 인한 외적인 내력도 있는 것이다.

　음택과 양택 모두 혈이 있는 길지는 혈의 음양오행(陰陽五行) 성질에 따라 후손에게 대대로 이어지는 발복(發福)으로 나타나는 반면, 흉지는 갖가지 질병을 유발하여 대(代)를 잇는 질병으로 나타나게 된다.

　다음은 흉지(凶地－수맥, 살기, 살혈 터)를 점검한 결과 악영향으로 인해 유발된 질병들을 의통학으로 감정한 바 그 결과를 의뢰인들이 인정했던 사례다.

　"이 묘는 정신신경계장애를 유발하여 고인의 후손 중 정신질환자가 있게 됩니다."

　"이 집터에는 대상질환자들이 많습니다."

　"이 침대에서는 환청, 환각 증상이 나타나고 심하면 빙의되는 자리입니다."

　"이 자리에서 자는 아이는 후두엽을 자극받아 시신경에 이상이 생깁니다."

　"이 방에서 자면 가위눌림 현상이 자주 발생합니다."

　"이 터는 중추신경장애로 고혈압 증상이 있게 되고 심하면 풍(중풍)으로 이어지게 됩니다."

　"이 잠자리는 수면장애가 있고 전두엽 이상으로 편두통이 있는 자리입니다."

　"이 잠자리는 수면마비와 중추신경장애를 유발하여 잠을 자면 오히려 더 피곤이 쌓이는 자리입니다."

　"이 침대자리는 부정맥 증상을 유발할 징후가 있어, 급성심근경색증을 면해야 하니 즉시 옮겨야 합니다."

　"이 공부자리(책상자리)는 학생의 집중력을 분산하여 산만하고 학업능률이 저하되는 자리입니다."

"이 자리는 부부잠자리에 악영향이 있어 방안에서 향(向)을 남향으로 하면 지맥의 기(氣)를 받아 호전될 것입니다."

"이 자리는 수맥이 있어 체온을 저하시키니 신혼부부 자리로 적합하지 않습니다. 방안 저곳은 명당혈에 기(氣) 운화로 배란 온도를 상승하게 하여 잉태에 도움이 되는 자리니 그곳으로 옮기세요."

위 사례를 포함하여 풍수지리학적 이(理)를 대입 점검하여 감정한 결과에 따라 악영향이 있으면 자리만 옮겨도 해결이 가능하다. 유전적 질병이라면 의학적으로 접근하여야 하지만 흉지의 악영향으로 인한 질병이라면 유발 원인을 제거하기 위해 터 내(內)에서 흉지를 피하여야 한다. 피할 방법이 없다면 길지로 이사하는 것을 고려해야 한다.

음택·양택 모두 길지와 흉지의 영향에 따른 결과는 정반대로 나타나게 되니 사전에 선별 선택하여 계약하는 것이 매우 중요하다.

음택도 살혈은 무조건 피하고 면해라

필자가 산을 오르는 중간에 길가에서 멀리 떨어진 의뢰인 조상의 묘(우측 상단 사진)를 가리켜 "저 묘는 살기맥이 충하여 살혈 살기가 강해 정신신경계를 자극하는 악영향을 유발하여 후손 중에 정신질환자가 있었을 것입니다" 라고 말하자 그는 놀랍다는 표정으로 정신질환자가 많았다고 전폭적으로 수긍하는 것이었다.

그러면서 '묘에 가보지도 않고서 그것을 어떻게 알았느냐' 고 묻기에 "저 묘의 살혈 기운이 머리 중앙 부분에 있는 천문혈(天門穴)을 막고 있어 의식 장애, 신경쇠약, 각성 장애가 되는 주된 요인으로 작용하여 백회혈(百會穴)을 뚫어야 하는데 백회혈을 뚫는 방법은 침을 사용하는 침법이 있고, 또 혈이 있는 명당 중심에 자리하면 발바닥 가운데 용천혈(涌泉穴)과 항문과 사타구니 사이에 있는 회음혈(會陰穴)에서 기운을 받아 옮기는 진기전환법을 적용하면 됩니다" 라고 알려주었다.

그리고 산에 올라 묘에 있는 수맥을 점검하면서 의뢰인의 신체부위를 짚어주며, "이 부분(대추혈)이 자주 막혀 근육이 굳으면서 중추신경 마비현상이 생기는데 바로 이 묘의 수맥 때문입니다" 라고 지적하며, 수맥과 수맥으로 인해 생겨나는 질병까지 챙겨 감정 결과를 세세하게 알려주자 의뢰인은 신비롭다며 고맙다는 것이었다.

사무자리, 공부자리의 중요성

명당혈(穴)은 작혈(作穴)하며 음양(陰陽) 오행(五行－火, 土, 金, 水, 木)의 성질에 따라 저마다의 특성이 다르기에 각기 특성에 따라 작용(作用)하고 발복(發福)하므로 용도에 따른 자리 배치가 중요하다.

천년고찰의 부처님이 모셔진 금당은 혈의 오행 성질 중에서 금혈(金穴)에 자리하고 있고 산신각은 수혈(水穴)에 대부분 자리하고 있다.

따라서 사업장의 사무자리 등은 혈의 오행 성질 중 금혈(金穴)에 자리해야 적절하

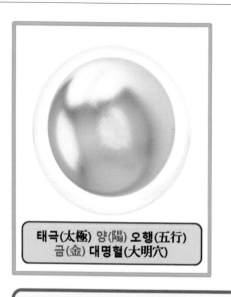

태극(太極) 양(陽) 오행(五行)
금(金) 대명혈(大明穴)

태극(太極) 음(陰) 오행(五行)
수(水) 대명혈(大明穴)

대명당 금혈(金穴)은 본존불을 모신 금당(대웅전, 대웅보전, 대적광전),
대명당 수혈(水穴)은 수련하는 선방 자리이다

고 공부자리 등은 수혈(水穴)에 자리해야 유익하다.

사무실 책상자리나 공부하는 책상자리는 모두 중요하다. 학생이나 사무직의 경우 장시간 의자에 앉게 되는데 의자의 자리가 수맥(水脈)이나 악기(惡氣)가 있는 위치에 있다면 많은 문제가 발생한다.

학생이 공부하는 자리는 장시간 집중력이 요구되는 반면 집중력에 따른 에너지가 많이 소모되고 사무직의 경우 역시 업무에 따른 에너지 소비와 함께 상당한 스트레스가 동반된다. 특히 사무직에 종사하는 경우 수맥이나 악기가 있는 자리에서 장시간 근무하게 되면 수맥이나 악기의 영향을 받아 신체부위에 질병이 유발된다.

필자는 이와 같은 연관성을 알고 그동안 이를 체계적으로 정립하고자 노력하였다. 점검을 하면서 의자자리에 수맥과 악기가 있다면 수맥과 악기의 신체 부위별 질병발생 요인과 점검 대상자의 신체부위의 질병과 일치한다면 점검 결과를 최종적으로 재확인하고 점검 내용을 말하게 되는데 이 결과에 대하여 많은 사람들이 매우 신기해 함과 동시에 경이로움을 감추지 못했다. 그동안 많은 점검을 통하여 수맥과 질병의 관계를 정립하면서 수맥과 악기에 대처하는 방법과 질병 정도에 따라 치료방법 등을 구체적으로 제시하여 대단한 호응을 받아왔다.

결론적으로 공부자리나 사무자리가 혈(穴)자리인 경우 수맥과 살기가 있는 흉지와는 반대로 진기(眞氣) 혈이 왕성하게 작용하여 집중력과 업무능력이 향상되고 피로도는 감소된다는 것이다.

사무실 감정

사장과 경리부서는 혈의 오행(五行)이 발산하는 성질 중 금혈(金穴)에 자리하여야

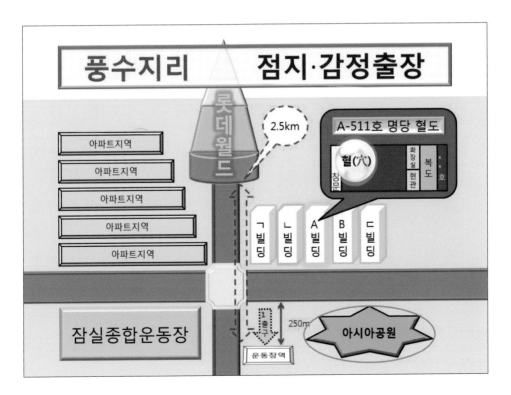

하고 기획, 연구, 생산부서는 수혈(水穴)에 자리해야 한다고 설명하고 해당 혈을 짚어 자리를 배치하였다.

혈의 음양(陰陽)과 오행의 성질을 적용하여 제대로 자리해야 하는데 이를 적용하지 않으면 부서의 기운(氣運)이 역행하여 좋지 않은 결과가 나타난다. 회사의 경우 회의실이나 회의하는 곳은 수혈이 있는 곳에, 금고는 금혈에 자리해야 한다.

부동산 사무실 감정

전원주택지의 감정 정혈을 의뢰했던 공인중개사가 이번엔 자신이 운영하는 사무실을 감정 요청하여 감정한 결과 돈 많이 벌어 부자 되는 명당으로서 혈의 위치와

책상 배치 그리고 출입문이 제대로 자리하고 있었다.

　현장에서 점검 및 감정하다 보면 명당혈에 제대로 자리한 경우가 있어 물으면 손수 자리를 결정했다고 답하며 좋았다고 한다.

　좋지 않은 자리였으면 흉지의 기운으로 병이 나고 탈이 있었을 것인데 건강하고 성업하고 있으니 명당혈의 기운을 제대로 받은 것이다.

공인중개사 사무실 감정

　아래 공인중개사 사무실을 점검하고 감정한 결과 도면처럼 수맥이 가로로 나있어 강을 건너는 격이다. 공인중개사 사무실은 혈의 오행 성질 중 부(富)와 관계 깊은 금

혈(金穴)에 위치해야 하는데 반대로 수혈(水穴)이 구석에 있다.

계약 기간이 많이 남아있어 우선은 혈이 있는 창문을 출입문으로 하라 했고, 장차 금혈이 있는 사무실로 이전하라 권했다. 권리금까지 주고 개업한 사무실이 흉지인 경우와 명당혈이 있는 길지에 개업한 경우 길흉지에 따른 건강과 직접적인 영향이 있고 사업의 성공 여부와 밀접한 관계가 있다.

학교 교장실 감정

어느 학교 교장실 내에 자리한 명당혈(穴)과 수맥도인데 책상, 의자, 소파자리 등을 설명했다. 양택에선 잠자리와 근무하는 사무실의 책상, 소파, 공부자리 등에 명

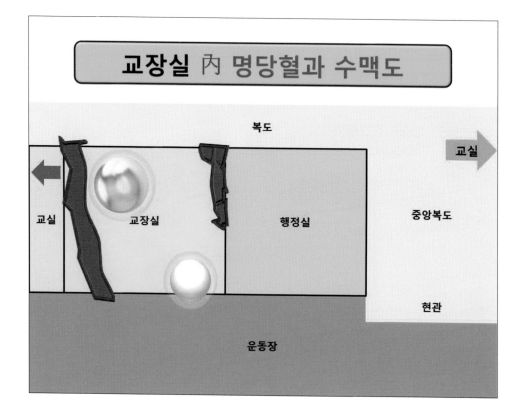

당혈이 있어야 좋다. 사람은 직장에서 열심히 근무하고 퇴근하여 보금자리에서 가족과 함께 편히 쉬어야 하는데 잠자는 자리가 흉지라면 피로회복은커녕 오히려 피로가 누적되어 건강이 악화되는 요인이 된다.

사무실의 책상이나 소파자리도 마찬가지다. 업무를 하다 보면 과로와 스트레스 등으로 많은 에너지가 소모되는데 기운이 축기되는 명당 길지가 아닌 흉지에서 장기간 근무하면 질병이 유발되는 요인이 되는 것이다.

사무실 자리 감정

건설회사의 경우, 입찰을 담당하는 자리는 금혈(金穴-명당혈)에 위치하여야 하

고 증권이나 주식투자 관련 자리도 금혈에 자리하게 함은 물론, 입찰과 투자를 담당하는 직원의 오행에 따라 적합한 관계가 있으니 명당혈의 오행 성질과 직원 개인의 오행 성질이 일치하여야만 보다 좋은 결과가 나타나게 된다.

그 사례로서, "이 자리는 수맥이 넓고 세기가 커 책상(집무)자리로서는 적합하지 않습니다. 사무실 내(內) 금혈자리는 여기 한 곳입니다. 사장(의뢰인)의 오행 기운(氣運)과 이 금혈자리의 기(氣)와 상생(相生)하니 이 자리로 책상을 옮겨 사장이 직접 입찰에 참여해 보세요"라고 권한 경우이다.

또한 "건물 내 금혈(金穴－명당혈)은 책상자리 중 한 곳입니다. 여기에 입찰을 담당하는 직원을 자리하게 하고 입찰에 참여하게 하세요"라고 했었는데 좋은 결과가 있었다. 그런데 오행(五行)의 금혈(金穴－명당혈)이라도 부(富)와 귀(貴)의 이(理) 또한 나누어져 있어 부귀(富貴)인 재산과 지위에 관계가 있는 금혈(金穴－오행)의 이(理)가 있어 이를 정혈(正穴)했다 하여도 이와 상생할 수 있는 사람의 기운을 점검해 정혈(定穴)할 수 있어야 한다.

혈(穴)을 풍수지리의 여러 이(理)에 대입하여 점검한 후 정혈(正穴)했다 하여도 혈에 오행(陰陽五行) 성질(火, 土, 金, 水, 木)의 이(理)를 확인하여 성질에 부합하도록 이를 적용할 수 있어야 한다.

전원주택 감정

우측 상단의 그림에서 보이는 바대로 전원주택지 감정 결과를 부부에게 설명하는 과정에서 의뢰인이 건물 중심(위치)과 바닥 높이의 관련성을 묻기에 현장에서 즉시 기(氣) 체감법을 지도하면서 "부부가 직접 명당혈 중심에 서서 기를 체감해 보세요"라고 말한 후 천천히 움직이자 곧바로 부인이 점했고 이어서 남편이 점했으며 본인이 점한 혈의 중심 높이가 3인 모두 같았다.

이처럼 현장에서 의뢰인을 포함한 가족이 함께 혈 중심에서 기를 체감하면 합리

양택 전원주택 설계의 중요성

주택 중심 → 혈 위치 중앙

주택 바닥 → 혈 높이 중심

좌향 → 혈과 혈의 지맥

양택 음택 모두 혈(穴)의 이(理)를 대입 적용한다

적이라고 말할 수 있다.

주택과 황토방 터 감정

전원주택지 분양 물건 중 명당찾기, 풍수지리 감정 후 혈이 있는 명당을 점지하며 다음 페이지 상단의 도면이 보여주는 내용과 같이 가상의 중심자리, 높이 등 가상설계와 황토방까지 설명했다.

황토방은 사각이 아닌 원형으로 지으라 했다. 이유는 혈이 둥근 원형이니 이에 걸맞게 원형으로 지으면 그림처럼 혈안에서 기운을 모두 담고 받을 수 있기 때문이다. 인디언이 원형으로 집을 짓는 이유가 적용된 경우이다.

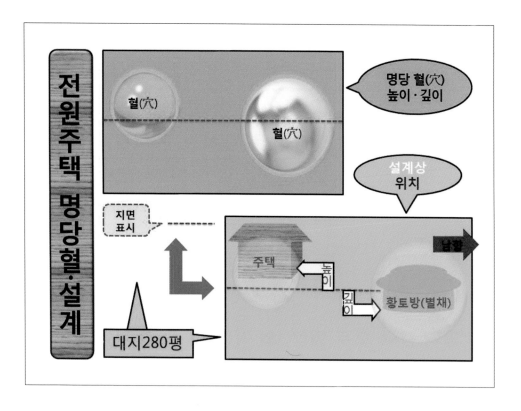

터를 점검하고 감정하다 보면 수맥만 있는 곳이 있고, 명당혈이 크기에 혈장만 있는 곳도 있으며, 혈이 있지만 구석이나 외부에 있는 경우가 많다.

혈이 있다면 터 어느 곳에 위치하는지 확인하여야 하고 혈의 오행을 점검하여 용도에 맞는지 감정하여 점지하는 것이 중요하다.

전원주택 분양지 감정

지인이나 상담 의뢰인이 아파트를 계약했거나 이사한 후 좋은 집이냐고 질문하면 참으로 대답하기 난감할 경우가 많다. 좋은 집에 이사했으면 선택을 잘 했다고 같이 기뻐하며 말할 수 있는데 그 반대이면 사실대로 답하기가 어려워 이러지도 못하고

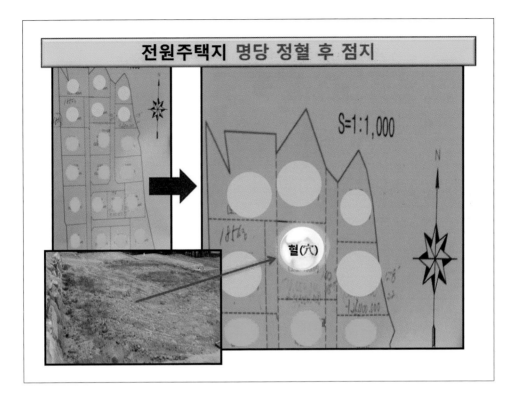

전원주택지 명당 정혈 후 점지

S=1:1,000

혈(穴)

저러지도 못해 곤란하기 때문이다.

'동·호수 지정 계약개시'라며 신규 분양한다는 아파트 광고를 흔하게 볼 수 있다. 신규 아파트, 전원주택지, 주택지, 상가, 상업용지, 공장부지, 공원묘지 등을 분양할 때 지정 계약하는 경우 혈이 있는 명당자리를 선별하여 우선적으로 분양 받을 수 있다.

위 도면과 사진은 여러 필지를 분양하는 전원주택지를 감정한 결과 해당 필지 하나만 혈이 제대로 자리하고 있어 명당으로 점지한 것이다.

이밖에도 어느 의뢰인과 다섯 곳의 전원주택 분양지를 점검하여 그 중에서 대혈(大穴)이 있는 필지를 점지하여 계약한 사례도 있었다.

역시 혈이 있는 명당 부동산은 매도할 때도 쉽사리 되거나 제값 이상을 받을 수 있지만 가격을 내려도 매매되지 않으면 흉지인지 재차 살펴볼 필요가 있다.

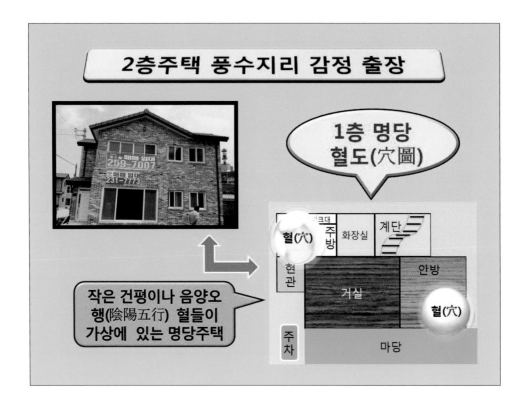

신축 주택 감정

　위 사진과 도면은 감정 출장하여 본 건평 30평의 주택으로서 작은 건평이나 음양
오행 명당혈(穴)이 가상 내(內)에 있는 양택 명당이다.
　현장에서 침대, 가전제품, 소파, 가구 위치 등 여러 가지 풍수지리 인테리어 이(理)
를 자세히 설명했으며, 부인이 갑자기 계약금을 지불해서 황당했다는 의뢰인에게
"다행히 길지입니다"라고 말했다.
　본 사례는 김종목 관장의 부인이 사전 협의 없이 계약한 집이 혹시나 흉지였으면
대답하기 곤란했을 것이고 부부간에 갈등이 있었을 것인데 다행이다 싶어 필자의
마음이 가벼웠다.

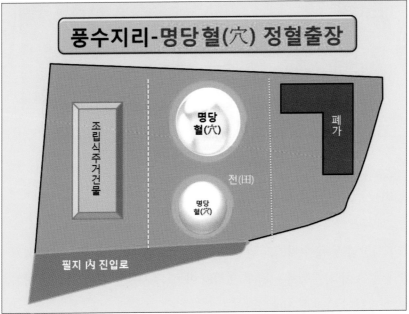

풍수지리-명당혈(穴) 정혈출장

조립식주거건물

명당
혈(穴)

폐
가

전(田)

명당
혈(穴)

필지 內 진입로

개축 터 감정

위 사진은 혈이 있는 명당으로서 공사 전에 가상의 테두리를 표시하여 혈을 중심으로 가상을 설계해야 함을 설명했으며, 아래 도면은 정혈한 또 다른 혈도이다.

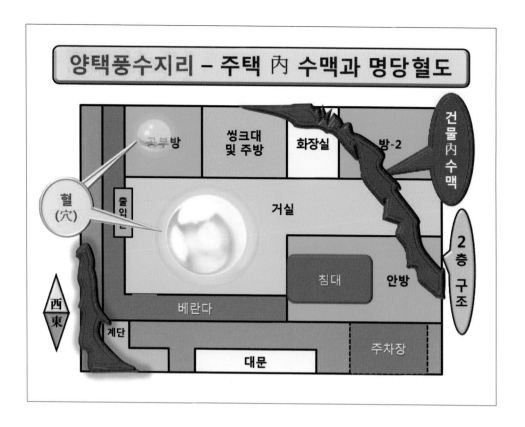

주택 리모델링 감정

수맥과 명당혈 등 풍수지리와 관련된 여러 이(理)를 점검한 후 의뢰인에게 자세히 설명했다. 증축이나 개축하는 경우 오히려 안 좋은 사례도 많아 사전에 점검하고 감정한 후 계획함이 올바른 지혜이다.

전원주택을 포함한 양택은 정혈한 후 건축 전 설계부터 상·중·하혈(명당혈)의 풍수지리 이(理)를 적용해야 하며 명당혈 또한 생(生)하는 혈인지 사(死)하는 혈인지 생로병사(生老病死)를 반드시 구별해야 한다.

귀농 터 감정

　정혈 출장 후 명당혈(穴), 수맥, 입향수수(立向收水) 등 이(理)를 적용한 전원주택으로 가상설계를 제안도와 같이 설명했다.

　건축이 완성되면 혈과 각종 혈기맥(기혈맥)의 위치, 방향, 세기, 높이, 각도 등을 고려하여 풍수지리 인테리어를 적용한다. 아파트의 경우 동별, 호수별, 층별 명당은 따로 있고 명혈에 잠자리, 공부자리, 소파(거실), 식탁이 자리할 곳도 따로 있으며 자리에서도 높이, 방향, 각도 등을 적용하여 배치하여야 한다.

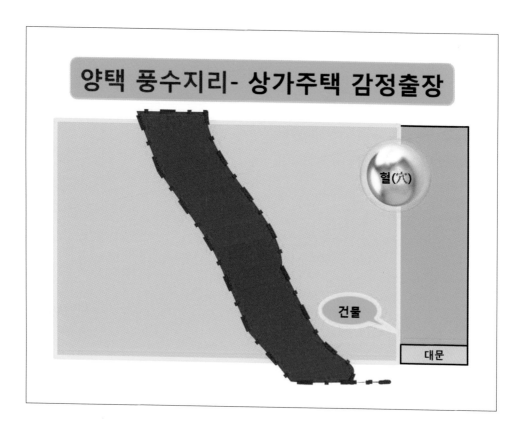

상가주택 감정

상가주택을 감정하며, 작은 명당혈(穴)은 있으나 제대로 자리하지 못해 못생긴 건물이고 수맥이 대각선으로 나 있어 이 경우 소화기관, 머리부위를 심하게 자극해 장과 뇌에 질병을 유발하는 자리이니 매입하지 말고 다른 물건을 알아보라고 했다.

터를 점검하고 감정하다 보면 수맥만 있는 곳이 있고 명당혈이 크기에 혈장만 있는 곳도 있으며 혈이 있지만 구석이나 외부에 있는 경우가 많다.

혈이 있다면 혈이 터 어느 곳에 위치하는지 확인하여야 하고 혈의 오행을 점검하여 용도에 맞는지 감정하여 점지하는 것이 중요하다.

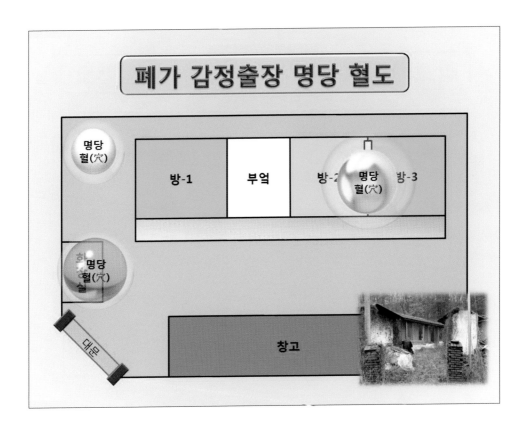

폐가 감정출장 명당 혈도

명당
혈(穴)

방-1　　부엌　　방-2　명당　방-3
　　　　　　　　　혈(穴)

명당
혈(穴)

대문

창고

폐가 물건 감정

　어느 시골 독거노인이 살았던 폐가 매물을 공인중개사가 감정 의뢰하여 명당혈 (穴)이 있는 길지(吉地)로 감정했다.

　흉가(凶家)와 폐가(廢家)는 다르다. 흉가는 수맥, 살기, 살혈로 인하여 사람들이 살지 못하는 집으로, 집에 사는 사람마다 좋지 못한 일을 당하는 불길한 집이고 폐 가는 사람이 살고 있지 않고 버려두어 낡은 집으로, 폐가의 경우에는 명당혈이 있는 경우가 있다.

　귀농하는 경우 또는 귀촌하는 경우 폐가에도 혈있는 명당터가 있으니 선별하여 개축하거나 리모델링하는 방법도 고려할 만하다.

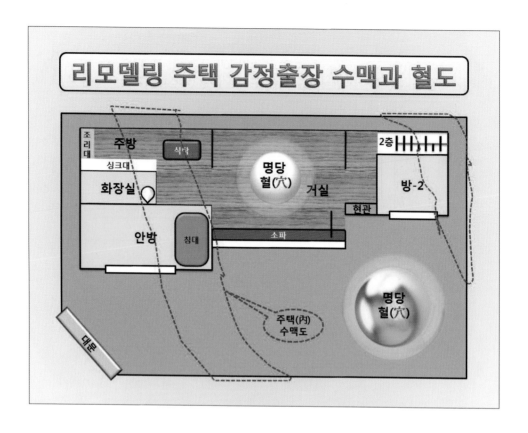

리모델링할 주택 감정

동판 등으로 수맥이 제거되거나 차단될 수 없다는 것을 그동안 여러 체험을 통한 사례들로 잘 알고 있다는 의뢰인은 "수맥은 피하고 혈(穴－명당혈)을 활용함이 지혜이다"라는 필자의 주장을 인정한다며 출장을 의뢰해 왔다.

대문을 열고 들어가 곧바로 안마당의 평상에서 엘로드 등 기타 기구도 없이 수맥도와 명당혈도를 작성하자 자신의 집에 흐르는 수맥을 이미 알고 있다는 듯이 인정하는 표정을 짓는 의뢰인에게 불면증 등 수맥 피해들을 상세히 설명하자 모두 인정하는 것이었다. 그에게 명당혈(穴)의 위치(중심), 활용법, 혈의 기 체감 방법 등을 자세히 설명해 줬다.

재건축 주택 감정

재건축하며 수맥은 피하고 명당혈을 중심으로 가상 중심, 높이, 설계, 풍수지리 인테리어 등을 설명했다.

의뢰인에게 명당혈(穴)의 기(氣) 체감을 지도하자 기체감을 반응했고, 아이(고2) 방의 수맥을 점검하며 수맥으로 인한 전두엽, 후두엽, 측두엽 등 뇌에 악영향이 미쳐 스트레스 과다와 생리불순까지 있음을 감정하자 놀라워 하면서 모두 다 인정했다. 폐가 또는 건물이 오래 되어 그 자리에 그대로 건축하는 경우 명당혈이 있는 자리이면 그대로 지어야 하지만 수맥, 살기, 살혈의 터이면 흉지의 영향을 그대로 받기 때문에 터 내(內)의 명당혈을 찾아 설계하거나 혈이 없다면 팔고 혈이 있는 터를 매입하여 건축하는 방법이 있다.

주택을 신축하거나 재건축, 리모델링, 풍수지리 인테리어 모두에 터의 수맥, 지맥, 혈 등을 점검하여 이(理)를 적용해야 한다.

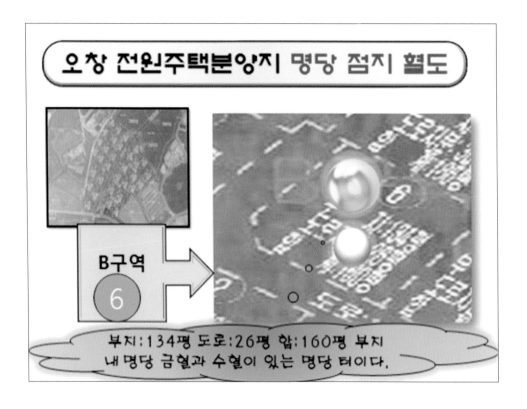

오창 전원주택분양지 명당 점지 혈도

B구역
6

부지:134평 도로:26평 합:160평 부지
내 명당 금혈과 수혈이 있는 명당 터이다.

분양 물건 감정

경기도 광주시에 거주하는 건축사업가는 경기도 양평에 전원주택지를 조성하고
자 부동산매물로 나온 여러 필지에 대한 풍수지리 감정, 점지를 의뢰해 왔다.

이에 필자는 각 필지에 대하여 수맥, 혈(穴–명당혈), 좌향, 가상, 지세, 물형 등 풍
수지리 이(理)를 종합적으로 대입하여 점검하고 감정한 후 분석한 결과를 말하며 터
에 명당혈이 있다 하여도 혈이 자리한 위치에 따라 명당혈과 가상(설계)의 합리 등
의 유동성을 설명하며 장기투자가 더 낫겠다는 분석까지 말하자 의뢰인은 "땅 사기
가 정말 어려운 거네요"라며 점지한 터를 매입하겠다고 하면서 고맙다고 했다.

부동산은 매입하기 전에 혈이나 가상 등을 종합적으로 선별하고 선택하여 계약해
야 한다.

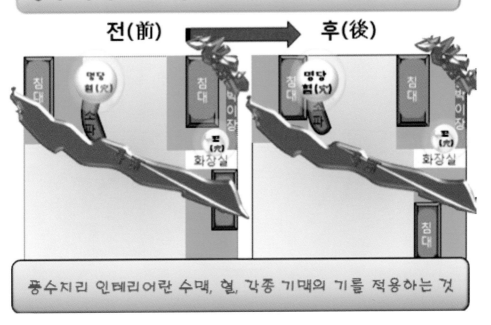

풍수지리-APT 풍수출장 침대, 소파 전과 후

전(前) → 후(後)

풍수지리 인테리어란 수맥, 혈, 각종 기맥의 기를 적용하는 것

인테리어 감정

수맥은 빙의, 환청, 환각 등을 포함한 신체부위별로 각종 질병을 유발하게 하는 주된 원인으로 작용하는 바 출장하여서는 의통학과 의학통학을 병행하여 재발 방지를 위해 위처럼 기(氣), 기맥(氣脈), 혈(穴–명당혈) 등 풍수지리 이(理)를 적용해 잠자리(침대자리), 소파, 가구배치 등을 설명하며 인테리어, 리모델링, 설계 등에서 모두 수맥은 피하고 기, 기맥, 혈 등의 풍수지리 이(理)를 적용하는 것이라 말했다.

출장 후 의뢰인은 딸에 통증 등 증상이 사라졌다고 했다.

수맥, 살기, 살혈의 흉지로 인한 질병은 치료 후 다시 그 자리에 머물면 똑같은 현상이 반복되는 재발현상이 있어 치료하였다면 흉지의 질병 유발요인을 살펴 재발하지 않게 하여야 한다.

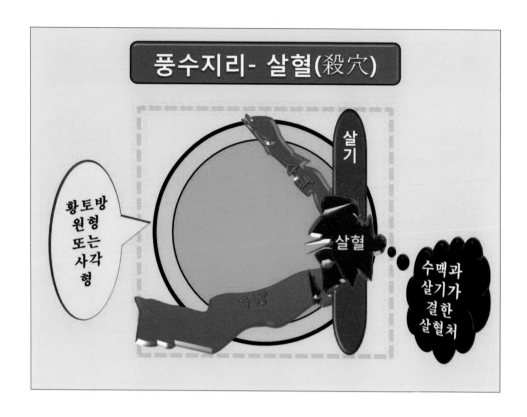

풍수지리- 살혈(殺穴)

살기

살혈

황토방 원형 또는 사각형

수맥과 살기가 결한 살혈처

황토방 감정

경기도에 있는 황토방 감정 결과 명당혈이 있는 길지가 아니라 수맥과 살기가 결(結)한 살혈처로서 사용불가로 감정한 사례다.

곡식을 보관하는 곳간이나 방, 황토방 등 실내에서 곡물을 건조시키거나 보관할 때 악취가 나거나 유독성 물질이 생기는 현상이 발생한다면 그 자리는 사람이 머무는 자리로서 부적합하니 피하는 것이 상책이다.

건강을 생각하여 황토방을 짓는 것인데 명당혈이 아닌 살혈이 있는 곳에 황토방을 짓는다면 오히려 병이 유발된다.

참고적으로 황토방을 지으려면 원형으로 짓기를 권한다. 인디언 집과 같이 원형으로 지으면 원형인 명당혈의 기운을 효과적으로 받을 수 있기 때문이다.

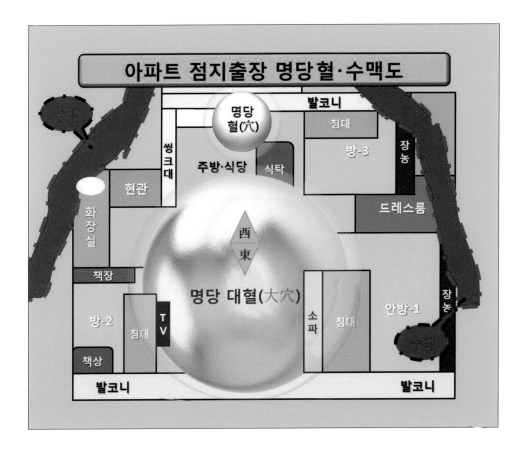

아파트 감정 · 1

혈이 있는 명당으로 점지한 아파트로서 점지 후에 나타난 혈, 수맥, 각종 기맥을 적용한 풍수지리 인테리어 도(圖)이다.

현장에서 이 배치 내용과 같이 소파, 침대, 책상, 책장, 장롱, TV, 식탁자리 등에 관한 풍수지리 인테리어도 설명했다.

아파트와 주택의 경우 명당혈 금혈(金穴)이 있는 곳에는 부부 잠자리로, 명당혈 수혈(水穴)이 있는 곳은 공부(책상)자리로 자리해야 하는데 거실에 혈이 자리했으면 명당혈의 오행 성질을 적용하여 용도에 맞게 활용하는 것이 좋다.

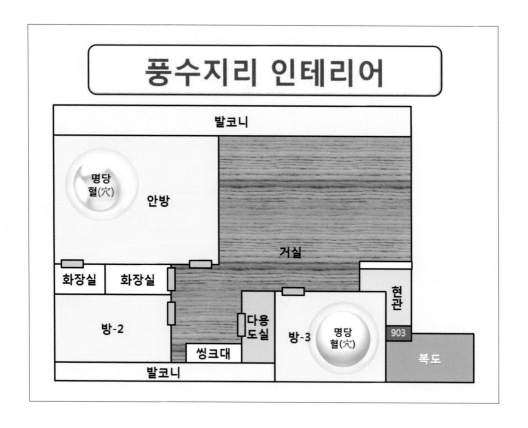

아파트 감정 · 2

　이사할 아파트의 풍수지리 인테리어 출장의뢰를 받아 명당혈(穴), 수맥, 좌향 등 이(理)를 점검한 후, 잠자리(침대 위치, 높이, 방향), 공부자리(의자), 식탁, 가구 등의 배치와 관련한 인테리어에 대하여 설명했다.

　양택(아파트, 주택, 전원주택, 사무실, 오피스텔, 공장, 상가, 빌딩 등)은 명당혈(穴), 수맥, 입향수수(立向收水), 좌향, 기맥 등 풍수지리의 여러 이(理)의 이치(理致)를 대입 적용해야 하는데 이는 혈(穴)이 있는 명당 길지(吉地)와 수맥, 살기, 살혈 처인 흉지가 분명 유별하여 길흉화복(吉凶禍福)으로 반드시 나타나기 때문이다.

맛집 주방엔 혈(穴)이 있다

주방에 오행 수혈이 있고 계산대, 출입구에 금혈이 있어야 좋다

맛집으로 성공하는 식당의 공통점

식당과 제과점 등에서 주방에 수혈이 있고 입구 계산대에 금혈이 있으면 맛집으로 성업한다는 공통점이 있다.

위 사진은 맛집으로 소문나 성업 중인 식당으로 주방에 수혈이 있다. 성업하고 성공하는 식당의 공통점은 명당혈 또는 대명당의 혈이 있다. 수맥, 살기, 살혈의 위치와 세기 그리고 그 크기에 따라 식당이 성공하거나 실패하는 주된 요인이 된다는 사실이 다년간 수많은 식당을 포함하여 요식업소, 제과점 등을 점검하고 분석한 결과로 나타났다.

특이한 점은 오행(五行)에 수혈(水穴)의 명당 또는 대명당혈(穴)이 주방에 있는 경

우 혈의 기운이 왕성하게 작용하여 식재료의 숙성과정에서 맛을 더하여 맛집으로 성업하는 데 핵심 역할을 하였다는 것이다.

프랜차이즈 체인점의 경우 똑같은 재료와 똑같은 조리법으로 운영됨으로써 해당 점포 모두가 비슷한 수준으로 운영되어야 하는데 결코 그렇지 않다. 점포마다 사정이 다르게 성공하고 실패하는 상황인데 그 이유가 혈이 있는 길지에 있느냐 아니면 흉지에 있느냐에 따른 결과이다.

이는 본점과 분점의 맛이 다른 이유가 주방의 위치, 숙성 장소, 식재료가 자리하는 곳에 혈이 있느냐 없느냐에 따라 결국 성공과 실패가 좌우된다는 것이다.

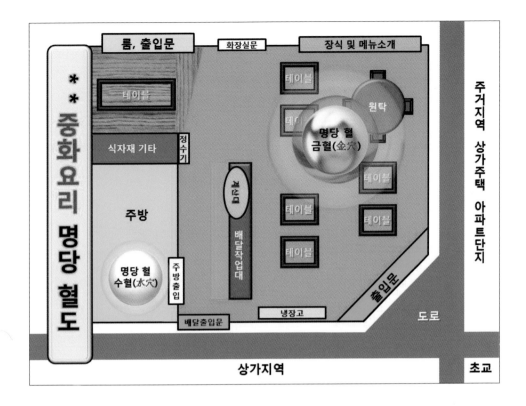

식당 감정

식당을 개업하려는 의뢰인이 있어 수맥, 명당혈 등을 점검한 후 감정결과 명당혈이 있어 이를 점지했고, 계약 후 명당혈도를 작성해 전하면서 풍수지리 인테리어에 대하여 설명했다.

요식업과 프랜차이즈 업소를 포함한 식당의 성공 요인은 주방(배합실)에 명혈이 있어야 모방할 수 없는 오묘한 맛으로 성공하게 되는 것이다.

호두과자, 찐빵, 만두, 두부전문집, 중화요리, 순대집, 식당… 등에서 맛집으로 소문난 곳엔 대부분 주방에 명당혈(穴) 중 특히 수혈(水穴)이 있다. 재료보관, 숙성, 조리과정에 명당혈의 기(氣) 작용으로 오묘한 맛이 발현되기에 요식업을 개업하거나 이전할 때는 수혈(水穴)이 있는 터의 선택이 무엇보다 중요하다.

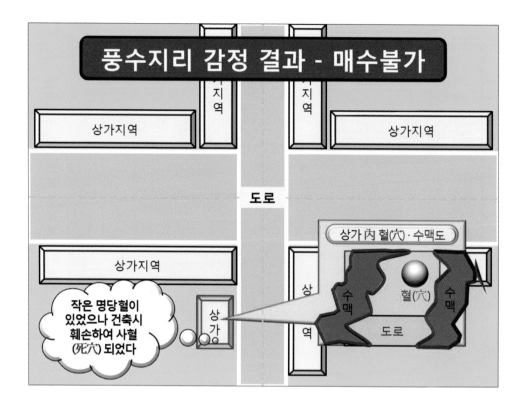

상가 감정

이 상가의 경우 건축하며 혈을 훼손하여 사혈(死穴)이 되어 버렸고 수맥이 차지한 범위가 매우 커 매수 불가로 감정결과를 말했다.

지맥이 운기(運氣)하는 땅속 깊이가 각기 다른데 아무런 이(理)도 없이 터파기를 하다 보니 지맥이 끊기게 되어 혈이 죽어 사혈되는 것으로 사혈이 되면 좋은 기운이 나쁜 기운으로 바뀌어 저절로 흉지가 된다.

상하좌우(上下左右) 건물을 지으며 터파기를 많이 했다면 터에 있는 혈도 사혈될 수 있기 때문에 이 또한 제대로 살펴야 한다.

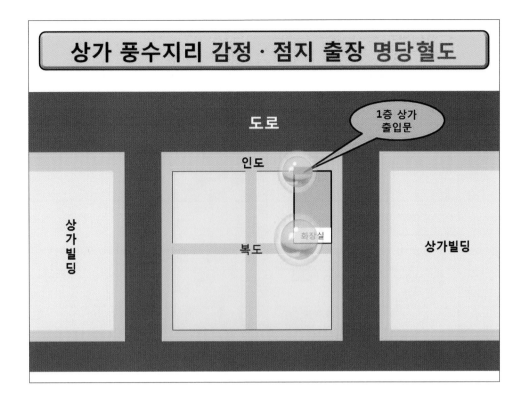

상가 분양 감정

신도시 상가 어느 호의 경우로 혈이 제대로 자리하지 못해 계약을 보류하도록 권했다. 혈 있는 명당에 위치한 점포가 성공하는 이유가 분명히 있다. 점포(백화점, 상가, 숍 등)에 명혈이 있으면 사람은 무의식적으로 찾게 되고 흉지의 경우 무의식적으로 피하게 되니 사업의 성패에 중대한 영향이 있음을 부인할 수 없을 것이다.

롯데백화점 본점의 경우 1층 본관과 입구에 걸쳐 대명혈이 있다. 대명혈은 명혈과 달리 기운화가 넓고 세기가 강하여 큰 기운화 작용으로 대표적인 성업을 이루는 사례이다.

대기업 본사 사옥을 점검해 보면 흥하고 망하는 경우 혈의 존재 유무와 밀접한 관계가 있는데 오랜 동안 연구하여 얻은 결과이다.

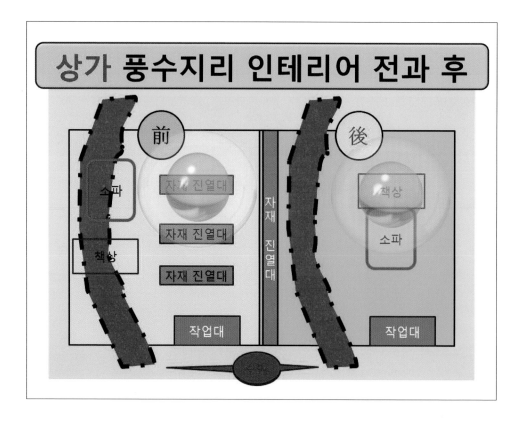

점포 감정

점포 내에 수맥이 차지하고 있는 범위가 커 이전하는 것이 유리한 것으로 풍수지리 컨설팅을 했다.

의통학을 동시에 점검한 결과 점포 주인이 수맥으로 인한 건강이 좋지 않아 이전하기 전까지 수맥 또한 피하라고 권했다.

실내에 책상자리 소파자리는 수맥을 피하여 자리해야 하고 명당혈이 있으면 혈을 중심으로 자리해야 하며 혈이 없다면 지맥을 비롯한 각종 기맥이 운기하는 곳에 배치하여 자리해야 한다.

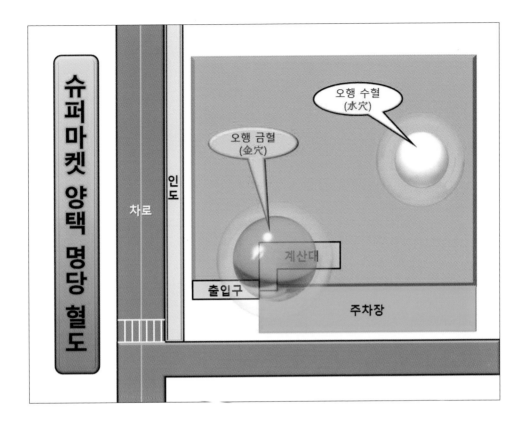

수퍼마켓 감정

여러 이(理)를 점검한 후 명당혈(穴), 출입구, 계산대 등 돈 벌어 부자 되는 수퍼마켓으로 감정했다.

상업(사업, 상점, 아울렛, 백화점 등)하는 터는 계산대(금고) 위치를 오행 금혈(金穴)에 자리하도록 해야 한다.

수퍼마켓을 개업하는 경우 계산하는 곳과 입구에 오행 금혈(金穴)이 있는지 여부와 수혈(水穴)이 있는지 여부를 확인하여 계약하는 것이 좋다.

금혈이 있고 수혈도 있다면 수혈은 야채, 채소 등 식재료나 정육이 있는 곳으로 자리하면 신선도 유지에도 도움이 되는 등 여러 장점이 있다.

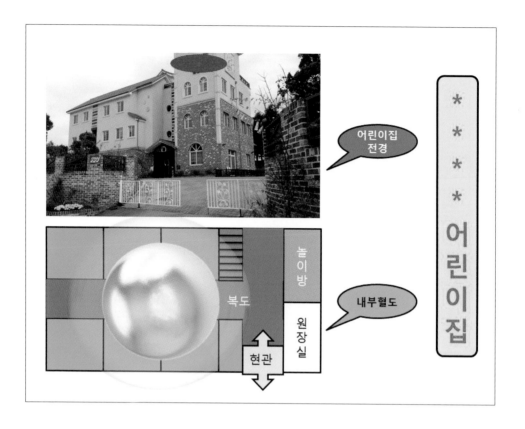

어린이집 전경

내부혈도

* * * * 어린이집

어린이집 감정

200명을 보육하는 어린이집을 감정했다.

이 터는 명당으로서 혈장이 크다는 특징이 있다. 타 어린이집에서 적응 못하던 어린이도 이 명당에 자리한 어린이집에 오면 잘 적응한다고 한다. 이런 이유로 해서 학교를 포함한 어린이집, 유치원, 학원, 기숙사 등도 길지와 흉지를 선별하여 계약하고 설계하여 건축해야 한다.

명혈이 있는 명당에 터를 잡으면 아이들에게 별다른 탈이 없고 집중력이 향상되어 학업성취도가 높아진다.

집에서 공부하는 책상자리도 마찬가지다.

예시된 위 어린이집 원장은 오랫동안 어린이집을 운영하면서 느낀 바인데 언젠가 어느 노인이 "손자를 수맥이 있는 곳에는 보내지 않겠다"라고 말하며 수맥이 없는 어린이집을 찾아왔다는 것이다. 이 원장은 어린이집을 증설하며 풍수지리를 적용하고자 필자에게 의뢰했다고 말하면서 부부가 대혈의 기를 체험하며 기뻐했다.

학원 건물 감정

영어학원을 개업하고자 사전에 상가들을 살펴본 의뢰인에게 A, B 상가 중 A상가 7층 나호를 혈 있는 명당으로 점지, 선점하여 계약하도록 했다.

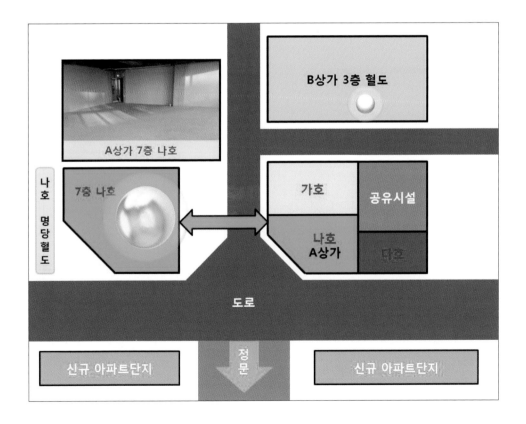

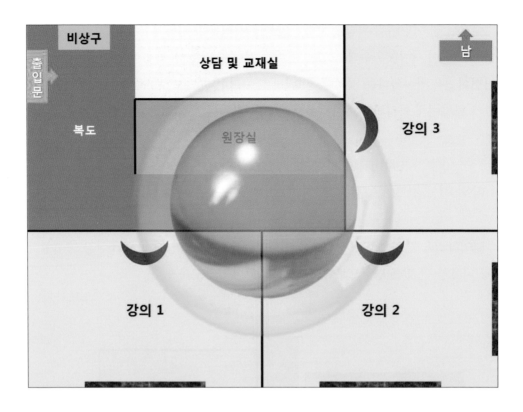

영어학원 감정

학원 풍수지리 인테리어 출장. 3층 전체가 품고 있는 명당 혈도와 함께 수맥 등을 설명했다. 혈장이 크고 수맥이 없다는 특징이다.

학원, 교실, 독서실 등 공부하는 자리는 중요하다. 명당혈이 있는 자리는 집중력이 향상되어 학업성취도가 좋아지는 반면 수맥, 살기, 살혈이 있는 자리는 집중력이 떨어진다.

학원을 운영하는 학원장은 학원 내에서 머무는 시간이 많아 혈이 있는 길지이면 혈에 기운을 받아 건강하지만 수맥 등이 있는 흉지에선 질병이 유발되어 건강이 좋지 않으니 학원생에게도 영향이 있게 된다.

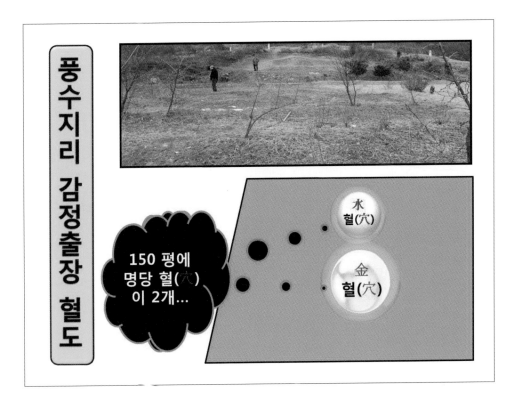

풍수지리 감정출장 혈도

150 평에
명당 혈(穴)
이 2개...

水
혈(穴)

金
혈(穴)

묘지 감정

　매도할지 여부를 결정하기 위해 감정을 의뢰한 분에게 150평의 작은 필지이지만
크고 작은 혈이 두 개나 있어 절대 팔지 말라고 했다.
　의뢰인은 필자의 풍수지리 강의에 빠짐없이 참석했고 그에게 혈을 찾는 방법을
실습과 병행하며 전수했는데 자신의 땅에 큰 혈이 있다는 것을 알고 재차 확인하려
요청했던 것이다.
　산과 밭(田)의 평수가 작지만 명당혈이 많은 터도 있고 대명당 대혈이 있는 터도
있는데 불구하고 평수가 큰 터를 찾는 경우가 있지만 흉지를 매입하는 사례도 있다.
중요한 것은 터에 명당혈이 있어야 한다.

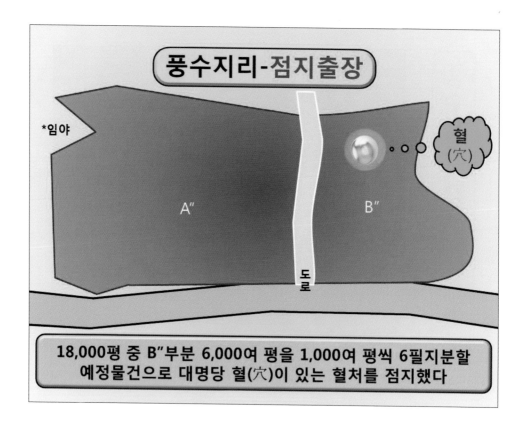

풍수지리-점지출장

*임야

혈
(穴)

A″

B″

도로

18,000평 중 B″부분 6,000여 평을 1,000여 평씩 6필지분할
예정물건으로 대명당 혈(穴)이 있는 혈처를 점지했다

임야 감정

　퇴직 후 삶의 보금자리를 준비하는 의뢰인에게 충남 소재 전원주택지 중 B″를 점지하여 선점했다.

　6,000여 평을 1,000여 평씩 6필지로 분할하는 물건에서 대명당 대혈이 있는 전원주택 가상설계 제안도를 현장에서 작성하면서 명당혈(穴)의 이(理)에 의한 주택 중심자리, 중심, 높이, 좌향 등 풍수지리와 관련한 여러 이(理)도 설명했다.

　양택(주택, 전원주택, 상가, 공장 등)을 계약할 때 주위의 산세를 살펴야 한다. 길을 만들면서 산세를 심하게 훼손했다면 지맥이 끊어진 경우가 많기 때문이다. 음택(묏자리)도 마찬가지이다.

매물 터 감정

위와 같이 부동산 택지를 출장하여 점검한 결과 지맥(용맥, 지기혈맥, 지혈기맥)을 파손하여 혈(穴—명당혈)이 훼손되었음에 안타까움을 금할 수 없었다. 토목공사할 때 터파기하며 지맥을 훼손하거나 파괴하지 말고 무조건 보존해야 한다. 길함이 흉함으로 바뀌기 때문이다.

지맥이 마을 뒤편의 동산에서 민가로 운기하다 맥이 끊어져 사진에서 보여주는 것처럼 혈이 죽어 사혈(死穴)되었고 아래 집으로 향하는 지맥까지 끊겨 민가의 혈도 사혈되어 좋지 않은 일이 있었을 것이라고 말한 후 확인하니 가축들에게 병이 나는 변고가 있었고 축사를 옮겼다고 했다.

매물 컨설팅 감정

위 사진은 공장과 공장 내에 있는 사무실의 풍수지리 점검 및 배치 사례로서 출장을 의뢰했던 의뢰인이 부동산 매매 물건에 대해서도 출장을 요청하였다.

현장에 도착하여 풍수지리(風水地理) 이(理)를 여러 가지로 점검한 후에 의뢰인에게 풍수지리적 점검내용과 인근 지역별 전원주택지의 가격 동향 및 시세 전망 등을 종합적으로 분석하고 판단하여 사진에 부동산 처리방안을 컨설팅하면서 이 세 필지 모두 처리하는 것보다 가운데 필지(B필지)는 명당(明堂)에 있어야 할 명혈(明穴)들이 있으니 이 곳에 집을 짓고 살면 좋을 것이라고 자세히 설명하였다.

그러자 의뢰인은 3필지(사진상 A, B, C 필지)를 남편이 구입한 후 잘못되었다고 생각만 하고 있었는데 "이제 길이 보여 속이 시원합니다. 감사합니다"라고 했다.

3) 풍수지리 정혈

혈을 찾는 정혈이 풍수지리의 핵심이라 하여도 과언은 아닐 것이다. 이론에 관한 한 만 가지 책이 있어도 이 세상에 똑같은 사람이 있을 수 없듯이 혈(穴)도 똑같은 혈이 없으니, 혈을 찾고 이론에 대입하는 것이지 이론으로 먼저 혈을 찾으려면 낙타가 바늘구멍 통과하기보다 더 어려울 것이다.

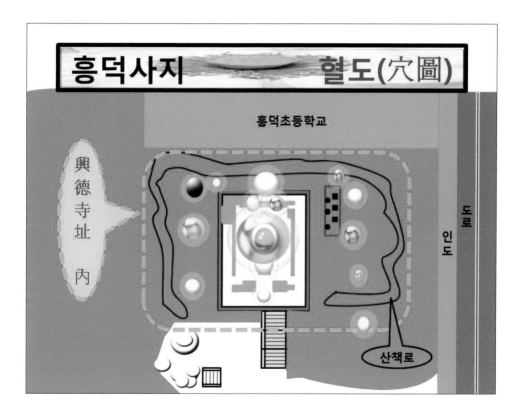

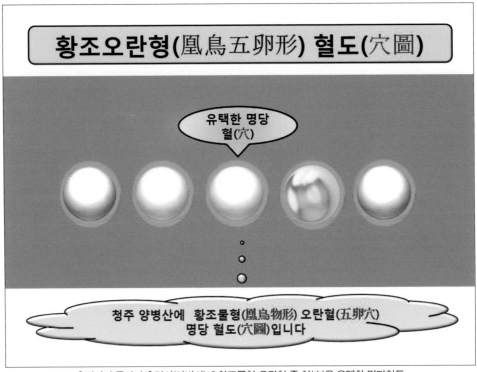

황조오란형(凰鳥五卵形) 혈도(穴圖)

유택한 명당
혈(穴)

청주 양병산에 황조물형(凰鳥物形) 오란혈(五卵穴)
명당 혈도(穴圖)입니다

흥덕사지 주산인 흥덕산(양병산)에 황조물형 오란형 중 혈(穴)을 유택한 명당혈도

세상엔 셀 수 없을 만큼 무수히 많은 명당혈(穴)이 있다

청주시 소재 양병산(흥덕산) 자락에 흥덕사지(興德寺址) 금당 주변에만 20여 개의 명당혈이 있으며, 양주시 소재 천보산 자락에 있는 회암사지(檜巖寺址) 내에만도 수십여 개의 명당혈이 있다. 위 명당혈도(穴圖)와 같이 작은 평수에도 각기 다른 명당혈들이 있어 명당혈은 무수히 많다고 하는 것으로, 정혈(正穴)하여 명당혈의 진정한 주인을 찾아 정혈(定穴)한다면 고인의 동기감응(同氣感應)과 후손의 동성인력작용(同性引力作用)으로 발복(發福)이 있다.

"하나의 좋은 산에 열 개의 무덤이 있다고 하여도 하나의 무덤 후손만 부귀하게 되고, 아홉 개의 무덤 후손은 가난하게 된다.─일개산두장십분(一介山頭葬十墳) 일

분부귀구분빈(一墳富貴九墳貧)."

　이는 이치에 맞지 않는 말이다. 이 같은 말이 명당혈(穴)이 귀한 것이라고 생각하게 할 수도 있으나 다른 측면으로 볼 때 명당혈은 이미 다 쓰여져 더 이상 명당혈은 없다고 생각할 수 있어 화장을 결정하는 경우도 있음을 유념해야 한다.

정혈하는 마음가짐

　무학대사는 "길지(吉地)는 적선지가(積善之家)라야 만나게 되는 것이고, 좋은 혈은 나쁜 짓을 한 사람에게 주어서는 아니 되는 것이다. 그러므로 좋은 혈은 천지 귀신이 반드시 지키고 후덕한 사람을 기다리는 것이다. 삼가하고 경계할 것은 후덕하지 않은 자에게 망령되게 가르쳐 주거나 음란하고 사특한 사람에게 가볍게 허락하면 복선화음(福善禍淫) 즉, '복은 선한 사람에게 가고 화는 음란한 사람에게 간다'는 도(道)에 어긋나는 행위이니 가르쳐준 지사(地師)가 도리어 앙화를 받게 되는 것이다"라고 했다.

　진룡(眞龍)은 정성을 다하는 진실한 사람이 아니면 길가에 혈(穴)이 있어도 모르게 되는 것이다. 그러므로 유백온(劉伯溫)은 말하기를, "나는 20년 동안이나 편산을 사랑했지만 편산은 나에 대하여 묵묵부답(默默不答)이더니 오늘 아침에야 비로소 편산의 근본 뜻을 깨닫게 해 주었다"고 하였다.

　귀혈(貴穴)은 본래 쉽게 얻어지는 것이 아니니 여기서 철인(哲人)의 진중한 도력(道力)을 가히 엿볼 수 있게 된다고 했다.

　진정한 풍수지리 학인이라면 대가(代價)가 없어도 선행하는 사람이나 조상을 정성으로 모시려고 하는 사람과 하늘과 땅 그리고 적덕(積德)한 고인이 합일되면 인연(因緣)으로 정혈하게 되는 것이니 지사 또한 선을 행하고 덕을 쌓아 적선적덕(積善積德)해야 한다는 것으로 혈을 정혈하려면 명심하고 또 명심해야 할 것이다.

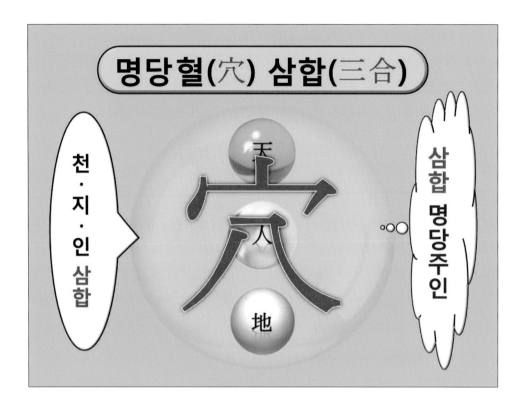

명당혈(穴) 삼합(三合)

천·지·인 삼합

天
穴
人
地

삼합 명당주인

정혈하는 방법이 많으면 좋다

풍수지리에서 정혈(正穴)하는 것은 매우 중요하다 정혈할 수 있다는 것은 본인 스스로가 판단할 수 있으며, 정혈할 때 중요한 것은 정확도이다.

정혈에 있어 정확도를 높이고자 한다면 진혈을 판별하는 내용들 중 적어도 세 가지 이상을 대입하여 적용해야 한다. 개인의 능력에 따라 정혈하는 방법 수가 많다면 모든 수를 적용하여 거듭 확인하면 오점하지 않는다.

이기이원론(理氣二元論)을 주장한 주자(朱子)는 '산릉의장(山陵議狀)'에서 이른바 정혈의 법이란 침구(針灸)에 비유할 수 있어, 스스로 일정한 혈의 위치가 있는 것이기 때문에 추호의 차이도 있어서는 안 된다고 하며, 혈(穴)을 정확히 정혈(正穴)하여야 한다는 것을 강조하였다. 정혈(正穴)하며 세 가지 방법 이상을 반드시 적용한 후 최종적으로 혈의 진정한 주인인지 확인하는 정혈(定穴)을 하고 용사한다면 백골적악(白骨積惡)이 아닌 백골적덕(白骨積德)이 될 것이다.

정혈하는 도리

무학대사는 "지리(地理)라 하는 것은 사람에게 음양택(陰陽宅)을 활용할 수 있도록 하여 옛것을 고치고 새로운 것을 개발하도록 하는 영원한 근원의 원천으로서 일시의 뇌물이나 금전으로 얻어지는 것이 아니다. 이는 참으로 소중한 만세의 경법이니 그 효험이 어찌 애꾸눈이 볼 수 있고, 절름발이가 걸을 수 있는 것에 그치겠는가. 단명(短命)할 자가 장수하고, 화가 복으로 변하는 전화위복이 되며, 가난한 자가 부자 되고, 또 천한 자가 귀(貴)하게 된다. 기울어져 가는 나라를 바로세우고 난세(亂世)를 치세(治世)하는 이러한 것들이 다 명사(明師)가 끄는 지팡이 밑에 달렸으니 작게는 한 몸 한 집안에서, 크게는 한 나라(一國) 한 천하(天下)의 흥망성쇠가 이 법의 묘용(妙用)에 있으니 구세제민(救世濟民)에 어찌 이보다 더한 것이 있겠는가"라고 했다.

참되게 혈(穴)을 구하려는 자와 참된 지사가 되고자 하는 자 모두 명심하여 거듭 새겨야 할 내용으로, 노맨(no-man)보다는 예스맨(yes-man)이 되어야 하지만 혈(穴)을 구하려는 자가 적선적덕(積善積德)을 하지 않는다면 이를 미리 알고 단호히 노맨(no-man)이 되어야 하므로 풍수지리 학인(學人)은 매우 외로운 것이다.

정혈하며 유위하지 마라

명당혈을 인위적으로 애써 찾으려 하지 마라. 그 자체가 유위(有爲)를 하는 것이다. 유위(有爲)를 하지 말고 무위(無爲)를 하라는 것인데 무엇 때문에 무위(無爲)를 하라는 것인가? 무학대사의 말처럼 명당혈의 임자는 따로 있으며 적선적덕(積善積德)의 결과로 이미 정해져 있는 것이다. 애써 길한 음택과 양택을 구하려는 자는 욕심으로 유위하고자 하는 목적이 있어, 이에 응하는 지사가 있다면 이는 진정한 지사가 아니라는 것이다.

무위하는 자세로 평소 조상님을 정성껏 모시고 선행하여 덕을 쌓는 자를 지사가 타당성을 가려 정혈하는 것이다. 혹자들은 프로필에 대기업에 풍수지리 자문 또는 컨설팅했다고 자랑삼아 말하기 일쑤지만 돈이 많다고 다 적덕한 것은 아니다.

혈의 주인이 되려면 선행하여 덕을 많이 쌓거나 사회공헌 또는 '노블레스 오블리주(Noblesse oblige)'를 해야 혈의 주인이 될 수 있는 것이다.

정도(正道)를 행하며 이에 합당한 명혈의 등급을 정하여 정혈하는 그 자체가 진정한 지사의 도리(道理)로써 노자(老子)가 도덕경(道德經)에서 '무위(無爲)하라' 이른 것을 깊이 새겨야 한다.

명사(名師)와 명사(明師)

명사(明師)는 밝은 마음인 명심(明心)으로 명혈(明穴)을 정혈하며 정심(正心)의 정도(正道)를 실천해야 한다. 그런데 명인(名人) 중엔 살혈을 명혈로 오인하거나 살기와 수맥을 진기(眞氣)인 명기(明氣)로 오인하여 살기(殺氣)와 살혈(殺穴)을 "좋은 기운이 있는 명당혈이다"라고 말하면 안 된다.

살혈을 명혈이라고 하는 사람과 처음엔 명혈을 점하다가도 욕심으로 마음이 탁하게 되어 살혈을 명당으로 오인해 점하는 경우가 있으니 명사(明師)가 되려 한다면 밝은 마음이 중요하니 명심해야 한다.

얼마 전 대통령이 서거하여 국립묘지에 안장하는 과정에서 둥근 돌이 나왔다고 명당론을 주장하는 것을 보고 웃지 않을 수 없었다. 표토, 단토, 혈토가 있으니 혈장과 혈판을 논하며 혈의 유무를 논해야 하는데 굴러와 박힌 돌이 둥글면 무조건 명당

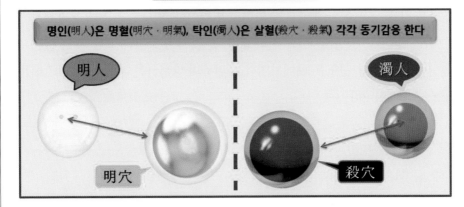

이란 말인가. 그렇다면 혈이 있는 혈장에 호박석이 아닌 뾰족한 돌이 굴러와 표토에 있다면 명당이 아니라고 주장할 것인데 이는 아무런 근거 없는 이(理) 없는 무리(無理)의 변명으로 일고에 가치가 없어 코미디 될까 염려된다.

정혈과 발복

정혈(定穴)하는 법엔 여러 가지가 있다. 그 중 하나가 적선적덕(積善積德)의 덕량에 따라 명당이나 대명당 등급에 해당되는 주인을 정하는 방법이 있다. 이를 행하려면 고도의 수련자만이 가능하다.

혈의 주인이 되고 발복(發福)이 되려면 동기감응(同氣感應)과 밀접한 관계가 있어

제아무리 명당에 모셨다 할지라도 동기감응이 되지 않으면 발복은 커녕 오히려 화(禍)를 불러온다.

적선적덕한 자가 정혈의 주인이 되고 하늘의 명(命)으로 용사하여 유택하면 적덕자가 발복 받게 됨은 이치에 따르는 필연적 법칙이다. 명당혈은 절대 돈으로 팔거나 살 수 없는 것이다. 정혈(定穴)의 진의(眞意)를 알지 못하거나 행할 수도 없는 속사가 욕심을 내어 명당 명혈을 매매하거나 유위하며 망행하는 자들이 있으니 이는 부끄럽고 창피한 일이다.

음택과 양택을 결정하는 방법

음택과 양택의 여부를 점검하여 양택인지 음택인지 결정하는 요건은 혈의 위치가 지하에 있느냐, 아니면 지상에 있느냐에 따라 결정하게 되는데 혈이 지면 아래 지하에 위치해 있다면 음택이고 지상에 있으면 양택으로 결정된다.

(2017. 1. 19~21) 내린 눈, 오전에 정혈한 자리에서 수련하며 사진에 담은 혈장(혈 평수—5.4평)과 혈 중심

기(氣)로 응집된 혈자리가 지하 0.1~3m 정도에 있다면 혈심을 정확하게 점검하여 음택으로 사용한다.

혈 자리가 지상에 있으면 높이에 따라 집터나 상가 등으로 사용하고, 혈 위치가 집터나 상가보다 높이 있다면 아파트나 빌딩으로 적합한 터가 된다.

대명혈 정혈

풍수지리를 행하는 사람들이 많은 것은 좋은 일이나 중요한 것은 옳게 행하여야 한다는 것이다.

스포츠엔 정해진 룰이 있고 장사엔 상도가 있듯 풍수지리를 행하는 데도 법도가 있다. 풍수지리의 법도는 풍수지리를 행하는 자와 음택과 양택의 명혈(明穴)과 대명혈(大明穴)의 주인이 되고, 복을 받으려면 모두 적선적덕(積善積德)을 하여야 하는 것이다. 특히 대명혈을 정혈하고자 한다면 적선적덕한 덕량과 도량이 많아야 한다.

선사(先師) 중 대명혈을 정혈한 명사(明師)들을 살펴보면 적선적덕한 덕량과 도량이 매우 많고 높았다. 그런데 오늘의 현실은 자칭 풍수지리 선생이라 말하는 사람이 너무나 많다. 정혈한 혈의 등급과 용사한 것을 보면 그 수준을 알 수 있는데 안타깝게도 자신이 정혈한 혈을 세상에 공개하여 관정을 받으려고 하지도 않는다.

자신이 정혈하고 용사한 것을 논문이나 출판물을 통하여 공개하여 이를 후학들이 배우고 수학하게 하는 것은 당연한 것으로 필자는 정혈한 것을 공개하고 토론하려 노력해 왔다. 무엇보다 대동학 정통풍수지리는 폐쇄적인 관행을 타파하기 위하여 대동학 카페 학인들에게 모든 것을 공개하였고, 타학회 선생들이 참석하여 정혈하며 토론하는 현장정혈토론회를 필자 주관 하에 국내 최초로 개최한 바 있다.

앞으로도 국내는 물론 아시아, 유럽, 미주 등에서 외국인이 참석하는 풍수지리 정혈대회 및 토론회를 개최하려 한다.

배워서 아는 것도 끝이 없음이요, 득하는 깨달음도 끝이 없다. 풍수지리학도 끝이 없는 학문이니 나의 것은 보다 더 숙달하고 타인의 것은 더욱더 배우고자 노력하여야 하겠다.

향후 대동학정통풍수지리학회(大同學正統風水地理學會)는 풍수지리학의 발전을 위하여 모든 학파와 나라를 초월하여 기탄없이 만나 토론하는 장을 자주 마련하려고 한다. 이와 같은 활동을 통하여 이론이 정립되면 통일된 학설로서 후학들에게 전해져 풍수지리학이 합리적이고 과학적인 학문임을 깨닫게 되고 그 논리에 따라 실천함으로써 한 발 더 나아가 세계인이 함께 공유하는 학문으로 발전해 나갈 것을 굳게 믿는다.

명사(明師)와 명당(明堂)은 모두 9단계이다

풍수지리를 행하고자 하는 사람은 명당의 혈(穴)을 찾는 명당찾기에 관심이 많을 것이다. 명당찾기를 하려면 최소한 풍수지리 초기단계인 명당의 혈을 점검(點檢)할 수 있는 1단계와 직접 명당의 진혈(眞穴)을 정혈(正穴)할 수 있는 2단계를 행할 수 있어야 한다.

누군가 점한 정혈을 점검할 수 있거나 자신이 정혈할 수 있다면 풍수지리(風水地理)의 여러 이론의 이(理)를 대입 적용하여 세세하게 점검하고 체감(體感)하여 관(觀)하는 법의 경지에서 혈을 표시하고 설명할 수 있어야 한다.

명당의 혈을 저마다 점검, 체감, 관하는 법 등으로 각종 기(氣)의 맥(脈)을 설명하면서 누구나 볼 수 있게 표출하려면 수맥을 포함하여 실재하는 기맥(氣脈)들의 기운화(氣運化)를 실제로 표출할 수 있어야 한다. 사실 이렇게 할 수 있으려면 이론은 물론 끊임없는 수련으로 상ㆍ중ㆍ하단전을 채약하고 육성해야만 가능하게 된다.

인체의 경맥과 경혈의 중심 단혈인 하단전, 중단전, 상단전 혈과 명당혈의 점검, 체감, 관법의 연관성에 있어 하단전은 기(氣)의 점검과 관계가 있고, 중단전은 기(氣)의 체감과 관계가 있으며, 상단전은 기(氣)를 관(觀)하는 법과 각각 밀접한 관계가 있다.

혈을 점검 정혈할 수 있고 명당혈 등급에 따라 또는 대명혈의 등급에 따른 혈을 점검 정혈할 수 있으려면 단전에 기(氣)의 축기가 되어야만 한다. 그런데 오히려 탁기가 많다면 이는 살혈(殺穴)을 진혈(眞穴)로 오인하여 전혀 예기치 않은 결과로 나타난다. 그러므로 명기(明氣), 진기(眞氣)만을 축기하고, 맑고 바른 마음가짐으로 정혈할 수 있는 명인(明人)이 되어야 한다.

풍수지리를 행하는 자가 탁기(濁氣)가 많고 마음가짐이 바르지 않다면 살혈을 점검 정혈하면서 "여기가 명당입니다"라고 말하게 되는 것 또한 이치(理致)가 되어 버리는데, 이 같은 결과가 된다면 자신과 고인 그리고 의뢰인을 포함한 후손 모두에게 크나큰 불행을 안겨주는 것이다.

따라서 명당(明堂)인 명혈(明穴)을 점검·정혈하려면 명인(明人)이 되어야 하고, 이렇게 숙련된 명인은 자연스럽게 명사(明師)가 된다.

명당혈의 주인

명당을 찾으려 간산(看山)하며 정혈하려 하지만 혈을 보고 싶어도 볼 수 없는 때가 있다. 또 명당을 보았다 하더라도 혈의 주인이 아니면 눈을 감아야 한다.

사무실까지 찾아와 출장 점검·정혈을 요청하여도 "자리가 없다"라고 말하며 출장하지 않는 경우가 있는데 이유는 크게 두 가지로 나뉜다. 하나는 터에 실제로 혈자리가 없어서 자리가 없다고 말하는 것이고, 두 번째는 자리가 있어도 명당의 주인이 될 수 없거나 혈의 주인은 따로 있는 경우에 출장조차 하지 않는다.

명당은 천지신명이 보호한다는 선사들의 말처럼 명사라 할지라도 본인의 의지와는 상관없이 순간적으로 눈이 가려질 수 있는 것이며, 명당을 볼 수 있는 혜안이 있어 수많은 명당과 대명당을 알고 있다 하여도 본연의 주인이 나타나지 않으면 말하지 말고 입을 닫아야 하는 것이다.

이에 걸맞는 일화가 있어 소개해 본다.

장사 치루기 하루 전에 지관은 분명 명당혈을 보았지만 당일 그 혈이 보이지 않아 한참 더듬거리고 있는데 상여가 올라오니 당황할 수밖에 없었다. 때 마침 지나가던 도인처럼 생긴 노인이 "어떻게 된 일이냐?"고 묻기에 지관은 "어제는 분명히 명당혈이 보였는데 오늘은 보이질 않는다"고 솔직히 말하자, 그 노인은 "그 이유가 뭔지 아느냐? 저 상여에 누워있는 고인이 사람을 죽인 살인자이기 때문이다"라고 말하는 것이었다.

적선적덕(積善積德)한 자가 아니면 명당혈의 주인이 될 수 없음을 예시해 주는 것이라 할 수 있는데 사후세계 또한 윤리와 도리로 귀결됨으로써 길지에는 주인이 따로 있다는 정도(正道)가 있음을 표해 주는 것이라 하겠다.

여기서 잠시 혈의 주인을 정함에 있어 고뇌하는 선사의 글을 인용해 본다.

"연장칠십(年將七十) 늙은 몸이 감천지성(感天至誠) 효자로다. 적덕수선(積德修善)하온 후에 이 혈을 얻으리라. 천장지비(天藏地秘)하였으니 허욕을 내지 마라. 어와 벗님네야 길지를 얻을진대 아는 것도 쓸데없고 순천적덕(順天積德)하여서라. 그르친 것 물욕이오, 해로운 것 혈기로다. 우리 선생 날 가르칠 제 조선산수(朝鮮山水) 길흉지(吉凶地)와 선악인심취택(善惡人心取擇)하야 주인 찾아 맡기라니 팔로를 둘러보나 혈 줄 사람 전혀 없다."
                                            – 도선국사의《옥룡자유세비록》에서

명당을 정혈(正穴)보다 덕자를 가려 정혈(定穴)함이 더 어려운 것이며 정혈한 후 용사함은 더더욱 어려운 것이다. 음택명당 발복에 있어 먼저 고인이 적선적덕한 자이어야 하며 적선적덕을 행하였다 해도 행하여 쌓은 만큼의 혈등급에 따라 주인을 정하는 것이며 후손 중 선과 덕을 행하는 자가 발복을 받는 것으로 양택도 마찬가지이다.

이와 같이 윤리적으로도 선과 덕을 알려 깨치게 하고 실천하게 하는 것이야말로 풍수지리학이 추구(追求)하는 바이다.

정혈법

이기(理氣), 형기(形氣) 등 이론에 의한 정혈이 있는가 하면 물형(物形), 기통(氣通), 통맥(通脈), 신안(神眼), 천안(天眼), 천명(天命) 등의 감각에 의한 정혈이 있으며, 간룡법(看龍法), 장풍법(藏風法), 득수법(得水法), 좌향론(坐向論), 형국론(形局論), 소주길흉론(所主吉凶論) 등 여러 가지의 정혈법이 있다.

이론은 표본을 기초한 통계라고 말할 수 있고 편의상의 분류일 뿐 실제 간산(看山)함에 있어서는 여러 가지 논리(論理)가 일치되는가의 여부를 점검하며 정혈하여야 하는데 중요한 논(論)과 이(理)를 여러 가지 대입 적용하여 최종적으로 혈(穴)을 찾아 정혈한다. 목표는 정혈에 오차가 없도록 하는 이유가 있지만 결국 덕량에 따른 혈의 진정한 주인을 정하는 정혈(定穴)에 있다.

정혈법(正穴法)은 크게 두 가지로 나눌 수 있다. 하나는 간산하여 정혈하는 방법이 있고, 또 하나는 신안, 천안, 혜안으로 정혈한 후 예건한 정혈을 찾아가는 방법이 있다. 간산하여 정하는 방법으론 선익정혈법(蟬翼定穴法 − 입수에서 두 팔을 벌려 혈판의 좌우 양측을 감싸는 형태의 혈을 찾아 정하는 법)과 분수합수정혈법(分水合水定穴法 − 용맥 가운데 물이 갈라져 흐르다가 그 아래에서 다시 합쳐진 곳 내에서 혈을 찾는 방법)이 있다. 혈을 점검하는 방법으로 기혈점검법(氣穴點檢法)이 있고, 혈을 정혈(正穴)하는 방법 중 기혈정관법(氣穴正觀法)이 있다.

또 하나의 방법은 신안(神眼) 중 천안통(天眼通 − 오신통(五神通) 중 하나)으로 간산 전에 예건하여 정혈한 후 정혈을 찾아가는 방법으로 천안통으로 예견하여 정혈을 찾아가는 방법은 한 차원 높은 경지라 말할 수 있다. 이는 여러 가지 방법을 수학하며 수련을 거듭하여야 행할 수 있는 것으로 수련 단계별 많은 고통과 어려움이 따르게 된다.

천안통을 행하는 단계가 되면, 처음 대하는 의뢰인과 전화통화를 하면서도 거리와 상관없이 혈을 볼 수 있어 혈의 등급과 덕량을 점검하여 혈의 주인인지 여부를 가려 출장할지를 판단하고 현장에서 정혈(正穴)하고 정혈(定穴)한다.

정혈법 — 물형론(物形論)

정혈하는 방법으로 물형론(物形論)이 있다. 물형론은 통맥법보다 고차원적인 방법론이다. 물형론은 이기론(理氣論)은 물론 형기론(形氣論)으로도 접근할 수 없는 고도단계이다. 이는 천안이 아닌 법안(法眼), 혜안(慧眼)에 이르러야 행할 수 있는 단계인데 천안도 아닌 범안 수준에서 물형론을 행하거나 말할 수는 없는 것이다.

물형론은 물형국론(物形局論)이라고도 하는데 물형도 생로병사가 있고 악하고 선한 것이 있어 이런 관점에서 물형이 있다 하여도 모두가 명당은 아님을 대변하고 있다.

물형의 종류와 성장과정에서의 기(氣), 그리고 물형에 미치는 선(善)과 악(惡) 등여러 가지를 관(觀)하고 점검할 수 있어야 물형론을 이해하고 행할 수 있다. 물형론은 대자연인 우주에 속한 산천의 형세를 보이는 그대로 물형(物形)인 봉황, 용, 호랑이, 거북이, 해태, 코끼리, 자라, 뱀, 원숭이, 소, 선인형 등의 물형으로 감별하여 그 물형의 핵심 부위에 혈을 정혈하는 것이다.

혹자의 경험담에서 "물형을 볼 수 있으려면 관산하려는 산에 15년 정도는 올라가서 보아야만 물형을 볼 수 있고, 그 물형의 혈을 정혈하려면 15년 정도 되어야 한다"고 말할 정도로 물형론은 어려운 고단계의 풍수지리론 중의 하나이다.

물형을 볼 수 있다면 정혈을 어떻게 하느냐가 문제인데 사람과 같이 혈의 구조를 이해하면 정혈할 수 있다.

정혈하는 방법은 모든 물형에는 상단혈, 중단혈, 하단혈이 공통으로 있기 마련인데 물형의 3단혈을 정혈(正穴)했다 하여도 도선국사의 가르침과 같이 물형에 음양의 조화가 있는지 여부와 안산(案山)의 형세 등 여러 가지를 복합해서 대입하고 재차 확인한 다음 정혈(定穴)을 해야 한다.

가령 위 물형 중 용(龍)을 예로 든다면 용(龍)이 살아있는 용인지, 성장하는 용인지, 노화(老化)된 용인지, 병든 용인지, 죽은 용인지를 구별하고, 또 용의 표정은 어떤지, 이를테면 악한지 선한지를 구별해내고 색상과 형물에 있어서도 백룡, 청룡, 황룡, 녹룡, 적룡, 은룡, 계룡 등을 구별하여야 한다.

또한 여러 혈 중에서 혈심(穴深)의 위치와 혈판(혈국－穴局)이 있는지의 여부, 혈판이 있다면 두께는 어떠한지, 기벽은 있는지, 있다면 폭과 길이와 넓이는 어떠한지 등 여러 가지 이(理)를 대입 적용하여 점검한 후 최종적으로 정혈하여야 한다.

물형이 용(龍)인 경우, 용의 색상과 성장 상태, 여의주의 유무와 색상 등을 볼 수 있어야 한다. 그리고 음양의 이치로써 암수 짝을 찾으려면 물형이 쳐다보고 있는 눈동자를 보고 찾는 방법 등 다양한 형식이 존재하며 물형을 관(觀)해 점검, 정혈할 때는 물형의 이목구비와 사지에 손상이 없는지까지 살펴야 한다.

물형론을 대입하여 정혈함에 있어 물형의 3단혈(상, 중, 하단혈)을 정혈하면서 용에게 여의주까지 있으면 여의주 혈을 정혈한다.

물형이 조류이면 새의 알 숫자만큼 난(卵)혈을 정혈하는 방법도 있다.

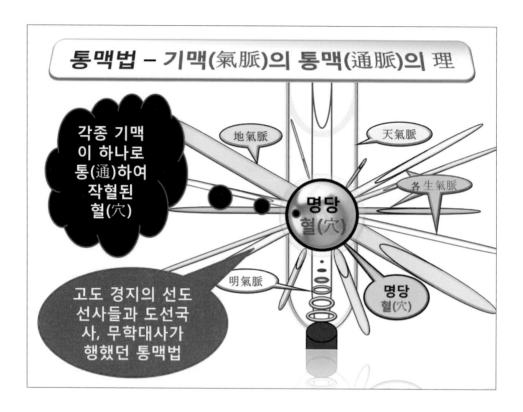

정혈법—통맥법

　도선국사(道詵國師, 827~898)와 무학대사(朴自超, 왕사, 1327~1405)가 500년 사이에 출현하여 행했던 통맥법(通脈法)은 독특하고 신묘한 이(理)이다. 통맥법은 기의 각종 기맥이 한 곳에 모여 혈이 되는 과정을 한눈에 볼 수 있는 경지이거나 지기맥뿐만 아니라 생기와 천기 등 각종 기맥을 기(氣) 체감하여 혈을 찾는 법이다.

　통맥법(通脈法)은 천기(天氣), 생기(生氣), 지기(地氣)에 각종 기(氣)의 기맥(氣脈)이 기운화(氣運化)하는 이치(理致)와 진리(眞理)의 도리(道理)까지 통달한 고도경지로 통맥법은 지맥통(地脈通), 또는 지골통(地骨通)이라 한다. 도선국사와 무학대사가 정혈했던 발자취를 연구해 보면 통맥법(지맥통)을 이해하는 데 도움이 될 것이다.

통맥(通脈−地脈通)은 천(天), 지(地)를 포함한 우주의 이치와 진리를 깨닫고 깨쳐 통(通)하여야만 행할 수 있는 것인데 요즈음 통맥을 말하는 자들이 있으나 통맥을 제대로 알고 행할 수 있는 자는 아직까지 없었다.

"호랑이는 죽어 가죽을 남기고 사람은 이름을 남긴다"라고 하는데 바로 도선국사 와 무학대사는 풍수지리 대가로서 이름을 남겼다.

흥덕사지 금당에 있는 혈은 총 29개의 기맥이 있다

3단혈의 중심 축맥을 제외하고 생기맥 24개, 지기맥 3개, 천기맥 1개로 합 28개의 기맥이 결합하여 작혈되었다.

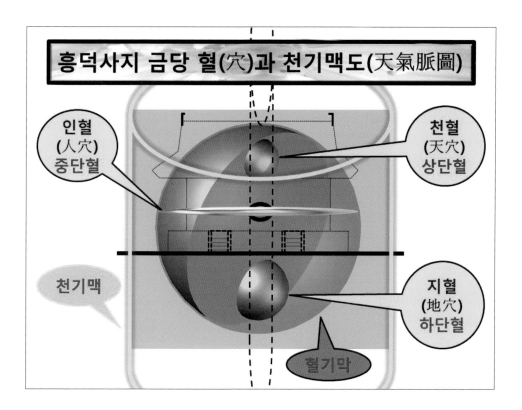

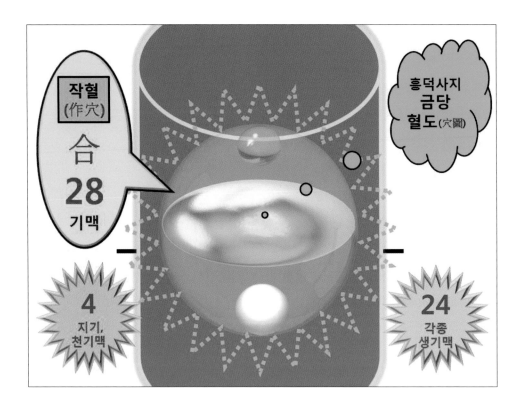

심안(心眼)이란

심안(心眼)이란 말은 글자 그대로 육안(肉眼)이 아닌 마음으로 본다는 것인데 이는 도리(道理)에 맞지 않는다. 마음은 깨닫는 것이지 마음으로 볼 수 있는 것이 아니다. 이는 경지에 이르러 무엇을 볼 수 있다는 것은 상단전이 발달하여 볼 수 있는 것인데 상단전으로 볼 수 있으려면 하단전에 축기를 하고 상단전에 에너지를 공급하여야만 볼 수 있는 것이다.

바른 마음과 하단전에 축기가 없다면 그 무엇도 볼 수 없는 것으로 자신의 마음의 눈으로 혈을 볼 수 있다고 말하는 것은 혈의 참모습과는 상관없는 허망으로 만들어진 허상(虛想)으로 보는 것이니 심안으로 혈을 본다 말하는 것은 5안(五眼) 중 천안(天眼), 법안(法眼), 혜안(慧眼), 불안(佛眼－聖眼))의 도리를 모르고 말하는 것이다.

관(觀)이란?

오각, 오안, 5신통 중 천안통, 계위 등 복합적인 성(性)의 차원 별로 관(觀)되는 것이며 공간도 양(陽9), 음(陰9), 극(極)을 포함한 19차원 등 여러 차원이다

마음으로 보는 것이 아니라 상단전으로 관하는 것

심안을 행한다 한다면 용사 전에 최소한 혈심(穴深)을 알고 혈을 파괴하는 불행한 일은 없어야 한다. 수맥은 물론 혈판, 혈심, 기벽, 결계 등 풍수지리의 여러 이(理)가 이치에 부합됨을 주장하여야 함에도 갑자기 심안이 열려 혈이 보인다 하는 경우 허상을 보고 말하는 것이다.

이는 이(理)가 없는 무리이며 심지어 잡신에 접신된 자도 심안, 신안을 얘기하며 풍수지리를 말하는 세상이 되었으니 참으로 요지경이다.

풍수지리를 행함에 있어 이론서를 많이 보았다고 행할 수 있는 것도 아니요, 차크라(Chakra)가 갑자기 열렸다고 해서 풍수지리를 행할 수 있는 것도 아니다.

투시론은 무엇을 말하는가

투시론(透視論)이란 쉽게 말하면 말 그대로 땅속을 훤히 꿰뚫어 보는 것을 말한다. 투시론의 경지에 도달하면 기하학(幾何學) 원리로 공간이나 묘 등 혈(穴)이 있는 땅속을 있는 그대로의 모습을 볼 수 있어 입체(立體)적으로 설명할 수 있는 경지가 된다.

땅속은 상상을 초월하는 오묘하고 현묘한 현상들이 많다. 수련을 통하여 투시론의 경지에 이르면 땅속의 기(氣)가 흐르는 방향, 높이, 색상, 모양 등을 볼 수 있으며, 수맥이 흐르는 것도 볼 수 있다. 그러나 더욱 놀라운 현상은 체백을 볼 수 있다는 것인데 체백이 혈자리에 모셔진 경우 체백과 기가 동기감응(同氣感應)하는 현상도 볼 수 있으며 혈의 혈관과 혈관의 모양과 색상, 무늬, 크기, 두께 등에서 각기 다른 아름다운 현상들을 볼 수 있다.

근래에 통령 또는 접신되어 기도 중 갑자기 땅속이 보인다 하며 이름을 날렸던 사람도 있었고, 주위에 그런 유사한 사람들도 있었다. 그러나 얼마 지나지 않아 그뿐이었다. 그들을 살펴보면 접신되었거나 접배되어 얼마가지 못했는데 이유는 간단하다. 마음을 옳게 쓰지 않으니 접신이 떠나버렸기 때문에 아무것도 전할 수 없게 된 것이다.

진정으로 그 무엇을 볼 수 있으려면 하단전과 중단전을 축기하고 육성하여야 한다. 그리 해야 상단전이 열리게 되고 정도에 따라 땅 속은 물론 그 이상도 관(觀)할 수 있어 원격 투시도 가능하게 된다.

마음 수련과 기(氣) 수련으로 옳고 바른 마음과 수련을 통해 축기한 기량이 많으면 투시론을 행할 수 있다. 혈 등의 이(理)를 직접 눈으로 확인한다면 터를 점검, 감정, 정혈할 수 있으며, 투시를 행하면 민족 전통의 의학통학(醫學通學)의 초보 단계인 신체에서 질병부위를 볼 수 있는 의통(醫通)도 가능하다.

외국에는 IQ 148 이상의 사람들 모임인 멘사(MENSA)의 활동과 초능력자를 활용하는데 반해 도학(道學)의 맥(脈)인 우리민족과 우리나라에서 도리(道理)를 도외시하는 경향은 매우 유감이나 앞으로 후학을 양성하고 성(性)에 따라 육성시켜 정보화 산업과 미래 생명공학 분야에서 초석(礎石)이 되도록 응용하여 적재적소에 활용해야 한다는 생각이다.

혈은 천지신명(天地神明)이 지킨다

정혈을 한 다음 정혈의 주인이 적선적덕하여 자격이 있는지 여부를 판단하고 이를 판단한 후 최종적으로 하늘과 땅에 고인의 덕을 더한 삼합이 되어야 정혈을 제대로 할 수 있는 것이다.

예나 지금이나 명당이니 혈이니 함부로 말하는 자가 있어 문제가 있었나 보다. 무

명당혈(穴)의 주인

도선국사   무학대사

풍수시조라 일컫는 도선국사(옥룡자)께서는 '풍수문답(風水問答)에서 혈(穴)은 반드시 귀신이 붙들고 지키고 있어 욕심만 가지고 함부로 훔쳐 쓸 생각을 하다가는 앙화(殃禍)가 바로 닥칠 것이니라'

풍수중시조라 일컫는 무학대사(왕사)께서는 '좋은 혈은 천지 귀신이 반드시 지키고 후덕한 사람을 기다리는 것이다. 후덕하지 않은 자에게…, 가르쳐준 지사(地師 : 풍수사)가 도리어 앙화(殃禍)를 받게 되는 것이다.'

선사는 혈( )을 관( )하며 혈판은 *척( ), 발복은 *년, 주인은 *…, 도참예언하니 고도경지에 절로 머리가 숙여집니다…,

선사님들 말씀과 같이 명당·대명당 주인은 선행 덕자가 주인되는 법이다

학대사는 이러한 속사(俗師)들을 공부자(孔夫子)의 무후절손(無後絶孫) 말씀을 인용했고, 혈의 주인을 찾아주는 정혈(定穴)에 대하여 "왕후장상과 충신열사와 숭유(崇儒)나 석부(碩富)는 다 산천의 정기가 뭉쳐서 생기는 것이니 대지(大地)나 호혈(好穴)은 사람마다 구한다고 얻어지는 것이 아니다"라고 한 말씀을 깊이 새겨야 할 것이다.

인걸은 천지신명이다

인걸(人傑)은 천지신명(天地神明)이다.

'인걸(人傑)은 지령(地靈)이다'라고 하는데 이는 하나는 알고 둘 이상은 모르고 하는 말이다.

무학대사는 "만약 정말로 적선적덕을 많이 쌓아 사심 없이 정성을 다한다면 천지신명의 힘으로 무식지배라도 연분이 닿아서 혈을 얻게 되는 것이니, 이것이 바로 우주조화의 신기한 이치인 것이다. 하늘이 하나의 사람을 낼 때 하나의 혈도 함께 낸다고 한 것은 이를 두고 하는 말인 것이다"라고 했다.

위와 같이 무학대사는 '혈은 천지신명이 반드시 지킨다'고 했고, 도선국사도 태극과 음양교합에 이(理)의 조화를 강조하시며 '음과 양의 배합은 천지조화'이며 땅과 하늘을 포함한 '우주의 조화는 천지신명의 조화'라 했다.

'인걸은 지령이다'라고 함은 땅의 기운이 중요함을 강조하는 말로 이해할 수 있으나 선사의 말처럼 '천지신명이 지킨다'함은 지(地)와 천(天) 즉, 우주의 신령과 존령, 성령들이 지킨다는 것이다. 그러므로 명당과 대명당 혈자리를 구하고자 한다면 땅과 하늘, 그리고 별을 포함한 우주의 이치와 진리를 수학하고 수련하여 깨달아야 하고 원리를 적용하는 도리는 정도로써 진법을 실천해야 한다.

알파고는 풍수지리의 대가가 될 수 없다

인공지능 알파고가 많은 데이터와 위성지도를 활용해 명당혈을 정혈(正穴)할 수 있을까? 이는 불가능하리라 본다.

바둑 최고수들을 잇달아 격파한 알파고의 실력이 인정되어 머지않아 알파고가 풍수지리의 대가라 할 수도 있겠다 싶다. 하지만 바둑은 수를 겨루는 것이기에 데이터 싸움이지만 풍수지리의 혈 찾기는 데이터인 이(理)에 대입하여 기(氣)를 적용하는 것이기에 과연 알파고가 점지해낼 수 있을까 하는 의문이 든다.

알파고에게 기상관측 장비 등 각종 센서를 연결한다면 이 때는 해볼 만할 것이나 혈의 진정한 주인을 정하는 정혈(定穴)은 할 수 없기에 정혈(正穴)까지 해야 할 것이다.

만약 알파고와 정혈(正穴) 시합을 한다면 필자는 기꺼이 응하고 싶다. 이유는 알파고의 실력이 궁금하기 때문이다.

인공지능(AI)은 산을 올라가지 않고도 형세를 읽는 데는 인간이 따라잡을 수 없다. 또한 알파고는 마음만 먹으면 소설가, 의사, 회계사가 될 수 있고, 3D프린터(printer)를 할 수 있고, 나아가 응용 프로그램으로 설계, 건축까지 며칠이면 끝내니 가히 놀랍다 할 것이다.

알파고가 형기파(形氣派)와 이기파(理氣派)가 행하는 이론을 삽시간에 섭렵할 수 있지만 혈을 찾는 정혈은 사실 이기론과 형기론으로 할 수 있는 것이 아니고 위성으로 물형을 판독한다 하여도 물형론에 상, 중, 하단혈의 이(理)가 입력될 수 없기에 혈을 제대로 찾지 못할 것이다.

또한 혈은 천기, 지기, 생기의 여러 맥이 결합하여 작혈되어 제각기 크기가 다르고, 또 각도가 다르기 때문에 기(氣) 운화하는 것을 모두 감지하지 못할 것이므로 알파고는 '에러(error)' 로 표기하고 더 이상 진행하지 못할 것이나 풍수지리로 알파고와의 만남이 있다면 기쁘게 맞이하겠다.

풍수지리 허(虛)와 실(實)

지가(地價)가 높고 마음 편한 곳이 명당이라면 풍수지리 무용론, 풍수지리 허무주의이다. 이처럼 아무런 이(理) 없이 속사의 무개념 명당론을 거듭 주장한다면 이는 큰 문제가 아닐 수 없다.

학문은 혼자만의 주관으로 성립될 수 없어 이(理)가 없으면 학문으로 발전할 수 없기에 풍수지리학 또한 합리(合理)가 전제되어야만 학문으로 성립될 수 있는 것이다.

도리(道理)에서 벗어나 무개념으로 풍수지리를 주장한다면 이것이 바로 패륜 풍수지리요, 묏자리 풍수지리가 패륜 풍수지리라 말하는 자체도 패륜 풍수지리가 하는 말이다.

묏자리 풍수지리는 패륜이라는 속사의 인터뷰는 피를 거꾸로 솟게 한다. 부모님을 포함한 조상을 평안하게 모시고자 하는 효와 후손이 조상의 얼을 이어 받아 가문이 잘 되기를 바라는 마음으로써 효심과 소원 자체가 패륜이라면 이는 효에 대한 민족정통문화를 폄하하는 것이다.

위 속사의 인터뷰 내용을 보면 1990년대 초반 이장하는 현장마다 쫓아 다녔는데 시신이 깨끗한 경우를 단 한 번도 본 적이 없었다며 모두가 명당이라고 묻었을 텐데 시신을 파내면 예외 없이 음택 풍수지리론에 회의가 들 수밖에 없었다고 한다. 체백이 불리한 것만 본 속사에겐 개인적으로 슬픈 일이다. 그러나 필자의 경우 파묘시 불리함도 보았지만 명당혈에 정확히 인장된 황골 또한 많이 보아왔다.

실제로 남양주 사능리 소재의 300년 정도 된 묘를 파묘하며 황골 상태에서 수의의 옷자락 형태가 그대로 있다가 포르르 사라지는 것을 보고 그 옛날 해당 묘지를 용사한 이름 모를 지사님에게 고개를 숙여 존경을 표하며 많은 것을 느낀 바 있었다.

사실 속사의 말이 상당 부분 이해되는 부분도 있다. 길을 지나가다 보면 100기, 1000기의 분묘가 정혈되어 제대로 자리한 묘를 찾아보기 힘든 것은 사실이나 정혈에 모셔진 경우도 있다. 위 속사는 파묘하는 현장을 얼마나 보았는지 알 수 없으나 더 찾아본다면 명당혈에 모셔진 체백을 볼 수 있을 것이다.

그런데 속사는 풍수지리가가 아님에도 풍수지리가 행세를 하여 많은 돈과 명예를 얻었음에도 이제 와서 무책임하게 황당한 말들을 대중매체를 통해 떠벌리는 이유가 무엇인가?

그 이유로 이 속사는 음택 풍수지리의 이(理)를 너무나 모르는 것 같고 용사한 일도 없는 것 같다. 유택한 경험이 전무하고 양택풍수지리 또한 그동안 행했던 것이 발복되거나 증험된 내용이 없자 풍수지리 무용론 같은 무책임한 망언을 떠벌리는 것으로 보인다.

지질학 교수가 자칭 '풍수지리가' 라고 한다면, 인문학 교수는 모두 '명리가' 로 되어야 한다는 논리적 합리성이 전제되어야 하는데 인문학과 명리학은 다른 것이며, 지질지리학은 풍수지리학과 다르다는 이(理)를 알면 더 이상의 궤변은 없게 될 것이다.

속사가 본 것은 전부가 아닌데 마치 전부인 양 말하며 풍수지리를 폄하하는 것은 크게 잘못된 것이다. 자신이 행하는 풍수지리론에 대하여 기(氣)와 이(理)로 밝힐 수 있어야 하고, 풍수지리가라면 혈을 논하며 명당혈의 기와 이를 원리와 도리로 행한 실증을 밝힐 수 있어야 하는 것이다.

황금 비보가 왜 이리 판을 치는 세상이 되었는가

양택 출장을 하거나 상담 중에도 황금거북이, 황금두꺼비, 황금닭 등의 비보(裨補)로 흉지가 길지로 변하고 명당이 되는지, 또는 수맥이 차단되거나 제거되고 명당이 된다는 속사의 말이 맞느냐는 질문이 많이 온다.

한 사람이 달마도를 그리면 그 기운이 다 같을까? 그렇지 않다. 작품마다 다 다르고 한 사람의 작품이라 할지라도 그리는 순간의 마음가짐이 다르면 다르게 나타난다.

수묵화를 60여 년간 그린 선생도 수만의 작품 중에서 하나가 새벽에 잠에서 깨어나면 된다는 생각에 그렸고 그렇게 그린 수묵화를 벽에 걸어 놓았는데 그 작품에서만 빛이 났다고 한다.

필자가 어느 전시장에서 같은 화목(畵目)의 그림이 여럿 있었는데 작품을 구입하려는 사람에게 이 작품에서만 빛이 난다고 말했더니 바로 옆에서 지켜보던 선생이 위와 같은 내용을 말하며 명함을 달라고 하는 것이었다.

같은 달마도를 그려도 진기가 담겨 있다면 실내에 좋은 기가 흐르고, 그림에 탁기를 담으면 탁기가 집 안에 운기(運氣)하니 선별이 중요하다고 할 것이다. 그렇다고 진기의 그림을 걸어놓았다 하더라도 풍수지리와 명당과는 무관하다. 좋은 그림을 걸어 놓으면 플러스 효과는 있겠으나 그렇다고 혈을 만들어 명당을 만들 수 있거나 수맥을 차단하고 제거하는 것과는 결코 무관한 것이니 좋은 기운이 모여 있는 혈을 활용하고 수맥을 피하여 배치하는 것이 지혜이다.

아무런 효과도 없는 일들인데 풍수지리가 어떻게 가려는가 하는 걱정이 앞선다. 비보니 동판작업이니 하며 혹세무민하여 피해를 주는 일도 없어야 하겠고 피해 받는 일도 더 이상 없었으면 좋겠다.

비보를 함부로 말하지 마라

비보(裨補)를 운운하며 명당을 만들 수 있다는 속사들이 있다. 지나치거나 부족한 부분이 있다면 다른 쪽에 비해 현저히 낮거나 취약할 때 더하거나 보태는 경우는 있겠으나 완벽한 터는 없다 하며 명당을 만들 수 있다는 말은 거짓된 것이다. 명당이라 함은 혈이 있음이 전제되어야 하는데 몇 천 년 몇 만 년 동안에 형성된 혈을 어떻게 만들 수 있다는 것인지 이치에 맞지 않는 말이다.

신안(神眼)의 고도경지인 천안(天眼), 혜안(慧眼) 단계를 초월하여 불안(佛眼－聖眼)의 단계에 도달하여도 행할 수 없는 것인데 물길을 돌리고 차단하거나 제거한다

고 하는 잡사나 병든 땅을 치유한다고 하는 속사의 말은 모두가 아무런 이(理)도 없는 무리(無理)이다.

지사의 자격

풍수지리(風水地理)는 이(理－수리, 물리 등)의 총체적인 이학(理學)으로서 이론은 물론 현장적용 능력이 있어야 함이 당연한데 입(口)으로만 풍수지리를 말하는 구풍수(口風水)로 인하여 일반인에게 혹세무민하는 잡술로 비추어지는 것이 현실이다. 이를 지켜보는 풍수지리학인으로서 안타깝게 생각하며, 풍수지리와 관련한 칼럼, 출판물, 강의, 답사 등으로 풍수지리를 유위(有爲)하는 속사(俗士)들이 많이 있음을 유감스럽게 생각한다.

풍수지리 서적을 출판한 저자나 근대 유명했다는 사람 모두 풍수지리의 핵심인 혈(穴)을 정확히 정혈하지 못했고 정혈하지 못하고 있으니 유택하며 제대로 용사한 지사가 현세까지 없는 이유가 된다.

풍수지리는 이론과 함께 현장에서의 적용력으로 이(理)에 의한 도리(道理)로 점검하고 감정하여 용사하는 고도의 학문임에도 역대 도선국사, 무학대사, 서산대사, 사명대사 이후 진정한 풍수지리사나 풍수지리 대가가 없었기에 고도의 도리학인 풍수지리가 속사(俗士)들로 인하여 잡술로 변하였음은 당연한 결과인 것이다.

풍수지리학(風水地理學)은 수학을 통한 이론과 수련을 바탕으로 현장에서 이론(理論)에 공통의 이(理-形氣論, 理氣論, 氣通論 등)인 기론(氣論)을 실제 적용하고 대입하면서 풍수지리의 핵심인 실재의 혈(穴)을 정혈(正穴)해 혈에 대하여 논해야 함에도 불구하고 풍수지리를 말로만 행하는 속사는 아무런 이(理)도 없음을 부끄럽게 생각하지 않는다.

더욱이 자신의 행위를 합리화하기 위해 양택, 음택의 풍수지리에 핵심 이(理)인 수맥(水脈), 기(氣-각종 기맥), 혈(穴-명당혈)의 존재까지 서슴없이 부정하며 나서는 슬픈 현실이 되었다.

한편, 개인 또는 민간 차원에서 풍수지리사 자격시험을 이론만으로 실시하여 풍수지리사 자격증을 부여하는 무리(無理) 또한 생겨나 성업 중인데 참으로 웃지 못할 현상이며 비합리가 활개치는 시대적 아이러니라 하겠다.

이(理)를 현장 점검하고 감정하여 정혈할 능력이 전혀 없는 자에게 특정 이론만으로 풍수지리사 자격증을 부여한다면 과연 그 자격증은 누구를 위한 자격증이고 그렇게 무리(無理)한 풍수지리사 자격증으로 인한 피해자는 결국 누가 되는 것인지 묻지 않을 수 없다.

풍수지리사 자격시험을 통한 전형료와 독점적 교재판매로 금전적인 도움은 될 수 있겠지만 '풍수지리사 자격증'을 부여하는 주체 스스로가 현장 감각에 있어 능력 없는 미자격자들로 검증, 검정, 현장 정혈 토론 등 공식적, 공개적으로 인정받은 바 없다.

그런데 그들은 그들의 이론이 마치 합리의 주체인 양 행세하며 자격검정시험을 주관하고 자격증을 발부하는 것이 현실이다. 그렇게 유위하면서 수맥(水脈), 기(氣), 혈(穴)의 이(理)까지 부정한다면 풍수지리학이 미래 학문으로서의 발전은커녕 오히려 퇴보하는 주된 요인이 될 것이다.

현장능력에 대한 검증 없는 비합리적인 풍수지리사 자격증이 남발되는 현실, 심지어 혈의 이(理)를 전혀 모른다는 교수가 풍수지리학 박사학위를 부여한다며 자랑 삼아 떠벌리는 것이 오늘의 현실이다.

지리학, 건축학, 경영학, 전자공학 교수 등이 풍수지리학 교수나 풍수지리 대가로 갑자기 둔갑하기도 하고, 수맥은 절대로 제거되거나 차단될 수 없는 것임에도 불구하고 수맥을 차단하고 제거한다는 잡사나 단체가 나타나 용품 등을 판매하고 시공하여 피해를 주는 것이 현실이다.

굳이 풍수지리사 자격증을 부여하려 한다면 이론시험을 포함한 실기로써 현장에서의 수맥 탐지능력 시험에다 각종 기맥(氣脈)과 혈의 혈장 등의 풍수지리와 관련한 여러 이(理)를 점검하고 감정하여 정혈하며, 용사를 검정한 뒤 일정 능력 이상이 검증되었을 때 해당 자격증을 부여하여야 한다.

예컨대 2014년 3월 대동학정통풍수지리학회에서 국내 최초로 주관하여 개최했었던 풍수지리점혈토론회(정혈대동토론회)와 같이 현장에서 사전에 신청한 토론자들 각자가 점혈한 후 수맥, 기, 혈 등 풍수지리 학리를 발표한 후 각기 천기, 지기, 생기 등을 점검하는 참가자들로부터 정혈(正穴) 능력을 인정받은 자, 또는 기타 방식으로 현장에서의 능력을 평가하여 자격에 합격하는 자에 한하여 풍수지리사 자격증을 부여하는 방법 등을 제안한다.

철저한 현장검증 방식을 통해 수맥점검 및 감정, 각종 기맥과 통맥, 명당혈(穴)의 정혈, 혈을 용사할 수 있는 능력 등을 관련분야별로 세분하여 풍수지리사 자격증을 '수맥점검사자격증' (수맥을 점검할 수 있는 능력자), '수맥감정사자격증' (수맥으로 인한 질병유발 원인 등을 감정할 수 있는 능력자), '명당정혈풍수지리사자격증'

(수맥감정은 물론 작혈되는 각종 기맥을 점검, 이(理)의 합리(合理)를 발표하며 혈을 정혈할 수 있는 단계), '명당정혈용사풍수지리사자격증'(정혈 능력은 물론 혈의 혈장 이(理), 혈심 이(理), 혈판 이(理), 좌향 이(理), 발복 이(理) 등 혈을 훼손하거나 파괴하지 않고 유택의 혈에 대한 사전 설계와 용사할 수 있는 단계) 등 풍수지리의 이(理)의 차원에 따른 분야별로 세분화해 발급하는 방법도 괜찮다는 생각이다.

특히 관심 있는 풍수지리학인에게 다음과 같은 풍수지리 중시조로 일컫는 무학대사의 말씀을 함께 새기기를 권한다.

"지금의 속사(俗師)들은 정성의 유무는 고사하고 목전에 금품에만 집착하여 알지도 못하면서 아는 척하고, 흉한 것을 길한 것으로 꾸며대기에만 능하여 이들의 잘못 용산(用山)으로 환과가 속출하고 패가멸족하니 이는 사람을 칼로 찔러 죽이는 것과 무엇이 다르겠는가. 내가 바라는 것은 속사의 육안(肉眼)이 나와 횡행(橫行)하는 것을 진법(眞法)이 이들을 물리쳐서 발을 못 붙이게 하는 것이다. 그러나 불행하게도 명안(明眼)이 세상에 나오지 않아 정법(正法)은 아예 볼 수도 없는 것이다. 경계해야 할 것은 올바른 사람이 아니면 화복(禍福)이 천리나 떨어지게 되는데 항차 사람도 제대로 못되고 진법(眞法)도 모르면 더 말해 무엇하겠는가."

풍수지리 단계

풍수지리엔 많은 이론이 있어 이(理)를 수학하고 논(論)의 핵심인 기(氣)를 수련하여 기를 체감할 수 있다면 논과 기를 대입 적용하여 명당을 점검할 수 있는 1단계가 되며, 더욱 정진하여 혈을 점혈할 수 있는 단계가 되면 그 단계가 명당을 정혈(正穴)하는 2단계이다. 그리고 정혈한 혈의 진정한 주인을 정하는 정혈(定穴) 단계는 3단계이며, 혈마다 지니고 있는 고유의 특성과 각종 기맥(혈기맥)을 구분해내고 좌향, 혈심, 혈판, 기벽, 득파수, 살혈, 사혈, 진혈 등 여러 가지를 점검하여 유택을 완성하

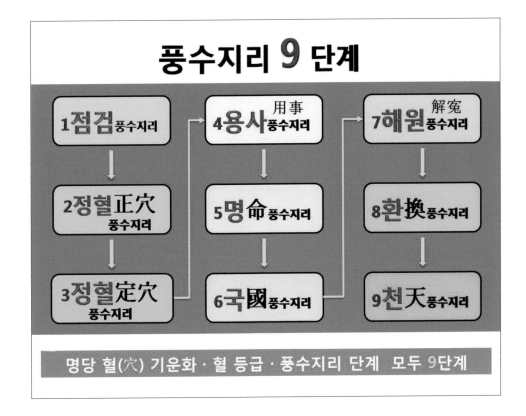

풍수지리 9 단계

1점검 풍수지리	4용사 用事 풍수지리	7해원 解冤 풍수지리
2정혈正穴 풍수지리	5명命 풍수지리	8환換 풍수지리
3정혈定穴 풍수지리	6국國 풍수지리	9천天 풍수지리

명당 혈(穴) 기운화 · 혈 등급 · 풍수지리 단계 모두 9단계

는 용사가 4단계이다.

도선국사는 "길(吉)한 산을 얻고자 하면 선(善)한 것밖에 없느니라, 이는 나의 말이 아니고 선로(先老)들의 말을 본받아 빌어다가 하는 말이다"라 했다. 단계별 풍수지리를 행하는 지사와 단계별 혈 등급의 주인이 되려면 선을 행하여 쌓는 적덕(積德)을 해야 한다는 것이다.

풍수지리 단계를 9단계로 나누어 차원별 수준을 대입 비교할 수 있음에 이(理-이론)를 수학하고 기(氣)를 수련하다 보면 차원이 다른 단계별 수준에 도달함을 각자 스스로 판단할 수 있을 것이다.

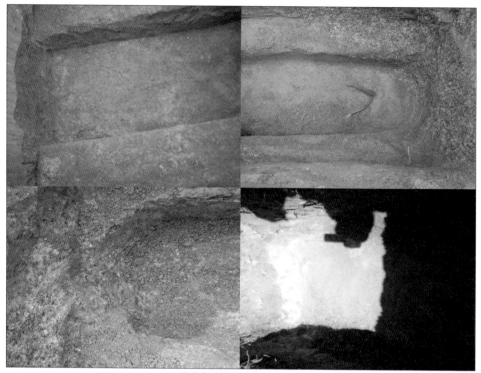
필자가 정혈 용사한 혈토 사진

정혈과 용사하는 자세

무학대사는 "유감스러운 일이지만 장인(匠人)이 사람에게 기술을 가르치되 일정한 규구(規矩)는 능달(能達)시킬 수 있어도 그를 교장(巧匠)까지 만들지는 못하듯이 지리학은 태극(太極)의 근본원리를 깊이 연구하여 발전시킨, 지극히 정미(精微)로운 도학(道學)으로서 총명예지하고 천덕(天德)을 겸비한 사람이 아니면 능히 현묘(玄妙)한 도리(道理)를 알 수 없게 되어 있는 것이다. 그것을 알지 못하고서야 어찌 생기(生氣)를 타고 귀복(貴福)을 이루어 후세(後世)를 흥왕(興旺)케 할 수 있겠는가. 후학(後學)들은 이 점을 경계하고 또 경계해야 할 것이다"라고 했으니 정혈하고 용사하는 사람은 이를 거듭해서 마음 깊이 새겨야 할 것이다.

풍수지리 지사의 삶

지사는 정혈과 용사를 결정하며 고뇌의 결단을 할 때가 있다. 용사를 행할 때는 자신의 모든 것을 걸고 최선을 다하며 해원까지 기원하기에 외롭고 항상 마음을 태우며 애를 쓰는 고심의 삶을 살아야 하는 것이 풍수지리사(지사)의 삶이다.

혈(穴)의 주인이 정해져 용사할 때마다 그 과정이 한 편의 소설이 될 만큼 사연도 많다.

하나의 혈을 정혈하고 묏자리를 만들기까지 풍수지리사의 고뇌와 고충을 이해하지 못하는 것이 당연한 일이지만 매번 모든 것을 건다. 승부사와 같이 모든 것을 걸고 항상 최선을 다하며 정혈하고 용사함으로써 한 개인과 가문의 흥망성쇠를 결정하며 나아가 구국구세(救國救世)를 한다고 말하고 싶다. 그러니 풍수지리를 행하는 진정한 풍수지리사는 항상 외롭지만 삶 이상의 신념으로 살아가야 한다.

용사를 행하여 유택의 완성까지 수많은 사항들을 점검하고 확인하며 재차 점검하고 확인을 거듭하여 최종적으로 결단을 내려 결정하여야 하는 용사는 유택의 고인과 고인의 후손에게 영향이 있고 발복으로 이어지는 것이다. 다만 명당이나 대명당, 또는 혈마다 작동하는 발복시기는 각각 다르게 나타난다.

용사에 대한 모든 책임은 지사에게 있고 그 책임은 현생은 물론 후생을 거듭해서 이어진다. 선행과 악행의 결과는 지사의 후손까지 영향이 있게 되므로 장묘의 핵심인 용사는 그 중대함에 지사의 책임이 막중하다 하겠다.

적선적덕한 자를 구별하고 덕량을 구분하여 명당과 대명당 등급에 맞게 정혈한 후 용사함은 지사가 덕을 쌓는 일이지만 오인과 오판으로 오히려 반대의 결과가 되어 망행(妄行)으로 결론난다면 그 결과에 대한 모든 책임이 지사에게 있다는 진리를 새겨야 한다는 말이다.

풍수지리를 행함에 있어 항상 자신의 모든 것을 걸어야 하기에 지사의 삶은 외롭고 힘든 고심의 삶이라는 것이다.

풍수지리학인의 진정한 자세

무학대사의 〈지리전도서〉에 쓰여 있는 글을 인용해 본다.

"길한 땅을 얻고자 하는 사람은 마땅히 스스로 자작하려 하지 말고 지성을 다하여 명사(明師)를 찾아 학설(學說)에 대하여 질의를 하고 진가(眞假)에 대한 의혹을 풀어야 할 것이다. 만약 그래도 의심이 풀리지 않거든 평일에 평상심(平常心)으로 범연하게 지나면서 그 사람됨과 주장하는 학설이 무엇인가를 들어보고서 확인하여야 할 것이다. 어찌 일조일석(一朝一夕)에 구구이 목매여 달라붙어 갑자기 친숙하고 박절하다가 갑자기 후회하고, 백 가지를 용납할 듯 관용하고, 진수성찬 온갖 진미를 다 제공하여 활달하고 희귀한 길지(吉地)를 구하고자 하는 것은 돼지발톱을 놓고 천하 사람이 격양가를 부를 대운(大運)을 달라고 기원하는 것과 다를 바가 없는 것이다. 그러니 이런 사람은 대혈(大穴)을 찾는 것보다는 양지바르고 토후수심(土厚水深 : 땅이 두툼하고 물이 깊직한 땅)한 곳에 깊이 묻고 유해(遺骸)나 편하게 하는 것이 차라리 옳은 일일 것이다. 명사(明師)가 정법(正法)으로 점지한 하나의 점혈(占穴)은 만관(萬貫)의 금은보석으로도 부족할진대 어찌 음식 먹고 물건 주어서 될 일이겠는가. 이런 일은 올바른 사람으로서 마땅히 할 일이 아닌 것이다."

이와 같은 무학대사의 말처럼 풍수인들이 진정한 풍수지리사(風水地理師)가 되려면 어찌 하여야 할 것인가에 대하여 천번만번 되새겨야 할 내용이다. 선행(善行)을 하여 덕(德)을 쌓으며 하늘의 진정한 뜻을 알고 행하는 이학인(理學人)이자 풍수지리 학인(學人)의 정도(正道)를 새삼 일깨워 주는 것으로 깊이 새겨야 할 것이다.

앞서 소개한 많은 논(論)이 선사(先師)들이 행한 선도(禪道)로서의 도리(道理)와 수리(數理), 물리(物理)학이 연계된 자연과학으로서의 이학(理學)인 정통풍수지리학(正統風水地理學)을 우리 단군민족의 후예들이 깨닫고 실천하면서 미래 추구학문으로 계승 발전시켜야 함은 물론이거니와 단군민족 고유의 정통풍수지리(風水地理)가 무형문화적 가치가 충분히 있음을 인정받아 하루빨리 유네스코 무형문화유산으로 등재되어 단군민족의 후예와 대한민국 국민, 나아가 세계인의 위대한 문화유산으로 자리하길 손 모아 기원하는 바이다.

최고가 되려면 꼭 갖추어야 할 덕목(德目)

어떤 분야이든 최고가 되려면 꼭 갖추어야 할 덕목(德目)이 있는데 그 중에서 최고의 덕목은 바로 선(善)이다.

풍수지리의 경우 최고의 지사가 되려면 선(善)을 갖추고 실천하여야 한다. 풍수지리에서 명혈(明穴)과 대명혈(大明穴)을 많이 말하는데 명혈과 대명혈의 공통점은 무엇인가, 바로 명(明)이다. 기(氣)가 응집되는 과정에서 밝은 빛(明)을 표출하는 데 명혈(明穴)보다 대명혈(大明穴)의 경우엔 더욱 강력한 빛이 표출된다.

표출된 강력한 빛은 밝게 보이는 것이 통상의 이치로서 풍수지리학을 전혀 모르는 사람일지라도 선(善)한 사람이라면 밝은 빛을 볼 수 있기에 의식하지 않는 상태에서도 선(善)의 작용으로 명혈과 대명혈에 결과적으로 정혈하게 되는 것이다. 풍수지리 이론들을 많이 알고 있다 하여도 선(善)을 멀리하고 유위(有爲)하고자 한다면 밝은 혈(穴)이 보이지 않는 것이 이치(理致)인 것으로, 무학대사는 '갓난아이의 행동이 제일' 이라고 했다. 이는 마음이 맑고 밝아야 혈(穴)을 제대로 볼 수 있다는 것이다.

모든 분야에 최고가 되고자 한다면 선(善)의 덕목(德目)을 갖추고자 노력하여야 한다. 모든 일의 시작과 끝 그리고 성공과 실패는 모두 선(善)과 관계가 있다. 결국 '선(善)의 행함에 있어 최선을 다했는가' 라고 자신에게 자문(自問)해 보면 성공한 자는 '네' 라고, 실패한 자는 '아니오' 라는 답을 듣게 될 것이다.

적선적덕(積善積德), 글자 그대로 선(善)을 실천하여 쌓으면 덕(德)이 쌓이게 되는데 적덕(積德)한 자는 모든 분야에서 반드시 성공한 사람이 되고, 선(善)의 실천에 있어 최선을 다하였다면 최고가 되는 것이다.

학파와 종파를 초월하여 조상을 정성껏 모시자

필자는 아침에 일어나면 조상님들이 계신 곳을 향해 절을 올리고 문안(問安)을 드린다. "평안하게 계신지요. 부족한 점이 있다면 가르침을 주십시오." 그리고는 조상님에게 "오늘도 열심히 살고 정도를 행하고자 노력하겠습니다"라는 말과 함께 하루를 계획하고 지켜야 하는 것들을 마음으로 다짐한다.

잠자리에 들기 전에도 '하루 세 번 반성하라'는 말과 같이 오늘 지난 일들을 반성하고 조상님께 용서를 구하면서 심법을 외며 잠을 청한다. 우리는 선대(先代)로 인하여 태어났고 생물학적 확률로 보아도 이 세상에 태어남 자체가 크나 큰 행운임을 잘 알 것이다. 우리의 몸은 행운으로 태어나서 살며, 사랑하며, 배우며, 맛난 음식과 좋은 사람들을 만나 은혜를 받으며 삶을 영위하고 있지 않은가. 행운에 행복을 더해가며 우리는 살고 있는 것이다.

그렇다면 우리를 이 세상에 존재하게 한 조상님을 정성껏 잘 모시는 것은 당연하다. 조상님을 모시는 데 정성을 다하면 되는 것이지 격식은 그 다음 문제다.

영국과 프랑스, 미국의 대표적인 가문(家門)들은 상상을 초월하는 전통을 지키며 격식을 행한다. 앞서 작성한 글의 내용 중, 미래 세계의 강대국 평가기준으로 문화적 잣대로 평가하게 된다는 내용을 올린 바 있다.

조상을 잘 모시는 것도 문화다. 우리나라만큼 조상을 잘 섬기고 모시는 나라는 드물다. 때론 조상님 모시기를 다함에 유위(有爲)를 하여 그에 따른 폐단도 있었던 것이 사실이다.

예를 들자면 풍수지리에도 많은 유위의 폐단이 있었다. 어떤 종교의 파(派)는 '다른 신을 섬기지 마라'는 이(理)의 내용을 강조한다. 그러나 조상은 파(派)들이 말하는 신(神)의 범주(category)가 아니다. 그런데도 불구하고 어떤 학파나 종파가 '조상을 섬기지 말라'는 주장을 계속한다면 학파와 종파는 신자(信者)의 정체성(正體性)까지 인정하지 않느냐고 반문(反問)하고 싶다.

신자(信者)는 신자의 선대인 조상으로 인하여 태어났고 신자의 후손은 신자로 인하여 태어날 것인데 조상을 모시지 말라는 말을 한다면 전혀 이치에 맞지 않는 괴리(乖離)요, 괴리가 아니라면 잘못된 이(理)의 해석으로 전해진 것으로 밖에 볼 수 없다.

내가 존재하여 '나'는 내 삶의 주인공이고 이 세상에서 가장 소중한 존재로서 나를 존재케 한 조상에게 감사하여야 하며, 조상을 모시고 섬기는 것은 당연지사(當然之事)인 것이다. 조상이 있고 내가 존재함으로써 믿음의 신(神－god)과 학(學)을 섬길 수 있는 것이니 조상부터 정성으로 섬기고 모시라는 것이 필자의 주장인 것이다.

또한 현실을 살아가는 경제적인 측면에서도 경제적인 활동을 하며 살고 있는 만큼 그 노력 여하에 따라 부(富)가 생겨났으면 하는 바람이다. 하지만 그 복(福)도 없다면 경제적으로 타인에게 폐만 끼치지 않았으면 좋겠고, 혹시나 여유가 있으면 돈 없어 배고파하거나 돈 없어 치료를 받지 못하는 사람들과 나누고 싶은 것이 소망이다. 그리고 선대인 조상님과 후대인 후손들에게 적어도 잘못하지 않고 피해를 주지 않으면 되는 것이다.

과거 필자의 집안에 조상님의 명의로 300여 년 된 선산이 있었다. 소상님들의 명의로 명의 이전되며 내려오다 현대에 이르러 현행법상 가족들과 법정상속을 하게 되었는데 소유권 이전에 관한 등기부등본상 필자의 지분에 해당하는 수상속분 모두를 후손에게 증여한 사실이 있다. 조상님들의 체백이 모셔진 선산은 조상님과 후손들의 것이지 나의 것은 아니라고 판단하여 그리 결정한 것이다. 수상속이나 수증여의 권한은 의무이행을 다함을 전제로 수증여나 수상속이 되어야 하는 것인데 나 자신은 조상 섬김을 다하지 못하였기 때문에 권한도 없는 것이라고 더불어 판단하였던 것이다.

이 또한 이치(理治)인 즉, 수의(壽衣)에는 주머니가 없지 않는가. 공수래공수거(空手來空手去)인데 주머니가 필요 없는 것은 당연한 것이다. 삶의 시작과 끝은 숫자상으로 표현하자면 '0(zero)'이고 유무(有無)의 표현으론 무(無)인 것이다.

사람들 중 과욕으로 재산을 모으고 그렇게 모은 그 많은 재산을 어떻게 관리하느냐를 고뇌(苦惱)한다. 하지만 무위(無爲)를 알면 무소유(無所有)를 하게 된다.

2010년 3월에 타계하신 법정스님의 일상을 보더라도 인간의 삶은 결국 공수래공수거(空手來空手去)이지만 그냥 왔다 가는 것만은 아니다. 인간의 영(靈)은 태어나고 소천할 때 함께한다. 영혼(靈魂)과 혼(魂)이 아닌 자신의 본(本)인 영(靈)만은 윤회(輪廻)하여 이 세상에 왔고 다음 생에도 이어진다. 자신의 본인 자신의 영은 현생에서 자신의 노력으로 육성되는 것이다. 다음 생(生)에도, 또 다음 생(生)에도, 인과응보에 인(因)한 윤회와 깨달음의 육성을 거듭하는 것이다.

그렇다면 나는 이생(이승)에서 업(業)을 더 쌓을 것인가, 아니면 업(業)을 씻을 것인가를 나 자신에게 자문(自問)하여 보면, 나는 업을 씻을 것이라고 크게 소리 높여 대답할 것이다.

5 용사법

"점검 감정 정혈의 차원보다 용사는 양택과 음택의 명당혈이 자리한 곳을 쓰임하게 하거나 발복받게 하는 것이니 또 다른 고차원이다."

1) 음택 용사의 이(理)

- 음택 용사란
- 용사의 중요성
- 용사의 이(理)
- 광중작업하기
- 기벽용사
- 안장하는 방법
- 보토(補土)의 이(理)
- 보토(補土) 계획
- 보토 – 물형 복원
- 작업 전 유택 계획도
- 묘 속에 염병 6염을 면해야 한다
- 용사 – 지맥 절대 보존
- 역장(逆葬)이란
- 금혈(禁穴)이란 무엇인가
- 장례 – 화장(火葬)
- 화장(火葬)은 신중하게 결정하라
- 화장하여 이장하면 비용이 추가된다
- 묏자리를 만드는 음택은 고유의 장묘법이다
- 풍수지리 – 혼패장과 각혼장에 대한 이해
- 장묘법
- 다층식 장묘법이란 무엇인가

2) 양택 용사의 이(理; 풍수지리 가상설계, 인테리어, 컨설팅)

1) 음택 용사의 이(理)

> "혈의 중심에 하단전(배꼽 아래 단전)을 일치시켜
> 묏자리를 조성하는 것이 음택 용사이다."

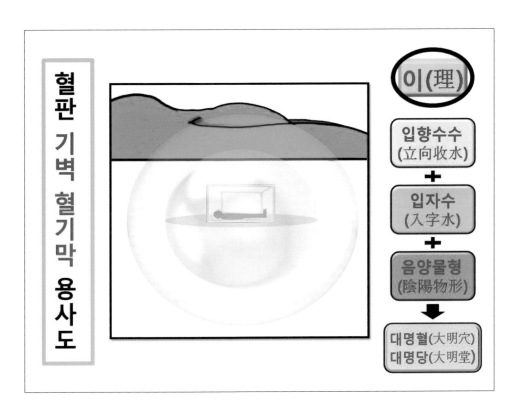

혈판 기벽 혈기막 용사도

이(理)

입향수수
(立向收水)

＋

입자수
(入字水)

＋

음양물형
(陰陽物形)

↓

대명혈(大明穴)
대명당(大明堂)

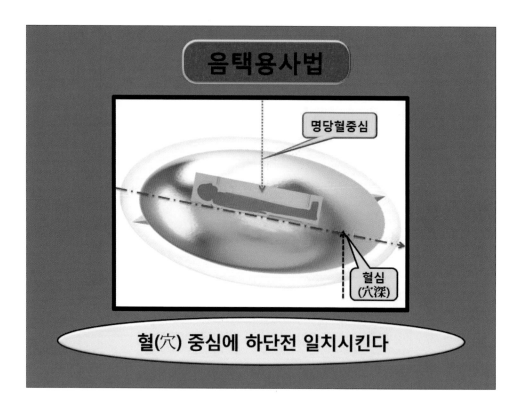

음택용사법

명당혈중심

혈심
(穴深)

혈(穴) 중심에 하단전 일치시킨다

풍수지리 3단계 혈의 주인을 정할 수 있는 정혈(定穴)의 이(理)를 깨친 후 혈판, 혈심, 기벽, 혈기막 등의 이(理)를 대입 적용하여 유택을 완성할 수 있다면 풍수지리 4단계인 용사의 단계에 도달했다고 할 수 있다.

음택 용사란

혈이 있는 명당에 조상을 모시면 혈의 발복과 함께 조상혼이 도와주니 명당 발복과 조상복 두 가지를 받게 된다. 물론 조상을 편안하게 모시고자 하는 효의 발심이나 명당혈에 있는 고인도 복을 받고 후손도 복을 받으니 중요하지 않다 말할 수 있겠는가?

　혈을 정혈했다면 혈에 고인을 모시는 과정을 용사(用事)라고 한다. 용사하며 혈심과 혈관, 혈장 등의 이(理)를 대입 적용하며 혈을 훼손하거나 파괴하지 않는 것이 중요하다.

　필자는 25년 전 경기도 고양시 벽제에서 김창기 씨 부친을 처음 점지하고 유택을 마련했었다. 그동안 이장하려고 파묘하다 보면 관에 물이 가득 차 있어 고인이 고통받아왔고, 그 고통이 후손에게 전해진다는 것을 잘 알기에 지사의 책임은 막중하다고 생각해 왔다.

　혈이 있는 명당으로 300년 넘은 묘를 이장하려 파묘했을 때 황골 상태에 수의 옷자락 모양이 그대로 유지되어 있었는데 손을 대는 순간 수의가 흔적 없이 흩날려 사라지는 것을 본 후 음택에 대하여 많은 것을 생각하게 되었다. 그리고 용사하셨던 이름 모를 명사(明師)에게 존경의 표시로 머리를 거듭 숙이며 적어도 천 년 이상 만

년을 보고 용사를 하여야 한다고 다짐했었다. 바로 혈에 유골이 존재하기 때문이다.

얼마 전 언론매체에서 보도된 내용으로 부산지역에서 유골이 발견되었는데 7천 년이 되었고 유럽인의 유골이라 했다. 몇 천 년 된 유골이 전시된 것으로 보아도 유골이 명당혈에 있고 옳게 용사하면 그 이상도 간다는 것을 생각하면 용사의 중요성을 더 이상 말하지 않아도 이해될 것이다.

명당, 대명당, 혈과 각혼이 동기감응하면서 후손에게 동성인력으로 작용해 발복하니 용사를 결코 가볍다 말할 수 없을 것이다.

용사의 중요성

양택에 적용한다면 산 사람에 한하여 영위를 위하여 활용하는 것을 말하지만 음택의 체백은 몇 백 년, 몇 천 년, 몇 만 년 동안 자리하는 공간으로 음택에서 체백이 편안하여야 혈자리와 체백이 동기감응하여 그 동기감응한 기(氣)가 후손에게 전해져 발복되는 것이다.

몇 백 년, 몇 천 년, 몇 만 년 동안 모시는 고인의 체백이 풍수지리학적으로 명당혈자리에 있는 것이 좋은지 아니면 흉지에 있는 것이 좋은지는 그 답을 구하지 않아도 될 것이다. 역시 인간은 모두 좋은 곳에 살고 싶고 넓은 곳에 살고 싶으며 살다가 이사를 하고 싶으면 이사를 하여 더욱더 쾌적한 공간을 만들려고 인테리어를 하고 리모델링도 한다.

더불어 이미 고인이 된 분이나 향후 고인이 될 조상들을 포함한 부모형제 모두 체백을 평안하게 모시는 것은 지극히 당연한 일로써 체백이 편안하지 못한 곳에 모셔질 경우 말 못하고 어찌할 수 없는 고인이 풍수지리의 염병인 6염(악기염 포함)에 해당하는 해를 받는다. 이러한 고인의 고통을 생각하면 음택의 용사가 매우 중요하다는 것을 이해하게 될 터인데 양택과 음택 모두 산 사람이 고통 받는 것과 묏자리의 고인이 받는 고통이 같다는 것을 알면 쉽게 이해될 것이다.

용사의 이(理)

   명혈과 대명혈을 정혈함도 어려운 일이나 정혈할 때 혈(穴)의 기운이 있었는데 용사 후 혈의 기(氣)가 약해지거나 사라진 경우 이는 용사를 실패한 것으로서 정혈을 제대로 하고도 용사하면서 혈심의 이(理)를 적용하지 않아 혈을 훼손하거나 파괴한 경우 또는 기벽을 파괴한 경우가 된다. 이는 참으로 안타까운 일로 '정혈을 제대로 하지 않았더라면 차라리 오랜 세기에 작혈된 혈은 파괴되지 않았을 것인데…' 라는 아쉬운 생각을 하게 된다.

   지사가 유택을 용사함에는 백 년 천 년 이상의 무한책임이 따르게 된다. 삼생을 거듭해도 선업과 악업의 결과가 따르게 됨을 인지한다면 보다 많은 이(理)를 대입하여야 하는 것에 이의가 없을 것이다.

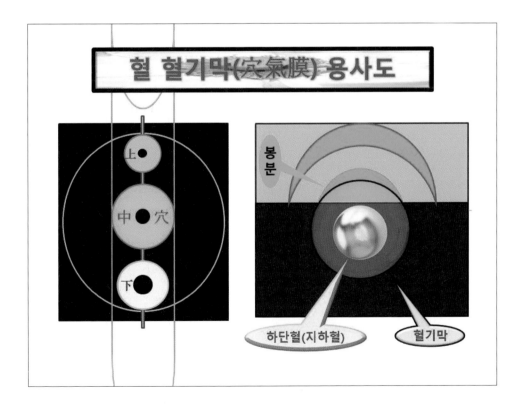

혈 혈기막(穴氣膜) 용사도

上

中 穴

下

봉분

하단혈(지하혈)

혈기막

무학대사는 "호혈(好穴)은 반드시 명사(明師)라야 뚫는 것이며, 명사는 적덕지가(積德之家)를 기다려 이루나니 적선적덕(積善積德)하는 자세로 처세하며 구산(求山)하는 것이 근본 도리인 것이다. 그러므로 어리석은 의사는 병을 오진하면 한 사람을 죽이지만 속사가 오점(誤点)하면 백인(百人)의 인명을 죽이는 것이나 다름없다. 용인(俑人, 허수아비)은 모습만 사람과 비슷할 뿐 사람이 아닌 것과 마찬가지로 이런 속사는 사람이라 할 수 없는 것이다. 공부자(孔夫子)께서는 오죽하면 미워한 나머지 이런 자들은 무후절손(無後絶孫)할 것이라고 하였겠는가. 이런 자들은 낭떠러지에 빠져드는 셈이 되는 것이니, 이런 자들은 사람에게 복(福)을 맞이하게 할 능력도 없고 자기가 스스로 지은 화(禍)에 빠져 살아날 길이 없으니 나도 그들을 생각하면 어떻게 할 수 없어 마음만 아플 따름이다"라고 했다.

진혈을 정혈(正穴)한 후 묏자리에 주인이 정해져 정혈(定穴)했다면 반드시 혈의 깊이인 혈심(穴深)을 구해야 한다. 혈심의 이(理)를 적용하지 않고 지방마다 유택을 마련하는 사람마다 제각기 천광(穿壙)작업을 하고 있으니 혈심에 대한 이(理) 없이 천광작업하며 혈판을 훼손하고 파괴하면 필패(必敗)하는 결과가 된다. 혈심을 구하는 방법으로 생기(生氣)의 기운화(氣運化)를 점검하여 수학(數學) 함수공식에 대입하여 혈심을 구하는 이(理)가 있고 전순에서 점하는 방법 등이 있다.

양택도 혈의 높이, 중심 등에 중단혈, 상단혈의 이(理)를 적용한다.

혈심에 있는 혈판 중심에 고인의 하단전을 일치하게 안장하여야 하며 체백에 따라 단장·합장·3합장·가족묘·대가족묘(大家族墓) 장법(葬法)이 행해지고 있고, 또 다른 장법으로 필자가 개발한 다층식장묘법(多層式葬墓法)도 있다. 혈(穴)에는 기벽(氣壁)이 있어 관을 묻는 구덩이 작업인 천광(穿壙)을 하며 외(外) 광중(壙中) 아래 내(內) 광중의 넓이가 결정되고 봉분(封墳)은 솥뚜껑 역할을 하니 봉분작업시 혈의 혈기막(穴氣膜)의 이(理)를 적용하여 봉분의 넓이와 높이를 정한다.

정혈을 제대로 하고도 용사하면서 혈심(穴深)의 이(理)를 적용하지 않아 혈(穴)을 훼손하고 파괴하는 경우 이는 참으로 안타까운 일로써 차라리 정혈하지 않았더라면 혈은 파괴되지 않았을 것이니 정혈하지 못함이 낫겠다는 생각을 하게 한다.

유택 용사도

　용사는 진혈, 사혈, 살혈, 지맥, 혈기맥, 물형, 음양좌향, 혈판, 기벽, 진기, 살기 등 혈과 수맥을 포함하여 너무나 많은 점검사항이 있어 점검, 점지, 정혈, 용사 등 풍수지리 단계별로 적용해야 할 이(理)가 있음에 풍수지리를 행함에 있어 논을 중시하며 학리와 도리를 적용하여야 하고 사명감으로 수행해야 한다고 생각한다. 하나의 묏자리를 이장 의뢰받고 용사법 등을 결정하며 이장하기 전 1년 가까이 많은 시간을 고심한 적도 있다.

　정혈을 하고도 명당혈을 용사하며 용사의 이(理)를 적용하지 않아 유택 후 점검하면 혈(穴)의 기(氣)가 없거나 사라진 경우 이는 용사에 실패한 것으로, 이(理) 없이 용사함은 무리(無理)란 생각이다. 용사하여 유택을 마련한 풍수지리 서적이나 온라인에서 사진을 보면 정혈을 제대로 하지 않은 것이 대부분이며 혈을 정혈한 사진이

극히 드문 일이나 정혈한 천광사진을 보면 이미 혈이 파괴된 사진인데 이조차 모르고 사진을 올린 경우도 있으니 참으로 안타까운 일이다.

광중작업하기

혈의 중심 깊이인 혈심(穴深)과 좌향이 정해졌다면 고인을 안장하기 위한 원형 또는 사각으로 표토, 단토, 혈토 순으로 외(外) 광중작업을 한 후 관이 자리할 내(內) 광중작업을 한다. 혈심(穴深－혈판의 시점)을 사전 점검하여 보토(補土)를 결정하고 작업량을 미리 계획한다. 혈심의 이(理)를 적용하지 않고 획일적으로 1미터 안팎으

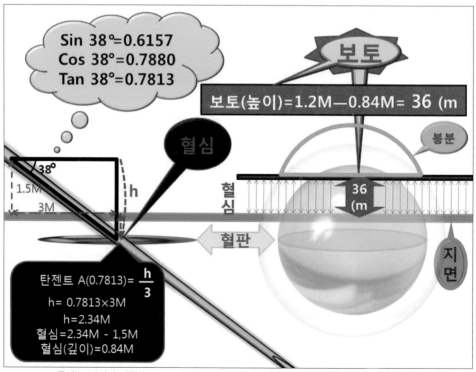

물리(物理)와 수리학(數理學)의 합리(合理)가 과학으로 기(氣)의 물리학이 수리에 합리되면
과학이기에 기의 이(理)인 풍수지리학이 과학이라 하는 것이다.

로 광중작업하며 천광할 경우 대부분 혈판(穴坂)이 파괴된다. 명당혈(穴)을 점검하고 정혈할 때 혈의 기(氣)가 있었는데 용사한 후 혈(穴)의 기(氣)가 작아지거나 사라져 혈기(穴氣)가 변화하였다면 이는 실패한 결과이다.

또한 천광의 넓이를 결정하는 기벽의 이(理)를 적용하지 않는다면 마찬가지의 결과가 된다. 혈기막의 이(理) 또한 적용하여 봉분을 완성해야 한다.

기벽용사

장묘 이장, 혈심의 이(理)를 깨쳤다면 보토의 이(理)를 반드시 함께 적용해야 한다.
연구결과 혈내에 투명한 유리처럼 상하좌우로 각기 다른 넓이와 두께로 기(氣)의

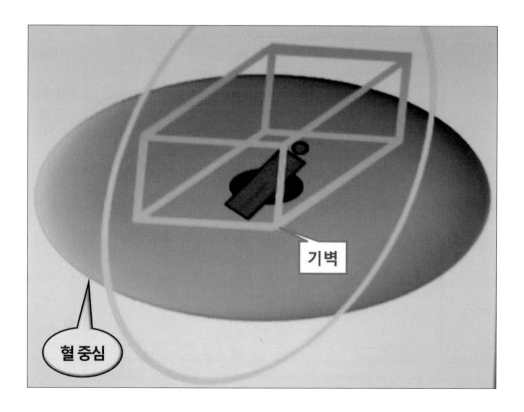

벽(壁)이 형성되어 있어 이를 기벽(氣壁)이라 명명(命名)했다.

광중작업시 혈의 결계인 기벽 내에서 광중 넓이가 결정된다. 특히, 기벽을 모르고 용사할 경우 상상할 수 없는 일들이 발생할 수 있다.

용사 중 광중작업하는 작업자가 다치거나 장비에 이상이 생길 수 있고, 지관이 화를 받는 등 여러 가지 현상이 있을 수 있으며 의뢰인에게도 화가 있을 수 있다.

뿐만 아니라 기벽을 모르고 용사할 경우 혈이 훼손 또는 파괴되며 그 정도에 따라 심지어 주위의 혈들도 동시에 소멸되는 현상이 있을 수 있다.

명혈은 정혈한 명사가 뚫어야 한다는 무학대사의 말이 있다. 기벽을 뚫지 못해 혈을 파괴하는 일은 불행한 일이다.

혈심(광중 깊이 – 혈판, 나반의 위치), 기벽(광중 넓이), 혈기막(봉분의 넓이와 높이)의 이(理)를 적용하여야 유택을 완성할 수 있다.

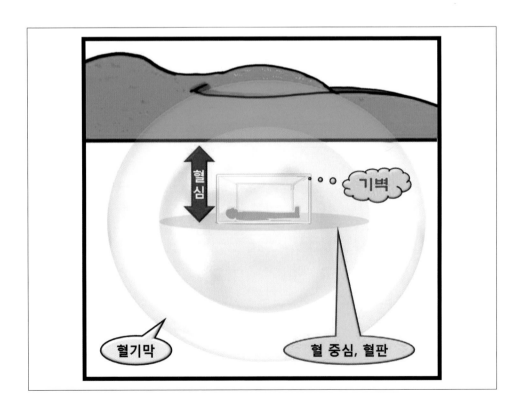

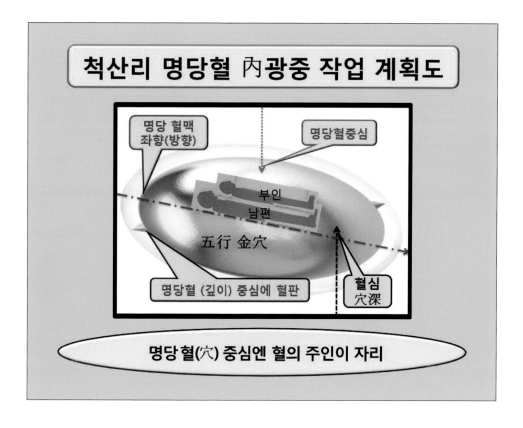

척산리 명당혈 內광중 작업 계획도

명당 혈맥 좌향(방향)

명당혈중심

부인

남편

五行 金穴

명당혈 (깊이) 중심에 혈판

혈심 穴深

명당혈(穴) 중심엔 혈의 주인이 자리

안장하는 방법

고인의 덕에 따라 혈 중심에 안장하는 위치가 다르다. 쌓은 덕이 많아 혈의 주인이 되는 고인을 혈 중심에 안장하게 된다. 그래야 제대로 발복된다.

부부합장(합폄)시 혈 중심에 체백 위치가 고인의 덕량에 따라 좌우(左右)를 다르게 적용한다. 이는 용사의 이(理)에서 중요한 하나다.

합장, 삼합장, 가족묘, 대가족묘는 조상의 위(位)들을 하나의 명당혈에 안장하는 것인데 여러 위를 모실 때에는 조상 중 덕(德)을 가장 많이 쌓은 위를 혈 중심에 안장하여야 한다. 혈(穴)의 주인이기 때문이다.

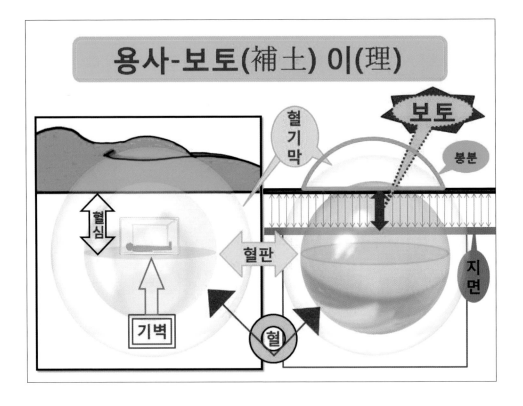

보토(補土)의 이(理)

혈심에 있는 흙을 단토라 하는데 단토의 깊이가 30~70센티미터에 있을 때 흙이 좋다고 명당이라 말하는 경우들이 있는데 일반적으로 1미터 깊이로 광중작업을 할 경우 혈판이 파괴되어 혈이 훼손되고 파괴되는 것이다. 혈이 파괴된 줄도 모르고 좋은 흙이 나왔다고 좋아하지만 어쩌랴 혈판을 들어내 이미 혈이 훼손되고 파괴되어 사혈(死穴)된 것이다.

보토는 지면에서 혈심까지 최소 120센티미터를 유지하기 위해 보토해야 한다. 사계절 중 겨울에 묘 안에 있는 체백이 영향을 받지 않게 풍염을 막으려 하는 것으로 풍염이 들면 유골이 푸석푸석한 현상으로 나타난다. 혈과 체백을 보호하기 위해 보토를 하는 것으로 사전에 혈심을 알고 작업계획을 하여야 한다.

정혈할 때는 명당혈(穴)의 기(氣)가 있었는데 유택 후 혈에 기운이 없는 것은 혈판을 파괴했기 때문으로 보토(補土) 이(理)를 대입 적용하여야 혈의 기운을 제대로 담을 수 있다. 이는 발복과도 연관이 있다. 명당혈마다 깊이가 모두 제각각이기에 혈심의 이(理)를 적용하지 않고 무조건 100~120cm로 광중작업을 하기 때문에 혈이 파괴되는 것으로 혈심이 최하 3자(三尺 100cm)가 되지 않으면 보토를 계획하여야 한다.

보토(補土) 계획

유택하며 혈마다 다른 혈심(穴深)을 정확히 측정하여 보토(補土)해야 한다. 보토

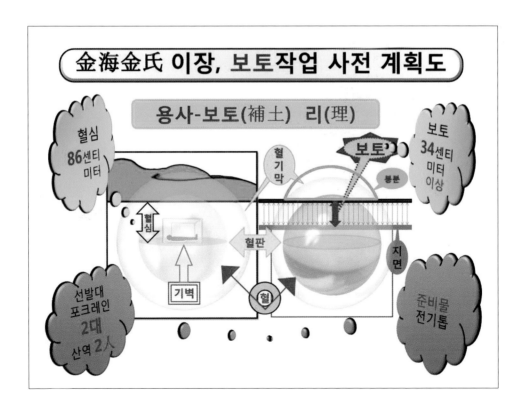

의 이(理)를 적용하지 않고 광중작업을 하면 혈이 파괴된다. 혈심(穴深－혈판의 시점)을 사전에 정확히 측정하여 보토(補土)를 결정하고 작업량을 미리 계획하여야 한다.

용사에 있어 보토는 너무나 중요하다. 정혈을 옳게 점하고도 용사시 혈심과 보토의 이(理)를 적용하지 않아 혈을 파괴하는 경우가 대부분이다.

보토(補土)는 산세를 복원하고 명당혈(穴)에 혈심의 이(理)를 적용하여 제전, 봉분 등을 제대로 유택하기 위한 것이다.

혈심을 사전에 점검하여 용사하기 전 인원, 장비, 잔디 등을 미리 계획하여야 차질 없이 유택을 완성할 수 있다.

보토를 하면 혈이 보호되어 발복이 제대로 발하게 된다.

보토-물형 복원

택일에 맞추어 사전에 묘지조성도를 작성하고 많은 시간을 계획하며 이장을 준비하였고 현장에서 조성도를 작업자들에게 자세히 설명한 후 작업을 시작했다. 특히, 각기 혈기맥 운화로 작혈된 혈과 혈판 그리고 기벽을 보호하기 위해 혈의 위치 표시와 혈심과 혈장을 포크레인 작업자에게 말하며 훼손되지 않도록 주의사항을 전달했다.

봉분의 위치와 활개를 사전에 표시하여 작업을 시작하였고, 혈의 기벽을 보호하고 완성될 수 있도록 20센티미터 정도 보토 후 광중작업 전 항상 말했던 것처럼 "포크레인으로 90센티미터 외 광중작업하고 나머지 30센티미터를 수작업으로 내 광중작업을 합니다"라고 말하고 광중작업을 시작하였다.

이처럼 광중작업 전 혈심을 점검하여 포크레인과 수작업의 깊이를 각각 사전에 작업자에게 말한 후 광중작업을 시작한다.

지역조합에서 장묘를 전담하는 포크레인 작업자는 "만들려고 해도 안 되는 것인데 멋지게 나왔습니다. 정말 멋지네요. 일대에서 제일입니다"라고 말하여, "이렇게 만들고 싶어도 돈으로 만들어질 수 있는 것이 아닙니다. 명당혈의 주인도 돈으로 될 수 있는 것이 아닙니다. 덕행을 하면 명당의 주인이 됩니다"라고 답했다.

묘지조성을 마치면 지금껏 의뢰인들이 이렇게 조성될지 상상을 못했다고 했는데 이번에도 이렇게 묘지가 조성될지 상상도 못했다고 하며 고맙다고 말했다.

의뢰인들 모두 이장이 아니라 토목공사를 한다고 생각하는 것은 상상하지 못한 분묘조성이 되었기 때문으로 보토하며 인원과 장비가 더 소요되지만 모양을 잘 만들려고 하는 것이 아니라 물형의 지형을 복원하고 혈의 기운을 담아 제대로 발복하게 하기 위하여 보토하는 것이다.

현장에서 많이 받는 질문은 상석을 포함한 석물을 해야 하는지, 하면 언제 하여야 하는지에 관해 질문하는데 석물은 물형에 따라 결정하며 석물을 할 경우 적어도 3년 후에 하라고 말한다. 이유는 보토한 흙이 제자리를 차지하려면 적어도 3년이 되어야 하는데 즉시 석물을 할 경우 석물이 틀어지기 때문이다.

작업 전 유택 계획도

작업할 때마다 사전에 보토계획을 미리 세워야 한다. 그렇지 않고 당일 작업하는 경우 보토량을 사전에 계산하지 못하면 장지에서 하관하며 작업하는 데 많은 혼란이 오고 이장하는 경우 당일 계획대로 끝나지 않는 경우가 있어 미리 작업량을 알고 계획하면 차질이 없다.

사전에 혈심을 점검하고 내광중작업을 할 때마다 혈심과 보토한 내용이 일치하니 작업자들은 놀라워 한다.

묘 속에 염병 6염을 면해야 한다

풍수지리에서 오염이라 하는 것을 나열해 보면 아래와 같다.

1. 물과 관계된 수(水)염

2. 나무뿌리와 관계된 목(木)염

3. 불에 탄 것처럼 되어 있는 화(火)염

4. 바람과 관계된 풍(風)염

5. 관 속에 개미, 뱀, 쥐, 벌레가 있는 것을 충(蟲)염

그런데 가장 무서운 6염이 있다. 바로 악기(惡氣)염이다. 악기염은 살기염이라고
도 하는데 진기(眞氣)와 달리 색상도 다르고 모양도 다르다. 악기(惡氣)가 시신에 영
향을 주면 상상도 못할 일들이 벌어진다. 양택의 경우도 마찬가지이다.

악기(惡氣), 살기는 음택을 정하는 데 있어서 피해야 할 필수요건이지만 양택을 정하는 데도 피해야 할 필수요건이기도 하다.

기(氣)를 측정하거나 기감을 느낀다 해도 진기(眞氣)인지 살기(殺氣)인지 구별하지 못하면 큰 실수를 하게 된다. 수신(修身)하며 정진하다 보면 악기(惡氣)인지 진기(眞氣)인지 구분할 수 있게 된다.

용사―지맥 절대 보존

공장동, 사무실 자리 등 풍수지리 컨설팅을 하고자 출장하면 터에 지맥(용맥, 지혈기맥, 지기혈맥 등)을 절대 보존해야 함을 거듭 강조한다. 양택과 음택 모두 지맥은 동력선과 같아 훼손하고 파괴하면 혈도 마찬가지로 훼손되고 파괴된다.

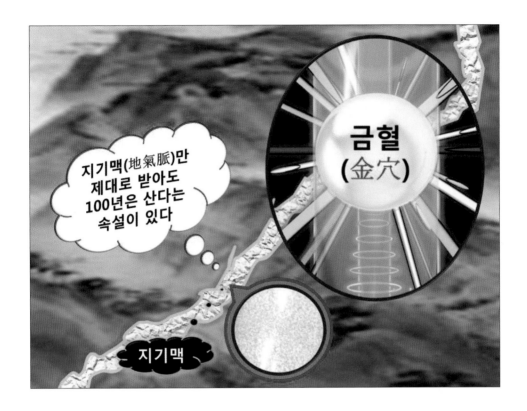

　도선국사는 "혈(穴)의 입향수수(立向收水)를 같은 법으로 하여도 부(富)나 귀(貴)가 균등히 발복하지 않고 크게는 공경대부(公卿大夫)에 거부(巨富)가 나오고 작게는 작은 벼슬이나 소부(小富)가 나오는 수가 있으니, 이것은 모두가 지력(地力)의 대소와 국세(局勢)의 경중에 달려 있는 것이다. 그러니 입향수수에만 좋고 나쁜 것을 의지할 것이 아니다"라고 했다.

　지맥만 지나가는 곳에 있으면 백년은 산다는 속설이 있다. 양택과 음택의 터에 혈자리가 있다면 좋겠지만 혈자리가 없다 하여도 지맥을 보존하고 지맥이 있는 곳을 활용해야 한다.

역장(逆葬)이란

조상인 선대의 묘 등 묘 윗자리에 쓰는 것을 역장이라 한다.

역장의 주의사항
1. 지맥을 보존하라. 위에서 끊기기 때문이다.
2. 수맥을 훼손하지 마라. 밑에 있는 혈도 훼손되고 파괴되기 때문이다.

　역장은 하지 말아야 하나 묘지의 공간과 정혈 등으로 부득불 행할 경우가 있으며 산의 주인이 명의 변경되어 묘를 쓰는 경우에 묘 위에 묘를 쓰는 것 또한 역장이라 말할 수 있다. 역장시 주의할 사항들이 있는데 그 중 중요한 한 가지는 수맥의 수로를 절대 파괴 또는 훼손하지 말아야 한다. 혈이 결혈됨에 있어 혈 주위에 내수맥이 있고 내수맥 외곽에 거대한 외수맥이 있으니 내수맥의 득수와 파수는 외수맥으로 시작되어 외수맥으로 이어지고 내수맥과 외수맥 사이에 또 다른 혈이 작혈됨에 거미줄처럼 연결된 수맥을 파괴 또는 훼손할 경우 혈도 영향을 받아 훼손되거나 파괴되어 산과 혈 모두 사(死)하게 된다. 역장시 수맥을 보존하는 것은 혈을 보존하는 것이요, 나아가 대자연을 보호하고 보존하는 것이다.

　위의 수맥이 보존되어야 아래 수맥도 정상적으로 보존되어 작혈을 하고 혈이 보존되는데 윗물줄기인 수맥 수로가 파괴되거나 훼손되면 상부에 있는 혈이 파괴 또는 훼손되면서 도미노현상과 같이 아래에 있는 수맥도 훼손되고 파괴되어 하부에 있는 혈 또한 파괴되고 훼손되는 것은 당연한 것이 된다.

　산 정상 부근에서 삽과 곡괭이 작업으로 물줄기를 바꾸면 지형이 바뀌게 되고, 무리한 개발을 하면 산세가 바뀌게 되며, 수맥을 훼손하고 파괴하면 혈이 영향을 받게 되는 것이다. 우주의 축소판이라 말할 수 있는 인체도 많은 혈과 함께 핏줄기와 실핏줄로 되어 있어 수맥의 외수맥과 내수맥과 같이 핏줄과 실핏줄이 훼손되거나 절단되면 신체부위에 장애가 발생하거나 회복불능 상태로 되는 것과 같은 이치이다.

금혈(禁穴)이란 무엇인가

금혈(禁穴)이란 무엇인가에 대하여 말하자면 말 그대로 용혈(用穴)을 금(禁)해야 한다는 말로서 알기 쉽게 표하자면, 혈(穴)자리라 할지라도 절대 용사(用事)하면 안 되는 혈(穴)을 말하는 것이다. 금혈(禁穴)은 여러 가지로 분류되는데 분류 중 대표적인 금혈(禁穴)은 물형임에는 분명하나 악(惡)한 물형의 혈자리와 악기(惡氣-살기殺氣)가 운기(運氣)하여 응집된 혈자리이다.

악(惡)한 물형이란, 물형의 생김새와 이목구비는 분명한데도 불구하고 하나의 물형이 다른 물형을 잡아먹는 형과 물형을 사람으로 비유하자면 악한 관상(觀相)의 물형을 말하며 악한 물형은 악한 기운을 발산한다. 악기(惡氣)의 혈(穴)이란, 악기(惡氣-살기殺氣)가 운기(運氣)하여 응집되었거나 악기가 모여 있는 살혈(殺穴) 터나 사혈(死穴) 자리를 말하는 것으로, 금혈(禁穴)을 용혈(用穴)한 경우 재앙이 있게 되어 개인은 갑자기 앓게 되고 급병이 나거나 패가망신(敗家亡身)하게 된다.

악한 물형의 악혈(惡穴)을 무덤으로 사용하면 금혈(禁穴)에 있는 체백의 후손이 심지어 나라와 민족에 오욕(汚辱)과 치욕(恥辱)의 역사를 남기는 주범(主犯)이 된다. 금혈(禁穴)에 용사(用事)하는 데 지사가 주도하였다면 지사도 같은 화(禍)를 받는다.

물형의 표정과 눈의 움직임 그리고 상태까지 점검하여야 하며 기(氣)가 분명하게 응집되었거나 운기(運氣)되고 있는데 진기혈(眞氣穴)이 아닌 악기혈(惡氣穴)인 경우가 있어 진기(眞氣)인지 악기(惡氣)인지 여부를 명확하게 구분할 수 있어야 과오(過誤)을 면할 수 있는 것이다.

풍수지리 점검을 행하는 자가 진기인지 악기인지 구분 못하고 "기(氣)가 있는 좋은 명당, 명혈입니다"라고 한다면 어찌 되겠는가. 결과는 불행하게 되는 것으로 풍수지리의 음택과 양택에 주산(主山)과 안산(案山)의 좌향(坐向)을 정할 시에도 물형이 악한 물형인지 악기혈인지의 여부를 점검하고 결정하여야 한다.

주산(主山)이 악한 물형으로 된 형국임을 모르고 악한 물형이 있는 산을 주산(主山)으로 정함에 그 과실(過失)로 인하여 나라와 민족의 역사를 암울하게 한 대표적인 사례를 살펴보자.

조선이 개국하면서 경복궁을 창건할 때 무학대사가 인왕산(仁王山)을 주산(主山)으로 정해야 한다는 고견(高見)을 정도전이 물형론을 알지 못하여 악하고 흉한 물형이 북악산에 있는 것을 모르고 북악산으로 주산을 정해야 한다는 억지주장으로 무학대사의 반대에도 불구하고 유가(儒家)의 입장만을 반영하여 경복궁을 건축함으로써 지금까지 국민들은 암울한 역사 속에서 살고 있는 것이다.

무학대사는 풍수지리학, 명리학 등을 행하며 수련의 최고수 단계이자 신의 경지에 이른 도참술을 행할 수 있는 능력이 있었기에 예언들이 적중했었던 것으로 풍수지리 전문가 무학대사의 말을 들었어야 했는데 정치적으로 결정했다는 것이 크나큰 잘못이었다.

장례-화장(火葬)

현대사회에서 화장은 장지 문제와 묘지 관리의 어려움 등의 이유로 점차로 증가하고 있으나 한편으론 조상의 삼혼(三魂-생혼, 각혼, 영혼)이 머무를 수 있도록 효(孝)를 행하고자 전통적인 장법인 장묘(葬墓)를 고수하는 사람도 의외로 많은 것 또한 현실이다. 화장하는 이유로 선산이 없고 선산이 있어도 향후 묘지 관리를 걱정하여 화장을 결정하기도 하지만 조상이 물려준 선산을 처분하여 경제적 욕심을 채우고자 화장하는 경우도 많다.

풍수지리를 행하다 보니 화장을 하면 왜 안 되느냐는 질문을 많이 받는다. 답할 때마다 선산(묘터)이 없거나 경제적인 여건상 어쩔 수 없이 화장한다면 참으로 슬픈일이나 화장을 결정하기 전에 많은 것을 생각하고 결정해야 한다.

화장을 하게 되면 후회하는 일이 있게 되기 때문이다. 본인이 편하고자 또는 선산처분에 욕심이 있어서 화장하는 경우 조상과 후손들을 생각해 보라. 조상이 본인에게 선영을 팔아먹으라고 물려줬겠는가. 또 본인 편하자고 화장한다면 장차 후손 중

정혈 후 음택 용사한 유택사진

누군가가 조상을 잘 모시려 나설 때 조상의 체백(각혼)이 없다면 누구를 원망하겠는가.

공원묘지 관리비조차 없어 화장하게 된다면 하는 수 없지만 그렇지 않고 살만하면서 화장을 결정했다면 본인이 무슨 권한으로 화장을 결정하는지 묻고 싶다. 욕심만 채우고자 자기 자신만 생각하고 조상과 후손은 생각하지 않는 경우가 많아 안타까울 따름이다.

조상을 모시려는 마음만 있다면 공원묘지도 있고 아니면 동네 공동묘지도 있다. 공원묘지나 공동묘지, 분할된 묘지필지(100여 평) 등 마음만 있으면 모실 수 있는 것이다. 공원묘지나 공동묘지에도 명당(명당혈－明堂穴)이 있다. 후손 중 누군가가 잘되거나 부유하지는 않지만 효심이 지극하여 적은 평수나마 선산을 마련하여 타인 명의의 산에서 이장하는 사례들도 있었다.

다시금 강조하거니와 화장을 신중히 결정할 것과 현재 여건이 어렵다 해도 저비용으로 묘지에 모실 수 있는 방법도 있음을 새겨두기 바라는 마음이다.

한편, 선영을 매각하며 화장한 후 우환이 있었던 사례가 많음도 밝혀둔다.

화장하여 우환이 있었던 일을 지켜보았거나 우환이 있었다는 얘기를 전해 들은 경우가 있는데 골프장을 만들며 묵묘에 1000여 구를 파묘한 경험과 그동안 2500여 구를 화장했다는 어느 장묘 대표는, "고인이 화난 모습으로 꿈에 나타나기도 합니다. 화장해서 잘된 집안이 없고 화(禍)가 되어 재산을 탕진했거나 잘못되는 일을 많이 보았습니다"라고 말했다. 어쩔 수 없어 화장을 결정함은 슬픈 일이나 그밖의 사정으로 화장하려 할 때는 보다 신중히 결정해야 할 것이다.

화장(火葬)은 신중하게 결정하라

화장은 누구나 쉽게 선택하기 어려운 것이지만 선산이 없거나 기타 여건들을 고려하여 눈물을 머금고 선택하는 것임을 잘 알고 있다. 참으로 가슴 아픈 일이니 한 번만 더 생각해 보자.

이 세상에 태어난 것이 나 스스로 조상을 선택하여 태어난 것이 아니다. 바꾸어 말하면 본인이 어쩔 수 없는 최종의 선택이라 말할 수 있겠지만 과연 본인 스스로가 화장을 결정할 진정한 주재자인가를 생각해 보자는 것이다.

조상이 있어 내가 있고 나의 후손들이 있는 것인데 나만이 부모를 비롯한 조상들의 체백을 화장으로 결정할 주재자는 아니라는 것이다. 현재 여건상 최선의 선택으로 결정하는 것은 어쩔 수 없고 가슴 아픈 일이지만 나부터가 화장을 결정할 진정한 주재자가 아니라면 후손에게 화장의 결정 기회를 미루어 보자는 것이다.

분명 후손 중에 진정으로 조상님들의 체백을 모시고 싶어 하는 사람이 있을 수 있는데 진정한 주재자가 아닌 사람이 화장을 결정해 버리면 그 후손들이 조상님들을 모실 기회를 영원히 박탈하는 것이 아닌가 싶어 깊이 생각하고 결정하여도 늦지 않다는 것이다.

　장묘를 한다 하여 장점만이 있는 것은 아니다. 선대를 모시면서 명당혈을 맞이하는 복이 있어 명당에 모시면 좋겠지만 선대분들을 평범한 무해지에 모셔도 괜찮으나 악기의 영향을 받는 자리는 그리 흔하지 않으니 별로 염려할 일은 아니다. 화장을 하지 않고 공원묘지 같은 곳에 모셔도 훗날 연이 되면 명당에 모실 수 있는 기회가 있게 된다.

화장하여 이장하면 비용이 추가된다

　윤달이 있는 해는 음택과 관련한 상담이 많다. 상담 내용 중 여러 곳에 있는 조상 묘들을 관리 차원에서 한 곳에 모시겠다는 것인데 이장할 때 특히 유념해야 할 것은 화장하여 이장하면 명당혈의 발복(發福)이 없을 뿐만 아니라 화장비용이 추가로 발생하는 결과가 된다.

　상담 사례로, "이장하며 화장을 왜 하려 합니까? 이장비용이 적게 들기를 원한다면서 화장을 하면 화장비용이 별도로 추가된다는 것을 알고 있지 않습니까? 또 명당을 찾아달라며 발복을 기대한다고 말하면서, 화장하면 DNA(유전자)가 파괴되어 발복의 이(理)인 동기감응(同氣感應)과 동성인력작용(同性引力作用)이 없어 음택명당 발복은 없게 되는 것입니다"라고 말하자, 의뢰인은 "화장하면 비용이 추가된다는 사실을 잘 알면서도 왜 화장을 하려 했는지 모르겠습니다. 잘못 생각했으니 화장하지 않고 그대로 이장해 주십시오"라고 했다.

　의뢰인들 조상의 여러 분묘를 감정한 후 명당혈(穴)들을 정혈하면서 한 분묘에 모시겠다는 의뢰인들에게 화장하지 않고 가족묘, 대가족묘를 조성하는 방법과 계획을 설명했고, 이장하면서 여러 조상을 화장하고 각기 표석하면 별도로 많은 비용이 추가된다는 것을 알게 했으며, 화장한 후 화(禍)가 있어 후회하는 경우 할 수 있는 혼패장과 각혼장에 대한 설명도 했다.

묏자리를 만드는 음택은 고유의 장묘법이다

매장에 대한 질문 중 언제부터 매장문화가 있었으며 유골은 얼마 동안 남아 있을 수 있느냐 라는 내용이 많았다.

이에 답하며 몇 해 전에 부산 가덕도에서 7천 년 전 신석기시대 유골 48구가 발견되었으며 특이점은 하늘을 향해 얼굴을 두고 두 다리를 곧게 뻗어 반듯하게 누워있는 우리 매장풍습 매장법인 신전장(伸展葬)보다 태아처럼 팔 다리를 구부린 채 하반신을 상반신에 붙여 옆으로 묻는 유럽의 매장방식의 굴장(屈葬)도 많았다는 것이다. DNA 조사 결과 유럽형 유전자 유골이 많이 있었다는 뉴스들을 예로 설명했으며, 질문 중 서양의 피라미드 방식과 우리 매장문화가 다른 점에 대하여 질문하는 경우 피라미드 봉안의 목적은 부활(復活)을 목적으로 죽었다가 다시 살아난다 믿고 시신을 그대로 유지하려 음(陰)의 기운이 있는 자리에 봉안하는 것이다.

우리의 매장은 육탈(肉脫)로 생혼이 자연으로 돌아가되 영혼과 각혼이 머무는 양(陽)의 기운이 많은 혈(穴) 터 자리로 봉안하려 하는 것이니 전혀 다르기에 시신이 썩지 않기 위해 육탈을 방지하기 위한 피라미드 봉안을 우리의 매장문화에 명당과 혈을 대입하는 것은 크게 상반되어 이치에 맞지 않는 논리라고 답했었다.

자칭 우리나라의 전통종교라 말하는 종교에서 수목장을 운영하면서 종교인인 운영자 대표는 수목장 전체의 혈이 굉장이 좋은 자리라고 하는 말에 웃지 않을 수 없었다. 수목장이 운영되는 산 전체 크기의 혈(穴)은 세상에 없다. 추모공원과 수목장 전체가 명당이라 하고 아파트 분양업자가 아파트 단지를 명당이라 하는 말은 한 마디로 이치에 맞지 않는 거짓 선전에 불과하니 더 이상 믿어선 안 된다.

시경(詩經)에 '호천망극(昊天罔極)' 이란 "부모의 은혜가 넓고 큼이 하늘과 같이 크고 넓어서 헤아릴 수 없다" 라는 뜻으로 만행(萬行)의 근본은 효(孝)라 했는데 아무리 모른다고 하여도 자신을 낳아주신 부모를 화장하는 것도 모자라 골분을 아무 곳에나 뿌리거나 심지어 나무뿌리에 묻어 나무의 거름이 되게 하는 수목장, 부모에 대한 진정한 효(孝)가 화장하여 수목장하는 것인지 깊이 생각해 보아야 한다.

풍수지리 — 혼패장과 각혼장에 대한 이해

사람은 모두 생혼(生魂), 각혼(角魂), 영혼(靈魂) 등 삼혼(三魂)이 있다. 혼패장(魂牌葬)은 화장하여 떠도는 영혼(靈魂)만 머물도록 하는 장법이고, 각혼장(角魂葬)은 화장하여 영혼도 없고 시신이 없어 영혼과 뼈의 혼까지 함께하는 장법이다.

화장을 한 후 후환의 흉(凶)과 화(禍)가 있었거나 조상과 후손에 대한 효와 뿌리의 중요성을 알게 되어 조상의 영혼을 위로하고자 혼패장 또는 각혼장을 하는 것인데 혼패장과 각혼장 모두 일반 분묘와 똑같이 용사법을 적용해 조성하며 명당혈(穴)을 정혈하여 각혼장을 하면 발복까지 있다.

여러 조상의 묘를 모두 관리하는 데에는 많은 애로사항이 있을 것이다. 관리에 어려운 점이 많아 이장하여 한 곳에 모시는 가족묘 또는 대가족묘를 조성할 때 화장한

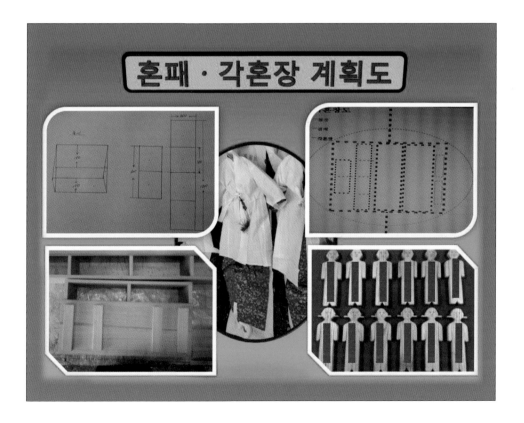

조상이 있다면 혼패장과 각혼장을 병행하면 된다. 각혼장과 혼패장은 이장하며 명당혈처 한 묘(가족묘)에 여러 조상을 모시는 장법이다.

장묘법－가족묘(家族墓)와 대가족묘(大家族墓)

3대(三代)를 기준하여 6위(位)의 조상을 모시면 가족묘(家族墓), 4대 이상을 모시면 대가족묘(大家族墓)라 하는데 이를 층별로 모시는 장법을 적용하면 다층식묘(多層式墓)라 한다. 다층식 장묘법은 필자가 세상에 최초로 개발하여 발표하였으며 고난이도 용사법이 적용된다.

가족묘(家族墓), 대가족묘(大家族墓), 다층식묘(多層式墓) 등에 안장하는 체백의 수는 혈(穴)의 크기와 넓이에 따라 정해져 한 광중에 단독장(單獨葬), 합장(合葬), 삼합장(三合葬) 등을 하는데 종합적으로 판단한 후 결정하여 용사하게 된다.

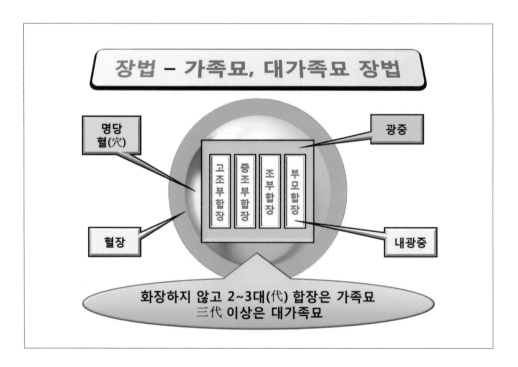

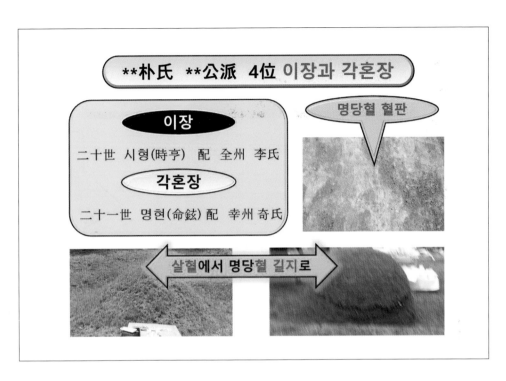

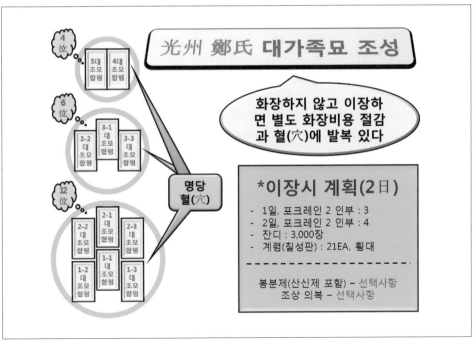

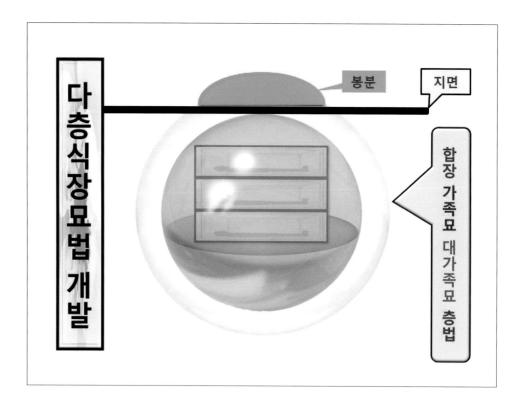

다층식 장묘법이란 무엇인가

다층식 장묘법이란 아파트처럼 다층으로 장묘를 할 수 있음을 말한다.

광중의 넓이와 기벽의 이(理)를 알고 적용할 수 있다면 선대 조상부터 차례로 체백을 층별 안장하면 광중의 넓이에 따라 10~30위(位) 이상의 조상을 층별로 모실 수 있으며, 체백을 층별로 안장하면 광중의 깊이인 혈심에 따라 아파트처럼 층별로 많은 체백을 한 묘에 안장할 수 있다.

장묘를 행하며 좁은 국토를 효율적으로 활용하는 지혜로운 방법은 무엇이 있겠는가. 기존의 장묘법에서도 한 광중에 여러 조상을 같이 모시는 장묘를 일부 행하고 있는데 층별로 조상을 모시게 되면 토지 이용면에서 상당한 장점이 있으리라 기대된다. 그렇게 되면, 혹자들이 주장하는 좁은 국토의 훼손과 변형에 대한 단점이 보완되고 오히려 묘지 면적이 줄어들어 후손들이 조상님들을 모시는 데 여러 가지로 유리해진다. 기존의 화장 문화를 무조건 배척하는 것이 아니라 장묘문화를 훼손하지 않고 보다 효율적이고 현실적이며 합리적으로 지혜롭게 변화시켜야 한다는 것이다. 평수가 작은 곳에 혈을 정혈하여 한 묘에 여러 조상을 함께 안장하면 관리하는 비용과 시간이 절감되는 등 장점이 많아 국가적인 차원에서도 권장해야 하는 장법이 바로 다층식 장묘법이 아닌가 싶다. 가족묘(家族墓), 대가족묘(大家族墓), 다층식묘(多層式墓)를 행하면 다음과 같은 장점이 있다.

1. 분묘관리가 용이하고 관리비용이 절감된다.

사람들은 향후 분묘를 어떻게 관리할 것이며 관리비용은 어떻게 대대로 충당할 것인지에 대해 많은 걱정을 하는데 가족묘, 대가족묘, 다층식묘로 조상들을 모시게

되면 많은 후손 중 조상을 모시려는 한 사람만 있어도 분묘 하나만 관리하면 되므로 분묘관리가 용이하고 관리비용이 절감된다.

　장묘문화에 있어 좁은 국토에 묏자리만 많아져 걱정하는 사람들이 있는데 이런 사람들은 이 같은 장묘법을 모르고 있기 때문으로, 가족묘와 대가족묘, 다층식묘를 활용하면 묏자리 면적은 오히려 줄게 될 것이다.

　핵가족과 저출산시대가 지속되어 대를 걱정하는 사람이 많아졌고 망인이 되면 선산에 가고 싶어도 후손을 생각하여 걱정하는 사람들이 많은데 이와 같은 장법으로 모두 해결되니 걱정할 이유가 없어지는 것이다.

2. 종중(宗中)이 결성된다.

　가족묘, 대가족묘, 다층식묘가 조성하게 되면 조상의 체백이 한 분묘에 모셔져 있으니 후손들이 "내 조상이네", "네 조상이네" 하며 책임을 전가하거나 분파되지 않는다. 나무에 비하면 한 줄기에서 뻗어난 나뭇가지와 같이 부, 백부, 숙부가 한 가지요, 할아버지, 큰할아버지, 작은할아버지가 한 가지다. 조상과 후손들, 이를테면 형제, 종형제－4촌, 재종형제－6촌, 삼종형제－8촌 등이 모두 한 줄기라고 생각하게 되니 자연스럽게 하나로 통일된 종중(宗中)이 결성되는 것이다.

3. 효(孝)의 중요성을 알고 실천하게 된다.

　조상과 조상의 형제가 하나로서 부모와 부모의 형제가 하나요, 자식들도 그 형제가 하나요, 그렇게 이어지는 후손이 하나임을 알게 되면 자연스럽게 효(孝)가 무엇인지 알게 되고 효를 실천하게 된다. 효를 실천하면 조상의 얼을 알게 되어 다시 조상의 얼을 잇고자 다짐함으로써 조상의 얼을 몸소 실천하게 된다.

4. 충(忠)을 알게 된다.

　효와 더불어 조상의 숭고(崇高)한 얼을 잇게 되면 나아가 겨레, 민족, 국가의 근본과 근원을 깨닫게 되니 그야말로 민족과 나라에 바치는 충(忠)을 알게 된다.

충을 알고 실천하는 자가 가문에 덕망 있는 인재로 출현하는 것이니 곧바로 '효(孝)를 다하면 충(忠)이 된다' 라는 말이 이에 해당된다. 뜻이 있으면 반드시 길이 있는 법이다. 효를 행하고자 하며 조상을 잘 모시고자 하는 마음만 있다면 가족묘, 대가족묘, 다층식묘 장법으로써 조상을 잘 모실 수 있는 방법과 기회는 반드시 존재하기 마련이다.

조상을 잘 모시려는 하나의 방법

조상을 잘 모시고 싶고 조상님들이 물려주신 재산을 지키고 보존하려 하여도 현대의 사회적인 흐름과 민법상 상속지분으로 인하여 관리 보존하는 데 참으로 어려운 점이 많을 것이다. 일제강점기 때에 임야, 토지조사령 후 부동산등기령시행규칙에 의거, 조상들은 선대 조상들의 총유재산을 후손들에게 잘 보존하도록 호주에게 호주상속을 하였다. 그러나 민법상 상속에 관한 조항이 여러 차례 개정되어 현행법상 상속지분으로 기준한다면 조상들의 체백을 모신 선산이나 조상님들을 모시는 관리비용을 충당하기 위한 위토나 봉토 모두 상속지분에 있어 예외 없이 적용되기 때문에 조상님들의 선산을 제대로 관리보존하고 제사나 시제를 잘 모시고 싶어도 어려움이 많다고 생각하는 사람들이 많을 것이다.

그런데 조상을 잘 모시고 싶어도 못 모시는 이유가 각자 많겠지만 위와 같은 민법상의 상속지분으로 출가외인에게 상속지분이 없던 조항이 개정되어 현재 상속지분 기준만으로 적용하여 조상을 모시는 데 어려움이 많다고 생각한다면 이는 법률상식의 부재로 인한 오판과 오인을 하는 것으로서 종중의 재산인 총유재산만이 아닌 조상의 체백을 모신 선산과 전답(田畓)이 부(父), 조부(祖父) 명의의 재산인 경우 이를 상속할 시에는 현행법인 민법상의 상속지분에 의한 상속시행에 앞서 금양임야(禁養林野)와 묘토(墓土)에 대한 재산지분을 제사를 주재하여 모시고 선산을 관리하는 후손에게 먼저 일정분을 단독승계로 상속한 다음 나머지 지분을 민법상 상속지분을 적용하는 법이 있는데, 금양임야나 묘토에 대한 법률적 지식을 판사, 검사, 변호사, 변호사 사무장 등 법조계에 있는 사람들도 상당수 모르고 있다.

금양임야와 묘토는 선영에 임야 3000평과 선산을 모시는데 시제나 제사비용으로 충당하는 전답묘토 600평을 제사 주재자에게 우선하여 특별재산으로 상속받는 것이 금양임야와 묘토에 관한 법이나 최근 대법원판례가 개정되어 금양임야와 묘토는 특별재산이 아닌 일반재산에 준하지만 먼저 제사주재자에게 금양임야와 묘토분이 단독승계(일정액까지 비과세) 상속되어야 하고 그 다음 나머지 상속분을 상속한다는 법이 현행법이다. 금양임야와 묘토에 관한 상속법을 법조계에 있는 사람들도 대부분 모르고 있는데 일반인이 이 같은 법을 알기는 어려운 것으로, 금양임야와 묘토에 관한 법을 알지 못하여 조상의 재산에 대한 각종 세금을 포함한 관리비용 그리고 제사비용 등으로 인한 어려움을 겪는다면 이제는 금양임야와 묘토에 관한 법을 알고 조상의 재산을 후손에게 보존하도록 하고 조상을 잘 모시고자 하는데 참고가 되었으면 하는 바람이다.

조상을 받들고 후대에게 잘 관리 보존하라는 뜻으로 제사를 모시는 자에게 선산과 위토, 봉토를 물려준 지혜와 현행법에서도 금양임야와 묘토에 관한 법이 있어 조상을 잘 모시고자 하는 마음이 있다면 이 같은 방법이 있으니 조상을 잘 모시고자 하는 사람들은 금양임야와 묘토에 관한 법을 알고 금양임야와 묘토에 대한 상속과 상속회복청구권을 적용하고 활용하여 조상님을 더욱더 잘 모시기 바라는 바이다.

주의할 사항은 금양임야와 묘토에 관한 청구소송은 대법원 판례상 최근 개정된 특별재산이 아닌 일반 상속에 관한 법을 적용하기 때문에 제척기간이 경과되면 진정한 제사 주재자임에도 100% 패소하니 제척기간 경과 여부를 사전에 확인하여야 하며, 제척기간은 상속개시 시점과 상속과 증여로 인하여 재산권 침해를 받았음을 인지한 날로부터 3년이다.

외국의 경우 진정인이 권리를 찾을 수 있는 기회를 주기 위하여 제척기간을 30~50년의 기한을 적용하는 데 우리나라만 유독 3년으로 제한하여 제척기간제도의 근본취지가 진정인의 권리와 함께 억울한 사람을 보호하려는 것인지 아니면 과연 누구를 위한 법의 제도인지 이해가 되지 않는 부분이다.

많은 사람들이 상속에 대하여 권리만 주장하고 조상을 모시려는 의무를 행하지 않는 것이 슬픈 현실이지만 장남, 차남, 삼남 등에 관계없이 조상을 잘 모시는 사람이 금양임야나 묘토에 관한 상속권을 행할 수 있으니 그나마 다행으로 생각하며, 누구나 조상을 잘 모시고자 하는 마음만 있다면 반드시 방법은 있기 마련이니 조상을 잘 모셔서 조상의 혼(魂)이 주는 복을 많이 받길 바란다.

특히 혈이 있는 명당에 조상을 모시고자 한다면 마을 공동묘지나 파묘한 공원묘지에도 혈은 있으며, 좁은 평수의 밭이나 임야에도 혈은 있으니 부디 매장을 포기하지 말고 화장하지 않길 바란다.

공동묘지, 공원묘지에도 명당혈은 있다

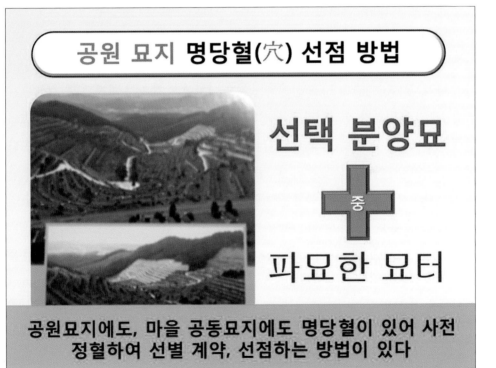

마을 공동묘지와 공원묘지에도 혈은 있어 누구든 명당의 주인이 될 수 있다.

명당이 아니더라도 무해지에 모셔두었다가 훗날 후손 중에 조상님을 더욱 좋은 자리에 편히 모시겠다는 뜻있는 후손이 출현하면 후에라도 명당혈에 안장할 기회는 있는 법이다.

혈(穴)자리는 바둑판이 아니다

혈의 형성은 오묘하고 현묘하여 바둑판처럼 줄을 친 듯 획일적으로 생성될 수 없는 것인데 공원묘지(公園墓地)가 우후죽순(雨後竹筍)처럼 조성되면서 공원묘지 개인사업자들과 종교단체 모두가 자신이 운영하는 공원묘지가 명당이라고 선전하고 있다. 심지어 국가의 전통종교라고 주장하는 종교단체에서도 수익사업으로 공원묘지를 운영하면서 바둑판처럼 모두 일정한 간격으로 분묘를 만들고는 명당이라고 한다. 그러나 명당(明堂)은 혈(穴)이 있어야 하고 혈(穴)의 주위엔 수맥이 있기 마련인데 혈자리와 수맥에 관계없이 바둑판처럼 획일적으로 묘터를 조성하고서는 '고인의 좋은 안식처가 될 명당'이라고 선전하는 것은 이치에 맞지 않는 과장된 광고이다.

공원묘지 사업자가 명당이라고 선전하였으면 풍수지리를 알지도 못하면서 그리 말했거나 아니면 어떤 풍수지리사(지사)가 그리 말했을 것인데 이는 책임지지 못할 말을 한 것이다. 아파트도 단지나 동, 층, 호수별 명당은 따로 있고 공원묘지에도 혈이 있으니 혈이 있는 지점 주위엔 수맥이 있거나 흉지도 있으므로 당연히 전체가 명당은 아닌 것이다.

선택하여 분양을 받을 수 있는 혈이 있는 명당을 구하라

요즈음 공원묘지도 선택분양 조건으로 분양하는 곳이 있는데 신규 아파트나 택지를 소비자가 동, 층, 호수별로 직접 선택하여 분양받을 수 있는 곳이 많다. 전원주택지도 분양하는 여러 필지 중 혈이 있는 명당이 있다면 흉지도 있으며, 기(氣)가 흐르는 맥이 각기 다르기에 혈(穴)의 위치, 잠자리의 방향, 침대 높이 등도 모두 다르다.

음택(묘자리)과 양택(아파트, 주택, 상가, 사무실, 공장 外) 모두 중요한 것은 수많은 시간을 거쳐 기(氣)가 응집되어 작혈(作穴)이 되는데 바로 그 작혈된 자리를 찾는 것이다.

그런데 이상한 현상이 있다. 풍수지리가 우리 민족에 의해 우리 나라에서 생겨난 고유의 독특한 문화인데 정작 우리나라에서는 미신으로 치부하거나 등한시하는 반면 일본, 중화인민공화국, 홍콩, 유럽, 심지어 미국에서는 관심도가 더 높아지고 있으니 참으로 알다가도 모를 일이다.

음택 명당찾기

화장하겠다는 분들과 상담하면서 공원묘지, 공동묘지에도 명당혈이 있다고 하면, 대부분 전혀 몰랐었다고 하여 장례계획을 바꿔 그들이 선택할 수 있는 공원묘지에서 혈을 찾아 용사한 사례가 있다.

고인을 잘 모시려는 효심과 정성만 있다면 동네 공동묘지에도 명당혈이 있고, 공원묘지의 파묘한 자리에도 혈자리가 있으니 이를 찾아 고인을 혈이 있는 명당혈에 모실 수 있는 방법은 있다.

가묘(假墓)의 장점

갑자기 상(喪)을 당하면 어찌할 바를 몰라 우왕좌왕하는 일이 적지 않고 장례에 대한 가족회의를 하면서 심하게 다투는 경우도 있으며 명당을 정혈할 시간적 여유가 없기에 제대로 정혈하지 못한 채 매장을 하면 고인도 편하지 않을 것이다.

가족회의에서 화장이 아닌 매장으로 결정하였다면 묏자리를 미리 준비하는 방법이 가묘(假墓)이다. 살아 계실 때 미리 묏자리를 만드는 것을 치표(置標)라 하는데 자신 또는 가족이 미리 정하고자 가묘(假墓)를 하는 것으로 가묘를 하면 계획한 대로 장례를 진행할 수 있다는 장점이 있으며 가묘의 주인이 될 당사자에게 변화된 삶이 있다는 것이다.

본인의 의사로 가묘를 만들어 놓은 경우 적선적덕하고, 선업(善業)과 악업(惡業) 등 과업(果業)에 대한 자신의 생을 정리하며 소천(召天)을 준비하는 소중한 시간을 갖는다. 또한 장묘 절차상 갑자기 유택을 준비하는 과정에서 정혈, 보토 등의 용사 절차를 행하는 데 있어 시간적으로도 많이 소요되는 것을 가묘로 인해 상당 부분 단축할 수 있다.

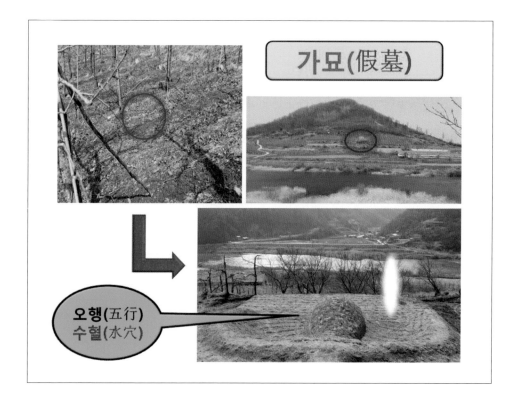

이와 관련한 사례를 들자면, 당사자가 위독하여 스스로 거동을 하지 못하였으나 가묘를 만들어 놓은 후 건강이 많이 회복되어 혼자 걸어다니며 운동하는 것을 우연히 보게 되어 당사자인 가묘의 주인과 혈자리의 기(氣)를 점검한 결과 혈자리의 기(氣)가 가묘의 주인에게 전달되는 것을 재차 확인할 수 있었다.

혈자리의 진정한 주인이 되어 가묘의 주인공이 될 경우 살면서 혈(穴)의 기(氣)를 받는 것과 함께 주인공 자신은 현생에서 백년을 산다고 할지라도 소천(召天)한 후에는 길게는 만년 이상 영위하는 혈자리라는 것을 깨달아 남은 생을 웰다잉(well dying)하고자 참사랑을 실천하는 계기가 될 수 있는 것이다.

가묘를 행한 후 가묘의 주인이 참사랑(眞愛)을 더욱더 알차게 실천한다면 가묘(假墓)를 행하는 것은 정말로 좋은 것이며 무엇보다 바람직한 장점이 된다.

필자는 가묘를 행하기 전과 후에 가묘의 당사자들에게 "좋은 명당 혈자리의 주인

음택 풍수지리-五卵穴

황조포란형(鳳鳥抱卵形) 물형, 오란혈 중 용사·유택

이 되었으니 참사랑을 실천하며 없는 자들에게 베풀어 적덕한 덕령(德靈)이 되어 후손까지 복(福)을 받고 다음 생에 쌓은 덕령을 그대로 갖고 태어날 것입니다. 그러니 살아있는 동안 갈 때까지 덕(德)을 쌓아야 합니다. 그리고 그 누군가에게 미안했었다면 살아서 모두 풀고 가서야 업장(業障)이 소멸됩니다"라고 이른다.

앞의 양쪽 하단 사진은 2011년에 가묘한 후 2013년 5월 4일에 고인을 모시는 과정을 찍은 것이다.

파묘할 때 주의사항

이장 또는 화장하려 파묘하는 과정에서 연기 또는 구름처럼 무언가가 피어나면 그대로 원상회복시켜야 한다.

좋은 묏자리를 건드려 안 좋은 일들이 많았다는 말을 많이 들었을 것으로 공동묘지에 있는 묘를 이장하며 파묘한 묘에서 연꽃처럼 피어났는데 이를 무시하고 개장(改葬) 후 우환이 끊이지 않아 화장했어도 좋지 않은 일이 지속되는 집안도 있다.

이는 명당혈이 있는 묘인지 모르고 파묘하여 일어난 결과이다.

필자의 친구이며 도반인 현동(玄同, 박윤규) 선생 집안에도 이장하려 파묘하는 중에 연기가 솟아 바로 원상회복했다고 하는데 매우 지혜로운 판단이다.

명당혈에 기가 응축되면 관 뚜껑이 펑하고 솟아오르는 경우도 있으니 파묘할 때 기(氣)가 솟아오르면 무조건 멈추어야 후회하지 않게 된다.

파묘하여 연기가 솟아오르면 연기의 모양이 연꽃무늬, 용무늬 등 무늬를 살펴보고 여러 가지 빛깔까지 살펴보면 명당혈이 발(發)하는 것이 무엇인지 짐작할 수 있을 것으로 명당혈의 기운이 발하는 것도 있는가 하면 살혈의 기운이 발하는 것도 있다.

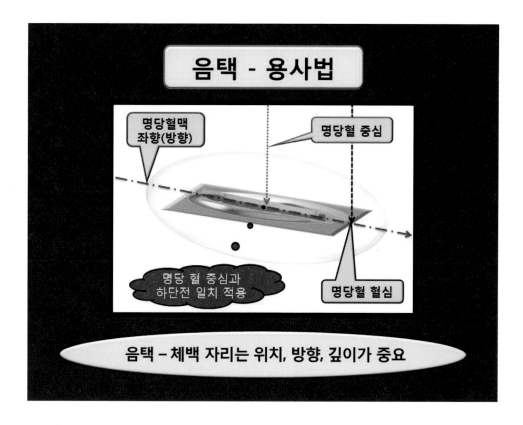

지사는 모든 것을 책임져야 한다

혈이 무수히 많아도 똑같은 혈이 없기에 혈마다 용사하는 방법이 다르다.

지사는 이장할 날을 택일한 후 용사까지 혈의 고유특성과 산세, 물형 복원 등 많은 것을 장시간 계획하며 용사가 끝날 때까지 자리해야 하는데 심지어 포크레인 기사가 광중 깊이를 정하는 일도 허다하니 이는 크게 잘못된 것이라 생각한다.

필자는 사전 용사를 계획하고 유택하기까지 지켜보아야 하고 시간이 흐르고 흘러도 책임져야 하기 때문에 이제껏 산역하는 작업자보다 먼저 자리를 떠나본 적이 없다.

오늘도 최선을 다하여 고인을 모시고자 한다

오늘도 정혈하고 용사하며 유택까지 하는 날이다.

이틀 전에 소천했다는 연락을 받았는데 연락을 받은 순간부터 혈을 정혈하고 옳게 용사함은 지사에게 당연한 의무이고 오점할 경우 모든 것을 감수해야 하지만 오점할 경우 고인과 고인의 후손에게 상상할 수 없는 흉화(凶禍)가 있게 된다는 것을 잘 알기에 현장에 도착하기 전까지 어떻게 용사를 해야 할지 최선을 다하고자 많은 생각을 하며 매일 6시간 정도 수련을 하지만 날 잡아놓고는 더 많은 수련을 한다.

매번 그랬었지만 음택 용사는 너무나 중대하다는 것을 잘 알기에 여태까지 많은 음택을 점했으면 이제는 어느 정도 중압감을 벗을 때도 되었다 싶은데 그렇지 않다. 알면 알수록 힘들다는 말처럼 정혈하고 묘를 만들기 위해 용사하며 유택하기까지

깨친 이(理)를 대입 적용하기에 시간도 더 소요되고 책임감도 많이 따른다.

풍수지리의 이(理)는 끝이 없음을 잘 알면서도 끝을 보고 싶어 수학하고 수련을 계속 했었는데 또 다른 깨우침을 얻게 되었다. 명당혈을 정혈(正穴)하고 정혈(定穴)한 후 용사해 고인을 안장하면 고인의 하늘 계위(階位)가 승계위한다는 엄청난 천상의 도(道)를 알게 되었기 때문이다.

필자가 풍수지리와 인연됨을 돌이켜보면 스무 살에 풍수지리에 관한 형기론 서적을 보면서부터 시작되었다. 지인이 풍수지리 서적을 읽고 필요가 없었는지 버린 책을 주워서 본 것이 시작이었다.

그 이전을 돌이켜보면 11세에 일찍이 소천하신 아버지가 생각날 때면 옆 동네에 있는 선산에 가곤 했었는데 산을 오가다 보면 당시 정부정책의 일환으로써 산을 밭으로 용도 변경할 경우 밀가루 등을 지원하는 제도가 있어 산이 밭으로 되는 과정에서 무연고 묘가 유실되어 비에 떠내려가던 유골의 일부를 발견하면 양지바른 곳에 묻어준다며 겁도 없이 행한 일들이 있었다. 이제 와 생각해 보면 지사의 길과 그에 따른 삶을 겪고 나니 우연이 아니었던 것 같다.

음택인 묏자리의 경우 고인이 천년만년 그 이상도 머무는 자리이니 만큼 중요하고 혈이 있는 길지에 고인이 자리하기까지 많은 내용을 점검하고 판단하는 과정이 있었는데 정혈(定穴)해 용사한 묏자리의 주인이 승계위된다는 것을 알게 되어 중압감이 더해지는 것이다.

하지만 이것이 지사의 사명이란 것 또한 잘 알기에 장지로 출발할 때면 최선을 다하여 정혈하고 또 용사하겠다고 다짐한다.

2) 양택 용사의 이(理; 풍수지리 가상설계, 인테리어, 컨설팅)

"양택에서 가장 중요한 것은 명당혈이 있는 터를 선별 매입하는 것이다.
이유는 흉지를 명당으로 바꾸거나 만들 수 없기 때문이다."

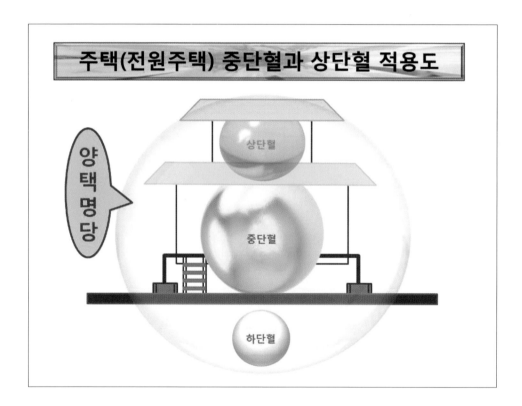

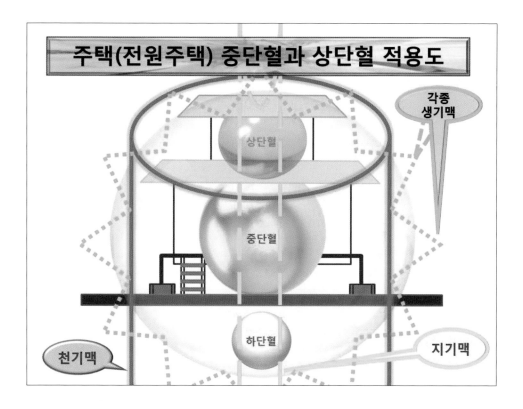

양택 용사

양택은 중단혈과 상단혈을 적용하여 혈의 기(氣)를 활용한다.

음택은 혈의 기와 체백이 동기감응하여 그 에너지가 후손들에게 전달되는 것이라면 양택은 터에 혈의 기를 감응(感應)하며 활용하는 것이다.

각기 다른 혈과 혈자리 주위를 정확히 파악하여 기의 실체와 이론들이 과연 부합하는지의 여부 등을 종합적으로 점검하여 지혜롭게 기를 활용하는 것으로, 양택인 경우 음양의 원리에 따른 기의 이치를 알고 기의 맥이 흘러 들어와 혈을 형성시킨 중심을 안방으로 정하거나 용도에 따라 활용도를 파악하여 정한다.

기맥으로 대문의 위치와 방향, 높이 등을 점검하며 혈의 오행을 적용하여 건물을 설계하고 인테리어를 하여 기를 최대한 효과적으로 활용하는 것이 양택에서의 기활용법인 것이다.

　앞의 도면과 같이 각기 다른 기의 실체를 정확히 알고 양택에서의 활용도를 높이면 주거지인 경우 잠을 자면서도 기의 에너지를 받게 되고, 공부하는 학생은 집중력이 향상되고 피로감이 회복된다. 이렇듯 기의 활용도에 따라 터의 분위기와 실내의 분위기가 기의 에너지에 감응되어 최대의 효과를 볼 수 있는 것이다.

　결론적으로 양택과 음택에서 혈자리를 활용하는 용도의 차이는 있으나 기를 활용하는 점은 모두 같으며, 음양의 이치를 알고 음양의 이치에 맞게 터를 결정한 후 오행을 적용하면 최대의 효과를 거둘 수 있다.

용사는 혈의 이(理)를 적용하는 것이다

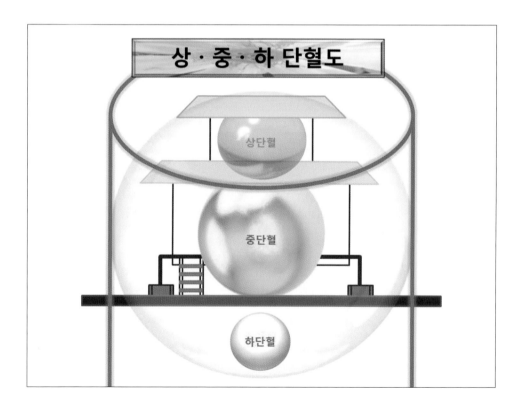

상·중·하 단혈도

상단혈

중단혈

하단혈

지상혈인 중단혈(인혈－人穴)과 상단혈(천혈－天穴)의 이(理)를 깨닫게 되면서 지상과 공중에 있는 혈을 정확히 용사한 고찰들을 답사하며 풍수지리의 대가 도선 국사와 무학대사 등의 선사들께 고개 숙여 경의를 표한 바 있다.

전통사찰에서의 대웅전과 같이 각종 기맥(혈기맥) 중 지맥(용맥)을 보존한 상태에서 지상혈(地上穴)의 이(理)를 적용했음은 양택 건축의 지침(指針)으로 보아야 한다. 양택을 용사함에 있어 불변의 법칙이 있다.

사찰마다 불전에 자리하는 불상의 높이가 각기 다르고, 석탑과 부도탑도 각기 다르며 사리공(舍利孔)의 높이 또한 모두 다르나 이를 분석해 보니 이치에 따른 법칙이 적용되었다는 것이다. 그 법칙은 지맥과 하단혈(지혈－地穴)을 보존한 상태에서 중단혈(인혈)과 상단혈(천혈)의 이(理)를 정확히 적용하는 것이었다.

전국의 많은 곳에서 사찰을 증축 또는 신축하고 있으나 전통사찰과 비교 점검해 보면 선사들이 점혈하여 용사한 정통풍수지리의 이(理)와 너무나 거리가 멀어 근대 사찰이나 건물 중에서 제대로 정혈한 것을 찾아볼 수 없었다.

양택도 천년고찰과 같이 이(理)를 적용한다

지상에 있는 인혈(人穴)과 공중에 있는 천혈(天穴)을 선사들은 고찰의 금당에 법신불이 자리하게 하면서 이미 지상혈과 공중혈의 이(理)를 적용했었고, 필자의 대동학 카페에 지상혈과 공중혈에 대해 연구발표한 내용이 있다. 이미 선사들이 이 같은 내용을 잘 알고 행했다 함에 거듭 경의를 표한다.

혹자는 마음의 눈으로 공중혈을 본다며 공중혈이 있음을 최초로 주장하게 되었다 했으나 하나는 알고 둘은 모르기에 이렇게 말한 것이다. 고찰 금당에 있는 법신불을 보라. 지상혈인 인혈(人穴) 중심에 정확히 모셔졌음을 필자는 진작부터 알고 있었으나 감히 처음이라 주장할 수 없었다. 이유인즉 선사들은 이미 천년고찰에 이를 적용했던 것이다. 혹자가 최초로 공중혈이 있다고 주장했으면 천년고찰 금당(대웅전, 대

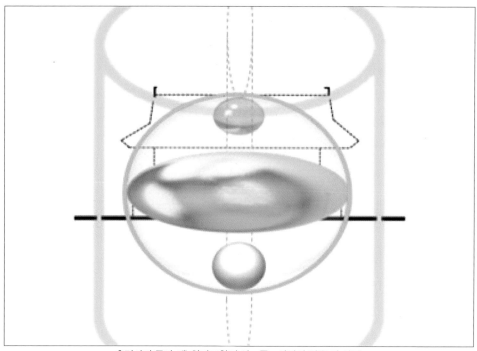

흥덕사지 금당 예) 천년고찰의 상·중·하단혈 적용 이 혈도

웅보전, 대적광전 등)에 좌불 부처님이 모셔진 연좌대 높이에 인혈(人穴)인 지상혈과 미륵불의 상단에 천혈(天穴)인 공중혈을 볼 수 있어야 하는데 이조차 보지 못하고 허상으로 보이는 혈을 보고 지상혈과 공중혈을 처음 발견했다는 주장은 이(理) 없는 허망한 주장이다.

선사들의 지상혈과 공중혈에 대한 기록이 없다 할지라도 이는 단지 기록으로 남기지 않았거나 전해지지 않았을 뿐이라 생각하며 한편으로는 혈을 도식화하여 나타내면 진위를 모르고 망행할 자들이 생겨날 것을 우려하여 기록으로 남기지 않았으리라는 생각도 여러 번 해 보았다.

필자가 혈을 도식화했지만 더 생동감 있는 혈의 모습을 나타내기엔 이 또한 한계가 있다. 혈의 오묘한 작용을 디자인하는 엔지니어에게 전달함에도 한계가 있고, 많은 시간에 걸쳐 그림 속에 담긴 했으나 다 표현할 수 없기에 유감이다.

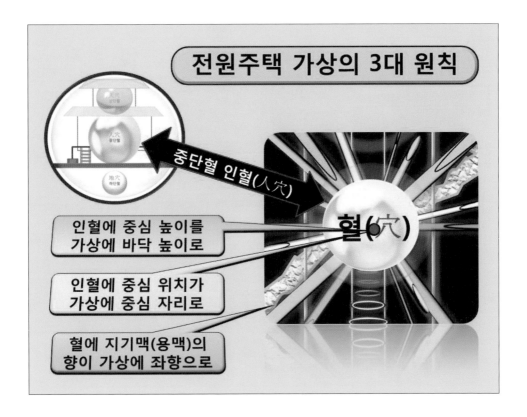

전원주택 가상의 3대 원칙

중단혈 인혈(人穴)

혈(穴)

인혈에 중심 높이를
가상에 바닥 높이로

인혈에 중심 위치가
가상에 중심 자리로

혈에 지기맥(용맥)의
향이 가상에 좌향으로

혈 있는 명당터 매입이 먼저다

양택은 혈이 있는 명당터를 매입하는 것이 첫 번째다. 그리고 나서 풍수지리의 이(理)를 대입 적용하여 설계하고 인테리어도 한다. 택지 매입시 명당 길지(吉地)가 아닌 흉지(凶地)를 매입하면 그 어떤 방법으로도 명당으로 바꿀 수 없기 때문에 반드시 명당을 계약하여야 한다.

또한 수맥은 제거한다거나 차단할 수 없는 것이니 선별하여 매입하는 것이 중요하며 수맥을 제거하거나 차단하여 명당으로 만들 수 있다는 말은 절대로 믿어서는 안 된다. 황금두꺼비, 황금거북이, 그림, 동판작업물 등은 모두 속사들에게서 비롯되어 혹세무민하는 망언(妄言)과 망행(妄行)일 뿐 어찌 대자연의 이(理)를 인간이 변

전원주택 분양지 명당혈 정혈 및 점지

혈(穴)

A

C

D E F G

입구

호수

화시킬 수 있다는 말인가.

　혈이 있는 명당터를 매입했으면 다음으로 설계를 하게 되는데 먼저 가상의 높이를 정하여 가상설계로써 양택의 바닥 높이를 중단혈인 지상혈의 높이로 정하고 대문, 안방, 부엌, 거실, 화장실, 발코니, 베란다, 테라스 등의 용도에 맞게 적용한 후 그 설계대로 건축되었다면 혈에 오행의 이(理)를 적용하여 인테리어를 한다.

　터를 매입할 때 길지와 흉지를 가려야 한다

　음택도 혈이 있는 묏자리를 구하려면 산과 밭에 혈의 유무를 사전 확인하고 매입하듯이 양택도 혈이 있는 명당을 구하고 싶다면 제일 먼저 혈이 있는 터를 사전에

선별하여 매입하여야 한다.

  집터나 집, 건물을 고를 때 그 터에 혈이 있느냐 없느냐를 따져 보고 혈이 있으면 기(氣)가 있고, 기가 있으면 기맥(氣脈)이 있으니 이를 종합적으로 분석하여 판단한다. 이와 같은 내용을 충족한다면 좋은 터이고, 반대로 악기(惡氣)가 있고 수맥이 강하게 흐르거나 살혈(殺穴)이 있으면 좋은 터가 아닌 것이다.

가상설계는 혈을 기준으로 한다

매입하려는 터에 혈이 있어도 혈 중심의 가상(家相)설계를 할 수 있어야 한다.

  상가와 주택을 분양하거나 전원주택을 분양하는 여러 필지 중 명당혈이 있는 터

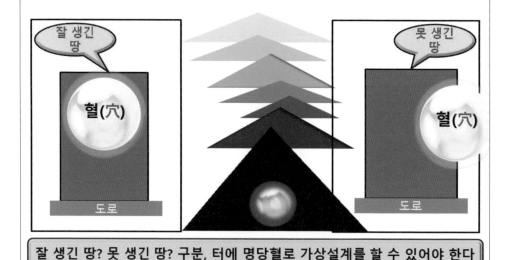

를 선택하는 것보다 혈의 위치가 필지 내(內) 어디에 있느냐가 관건으로 혈이 있다
하여도 구석에 있거나 경계에 있다면 적합하지 않다.

　혈의 위치에 따른 가상의 중심이 자리하고 혈의 높이에 따른 가상의 바닥 높이가
결정되며 혈의 크기에 따라 가상건물의 넓이와 건평 등을 설계에 반영한다.

　가상(家相)설계와 대문, 현관 등 좌향(坐向)은 수맥과 지맥 그리고 여러 기맥 등의
이(理)를 모두 입향수수의 이(理)와 부합시킨다.

　명당혈을 정혈하고 지맥, 수맥 등을 점한 후 그 다음 동사택(東四宅)과 서사택(西
四宅)을 논하는 것이 순서이다.

　신축하는 터의 수맥과 혈 등을 점검하고 감정한 후 혈이 있는 쪽으로 가상을 설계
한다.

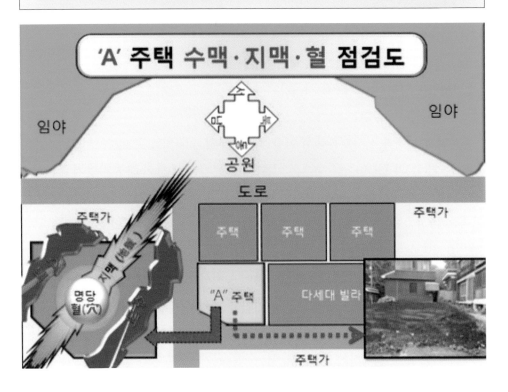

양택 전원주택 설계의 중요성

설계 전 명당 터

명당 혈(穴)

대명당 혈(穴)

건축 후 사혈(死穴)

사혈(死穴)

지맥(地脈-地氣穴脈·地穴氣脈)만 제대로 받아도 100년을 산다는 속설이 있다
전원주택을 건축하며 지맥을 파손함으로 인해 대명당 혈도 훼손되어 사혈로 진행

'A' 주택 수맥·지맥·혈 점검도

임야

임야

공원

도로

주택가

주택

주택

주택

주택가

지맥(龍脈)

명당
혈(穴)

"A" 주택

다세대 빌라

주택가

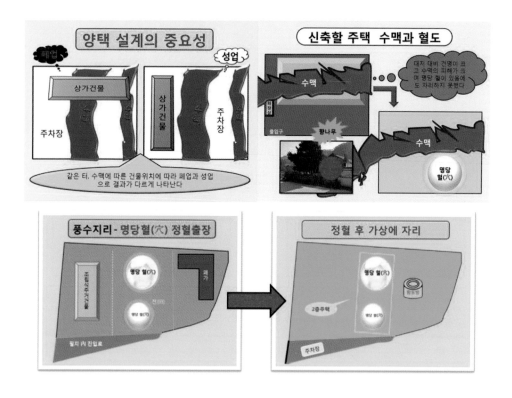

동사택과 서사택, 그리고 기(氣)

주택의 동사택과 서사택론에서 안방, 대문, 부엌의 위치를 중요시하지만 실재(實在)하는 기(氣)와 혈(穴)이나 수맥은 이론(理論)에 대입해 보면 대부분 맞지 않는다.

좌향에 따른 대문의 위치는 각각의 지기와 생기 맥이 가상으로 들어오는 방향으로 정하고 잠자리는 혈의 높이를 맞추어 바닥에서 자야 할지 침대의 높이는 어느 정도로 할지 모두를 혈의 높이로 정한다.

주택에서 양택 3요소인 현관, 주방, 안방이 동서사택론으로 배열되면 명당이라 하는데 이 또한 맞지 않다. 생기방향으로 현관을 배치하여 혈이 있는 곳에 잠자리 및 공부자리 등 실재하는 기(氣)에 따라 배치해야 된다. 동사택, 서사택론과 갖가지 풍수지리 이론 모두 실재하는 기, 기맥, 혈, 수맥, 살기, 살혈 등을 점검하여 이론과 실

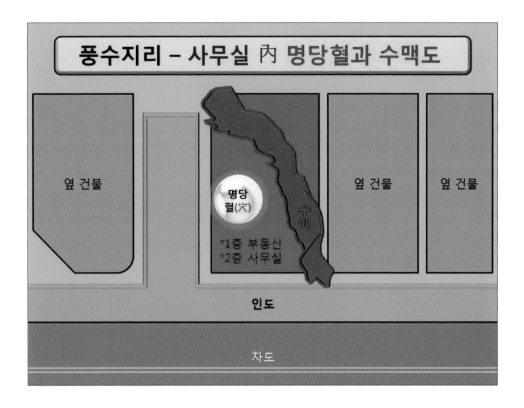

풍수지리 – 사무실 內 명당혈과 수맥도

옆 건물

명당
혈(穴)

*1층 부동산
*2층 사무실

옆 건물

옆 건물

인도

차도

재하는 기운을 대입하여 논해야지 논만 적용하게 되면 별다른 소용이 없고 오히려
해가 된 사례가 많다. 가장 중요한 것은 실재의 기, 기맥, 명당혈, 수맥, 살기, 살혈 등
을 점검하여 대입하고 적용하는 것이다.

아파트도 사전에 혈이 있는 길지를 매입하고 혈(穴)과 기(氣)에 따라 풍수지리 인
테리어를 하는 것은 주택에 적용하는 이(理)와 대부분 같다.

아파트의 경우 단지, 동, 층 전체에 혈이 있는 명당은 있을 수 없고 호별 따로 있어
아파트 단지 전체가 명당이라는 것은 이치에 맞지 않는 말로 혈이 있는 집이 누구의
집인가가 중요한 것이며 명당혈의 크기에 따라 다를 수 있으나 가령 3호에 명당혈이
있으면 좌우(左右)로 옆집인 2호, 4호는 수맥의 영향으로 불리하고 17층 5호에 명당
혈이 있는 경우 위아래(上下)층은 혈과 천기맥(天氣脈)의 기가 운기(運氣)하니 좋다
는 것이다.

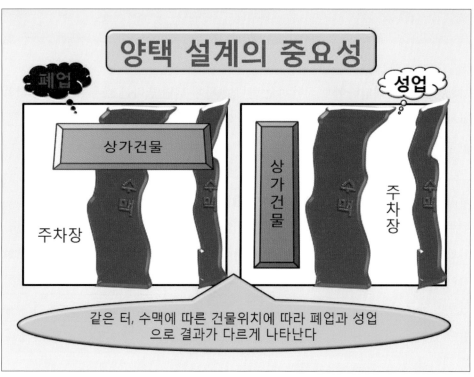

가상설계와 수맥

좌(左) 상가건물 위치에서 폐업이 거듭된 반면, 철거 후 같은 터에 자리한 우(右) 상가건물에선 성업 중이다. 수맥을 정확히 점검하여 가상설계한 결과이다.

탄생지와 생거지

위인(偉人)의 탄생지(誕生地－出生地)와 생거지(生居地)에 대한 관심이 많은 것은 그만큼 중요하기 때문이다. 신혼부부 방은 생명을 잉태하는 곳이기에 너무나 중요하다. 결혼과 함께 마련되는 신혼부부 방과 신혼부부 집은 생명을 잉태하고 아이

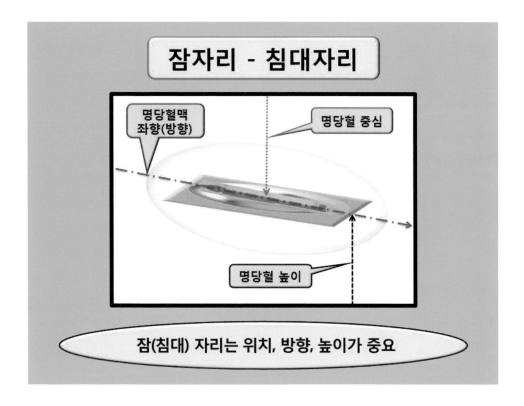

가 성장하는 데 있어 명당, 대명당혈(穴), 특히 진혈(眞穴)의 명혈(明穴)이 있는 길지(吉地)를 사전에 선택해서 계약하고 입주하여야 하며 수맥, 살기, 살혈이 있는 흉지(凶地)는 절대적으로 피하여야 한다. 잉태지, 출생지(탄생지), 생거지, 보금자리 모두 명당혈(穴)이 있는 길지(吉地)여야 좋다. 신혼집에서의 신혼부부 방 명당혈도(穴圖). 잠자리의 중심 위치, 방향 침대 높이 등 여러 이(理)를 함께 적용해야 한다.

혈이 있는 신혼집을 구해야 하는 이유

신혼집을 구한다는 의뢰인에게 "새 생명을 잉태함에 있어 수맥이 있는 집(잠자리)에서는 배란 체온이 저하되어 임신을 방해하고, 혈(穴)이 있는 명당 집(침대)에선 배란 체온을 적당하게 상승시켜 임신에 도움이 된다"고 학리를 설명한 바 있다.

의학적으로 배란시에는 체온이 일정 부분 상승하여야 잉태되는데 수맥이 있는 집(잠자리)에선 체온을 저하하게 하고, 각종 기맥(氣脈)이 모인 혈(穴－명당혈) 터에선 체온이 상승하는 것이었다. 이런 현상에 대한 온도 차이를 분석하고 과학적인 학리와 풍수지리적 학리를 연계시켜 연구한 결과로 도출된 합리(合理)를 출장하며 적용하고 있다. 음양(陰陽)과 오행(五行 ; 火, 土, 金, 水, 木)의 이(理)를 적용하여 침대자리(잠자리), 사무(책상) 자리 등을 배치해야 한다.

풍수지리 인테리어

풍수지리 인테리어(interior)는 보다 좋은 삶의 공간을 꾸미는 웰빙 풍수지리로서 수맥은 피하고 각종 기맥과 작혈된 혈을 찾아 실제 대입 적용하는 것을 말한다.

기맥과 혈을 중심으로 대문(현관)과 안방(침실)과 부엌(주방) 등의 양택삼요(陽宅三要)를 포함하여 거실의 소파나 주방에서의 식탁자리 등에 대입 적용한다.

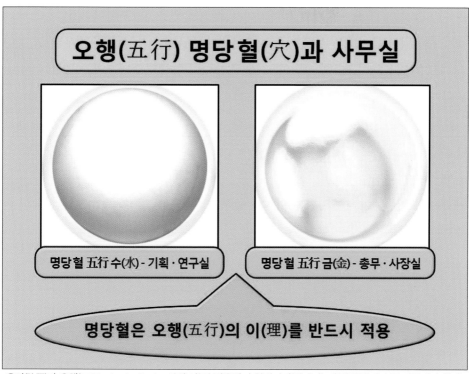

음양(陰陽)과 오행(五行-火, 土, 金, 水, 木)의 이(理) 적용하여 침대자리(잠자리), 사무(책상)자리 등 배치해야 한다.

터마다 혈의 위치가 다르고 각종 기맥의 방위가 다르므로 똑같은 터가 있을 수 없는데 이론만이 아닌 실재하는 각종 기맥과 혈을 점하여 실제 대입하고 적용하는 것이 풍수지리 인테리어다.

풍수지리 인테리어와 기(氣)

풍수지리의 이(理)를 적용하는 인테리어는 기의 세기나 방향, 각도 등을 정확히 알고 실내 가구의 배치, 아이들이 공부하는 자리, 잠자는 자리의 위치와 방향, 침대의 높이, 식탁과 소파의 배치 등에 응용하여 기를 활용하는 생활 속의 풍수지리로서 생활 속의 과학인 것이다. 잠자리의 경우 기의 방향과 높이를 적용하여 잠을 잘 경우 숙면을 하지 못하는 특별한 이유가 아니라면 숙면을 할 수 있어 자고 나면 에너지가 충전되어 몸이 좋아지고 기분도 좋아진다. 공부하는 아이들의 경우 기의 방향과 각도를 적용하여 책상을 배치할 경우 집중력이 향상되고 공부하는 데 체력이 소모되는 것을 기의 에너지로 상당한 보충이 된다.

흉지는 각종 질병을 유발하는 요인 등 갖가지 많은 피해가 있는 반면, 명당은 현묘한 기운화로 생(生)하고 활(活)하여 원기(元氣)가 회복되는 등 여러 가지 현묘한 기운화 작용이 나타나게 된다. 잠자리의 경우 명혈을 정확히 적용하면 원기가 회복되어 부부금슬도 좋아지는 사례가 있으며 공부자리의 경우도 진기운화로 전환되어 피로가 감소되고 집중력이 향상된다.

풍수지리 인테리어 예―침대자리

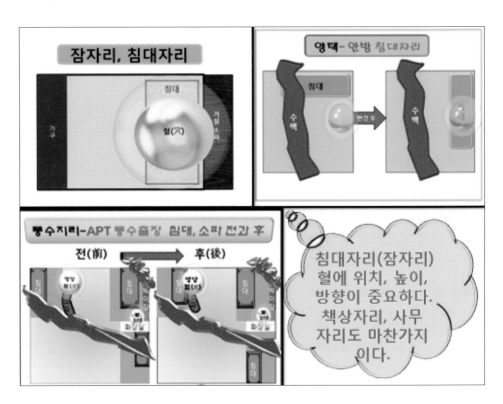

잠자리(침대자리)는 명당혈이 있는 곳에 자리하는 것이 우선이다. 방에 혈(穴)이 없다면 지기맥(地氣脈)이 흐르는 곳에 자리해야 하며 혈과 지기맥이 없다면 생기맥(生氣脈)이 운기하는 곳에 생기의 각도와 높이 그리고 방향을 점검하고 측정한 지점 중심에 배꼽 밑 하단전에 일치하게 자리를 정한다. 중심에 위치와 높이가 방바닥이면 침대를 사용하지 않는 것이 좋으며 중심이 30~45센티미터인 경우 높이에 맞는 침대를 사용하고 높이가 낮으면 바닥에 메트리스를 사용하는 방법이 있다.

풍수지리 인테리어 예－약국

약국을 이전한다는 의뢰인이 있어 여러 물건 중 명당혈(穴)이 있는 터를 점지, 계약한 후 풍수지리 인테리어와 컨설팅을 하며 조제실, 책상자리, 출입문, 상담자리,

금고 등의 위치와 높이 등을 자세히 설명했다.

　약사, 의사, 변호사 등 전문직은 사무실에 한 자리에서 오랫동안 머물게 되는데 명당혈이 있는 자리에서 장시간 자리한다면 혈의 기운을 받아 여러모로 좋으나 수맥, 살기, 살혈이 있는 자리에서 장시간 머물면 흉지의 악영향을 받을 수밖에 없기 때문에 길지와 흉지를 가려 자리해야 한다.

풍수지리 인테리어 예─학원

학원의 수맥을 점검하여 작업대와 책상 등을 배치했다.

학원에 수맥이 있으면 수맥의 넓이, 세기, 변이 파형 등에 따라 뇌신경을 자극하는

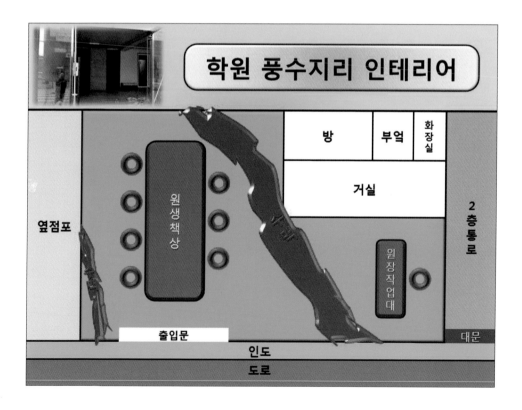

학원 풍수지리 인테리어

경우 인지능력, 추리능력, 판단능력, 감지능력, 기억력, 시력 등이 저하된다. 이는 뇌 신경의 전두엽, 측두엽, 후두엽, 두정엽 부위에 수맥의 악영향으로 나타나는 현상으로 학업능률이 떨어져 성취도가 저하되는 원인이며 학원장과 선생도 장기간 근무하면 수맥에 따른 질병이 유발된다. 학원을 개업하며 명당혈과 수맥 등 풍수지리 인테리어를 적용하고 집에 공부자리(책상자리)는 명당혈의 오행(五行) 중 수혈(水穴)에 자리하게 하고 사무자리(사장자리)는 오행 중 금혈(金穴)에 자리하게 배치한다.

천재(天災)와 인재(人災)

홍수(洪水)로 인하여 대형 피해가 발생하면 사람들은 천재(天災)인가, 아니면 인재(人災)인가를 다투게 된다. 그렇다면 천재와 인재를 어떻게 구분하는가. 천재는 대자연을 훼손하지 않은 상태에서 돌연적인 기후변화로 홍수가 발생하여 막대한 피해를 볼 경우이고, 인재는 대자연을 훼손한 상태에서 돌연적인 기후변화가 생겨 홍수가 발생하여 막대한 피해가 생긴 경우가 된다. 사대강 사업의 경우 자연을 훼손하였는가 아니면 생태 복원하였느냐는 분명히 짚고 넘어가야 할 것이다.

자연을 훼손한다면 무조건 막아야 한다. 천재(天災)는 대자연의 돌연적 기후변화로 생기나 어쩔 수 없다 하여도, 인재는 책임소재를 가려 또 다시 피해를 보는 사례는 막아야 한다.

인재(人災)의 경우 책임 소재를 상황별로 나누어 보자면, 첫째, 도로나 건축물의 인허가를 담당하는 관청이나 공사(토지개발공사, 도로공사)로서 풍수지리학을 적용하여 타당성 조사를 충분히 한 후 인허가를 결정하였는지 여부와 주택토지공사가 민영화되면서 영리를 목적으로 기존의 노후 건축물 대상지를 재건축지역으로 회피하고 새로운 주거지구를 형성하여 자연환경을 파손한 사례가 없었는지를 살펴야 한다. 둘째, 도로나 건축물을 업자가 시공할 경우 환경 및 생태조사 그리고 풍수지리 재해를 대비하여 학자와 전문가들이 참석하여 설계를 하고 설계도를 준수하여 시공하였는지 여부 등의 상황들 모두에 풍수지리를 적용하여야 한다.

　앞으로 건축과 관련한 주무부처, 주무 공무원, 시공업자 그리고 개인은 풍수지리를 이해하고 적용하길 바라며, 인재(人災)를 막을 수 있는 근본적인 대책으로는 공무원이 맡은 바 직무를 대의(大義)에 따라 행할 수 있도록 해야 한다.

　국가공무원들이 백년지, 천년지, 만년지 대계(大計)를 위하여 소신을 갖고 열정적으로 일한다면 시공자들도 국가의 대계에 순응(順應)하여 정확하고 바르게 설계하고 시공하게 되어 더 이상 인재(人災)는 일어나지 않을 것이다.

유위(有爲)하지 말고 보호, 보존하여야 한다

　물형의 머리 부분 천문, 풍문혈에 송전탑이 세워져 있으면 동네에 변화가 오고 도로건설하며 맥을 자르면 변고가 있게 된다. 산 정상에서 삽으로 변형을 주면 산의 형세가 바뀌어 물길이 바뀌게 되는데 도로를 건설하며 풍수지리를 적용하지 않기에 재난이 일어나는 것으로 뒤늦게 후회한들 땅은 죽고 복구비만 많이 들어 호미로 막을 것을 가래로도 막지 못하는 결과가 된다. 3,000리가 되는 금수강산(錦繡江山), 비단에 수를 놓은 듯 아름다운 우리 민족의 산천에 정기(精氣)가 변하고 있다. 무리(無理)한 개발과 유위(有爲)로 산천의 용맥이 훼손 또는 파괴되어 명당혈(穴)이 사혈(死穴)로 되어 정기(精氣)가 변하고 있으니 참으로 안타까운 일이다.

　세종시 건설을 살펴보아도 천도(遷都)는 국운과 밀접한 관계가 있는 국가와 민족의 중차대한 사항으로 많은 것을 고려하여 절차를 통해 결정해야 함에도 불구하고 정치적 전술로 유위(有爲)한 결과 민심이 양분되고 공무원 업무의 비효율성 및 국가의 엄청난 재정이 투입되어 국가재정 손실이 있었다. 문화도시를 건설하겠다고 하였지만 산 자체가 사라져 버리는 등 국가와 국민에게 큰 피해가 되었다.

　세종시 정부종합청사는 국가의 중대한 건물이나 대명혈을 정확히 점지하여 설계부터 제대로 반영했으면 좋았을 것을 수맥(水脈)과 살기(殺氣)가 합(合)하는 살혈

(殺穴) 터에 자리하여 공무원의 진취적인 업무는 고사하고 건강부터 걱정된다.

예견해 보건대 유위(有爲)로 천도하려 하여 그로 인해 민심분열과 혈세가 낭비되었고 명당(대명당)이 아닌 곳에 청사가 자리하여 많은 어려움이 있을 것으로 염려된다. 국론 분열과 국가 재정손실이 지속적으로 이어져 향후 많은 시간이 흘러도 정치적 논란이 이어질 것으로 예견되는 바 이에 대한 책임은 분명 정치인에게 있을 텐데 책임지겠다는 정치인은 한 사람도 없다.

결국 이 모든 손실은 국민이 모두 감당하며 갚아야 할 빚으로 남게 되어 향후 정책을 수립하는 데 있어 '이리 갈까, 저리 갈까, 차라리 돌아서 갈까' 라는 유행가 가사처럼 이정표 없는 갈래길에서 이정표를 찾는 격이니 노젓는 사공은 없고 선장(정치인)만 있는 배가 어디로 갈지 방향을 잃으면 어찌 되겠는가.

역사를 살펴보아도 무리하게 천도를 하려다가 엄청난 대가를 치렀음을 교훈 삼아 앞으론 절대 유위하지 말아야 하며, 천도(遷都)를 할 경우 풍수지리학적으로 분석할 일이지 개인과 정치단체의 야심(野心)으로 이루어지는 것은 결코 아니며 그렇게 해서도 안 된다. 유위(有爲)한 자는 반드시 천벌을 받게 됨을 명심하여야 할 것이다.

풍수지리 이제는 제도화되어야 한다

도로를 건설하고 주택단지를 조성하는 데 있어 가장 먼저 고려할 사항이 산천정기의 훼손 및 파괴하는 일은 절대 없어야 하는 것이다. 도로와 택지를 개발하며 산과 산의 용맥인 정기를 끊는 것을 대수롭지 않게 생각하기에 하루아침에 산이 사라지거나 산을 장애물로만 생각하여 산(山)의 일부 또는 전부 훼손하고 파괴하니 산천의 정기인 용맥이 사라져 혈(穴)의 기운이 끊어지고 사혈(死穴)이 되고 만다.

명혈은 기의 운화작용으로 사람에게 이롭게 하는 반면 사혈은 사람에게 악영향을 주게 되는데 산의 용맥을 훼손하고 파괴하여 건설한 도로나 아파트, 공장 등은 사혈이 되어 흉지로 변한다. 보기엔 경치 좋다 하겠지만 명당, 명혈이 사혈됨은 더 큰 피해를 입게 된다는 것을 알고 제도화의 필요성을 인식했으면 한다.

시행자가 개발을 계획하여 공무원이 개발을 승인할 때 기존 낙후된 지역이나 복원 복구가 필요한 지역을 선정하여 사전 공시하면 선정된 제한구역 내에서 개발이 이루어질 수밖에 없는데 산천도 복원 복구되어 더 이상 인재가 발생하지 않게 되고 저소득 취약계층과 낙후지역을 되살리게 되니 지혜로운 정책이라 하겠다.

산천을 보호 보존할 목적으로 장기적 또는 반영구적 국가 정책으로 정하면 개인, 사업자, 공사(한국도로공사, 한국토지주택공사) 등은 이윤만을 추구하기 위한 유위로 국토를 훼손하고 파괴하는 행위를 더 이상 할 수 없게 되니 산천이 보호 보존될 수 있을 것이다. 그러므로 한국토지주택공사는 국가적 사업 수행을 위하여 설립된 공공의 법인으로서 정부의 감독을 받으며 토지의 취득, 개발, 비축, 공급, 도시의 개발 및 정비, 주택의 건설, 공급, 관리 업무를 수행하고 저소득 취약계층을 위한 주거복지사업과 주택개발에 관련된 조사, 연구 등을 지속적으로 수행하여야 한다. 바로 국민주거생활의 향상 및 국토의 효율적인 이용을 통해 국민경제에 기여하기 위해 설립된 공기업이기 때문이다.

위와 같은 취지로 공사(한국도로공사 포함)가 설립되었기에 설립취지와 같이 국토를 보호 보존하여야 함에도 이에 반하는 행위를 하였다면 공사는 정부의 감독을 받아야 하며 자연이 훼손되고 파괴됨에 따른 책임을 져야 한다. 사실 현 상황은 관리 감독하는 정부기관이 있는지조차 의심스러울 정도로 자연이 훼손되고 파괴되어 있어 정부기관이 관리 감독을 제대로 이행하고 있는지 묻지 않을 수 없다.

산천정기(山川精氣)를 보호 보존하고자 국가 백년대계(百年大計)로 산천을 훼손하고 파괴하는 행위를 금하는 법안을 대안으로 입법하고 심의기관을 신설하여 보다 엄격한 사전허가제 도입은 물론 헌법으로 보장된 사유재산이라 할지라도 국가 영토임에 개발부담금 또는 개발환경분담금 등으로 중과세하거나 세목을 추가 입법하여 국토에 대한 책임을 다하게 하는 대안과 함께 조선시대 풍수지리 관직이었던 지관(地官)제도를 부활하여 이(이치와 진리)의 합리를 추구하며 도리로 관리 감독하게 하는 것도 장기적인 대안이라 생각한다.

6 명당 발복의 이(理)

"지성이면 감천이라 했다.
정성을 다하면 명당혈(穴)의 주인이 되고 발복을 받는다."

풍수지리-발복(發福) 예견

地氣脈
天氣脈
各生氣脈
명당
혈(穴)
明氣脈
명당
혈(穴)

터에 혈(穴)의 시기(성장 과정-生老病死)
와 내용(오행 성질-<五行> 火·土·金·
水·木)으로 발복이 예견된다

발복(發福)의 원리

사람에게는 타고나는 복, 조상이 주는 복, 땅이 주는 복 등이 있다. 복(福) 중에서 특히 양택과 음택의 명당터에 있는 혈(穴)이 발(發)하는 복을 발복(發福)이라 한다.

명당혈에 고인을 모시면 혈의 기운과 고인의 체백이 동기감응(同氣感應)하여 코팅막 현상이 일어나며 DNA에 따른 후손에게 동성인력작용(同性引力作用)이 발하여 발복이 되는 것이다.

역사적으로도 도선국사는 "부모의 유해를 생기 있고 상서로우며 기운이 응결되는 곳의 명당혈(明堂穴)을 찾아 모시면 신령(神靈)이 편안하여 복과 경사가 자손에게 미칠 것이고, 유해를 흉살 있는 곳에 모셨다면 혼백이 불안할 것이니 그 반대가 아니겠느냐? 이는 마치 나무의 근원이 튼튼하면 나뭇가지와 잎이 무성할 것이나 근원이 마르면 지류(支流)가 끊어지는 것과 같으니라. 우주만물에는 같은 성분의 물질끼리는 서로 잡아당기는 동성인력작용이 있는 법이니, 자기 조상의 유해는 그 자손들에게는 가장 가까운 동질성의 물질이라 지구상에 음과 양의 기운이 상승하여 길상지기(吉祥之氣)가 응취한 핵심혈(核心穴)에 조상의 유해를 봉안한즉 음양의 생동조화(生動造化)의 기가 유해에 응결하여 그 기운이 핵의 생명력을 타고 동질성의 혈손(血孫)에게 가장 빨리 긴하게 유도될 수밖에 없을 것이니라. 조상의 체백은 가장 존엄한 정신적으로 소중한 실체일 뿐 아니라 음양의 조화로 형성되는 신성하고 신기한 핵처(核處)의 영기(靈氣)를 흡수하여 동질(同質)의 동성체(同性體)인 자손에게 유도할 수 있는 유도체(誘導體)라 할 수 있느니라. 사람으로 태어나 이런 이치도 모르고 산다면 너무나 무가치할 뿐더러 한심스럽다 할 것이다"라고 했다.

혈(穴)과 발복(發福)의 이(理)

명당 명혈에 고인을 모시면 명당혈의 기운과 고인이 동기감응(同氣感應)되어 명당의 기운이 체백을 감싸는 코팅막 현상이 일어나 황골이 되고 그 반대 현상으로 체백이 불리하게 된 것 모두 묏자리의 길흉(吉凶)과 관계가 있다. 조상의 체백을 길지에 모시면 명당의 기(氣)와 조상의 체백이 동기감응되어 발복이 시작되고 흉지에 모시면 수맥의 수기, 살기(상충살·황천살), 살혈, 사혈의 기가 전해져 화(禍)가 있게 되는 것으로, 명당에 고인을 안장하면 동기감응하여 후손에게 동성인력작용되어 발복되며 발복 내용은 혈의 음양오행과 관계가 있고, 발복 시기는 혈의 생로병사 과정과 관계가 있다.

발복삼합(發福三合)은 명당혈(穴), 고인의 덕(德), 후손의 덕(德)이다. 명당혈(穴), 적덕(積德), 지사(地師)라고 말하는 사람도 있으나 지사(地師)가 명혈(明穴)을 정혈함은 당연한 것으로 발복(發福)에 있어 가장 중요한 것은 고인(故人)이나 후손(後孫) 모두 선(善)을 행하여 쌓는 적덕을 해야 한다. 명당혈에 고인을 모시면 후손 중 선을

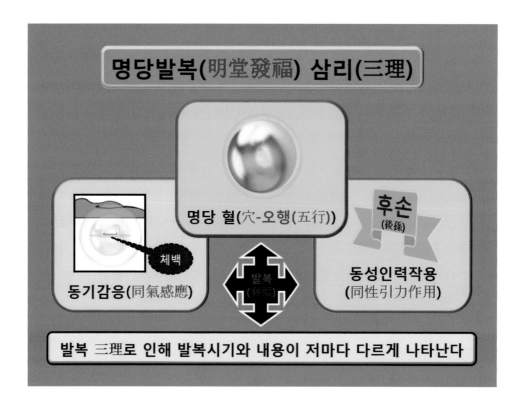

명당발복(明堂發福) 삼리(三理)

명당 혈(穴-오행(五行))

후손(後孫)

체백

동기감응(同氣感應)

발복(發福)

동성인력작용(同性引力作用)

발복 三理로 인해 발복시기와 내용이 저마다 다르게 나타난다

쌓고 덕을 쌓은 적선적덕한 후손이 발복의 주인이 되는 것이다.

명당에 조상을 모시면 무조건 발복된다고 생각하고 믿는 사람들이 많으나 묏자리 하나만을 보고 길흉화복(吉凶禍福)을 속단하기보다는 종합적인 점검을 한 후 판단할 일이니 하나의 혈(穴)을 점검하고 정혈하고서 함부로 발복(發福)에 대하여 운운(云云)하는 것은 삼가해야 한다.

동기감응과 황골

혈(穴)자리에 기(氣)와 체백이 동기감응(同氣感應)함으로 인하여 체백 전체를 감싸는 황금막이 3밀리미터(mm) 정도로 기(氣)의 막이 형성되어 황골(黃骨)이 생긴다. 이장하며 파묘하는 경우 황골이 나오기도 하는데 이는 혈의 기(氣)와 체백이 동기감응했기 때문이다.

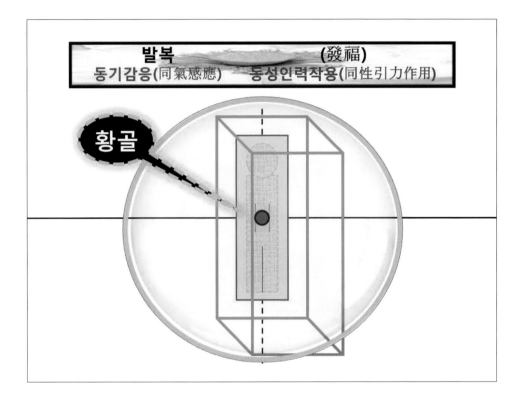

체백이 동기감응하면서 후손에게 동성인력작용(同性引力作用) 되어 발복(發福) 되는 것이다.

명당 발복에 대한 이해

가까운 곳에 조상묘가 있는 것이 명당이라고 말하는 사람들이 있는데 이는 발복의 이(理)를 모르고 하는 말이다.

혈이 생(生)하고 사(死)하는 과정에서 시기에 따라 기운화(氣運化) 현상이 다르게

나타나고 혈의 크기 등에 따라 연관이 있어 명당의 발복 내용과 시기가 각기 다르다.

혈마다 성장과정이 다르기에 발복 시기는 혈의 성장 시기와 관계가 있다.

혈마다 발복 시기가 다름에도 무조건 획일화하여 유택한 지 3년 안에 발복되지 않으면 명당이 아니라는 혹자의 말은 혈의 발복 시기의 이(理)를 모르고 내뱉은 무리한 말이다.

혈마다 정점의 발복 시기가 있어 고인을 혈에 안장한 후 즉시 발복(금시발복)하는 경우가 있는가 하면, 혈의 성장 과정에 따라 각기 다르게 발복된다. 이는 혈(穴)마다 성장 과정이 초·청·장·말년으로 다르기 때문이다.

혈장의 둘레가 천기맥의 지름과 일치하면 성장한 혈이고, 혈장에서 천기맥의 지름과 내수맥에 거리가 있으면 성장이 진행되는 혈로써 혈의 성장과정에 따라 발복

시기가 다른 것이다. 발복 내용 또한 혈마다 다르다. 이는 혈마다 오행(五行)의 성질과 관계가 있으며 같은 복이라도 내용에 차이가 있음은 혈의 등급이 다르기 때문이다.

음양(陰陽)의 태극(太極)과 오행(五行)의 성질이 있어 부(富)·귀(貴)·문(文) 등 갖가지 내용으로 발복(發福)되며, 혈의 생로병사(生老病死)와도 관계가 있다. 발복(發福) 시기는 명당혈(穴)의 성장과정과 음택을 용사하며 각종 기맥, 혈심, 혈판, 기벽, 혈기막, 입향수수, 입자수 등의 이(理)를 제대로 적용하여 유택했는지에 따른 정확도에 따라 발복 시기가 다르게 나타나는 것이다.

발복 내용 또한 혈을 제대로 정혈하고 혈의 오행 성질로 발복을 논해야 하는데 제대로 정혈하지 못하고 살기(상충살기, 황천살기 殺), 살혈, 사혈이 있는 흉지를 점해 용사했다면 길흉화복의 결과가 상반되게 나타나는 것이다.

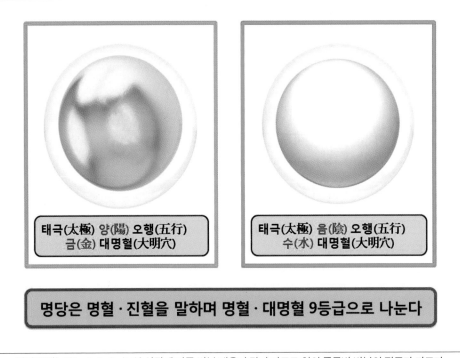

| 태극(太極) 양(陽) 오행(五行) 금(金) 대명혈(大明穴) | 태극(太極) 음(陰) 오행(五行) 수(水) 대명혈(大明穴) |

명당은 명혈·진혈을 말하며 명혈·대명혈 9등급으로 나눈다

혈의 오행(五行 ; 火 土 金 水 木) 성질에 따른 발복 내용이 각기 다르고 혈의 등급별 발복의 정도가 다르다.

음택 발복(陰宅發福)을 받을 조건

세상 사람들은 음택발복의 조건을 잘 모르는 상태에서 혈이 있는 명당 묘는 무조건 발복한다고 생각하고 발복을 기대하는 사람들이 많다.

적선적덕한 조상이 혈이 있는 명당 묘에 주인이 되었다면, 발복을 기대하는 후손 또한 부모를 포함한 조상을 잘 모시려는 효심을 갖고 생활하고, 자신도 향후 후손들의 선대(先代) 조상이 된다고 생각하고 적선적덕하고자 노력한다면 당연히 복을 받을 것이다.

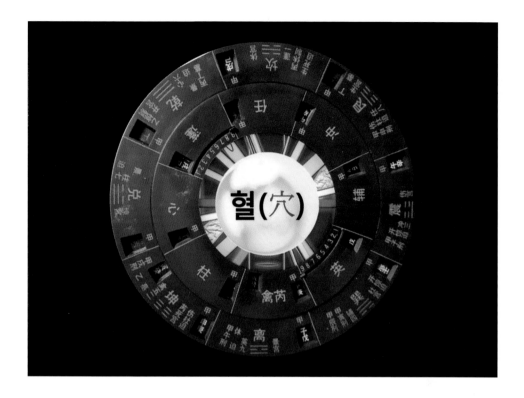

정혈(定穴)과 발복(發福)

길지 명당 발복은 혈(穴)에 기(氣)가 운(運)하여 받는 복이다. 발복이 있으려면 혈(穴)에 진정한 주인은 정해져야 한다.

정혈을 함에 있어 최종적인 결정은 바로 대명혈과 명혈의 등급에 따른 적선적덕의 덕량에 따라 혈의 진정한 주인을 정하는 것이 관건이다.

지사가 혈의 진정한 주인인지 여부를 알 수 없으면 용사를 절대로 행하지 말아야 한다. 혈의 진정한 주인이 아니면 발복은커녕 오히려 조상과 후손 그리고 지사에게 화(禍)가 됨을 알아야 한다.

체백이 동기감응(同氣感應)되어 동성인력작용(同性引力作用)으로 발복(發福)하는 내용이 나타난다.

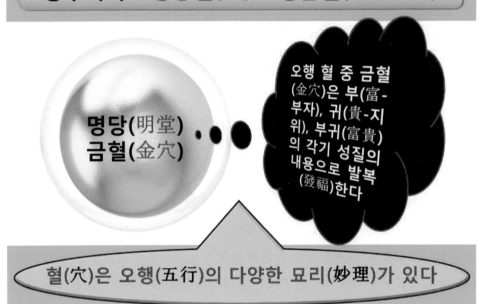

풍수지리 – 명당혈(穴) 오행금혈(五行金穴)

명당(明堂)
금혈(金穴)

오행 혈 중 금혈(金穴)은 부(富-부자), 귀(貴-지위), 부귀(富貴)의 각기 성질의 내용으로 발복(發福)한다

혈(穴)은 오행(五行)의 다양한 묘리(妙理)가 있다

　음택의 발복을 받으려면 사람마다 여러 가지 복이 있겠지만 크게 세 가지로 나눌 수 있다.

　하나는 사주 등 명리학에서 논하는 태어날 때부터 정해진 타고난 복(福)이며, 두 번째는 조상의 넋인 혼백(魂魄)이 도와주는 복이다. 세 번째는 양택(아파트, 주택 등)과 음택(조상묘)의 혈(穴 : 명당혈)에서 발복(發福) 받는 명당복이다.

　저마다 세 가지 복 모두 있거나 하나도 없는 경우 등으로 다양하나 복을 받고자 한다면 이미 정해진 사주팔자는 어찌할 수 없다 하더라도 조상을 잘 모시는 마음가짐으로 조상의 음복(陰福)을 받을 수 있는 것이다. 조상이 주는 복마저 없다면 명당혈(穴)의 기(氣 ; 眞氣, 明氣, 陽氣)를 통해 복을 받는 발복이 있어 조상을 명당혈에 모시고자 하는 효(孝)를 다하면 반드시 복을 받는다.

속발 금시발복(發福)

음택 사례기에 있는 유택사진. 용사 후 속발된 발복(금시발복)이 있었다

혈(穴)의 성장과정, 성질, 등급, 용사 정확도 등 종합하여 분석하면 발복(發福) 시기와 내용이 일치하게 나타난다.

용사는 발복 내용과 발복 시기에 관계가 있다. 혈 중심과 혈심을 정확히 점검하여 제대로 안장하면 혈의 발복 내용과 시기가 일치하게 되는데 혈판보다 높게 안장하면 발복 내용과 다르게 나타나고 혈의 중심을 벗어나 안장하면 발복 시기가 다르게 된다.

보토는 혈판이 자리한 깊이(혈심)로 제전에서 최소한 120센티미터를 유지해야 하고 혈기막은 봉분의 넓이와 높이로 정하여 혈의 기운을 담아두어야 한다.

용사하며 혈판을 파괴하였다면 발복 시기와 발복 내용이 없게 되어 혈이 죽어 사혈(死穴)이 되고 살혈(殺穴)로 변하여 흉지(凶地)로 바뀌니 오히려 화(禍)가 있게 된다. 그러므로 용사가 중요하다는 것이다.

명당혈(穴) 발복 삼합(三合)

주거지(아파트 주택)

근무지(사무실 상가)

조상 묘(여러 조상 묘)

명당혈 발복터 주거지, 근무지, 조상 묘

명당 발복터 삼합

명당 길지(吉地)는 복을 받고 흉지(凶地)는 화가 있어 길흉화복(吉凶禍福)으로 나타남은 당연한 이치(理致)이다.

명당 길지에선 진기(眞氣)의 기운화가 있어 좋은 기운이 플러스 요인으로 작용하고 흉지에서는 수맥(水脈), 살기(殺氣), 살혈(殺穴) 등의 악기(惡氣) 영향으로 마이너스 요인으로 작용함은 당연한 이치로써 주거지, 근무지, 조상묘, 혈터 모두 분별하여 활용해야 한다.

조상묘 등 모두 분별한 후 혈이 있는 터를 활용하거나 묘터로 정해야 한다. 양택이 흉지이면 양택에서 화(禍)가 있고, 음택이 흉지이면 묏자리에서 화가 있으며, 양택과 음택 모두 명당혈이 있는 길지이면 당연히 복이 있게 마련이다.

명당 발복의 주인은 따로 있다

명당 명혈은 적선적덕한 자가 주인됨에 명당혈의 주인은 이미 정해져 있다는 말이 되고 명당발복의 주인도 따로 정해져 있다.

명당혈의 특성에 따라 후손의 구성원마다 발복 차이가 있으나 백, 천, 만년 각혼이 명당혈에서 존재한다면 후손 만대에 동기감응되어 발복이 이어진다. 조상의 체백인 각혼을 명당에 모시지 못했다 할지라도 너무 슬퍼할 일은 아니라고 생각한다. 조상을 극진히 모시며 효를 다하고 선업을 쌓다 보면 때가 되어 조상 영혼이 복을 주고 명당혈의 연(緣)이 있게 된다.

조상을 편히 모시고자 하는 것과 발복만을 기대하는 욕심으로 명당혈을 구하는 것은 분명 다른 차원이다. 효와 참사랑(眞愛)을 실천하지 않고 단지 자신만을 위하여 복을 기대하는 욕심으로 명당혈을 구하려 한다면 발복은커녕 오히려 욕심으로 인한 화(禍)를 염려해야 할 것이다.

조상복은 각혼과 영혼복이 있다. 명당혈에 각혼으로 발복을 받고 조상을 모시는 효를 다하면 조상의 영혼이 복을 준다는 것을 알아야 한다. 자식이나 손자를 비롯하여 사랑하는 사람들이 잘 되길 바란다면 효와 선을 실천해야 한다. 자신도 언젠가는 그 누군가의 조상혼이 되며 혈의 주인이 되어 복을 주고 전하게 될 것이기 때문이다.

적선지가(積善之家) 필유여경(必有餘慶) 적불선지가(積不善之家) 필유여앙(必有餘殃)이라 하였듯이 적선과 효를 다하려고 노력하면 반드시 복이 온다.

부모를 포함한 조상에 대한 효를 다하고 타인에게 선을 실천함은 적덕하는 것으로써 자리이타(自利利他)의 복된 삶을 영위할 수 있는 원천이 된다. 최선(最善)을 다한다는 말 그대로 최선을 다하여 적선적덕한 아름다운 삶을 영위하여 승계위되기를 희망한다.

혈자리의 발복 시기를 모르고 혈의 등급만을 기준하여 발복을 말하면 맞지 않는다고 세상 사람들은 결국 '미신' 이라고 생각할 것이다.

예를 들자면 두 대선주자 모두 조상묘를 대통령급 혈자리에 모셔졌다고 가정할 때 두 대선주자가 동시에 대통령이 되어야 한다는 말인데 그러한 결과는 나오지 않는다. 혈마다 발복 시기가 다르기 때문이다.

총선, 대선용 이장

총선과 대선 때마다 선거를 앞두고 정치인들이 행하는 조상의 이장이 화제였었다. 이장만 하면 당선이 된다고 생각하는 것은 욕심에 불과하며 풍수인 또한 이장하면 마치 당선되는 것처럼 말하는 것도 속사의 거짓이다.

이장하면서 무해지(無害地)에서 수맥, 살기, 살혈이 있는 흉지(凶地)를 점해 이장한 경우가 있으며 심지어 속사의 혈의 오점으로 혈(穴)이 있는 길지(吉地)에서 흉지로 이장한 경우도 있었다. 또한 근래 들어 역대 대통령의 묘와 유명 정치인이나 대권 후보의 선대 묘를 이장한 경우 제대로 정혈하지 못하여 명당혈(穴)이 있는 길지는커녕 오히려 흉지를 점해 초장 또는 이장했다.

신장(초장), 이장하여 유택하는 것은 부모와 조상을 잘 모시려는 효심으로 효(孝)가 전제임에도 선(善)을 통해 쌓은 덕(德), 바로 적덕(積德)하지 않고서 자신의 권력욕만 채우고자 이장하려 한다면 발복은 하늘의 별따기보다 어렵고 로또당첨보다도 어렵게 되어 복은 있을 수 없는 것이다. 당선 결과에 따른 이진법적 단순 논리로의 짜맞추기식 속사의 호도를 무조건 믿어선 아니 된다.

이장하려 할 때 고인(조상)이나 자신 등 여러 조건이나 상황을 고려하지 않고, 옳고 그름도 따지지 않고 맹목적 발복(發福)을 기대하기보다는 이에 앞서, 명당혈의 주인이 될 고인(조상)이 선(善)을 행하여 적덕(積德)했었는가, 동기감응의 이(理)를 점검하고 후손 중 의뢰 당사자(후보자)는 선(善)한 마음으로 행하여 그동안 적선(積善)하였는가, 동성인력작용의 이(理) 등의 요건들이 충족되었을 때 묘지 부동산 중 즉시발복(금시발복)의 혈이 있어야 한다. 혈의 발복 여부와 부합은 오행 성질이 있었는지 점검한 다음 이장(초장)하며 혈을 정확히 용사하여 유택함으로써 비로소 풍수지리의 이(理) 모두가 부합되었다면 발복을 기대해도 좋을 것이다.

제아무리 명당혈이라 할지라도 발복 시기와 이(理)가 맞지 않고 발복 내용이 군왕 자리라 할지라도 모두 부합되지 않는다면 발복에 대한 적중률은 멀어져 헛수고에 불과한 것이다.

뼈대 있는 집안

혈이 있는 명당혈의 오행 성질과 등급을 보면 발복 내용이 예견된다. 아무리 돈이 많아도 덕(德)이 없으면 명당 묏자리의 주인이 될 수 없다.

뼈대 있는 명문가문은 조상이 덕을 쌓아 명당 묏자리의 주인이 되어 혈의 오행에

따른 발복으로 각기 후손에게 전해져 뼈대 있는 집안이 되는 것으로 말 그대로 명당혈에 조상의 체백이 있으면 뼈대 있는 집안이 되는 것이다.

명문가문은 정신적 가치의 얼을 말하는 것으로 조상의 체백을 잘 모시는 효(孝)를 행하고 적선적덕하며 조상의 얼을 이어 나가는 후손 중 누군가가 덕건명립(德建名立)하면 명문가문이 되는 것이다.

조상이 없다 말할 수 있는가

출장하여 명당혈을 정혈하거나 묘를 조성하면 현장에서 의뢰인들이 꿈 이야기를 많이 한다. 그 사례를 몇 가지 소개해 본다.

현장에서 정혈하며 여기에 명당혈이 있다고 말하자 의뢰인은 "오늘 아침 꿈에 여기서 큰 잉어 두 마리가 있었어요"라며 꿈 이야기를 한다.

또 어떤 의뢰인은 어머니의 꿈을 실감나게 전한다.

정혈한 후에는 "큰 대궐집이 꿈에 보였다고 합니다."

유택 후에는 "사물놀이 패가 묘 주위를 돌며 신나게 연주를 했다고 합니다."

"할아버지가 나타나 깨를 한 자루 주셨다고 합니다."

또 어떤 의뢰인은 수맥이 심한 묘를 점검한 결과를 말하자 "아버지 옷에서 물이 떨어지는 것을 보았는데 아버지가 춥다고 했어요"라고 꿈 이야기를 한다.

묘를 점검하며 묘 바로 위에 대명혈 군왕지지(君王之地)가 있다고 하자 의뢰인은 "어머니가 이 골짜기에서 옥새를 보고 할머니를 모셨습니다"라고 답한다.

이장 후 동네 앞의 논(論) 중 명당을 알려주며 집의 좌향까지 꿈에서 알려준 이야기(음택사례기—내용)를 포함하여 어머니가 꿈에 나타나 필자를 찾아가라는 내용(음택사례기—내용) 등 여러 꿈에 조상이 있어 꿈에 나타나는 것인데 조상이 없다 하며 묘지 무용론을 말하며 조상을 애써 부인하는 사람에게 더 할 말이 없어 안타깝다는 생각을 한다.

조상을 볼 수 없다 하여 조상이 없는 것이 아니다. 음택의 발복이 눈에 보이지 않는다 하여 동기감응작용과 동성인력작용이 일어나지 않는 것은 아니다. 분명 혈에 발복은 있다.

선(善)을 행한 적덕(積德)은 통장과 같다
선을 행했으면 쌓여 플러스(plus) 인생이 되고
반대로 악업(惡業)이 많았으면 마이너스(minus) 인생이 된다.
악업은 생(生)을 거듭하여 언젠가는 갚아야만 플러스 인생이 된다.

– 〈대동학(大同學) 명상 글〉 중에서

上善若水 상선약수

노자(老子) 도덕경 글귀

서예·각자 미산 맹창균 선생님의 서실에서 초서 서각 작품을 사진에 담았다

적선적덕(積善積德)을 생각하면서...

7 답사 및 체험기

1. 답사 및 체험기

1) 답사기

   답사하면서 기(氣)를 체감하며 이론에 대입하고 현장에서 적용하는 것을 반복하여 터득하는 것이 가장 중요하다.

   서울!
   셈할 수 없이 많은 명당혈이 있고 대명혈들이 있구나!!
   무수한 혈(穴)과 형격 모두 참으로 아름답다!!!

흥덕사지(興德寺址) 답사기

홍덕사지 금당, 충청북도 청주시 흥덕구 운천(雲泉)·신봉(新鳳)·봉명(鳳鳴)동 경계인 양병산(梁兵山)에 있다. 백두산 대맥(大脈)에서 분맥(分脈)된 한남금북정맥의 분지맥(分地脈)에 양병산은 '흥덕산(興德山)'이라고도 했으며 풍덕이라는 샘과 연당이라는 연못이 있었다고 한다.

충청북도 청주시와 청원군이 통합되어(2014. 7. 1) 통합시명 '청주(淸州)'와 흥덕·상당·서원·청원구로 출범하는 통합 청주시는 우리나라의 중앙 경선(經線)의 도시로 경부·중부고속도로와 국제공항이 있는 사통팔달의 도시이며, 청주시 흥덕구 운천(雲泉)·신봉(新鳳)·봉명(鳳鳴)동 경계에 있는 양병산은 청주 중심에 자리하고 있다. 양병산(梁兵山－興德山, 115m) 자락에 흥덕사지(興德寺址)가 있다.

흥덕사지는 1984년 12월 청주시 운천동 택지개발공사를 시작하면서 동종을 비롯하여 금동보살입상·청동금구·청동향로·청동불기가 출토되어 발굴조사가 실시

되었고, 흥덕사지가 사적지로 지정된 뒤 정화사업이 이루어지면서 금당을 복원하고, 3층석탑을 세웠다(중원미륵리 3층석탑을 복제).

흥덕사지 주산(主山)은 양병산(梁兵山)이다. 양병산은 봉황이 알을 낳는 형국인 황조산란형(凰鳥産卵形)의 물형(物形)이 있으며 산은 낮고 작지만 명혈과 대명혈이 많다는 특징이 있다.

입자수(入字水)의 이(理)·혈과 용사의 이(理)·혈(穴), 그리고 발복(發福)의 이(理)·풍수지리 과학의 이(理)에 대한 연구결과인 풍수지리(風水地理)의 이(理)를 흥덕사지에 대입하여 풍수지리학적으로 분석해 본다.

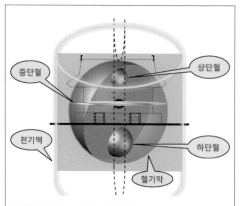
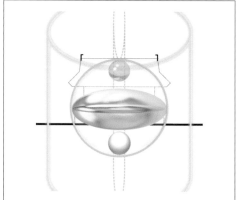

흥덕사지 금당, 上·中·下혈(穴)·혈기막(穴氣膜)·천기맥도(天氣脈圖)

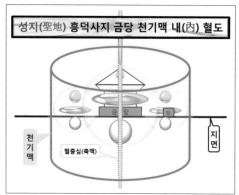
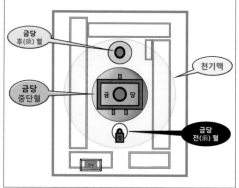

흥덕사지 금당 천기맥(天氣脈) 內 금당 상하(上·下) 혈도와 금당 전후(前後) 혈도

양병산 기슭에서 기체감, 관법(觀法) 등 5차 수련을 마치고 여러 경을 읊조리고 혈의 기운을 담는 축기수련 등 5차 수련 장소로 일년에 500회 이상 방문하는 홍덕사지에 올 때마다 작은 터에 혈이 참 많다라는 말이 입에 익는다.

계룡산(鷄龍山)은 천기(天氣) 기운화(氣運化)인 천기맥(天氣脈) 가닥이 많다는 특징이 있고 홍덕사지 금당은 천기맥(天氣脈) 중 유독 넓고 세기가 강하게 대기운화(大氣運化)한다는 특징이 있다.

홍덕사지 금당은 천기(天氣)·지기(地氣)·생기(生氣) 중 생기맥(生氣脈)이 여러 기맥(氣脈)으로 기운화(氣運化)하고, 특히 천기(天氣)가 크고 강하게 기운화(氣運化)하여 작혈된 대명혈로 대명당(大明堂)이다. 천기(天氣)의 지름 넓이로 볼 때 성장하는 혈(穴)이며, 하단혈(下穴－지혈)·중단혈(中穴－인혈)·상단혈(上穴－천혈) 3혈(三穴) 중 중단혈(中穴－지상혈)이 대명혈(大明穴)이다.

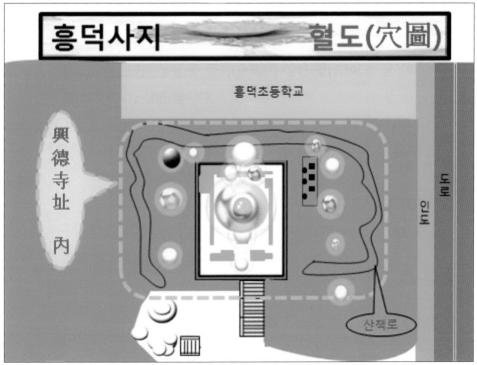

흥덕사지 산책로 내(內) 혈도. 공개할 수 없는 혈은 표기하지 않았다

홍덕사지 금당에 지하혈(地下穴)인 하단혈(下穴)만 점검하고는 명당(明堂)이나 대명혈(大明堂)이 아니라고 하는 이가 있을 수 있으나, 하단혈·중단혈·상단혈 혈(穴)의 원리(原理)를 대입하여 점검하면 하단혈과 상단혈보다 중단혈이 비교할 수 없을 만큼 큰 대명혈(大明穴)로 대명당(大明堂)이다.

천년고찰 대적광전(大寂光殿)·대광명전(大光明殿)·대웅대광명전(大雄大光明殿)·대웅보전(大雄寶殿)·대웅전(大雄殿)에 부처님들이 모셔졌는데, 좌불(坐佛) 법신불(法身佛)이 모셔진 연좌대의 높이가 제각기 다른 것은 일정한 법칙의 이(理)가 적용된 결과이다. 바로 중단혈(중혈-지상혈) 중심 높이에 여지없이 불전의 연좌대가 있다는 연구결과이다.

천년고찰과 같이 주택도 지맥(龍脈·地氣脈·地氣穴脈)과 하단혈을 보존한 상태에서 중단혈과 상단혈을 적용해야 한다.

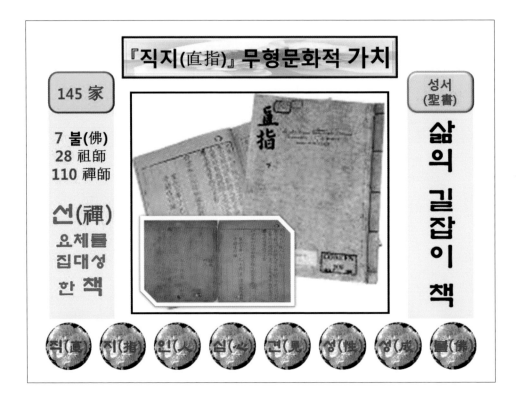

직지인심 견성성불(直指人心 見性成佛).

손가락 가리키듯 마음으로 자신의 성(性)을 볼 수 있으면 성불한다는 뜻이다.

-〈대동학(大同學) 명상 글〉중에서

홍덕사지와 직지

청주고인쇄박물관이 자리한 홍덕사지는 세계적인 성지(聖地)이며 성서(聖書)의 요람(搖籃)이다. 직지(백운화상초록불조직지심체요절, 白雲和尙抄錄佛祖直指心體

要節)는 현존하는 금속활자로 인쇄된 세계에서 가장 오래된 책으로 2001년 유네스코 세계기록유산에 등재되어 유형문화재(有形文化財)로서의 가치는 실로 엄청난 민족문화와 세계문화유산이다.

그러나 직지는 무형문화의 위대한 가치가 있는 성서로 자리하지 못하고 있음은 너무나 안타까운 일이다.

직지가 무형문화재로서 민족문화와 세계문화유산으로 인정받게 되는 동시에 직지가 세계성지인 홍덕사지에서 발상의 근원지임을 세계 사람들이 또한 알게 될 날이 올 것으로 믿는다. 인간사 모든 것의 근본은 마음(心)에 있는데 마음(心)을 다스리고 마음(心)을 깨닫게 하는 삶의 길잡이로서의 책이 바로 직지(直指－백운화상초록불조직지심체요절) 성서(聖書)로, 145가(家)의 깨달음과 가르침을 전하는 책은 아직까지 찾아보지 못했다.

직지의 유·무형(有·無形) 민족문화와 세계문화유산 가치를 알게 되고 민족문화와 세계문화에 새로운 정신적 패러다임(paradigm)을 제시하는 직지성서와 홍덕사지성지임을 알게 되는 날이 올 것이다.

곧 그날이 도래(到來)할 것임을 선견(先見)하여 직지성서의 유·무형문화 가치를 잘 알고 있는 홍덕사지 청주고인쇄박물관 현진 황정하 박사(추천사)님과 함께 교류하며 연구한 지 오래되었다.

직지성서와 홍덕사지 성지는 단군민족과 세계의 문화유산임을 단군민족 후예의 한 사람으로서 자랑스럽게 생각하며 세계 유일(唯一)의 거대한 하늘빛 홍덕사지 비춤에 천지대명혈(天地大明穴) 성지(聖地)의 광명(光明)을 보면서 인도의 시성이며 예언가인 타고르의 시(詩)가 생각나 인용해 본다.

"일찍이 아시아의 황금시기에 빛나던 등불의 하나였던 코리아, 그 등불 다시 한 번 켜지는 날에 너는 동방의 밝은 빛이 되리라!"

회암사지(檜巖寺址)

　아래 사진은 회암사지이다. 지기혈맥(地氣穴脈)이 천보산 정상에서 부도들의 혈과 회암사 터의 중앙으로 힘차게 운기하며 대명혈과 명혈이 결혈되었다.
　한북정맥에 천보산 정상에 지기혈맥과 각종 기혈맥이 운화하여 아래 부도에 명혈 대명혈이 작혈되었고 회암사지도 지기혈맥과 각종 맥이 운화하여 단번에 셀 수 없을 만큼 많은 혈이 작혈되었다.
　나옹선사의 부도(묘탑)가 혈 중심에 정확히 자리했다. 지공화상, 나옹선사, 무학 대사의 묘탑 모두 정확히 자리했으며 혈장은 무학대사 부도탑이 제일 크다. 사진은 최초의 왕사인 무학대사의 부도인 묘탑이다. 혈의 중심에 부도가 정확히 자리하였고 혈장이 넓다. 부도(묘탑) 앞에 쌍사자석등(국보)이 있고 무학왕사 비(碑)가 있다.

나옹선사 부도탑

무학대사 승탑, 쌍사자 석등,비(碑)

　학인과 금당자리에서 대명당 혈(穴)의 기(氣)를 체감하며 각종 기맥(氣脈 ; 생기,
천기, 지기)을 점검하고 대명당 혈(穴)의 중심을 점검하며 3단혈(상·중·하단혈)을
모두 점검하고 싶었으나 상단혈의 높이가 키보다도 훨씬 높아 기를 체감하지 못했
다. 금당에 모셔진 불상이 15자(尺)라 했으니 키가 닿지 않는 것은 당연한 일이다. 지
금까지 세 번 답사했다.

　회암사지는 태조 이성계가 스승인 무학왕사와 함께 머물며 정치한 정청지가 있다
는 것이 특징이다. 절에서 덕이 높은 승려를 숭모하기 위해 초상화를 모셔놓는 건물
인 조사당(祖師堂), 무학대사는 신륵사 등에 영정이 있으며 신륵사에는 나옹선사의
종 모양의 석종(石鐘)이 있다. 무학대사가 정혈했다고 전해지는 석종 속에선 보랏빛
영롱한 빛이 운기되고 있다.

　회암사묘엄존자무학대사비문(檜岩寺妙嚴尊者無學大師碑文)은 1410년 변계량(卞

季良, 1369~1430)이 지었고 무학대사의 어머니가 떠오르는 해가 품안으로 들어오는 꿈을 꾸고 임신했다는 다송자(茶松子) 금명보정(錦溟寶鼎, 1861~1930) 대종사(大宗師)의 무학대사 찬송(讚頌)이다.

瞳瞳郁日入懷生 찬란한 태양이 들어오는 것을 품고 태어나
慧鑑如輪法慧明 혜감스님이 굴리는 것과 같이 법혜가 밝으니
超然道氣曹溪月 초연한 도의 기운은 조계의 달이며
千載芳名遺漢陽 천 년의 향기로운 이름은 한양을 남겼다.

필자는 금명보정 대사의 조상들을 유택한 인연이 있다.

무학대사 일가 일화

박순(朴淳, ?~1402)과 무학대사는 일가로서 둘 다 박서장군의 후손으로 음성박씨이다. 태조 이성계가 함흥에 있어 사람을 보내면 살아오는 사람이 없어 유래된 함흥차사의 대표격인 박순은 이성계와 죽마고우로 어미 말을 타고 망아지를 데리고 가서 망아지는 뭍에 있게 하고 어미 말과 함께 용흥강(龍興江)을 건너서 이태조에게 "망아지가 어미를 찾느라고 저렇게 울고 있다"고 하며 돌아가자고 하자 이성계는 뜻을 접어 돌아가겠다 약속했다고 한다.

그런데 돌아오는 날 조사의가 이끈 반란군은 이성계에게 박순도 죽여야 한다고 여러 차례 간청하여 이성계는 만약에 강을 건넜으면 놔두고 건너지 않았으면 죽이라고 했는데, 사실 이성계는 이미 강을 건넜으리라 생각하고 말한 것이나 오랜만에 만나 술잔치를 하여 배탈이 나서 시간이 지체됨으로써 박순은 이성계의 측근에게 살해당하여 목이 강바닥으로 떨어져 버렸다.

이 비보를 접한 부인 임씨는 자결하고 궁을 지키던 아들도 함께 자결했다고 한다. 이성계는 박순의 죽음에 비통해 했고 친구와의 약속을 지킨다며 돌아왔다고 한다.

박순은 함흥으로 떠나기 전에 일가친척인 무학대사를 만나러 회암사지에 갔었고 무학대사는 "살아서 돌아오지는 못할 것이다. 가족들은 걱정하지 말라. 내가 돌봐주겠다"고 했는데 무학대사의 예언과 같이 박순은 살아서 돌아오지 못했다.

한편, 학회 사무실엔 오다가다 방문하는 사람들도 있고 일부러 찾아오는 사람들도 꽤나 있는데 그들 중에는 전생을 볼 줄 안다며 필자에게 "전생에 도선국사였고 무학대사였습니다", "무학대사의 후신입니다"라고 말하는 사람들이 여럿 있었다.

필자는 '무학대사가 시조 박서의 후손이니 일족'이라는 말과 '무학대사는 본관이 음성이니 일가'라는 말을 어른들에게서 듣곤 했었는데 수집한 자료에 조선왕조실록과 정감록에 실려 있다는 것을 알고는 있었지만 전생에 대한 관심은 그다지 없었다. 그러나 풍수지리를 수학하면서 우연히도 도선국사와 무학대사의 풍수지리 서적

조선왕조 실록, 정감록

조선왕조실록 '무학은 1327년 경상도 합천에서 태어났다. 속성은 박씨로 대몽항쟁의 명장 박서(朴犀)의 자손'

박서, 음성(陰城)박씨 시조 묘

묘엄존자 (妙嚴尊者) 무학(박자초 朴自超 1327.9.20~ 1405) 왕사(王師)

정감록 '기도가 끝나는 날 비로자나불 가슴에서 밝은 광명이 솟아 나오며 그 광명 속에서 비로자나불, 문수 보현보살을 비롯한 수많은 불보살들이 나타나며 중앙에 있던 비로자나불이 박서의 이마를 어루만지면서 "지성으로 나라와 겨레 위해 참회하니 그 공덕이 크도다. 너의 자손대에 새 나라를 여는 열쇠를 잡으리라.'

에 관심이 많았고 두 선사의 고도 경지에 경의를 표하며 직접 전수받을 수는 없었으나 사숙으로 모시고서 수학하고 수련한 날이 여러 해 되었다. 훗날 전생과 후신에 대하여 피력하는 기회가 있으면 좋겠다.

계룡산(鷄龍山) 중악단(中嶽壇)

계룡산은 충청남도 공주시, 논산시, 대전광역시에 걸쳐 있는 산으로 높이 828미터의 금남정맥에서 주산 계(鷄)+룡(龍)으로, 계룡은 날개 달린 용, 계룡 물형을 말하며 큰 지신(地神)이 있는 신령의 산으로 중악단(中嶽壇)이 있다.

우리 민족은 예로부터 오악단(五嶽壇)의 산신에게 제를 올렸다는 기록이 있으며,

사찰의 경우 금당보다 대부분 위에 산신각이 있다. 이는 지신(地神)에 대한 예를 갖추었던 것이다.

　지기(地氣)의 대표적 명산은 태조산(태단)인 백두산, 생기(生氣)의 대표적 명산은 지리산(하악단), 천기(天氣)의 대표적 명산은 중악단이 있는 계룡산이다. 오악단 중 상악단인 북악단은 묘향산이고, 서악단은 구월산이며, 동악단은 치악산이다.

　지리산에는 수련자가 많은 반면 계룡산은 천기가 발달하여 예로부터 기도터로 유명하다. 이성계의 스승으로 왕사인 무학대사는 나라에서 오악단의 산신령에게 제사를 지내게 했고 계룡산의 신원사 중악단에서는 지금까지 해마다 불교, 유림, 무속인들이 제를 올리고 있다.

　중악단(中嶽壇)은 지맥(용맥, 지기혈맥, 지혈기맥)이 약사여래상, 고왕암, 중악단 순으로 넓고 힘차게 대운기(大運氣)하였고 중악단엔 지기, 천기, 생기 등 각종 기맥

이 결(結)하여 작혈(作穴)되었다. 중악단은 혈의 중심과 높이가 한 치의 오차도 없는 것을 재확인하면서 선사께 재삼 존경과 감탄을 금할 수 없었다.

답사는 대동학정통풍수지리학인들과 함께 하였으며, 전수받는 학인들이 양택에 있어 가장 중요한 혈의 높이의 중심을 기체감하며 혈 중심까지 정확히 점하는 것을 지켜본 후, 이(理)를 기체감하면서 묘리(妙理)를 깨달아 기뻐하는 학인에게 축하하며 내심 보람되었다.

필자가 계룡산에 처음 가게 된 것은 사실 본인의 의지와는 상관없다고 할 수 있다. 천안에서 공주로 일주일에 한 번씩 10여 년간 매주 수요일에 같은 길로 오갔기에 눈 감고도 다닐 수 있을 정도였는데 하루는 공주를 지나 아무 생각 없이 20여 킬로미터나 가고 있었다. '내가 왜 이러지' 하며 다시 돌아가는 중 필자도 모르게 계룡산 쪽으로 고개가 돌아갔고 눈앞에 펼쳐진 것은 가히 장관이었다. 크고 작은 수백 수천 가닥의 천기맥을 본 것이다. 이를 계기로 천기를 보게 되었으니 참으로 놀랄 일이다.

중악단을 점검하니 명혈이고 대문과 중악단 본체로 흐르는 기와 기가 뭉친 곳인 본체의 혈자리는 한 치의 오차도 없이 정확하게 제 높이와 제 위치에 자리 잡은 것에 대하여 감탄하며 정혈한 선사에게 존경의 삼배를 올렸다. 그리고 그 후 자주 계룡산을 찾는다.

관음봉에서부터 힘차게 내려온 용혈맥 기운으로 빼어난 용모를 자랑하는 소나무와 약사여래불이 있고, 계룡산 고왕암(古王庵)이 있는데 부여에서 나당연합군을 피해온 왕자 융이 7년간 머물던 암자라는 데서 고왕암이라 유래되었다고 한다. 태조 이성계와 무학대사가 새로운 도읍지를 찾던 중 머물렀다고 한다.

법주사(法住寺)

음택 용사를 앞두고 심신수련을 겸하여 식구와 같이 버스에 몸을 실었고 두 시간 후 버스는 한남금북정맥의 속리산 법주사 정류소에 도착했다. 버스에서 내려 숙소를 구하고자 평소 행했던 것처럼 터미널에서 혈을 보고 찾아간 곳이 연송호텔이었고 사진상 2층 좌측 방이 좋다고 점검되어 방이 있느냐고 묻자 우연하게도 하나 남았다는 방이 밖에서 본 바로 그 혈이 있는 방이어서 숙소로 정했다.

이번엔 식당을 찾기 위해 혈이 있는 식당을 찾아갔다. 아래 사진의 식당을 밖에서 보니 혈이 있어 들어갔고 점검해 보니 혈은 카운터와 조리실 중앙, 그리고 앉는 테이블 등에 3개의 혈이 있어 그동안 성공하는 식당에 대한 연구결과에 있어 명당 조건의 혈과 풍수지리 인테리어 등 여러 가지로 점수가 높은 식당으로 판단되었다. 식사할 식당으로 정한 후 테이블에 앉아 메뉴 가격을 보니 다른 식당과는 달리 가격이 두 배 가까운데 사람들이 점점 많아져 식당은 만원으로 성업 중인 식당임을 확인하였다. 숙소로 돌아와 혈의 중심에서 눕자 혈의 기운이 감응(感應)되기 시작하였고 잠자는 동안 혈의 기운이 온몸을 감싸며 운화하고 축기되는 현묘함을 체감했는데

여운이 오랫동안 지속되었다.

새벽 5시에 일어나 법주사에 도착하니 매표소 직원 외의 사람은 없었다. 필자 부부는 미륵성불 주위를 돌며 기도하였고 기원하는 마음으로 초를 올렸다. 이번엔 계단에 올라 기도를 하던 중 천냉수와 같은 기운이 하늘에서 내려와 온몸으로 체감하였고 여러 가지 현상들이 있었는데 이를 말로 형용할 수 없으니 안타깝지만 새로운 체감과 체험 그 자체가 나에겐 축복이라 생각한다.

미륵대성불에서 기도와 수련을 한 후 눈이 내리기 시작했다. 법주사에 눈이 내리니 너무나 아름답고 운치 있는 풍경이 두 눈에 들어왔다.

법주사를 풍수지리의 여러 이(理)를 대입하여 점검해 보았다. 대웅전은 혈 중심에 정확히 자리하고 있었고 미륵성불의 하부 연단의 혈 위치와 높이가 정확하게 자리하고 있었다. 그동안 오래된 사찰을 답사해 본 결과 나름대로 공통점이 있었다. 공통점 중 대표적인 것은 정확하게 명당 혈자리 중심에 금당이 자리하고 있었으며, 부처님을 모시는 법신불의 높이는 사찰마다 각각 다르나 일정한 법칙에 준하여 중단혈인 인혈(人穴) 중심에 연좌대가 자리하는데 여기도 정확히 자리했다.

속리산 법주사의 미륵대성불의 경우도 예외가 아니었다. 명당의 혈과 혈의 높이를 점검해 보니 석물 위의 연좌대에 혈의 중심이 정확한 높이에 위치하고 있었다.

기도와 심신수련 그리고 점검을 마치고 사찰 정문에 불교용품점이 있어 염주를 사려는데 보은군 문화해설사가 주인이었다.

대화 중 필자는 "미륵대성불의 위치와 높이가 정확하게 모셔졌네요"라고 말하자 문화해설사는 "미륵불상이 앞에 있었고 불전이 뒤에 있었는데 미륵불상을 불전이 있는 자리로 옮겼습니다. 불전에 불상이 있었던 위치와 높이의 기록과 서산대사 일기 등 여러 기록을 확인하여 현 위치와 높이에 옮겨서 모셨습니다"라고 말하며, "미륵성불의 위치와 높이를 정확히 보시네요. 이를 볼 줄 아는 사람이 없었습니다. 명함 좀 주시겠습니까?"라고 청해 명함을 건넨 바 있다.

용문사(龍門寺)

  남한강과 북한강이 양수리 두물머리에서 만나는 양평의 유명산(有明山, 862m)은 산 정상에서 말을 길렀다고 해서 마유산이라고도 불렀다는 기록이 있다. 국토 허리 부분에 한강정맥으로 이어진 유명산의 용문사는 은행나무가 유명하다.

  선사가 정혈하고 용사한 천년고찰은 불전과 법신불이 정확히 자리했는데 고찰내 신축 불전이나 근대에 지은 사찰은 정혈에 오점으로 인하여 혈 중심과 높이에 제대로 자리한 것이 거의 없다.

  은행나무 밑에 거대한 수맥이 있으며 수맥의 세기와 살기(殺氣)의 세기는 대단했다. 수맥과 살기의 교차점에 은행나무가 있다. 이 살기는 사찰 안으로 흐르는 방향인데 은행나무가 살기를 막고 있는 것이었다. 이것이 바로 비보(裨補) 진수라고 생

대웅전

관음 불전

지장보살 불전

각했다.

　비보가 살기를 막거나 좋지 않은 기운과 바람이 오는 살방(煞方)의 집에 나무나 담을 에워싸게 하거나 묘의 활개를 두텁게 하는 등으로 이를 적용하는 것인데 명당을 만드는 것으로 오인하거나 이를 호도하여 욕심을 채우려는 것은 잡사의 행위로 잘못된 것이다.

　용문사 은행나무의 수맥과 살기를 체감하다 보니 두통 등 통증이 3시간 정도 지속되어 의학통학 중 진기전환법과 멸법을 동시에 행하니 회복되었다.

전등사

   다시 찾은 전등사, 30년 전에 전등사(傳燈寺)를 올랐던 길은 돌계단이 많았던 것
으로 기억하는데 도로가 포장되었고 입구에 주차장이 있다.

   대웅보전이 자리하고 있는 금당엔 석가모니불, 노사나불, 약사여래불 삼존불이
있다는 점이 특이하며 김천 직지사(直指寺)를 세웠다는 아도화상이 정혈(正穴)한
전등사(傳燈寺, 381년) 금당(대웅보존)은 대혈(大穴)이다. 대명당(大明堂)이기에 기
(氣)를 전혀 모르는 일반인도 기체감을 지도하면 기체험할 수 있는 명당 중 대명혈
로 함께한 분들이 기체감 후 체험내용을 구체적으로 표현했다.

   한국관광공사에서 기획하는 전략관광상품 '파워스팟' 기체험 사찰로 오랜 동안
지정되기를 기대한다.

간월도 간월암(看月庵) 답사

　안면도에서 1박하고 배를 타고 원산도에 갔다가 돌아오는 길에 섬 안의 섬 간월도 간월암을 답사했다. 무학대사가 창건한 암자다.

　이곳에서 무학대사는 홀로 달을 보고 있다가 깨달음을 얻었다 하여 간월암이라 했다고 한다. 무학선사(無學禪師)는 달을 보고 도심(道心)을 깨워 깨달은 바를 얻어 득도했다고 하는데 바다를 보며 무슨 생각을 하였는지 궁금한 점이 많다.

　풍수지리적 특징은 사찰의 경우 지맥(地脈 ; 지기혈맥, 지혈기맥)이 기(氣)운화하는 명당혈 상혈(上穴)처에 산신각이 있고 하향의 대명당혈 하혈(下穴)처에 금당이 대부분 자리하는데 간월암은 산신각이 옆에 있으며 용왕단이 앞에 있다는 것이 특징이다.

다산 정약용(茶山 丁若鏞)

　주자(朱子)는 도학(도교)과 유학(유교)을 신유학(新儒學)으로 주자학(朱子學), 도학(道學), 성리학(性理學)이라 하였고, 주자의 학(學)을 조선에서 성리학으로 집대성한 분이 송자(宋子, 우암 송시열)라면 성리학을 실학이라는 새로운 학으로 집대성한 분은 다산 정약용이다. 다산선생은 자신의 묏자리 신후지지(身後之地)를 스스로 정혈했다.

　기(氣)를 논(論)했던 대현군자(大賢君子) 중 한 분인 다산선생은 지기맥과 혈(穴) 중심 모두 정확히 정혈했으니 당연하다 생각하면서도 고개 숙여짐은 왜일까. 그동안 수많은 묘를 점검해 왔지만 제대로 정혈한 묏자리를 찾아보기 힘들어서였을 것이다. 한편, 학문의 심오함이 더하면 더할수록 기(氣)의 원론(原論)이 전개될 것이며 서양 또한 원자에서 힉스입자로 이어져 지속하여 새로운 입자론이 전개될 것으로 동서양의 학론이 큰 하나, 즉 대동(大同)이 될 때가 반드시 도래할 것이라고 믿는다.

　정통풍수지리 학인들과 답사하고 기(氣)를 함께 체감하고 점검하며 풍수지리학적 이(理)를 대입하고 돌아왔다. 사실 답사하면서 물형의 형태를 이해하는 학인들에게

놀라움을 금할 수 없었으며 혈 중심과 지맥을 정확히 점하는 학인들을 보고는 너무나 기쁘고 보람되었다.

　다음은 대현군자 다산 정약용의 자찬묘지명이다.

　　자찬묘지명

　　네가 말하기를
　　"나는 사서 육경을 안다"라고 했으나
　　그 행할 것을 생각해 보면
　　어찌 부끄럽지 않으랴

　　너야 널리널리 명예를 날리고 싶겠지만
　　찬양이야 할 게 없다
　　몸소 행하여 증명시켜 주어야만
　　널리 퍼지고 이름이 나가게 된다

　　너의 분운함을 거두어들이고
　　너의 창광을 거두어들여서
　　힘써 밝게 하늘을 섬긴다면
　　마침내 경하가 있으리라

　　소(牛) 물형(物形)

　장마철, 청주 무심천의 물을 바라보다 밝게 빛나는 명당혈(穴)이 있어 사진에 담

았다.

　관(觀)했던 혈은 여러 물형 중 소(牛)의 머리부위에 자리한 혈로서 오행 중 금(金)의 혈로 금에도 부와 귀 또는 부귀가 함께하는 자리로 구별되는데 귀(貴)의 내용으로 발복하는 혈로 명당혈은 6등급에 해당하며 국반, 도반, 향반 등급 중 도반(道班)급으로 지금의 도지사나 장관급이다.

　우암산 자락엔 청주향교, 명장사, 원불교구 등이 자리하고 있다.

황조물형천문혈(凰鳥物形天門穴)

　지맥(地脈 ; 용맥, 지기혈맥)을 따라 흥덕산(興德山, 양병산) 정상으로 발길을 옮기다 보니 어느새 산 정상 바위에 올랐다. 산 정상 바위에서 인터체인지와 같이 주지맥과 분지맥으로 거미줄처럼 운기해 각처에 결혈되었다. 황조물형이 보인다. 황조물형천문혈(凰鳥物形天門穴) 물형에 명당혈(穴) 중 천문(天門)혈도이다.

　황조천문혈(凰鳥天門穴)은 음택 대명당인 대명혈 2급으로 혈심(穴深)은 3자(三

尺)이며 2자(二尺)를 보토(補土)해야 한다. 장후(葬後), 장사 지낸 후 30년(用之三十年)이 되면 발복시기가 되고 발복내용은 후손 중 현인(賢人)이 출현할 것이다.

황조포란물형(凰鳥抱卵物形) 좌(左) 익간(翼間, 날개 사이)에 황룡(黃龍)의 여의주혈이 있다. 이 여의주혈(珠穴, 대명당 대명혈 3급)의 군왕지지(君王之地)로 장후(葬後) 80년(用之八十年)이 되면 발복시기가 되어 후손 중 나라를 통치하는 덕망 있는 대통령이 출현하게 될 것이다. 양병산은 작은 산이지만 명당혈(穴)이 셀 수 없이 많기도 하다. 대명혈 중 천문혈(天門穴, 대명혈 2급)보다 상급(上級)인 대명당 1급의 양택 대혈도 있으니 명산 중의 명산이다.

범인들은 대통령급에 해당하는 대명당 대명혈 3급이 최고인 줄 알고 있으나 그렇지 않다. 군왕지지(君王之地) 자리는 많다. 그보다 현인이 출현하는 현인지지(賢人之地) 대명혈 2급이 더 귀한 것이며, 이보다 귀한 혈은 성인이 출현하는 성인지지(聖

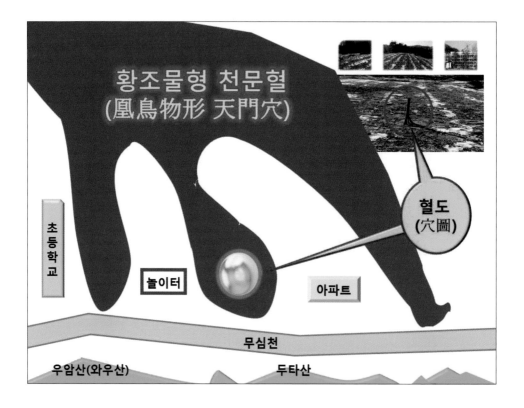

황조물형 천문혈
(凰鳥物形 天門穴)

혈도
(穴圖)

초등학교

놀이터

아파트

무심천

우암산(와우산)   두타산

人之地) 혈로 이 또한 때가 되면 천지인(天地人)의 합으로 인연이 되며 주인이 되는
것이다. 하지만 산(山)이 무리한 개발로 물형 중 황룡은 머리, 황조는 눈 부위가 손
상되었으니 흠(欠)이 되었다. 물형(용, 봉황, 호랑이, 거북이 등)을 관(觀)함은 명당
혈(穴)을 감정하고 정혈하기 위함이다.

　명당과 대명당의 혈(穴 ; 명당혈, 대명당혈)은 선행(善行)한 만큼의 적선적덕자가
주인이 되는 법이다.

풍수지리 대가 무학 왕사생가(王師生家)

박자초(朴自超, 본관 음성) 무학왕사(舞鶴王師)는 조선의 국사(國師)요 태조 이성

계의 왕사(王師)이다. 아래 사진은 경남 합천에서 출생하였다는 내용과 행적을 합천 군청에서 세운 사적지(史蹟址) 비(碑)이다.

무학왕사는 왜구의 침략이 잦아 안면도로 이주했고 간월암을 창건했다. 특히, 아이가 잉태되고 태어나서 성장한 곳인 생가(生家)는 무엇보다 중요한데 생가는 기(氣)를 받고 잉태되며 태어나 성장하면서도 기(氣)를 받기 때문이다.

국가와 사회의 큰 인물 중 음양택의 발복 여부를 점검해 보면 음택의 발복과 생가의 발복 모두 대명혈의 발복을 받을 경우 큰 인물이 세상에 출현한다.

아래 사진에서 사적지(史蹟址) 비(碑)가 있는 곳은 혈(穴)자리가 아니다. 대명혈(大明穴)은 비(碑)에서 조금 떨어진 옆에 있다.

대동학정통풍수지리학회 회원들에게 답사하면서 기(氣)체감하며 기체험하게 하고자 근처에 대명혈이 보여 함께 이동하여 정혈하며 혈 중심을 가리켰다. 그리고 한

비(碑) 주위에 있는 대명혈(大明穴)을 사진에 담았다

320 풍수지리 맥

무학(舞鶴, 無學)대사 계도(系圖)

| 증조부 | 박서(朴犀 - 1208~1288), 음성(陰城) 박씨 시조 |

배(配) 조예랑(1221~1308)

| 조부 | 박불옥(朴佛玉 - 1258~) 청학동 백련도사(白蓮道士) |

'佛玉' - 일연(一然 - 삼국유사) 선사의 관명(觀名)

| 부 | 박인일(朴仁一 - 1297~) 청학도사의 제자로 아들은 무학(1327~1405)이다. 청학도사의 스승은 佛玉. |

배(配) 채씨(蔡氏)

곳을 안내하여 기를 체감해 보라고 하고, 약 2시간 전에 필자가 대명혈을 정혈하여 회원에게 기(氣)를 체험하게 하였는데 그 대명혈과 이곳에서 대명혈 기를 체험한 느낌을 회원은 각각 이렇게 말했다.

"엄청난 기운이 발바닥(용천혈)에서부터 올라옵니다."

"이렇게 큰 기운은 처음 느껴 봅니다. 이보다 더 큰 기운을 느껴 본 일이 있습니까?"

이에 필자는 긍정의 말로 답했다.

"느껴본 일들이 있습니다. 여기는 대명혈 중에서도 혈등급이 높은 대명혈로, 여기에서 기(氣)를 체감하면 기(氣)를 전혀 모르는 일반인도 기(氣)를 쉽게 체감할 수 있을 것입니다. 앞으로 회원이 증가하면 관광버스로 이동하여 여기 대명혈에서 기체감하며 도시락을 함께 먹을 것입니다."

위 비문(碑文)의 내용에 무학왕사가 출가한 곳이 용문사(龍門寺)이다.

음성박씨 시조 박서장군 묘와 용강서원

음성박씨(陰城朴氏) 시조(始祖) 박서(朴犀)장군은 10대 명장으로 무학대사의 증조부(曾祖父)이다. 묘는 충북 음성에 있고 위패(位牌)는 고양시 상석동 용강서원(龍江書院)에 현손(玄孫) 박순(朴淳, ?~1402, 忠愍公派 派祖)과 함께 봉안되었다.

박서장군의 묘는 9년 전에 복원하였다. 박장군골 등 전해지는 여러 내용으로 묘를 찾으려 후손들이 애썼었다. 후손인 23세 박석근(朴錫根)은 묘를 찾으려고 산에 오르려 하면 병이 나곤 하였는데 24세손이 한날 꿈을 꾸었다.

꿈에서 커다란 두 마리의 소가 목이 잘려 내동댕이쳐져 있는 꿈을 꾸었다고 박석근에게 현몽을 얘기하자 박석근은 "오늘은 찾을 수 있을 것 같다"라고 했고, 함께 산에 올라 찾다 보니 문인석 두 개가 땅에 처박혀 있어 들추니 목 부위는 간데없었고

대몽항쟁 영웅 박서(朴犀) 장군

고양시 일산동구 상석동
용강서원 위패 봉안

충북 음성읍 삼생4리 맨 앞이 박서 장군의 묘

널브러진 석물들이 있어 개장하여 장군다운 장대한 황골을 확인하는 등 박서장군의 묘임을 확인하여 복원하게 되었다. 박서장군의 묘는 대혈이며 대명당이었고 혈이 정확히 중심에 자리하고 있어 순간 놀랍다고 생각했지만 박서장군에게 아들 박불옥(朴佛玉, 백련도사), 손자 박인일(청학동 도인), 증손자 박무학(朴舞鶴, 묘엄존자) 등의 3대(三代) 도인이 있었으니 당연한 일이라 생각했다.

한편, 박서장군의 후손인 박숙진(朴叔蓁, 7세, 大司憲公派 派祖)은 경국대전 편찬에 참여했으며, 박광옥(朴光玉, 10세, 호는 懷齋, 羅州牧使)은 광주 서구 매월동에서 태어나 임진왜란 때 의병을 일으키고 권율장군에게 의병과 군량미를 보내는 등 광주를 대표하는 현인 중의 한 사람이 되어 호남의 충의신(忠義臣)으로서 현재 광주광역시의 도로명 대로(大路) '회재로'는 박광옥의 호(號) '회재(懷齋)'를 기려 도로명으로 명명한 것이다. 같은 항렬의 연(淵, 淸溪居士)과 함께 도학(道學)으로 널리 알려졌다.

청계거사 연(淵)의 손자가 일소옹(一笑翁) 지함(至諴)으로 '일소옹유고(遺稿)'가 있고, 서(書) 가운데 태양을 중심으로 지구와 달이 주선(周旋)하는 역법(曆法)을 논술하는 '일월행도설(日月行度說)'이 있다. 또한 퇴계 이황의 이론이 부당하다고 한 율곡 이이에 대해서도 각자의 장단점을 논설했고 정치 전반의 맹점과 폐단에 대하여 시정책을 주장했으며 도덕(道德)과 의리(義理)를 강론했다. 네 아들 중 넷째가 국서(國婿) 징원(澂遠)이며 징원의 아들 둘째 성구(聖龜)는 대덕자(大德者)이다.

전두환 전 대통령 생가 답사 점검기

무학대사의 생가와 가까이에 있는 전두환 전 대통령의 생가와 선영을 답사하였다. 사실 필자의 의지와는 상관없이 전두환 전 대통령의 생가와 무학대사의 생가 모두 의뢰인이 지역에 있는 조상묘를 점검 의뢰하여 출장하였는데 의뢰인이 두 곳 외 다른 곳에 모두 필자를 데리고 간 것은 필자의 실력을 확인하고자 했던 것이다.

전두환 전 대통령의 생가 사진

전두환 전 대통령 조부의 묘

전두환 전 대통령의 생가 특징은 대문이 가운데 있지 않고 측면에 있는 것이다. 지맥은 건(乾)방에서 진(辰)향으로 운기하다 급격히 오(午)향으로 운기(運氣)한다. 각종 기맥(氣脈)의 결합(結合)으로 명혈(明穴)로 작혈(作穴)되었다.

부엌과 안방 사이에 하나의 혈이 있으며 혈 중심은 아랫목 가운데 위치한다. 윗방은 수맥이 있으니 생가 전체가 명당혈(穴)이라고는 말할 수 없다. 마당에도 혈이 있는데 강한 지맥이 안방혈과 마당혈을 지나 대문으로 운기(運氣)맥이 이어진다.

전두환 전 대통령 조부의 묏자리 혈판은 우리 고조선(단군) 민족의 민족화(民族花)이고 대한민국을 상징하는 국화(國花)인 하늘나라의 꽃 무궁화(無窮花)이다. 3/4 정도 핀 무궁화(無窮花) 무늬이며 수많은 무궁화 꽃술에서 광섬유처럼 황금빛이 반짝이는 대명당 대명혈이며, 혈은 4등급으로 국반에 해당하는 대통령이 나는 자리다.

반기문 전 유엔 사무총장 생가

충주 소재 황토방 점혈, 양택 가상배치, 음택 정혈 출장 후 충북 음성 소재 반기문

대선주자 생가를 회원과 함께 답사했다.

보덕산(普德山)에서 갈려온 지룡(枝龍, 分派脈) 지맥(地脈)이 생가로 운기(運氣)하여 터에 음양오행(陰陽五行) 성질의 금혈(金穴)과 수혈(水穴) 두 혈(穴, 명당혈)이 작혈(作穴)되었고, 생가터 내 두 수맥이 파수해 연못으로 하나의 파구를 형성하여 합수한다. 아쉬운 점이 있다면 우백호 맥(脈)이 백마령 터널과 행치재 도로공사로 지맥이 훼손되었고 인근 공장의 난개발로 혈(穴)이 파괴되었음은 안타까운 일이다.

생가터 두 혈은 마당과 담장 사이에 각기 자리했고 지맥은 태어난 방, 부엌, 안방을 걸쳐 대각으로 운기하여 좌향에 오점이 있으며, 두 혈의 크기를 비교하면 마당에 있는 혈이 대혈(大穴)이다. 총선, 대권주자 후보자의 여러 위(位)의 조상묘, 양택(생가, 주거, 사무실), 사주, 명리, 성리 등을 총체적으로 종합해 판단한 다음 결과로 분별할 일이지 묏자리 하나만 이장하면 무조건 국회의원이나 대통령에 당선되는 것처럼 말하는 속사들과 정치인들이 권력욕만으로 발복을 기대해 이장하는 사례를 지켜보자면 안쓰럽기 짝이 없다.

한편, 2016년 8월경 대통령 탄핵 얘기가 나오기도 전에 필자는 김 관장(음택사례기－"저 묘의 후손이 누구입니까?")이 합석한 자리에서 당시 반기문 전 유엔 사무

총장 측에 "2017년 4월까지 배를 띄우지 말라 하세요. 배가 좌초되어 난파됩니다. 명심하라 하세요"라고 말했는데 결과적으로 그렇게 되었다.

대한민국의 수도, 서울

서울은 황룡, 청룡, 백룡, 녹룡, 적룡, 은룡 등 용, 조(鳥), 인물형(人物形) 등 사방으로 물형이 있다. 황룡이 여의주를 물고 있는 자리에 청와대 본관(집무실)이 자리했어야 하고, 도읍을 옮기거나 주요 관청이 대혈(大穴) 터를 점지하고 정혈할 수 있는 단계의 국(國) 풍수지리의 이(理)를 행할 수 있어야 하는데, 무학대사의 주장과 같이 인왕산 정기 지기맥과 천기맥 그리고 생기맥 등 각종 기맥(氣脈)으로 작혈된 대명당

결혈지에 경복궁이 자리했더라면 하는 아쉬움을 떨칠 수 없다.

인왕산과 남산에서 경복궁, 청와대 등을 관(觀)하면 남산에 철탑을 세우면서 철탑 주위의 진혈(眞穴)이 사혈(死穴)로 되었다. 그러나 대명혈은 보존되어 있다.

무학대사가 국(國) 풍수지리를 행하여 도읍지로 점지한 서울(한양)은 한 시대의 도읍지로 손색이 없고 참으로 아름다운 곳이다.

산세를 관(觀)하면 인왕산은 종산(宗山)의 근본인 조상을 상징하는 가장 큰 소(牛) 물형과 거대한 황룡이 머리를 같이하는 특이한 형국이며 북악산의 물형은 종산(宗山)의 근본을 잡아먹으려고 조상 물형의 등에 올라앉은 흉악한 호랑이(虎)의 물형이니 이가(李家)시대에서 현대사까지의 역사를 살펴보면 왕위를 찬탈하는 등 수많은 암울했던 사건들이 대변해 준다.

인왕산 물형의 등급은 황룡혈로 특(特) 1등급 대명혈이며, 조상을 상징하는 소(牛) 물형 혈은 특(特) 3등급으로 각각 성인(聖人)과 성군(聖君)이 출현하는 대명혈(大明穴)로 인왕산을 주산으로 하여 경복궁을 지었다면 북쪽 나라의 침입을 막는 동시에 왜나라(일본)의 침략을 방지하고 대처할 수 있었을 것이다. 또한 현대사에 이르기까지 왕위를 찬탈하는 일은 없었을 것으로서 관공서는 정치적이 아닌 풍수지리학적으로 결정해야 하는 것이다.

하지만 경복궁과 청와대가 대명당 대명혈에 있어야 하는데 재점검하고 관(觀)한 결과 이와는 거리가 멀기에 안타깝게 생각한다. 조선을 개국하면서 경복궁의 주산을 풍수지리학적 이(理)로 결정하여야 함에도 불구하고 정치적인 논리로 결정하여 국운이 강대하지 못했기에 국운강성을 열망하는 한 사람으로서 너무나 아쉽게 생각한다.

무학대사의 주장과 같이 인왕산(仁王山)을 주산(主山, 鎭山)으로 정했더라면 국운이 더욱 왕성했을 것인데 억불숭유(抑佛崇儒)하고 유교의 정치이념을 억지로 대입하여 주산을 북악산(北岳山)으로 결정하였으니 크게 잘못된 일이다.

전국에 있는 산의 이름이 그냥 지어진 것이 아니다. 모두 도리(道理)를 알고 지은 것으로 '인왕(仁王)'은 임금이 어질게 정치를 한다는 뜻의 산(山) 이름이니 한자만 해석해도 알 수 있었거늘 임금은 높으니 북쪽 위에 있어야 하고 남쪽 아래는 백성이라는 유가(儒家)적인 정치이념의 무리(無理)로 대입했으니 크게 잘못된 것이다. 나라의 수도와 관청을 이전하는 경우 정치 전술이 아닌 풍수지리의 이(理)로 결정해야된다는 것을 깨달아 더 이상 목적을 두고 유위(有爲)하면 아니 될 것이다.

세종대왕과 이순신장군의 동상 모두 명당혈에 위치했더라면 하는 아쉬움과 청와대 대통령 집무실이 혈에 제대로 자리하면 좋았을 듯싶은 여러 가지 아쉬움을 뒤로하고 발길을 돌렸다.

국운을 위한 대안(代案)으로 대통령의 집무실을 대혈(大穴)이 있는 인왕산 쪽으로 별관(집무실)을 하루빨리 신축하여 집무하면 나라 발전이 있을 것으로 기대된다.

대기업과 대명당

롯데백화점과 삼성화재 대명당을 답사하며 사진에 담았다. 다음쪽 사진에서 롯데백화점 본점은 오행(五行) 성질 중 금기(金氣)가 강한 혈(穴)이고 삼성화재 본사는 오행 중 수혈(水穴) 기가 강한 혈이다.

금(金)의 기운이 강한 혈은 돈이 오가는 데 도움이 되고 수(水)의 기운이 강한 혈은 아이디어 또는 기획능력 발휘에 도움이 되게 작용하니 백화점과 같은 판매점은 금혈(金穴)이 자리해야 하고 보험 등 기획하는 아이디어가 필요한 곳에는 수혈(水穴)이 자리해야 한다.

그릇이 작다면 담을 수 있음에 한계가 있기 마련이고 그릇이 크면 크게 담을 수 있는 법으로 대기업이 되려면 대명혈이 있는 대명당 터에 자리해야 한다.

롯데백화점 본점과 삼성화재 본사처럼 대기업 본사와 계열사가 홍(興)하고 성(盛)하여 성공한 빌딩(건물)을 점검해 보면 대명혈(大明穴)이 있어 대명당(大明堂)이다. 망(亡)하고 쇠(衰)하는 기업을 보면 혈이 없거나 혈이 쇠(衰)하고 사(死)하여 수맥과 살기가 교차하는 살혈 흉지로서 결과적으로 이 같은 이유가 있다.

혈 오행 성질 중 롯데백화점 본점은 금혈(金穴),
삼성화재 본점은 수혈(水穴)이다

식당, 점포, 공장, 아파트, 주택, 관공서도 예외일 수 없다. 백화점, 프랜차이즈 사업 등의 경우 본점, 지사, 체인점 별 흥망성쇠(興亡盛衰)는 혈이 있는 길지와 흉지에 따라 밀접한 관계가 있으며 특히 관공서는 혈이 큰 대명당 혈에 자리해야 국가가 흥한다.

최고의 사업가가 되려면

세상에서 최고의 사업가가 되려면 선견지명(先見之明)의 자질이 있어야 하고 정확한 판단력과 추진력이 있는 선구자적 사업가라야 한다. 향후 우리나라의 사업가와 재벌 가문 중 최고의 사업가는 누가인가라는 판단은 어떻게 기준을 두어야 하는가.

　바로 IT(정보화사업)와 BT(생명공학) 분야, 그리고 기초적 원동 에너지 사업에 있어 국내외 투자 비중을 어떻게 하는지에 대한 여부를 살펴보면서, 위 내용이 충족된 사업가와 재벌 가문이 사회와 국가 그리고 세계에 참사랑(眞愛)을 어떻게 실천하는가를 보면서 사업가와 더불어 재벌가가 훗날 어떤 명가(名家)가 될 것인가를 판단하게 된다.

　그러나 사업가와 재벌이 성공한 후 명가(名家)가 되었다 하여도 대명가(大名家)가 되려면 어떻게 하여야 하는가.

　IT와 BT, 그리고 기초적 원동 에너지 사업에 있어 세계적으로 선두가 되면서 원초적 에너지 사업에 투자를 하여야 세계에서 대명가가 되는 것이다. 원초적 에너지 사업이란 우리 민족과 나라의 태고 선(禪)문화에서 바탕이 된 우주의 이치와 진리의 핵심인 기(氣)를 원초적 에너지라 말하며, 기(氣) 문화를 선도하는 사업가와 가문이 결국에는 대명가(大名家)가 되며, 세계적인 사업가가 되었다 하여도 대명혈까지 얻고자 한다면 하늘의 진정한 뜻인 참사랑을 지극 정성으로 실천하지 않으면 대명혈은 구할 수 없는 것이다.

　많은 사람들이 현재 선호하는 주거 형태가 아파트이지만 앞으론 주택(전원주택)으로 변화되면서 기(氣)와 명당(明堂)을 보다 더 찾게 될 것이다. 명가(名家)의 선구자 사업가라면 원초적 에너지인 기(氣)를 연구하고 실용화하도록 IT를 발전시키고 명혈에서의 기의 원초적 에너지에 대한 BT 활용사업을 해야 할 것이다.

　인간은 누구나 잘 살기를 바란다. 그러다 보니 첨단기술만이 존립할 수 없을 것이고 병을 치료하는 의술이나 사업 모두 절대성 불가분의 관계이니 두 분야의 정책과 투자는 절대적이어야 한다.

　말하지 못하는 자를 어떻게 대하느냐에 따라 그 나라의 국격 수준을 알 수 있는 것이다. 우리나라도 군사적, 사회적, 정치적으로 많은 격동기를 거치면서 여기까지 왔다. 앞으로의 세상은 문화적 격동기가 될 것이다. 우리 민족은 반만년에 걸친 위대한 문화들이 많으니 경제적으로도 IT가 지속적으로 선두가 되고 BT에 투자하여 이 또한 선두가 되는 날 우리 민족과 나라는 문화와 경제 모두를 영위하는 세계의 중심국이 될 것이다.

통일 수도 도참

급변하는 세계정세로 인하여 한반도에 큰 변화가 있을 것이다. 미국은 막강한 군사력으로 세계 경제를 더욱 좌지우지하려 할 것이고 마르크스, 레닌, 마오쩌둥의 공산주의(共産主義) 이론은 더 이상 시대가 요구하지는 않을 것이다. 흐르는 물을 막을 수 없듯이 공산주의 이론은 극(極)에 이르러 달(月)이 차면 기울어 이지러지듯 소련이 분리되어 15개의 공화국이 독립하고, 러시아만 남은 것처럼 차이나(China, 중화인민공화국)도 다민족이 각기 독립되는 방식으로 분리될 것이다.

풍수지리적으로 매우 불리한 일본은 임진왜란 때 침략했던 것처럼 우리나라를 호시탐탐 노리고 있다. 일본이 헌법을 전쟁할 수 있는 나라로 개헌하려 하는 이유가 풍수지리적으로 불리하기 때문인데 자국민에게 불리하다 대놓고 말 못하는 것은 정치, 경제적으로 치명타가 되기 때문이다.

북한은 자의든 타의든 내외적으로 많은 변화가 있을 수밖에 없다. 고로 통일의 기회가 조만간에 올 것이다. 구체적으로 밝힐 수는 없지만 문재인 정부 동안에 남북이 하나가 되는 계기가 있을 것이다. 이 시점에서 세부적으로 통일회담이 준비되어 있어야 하는 동시에 국가방위태세를 그 어느 때보다 강화해야 할 때다. 다시는 동족간에 전쟁이 있어서는 절대 아니 되니 전쟁의 빌미를 그 누구에게도 주지 말고 외세의 간섭도 받지 않는 지혜로운 외교활동이 요구된다.

남북이 하나로 통일되는 방식에는 흡수 통일하거나 합의 통일하는 방식이 있으나 먼저 통일정부를 만들어 통일중앙정부에 남북이 이원정부 체제를 유지하면서 점진적으로 문화, 행정, 군사가 하나로 흡수되고 마지막으로 단군민족 대통령과 의원을 선출하는 대선과 총선을 동시에 행하여 정치가 통일되는 방식이 좋을 것이다.

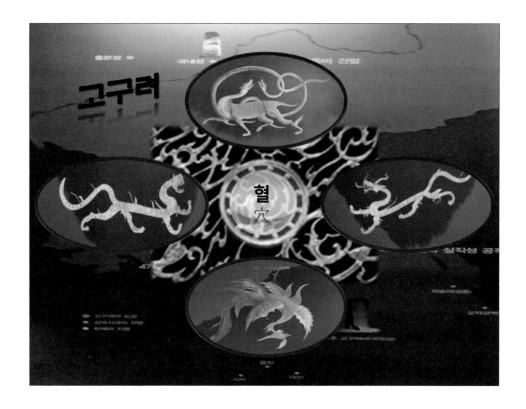

    통일정부가 되면 도읍지는 서울도 아니고 평양도 아니다. 휴전선 인근이 될 텐데 남쪽이냐 북쪽이냐를 분명히 밝힐 수 없어 심히 유감스럽다.

    단군민족이 창대할 때 세계인은 우리민족 우리나라를 세계의 중심국이라 했다.

    1992년 8월 24일 타이완과 단교하고 중공(중화인민공화국)과 수교하면서부터 우리가 중공을 중국(中國)이라 했음은 씻을 수 없는 너무나도 큰 과오가 되었다. 세계 사람들이 우리나라를 또 다시 세계의 중심국으로서의 '중국'이라 칭하여 그 이름을 되찾는 날이 분명 도래할 것이기 때문이다.

    일월영측(日月盈昃), '해와 달은 차면 기울고, 기울면 다시 차는 법'이다. 도(道)가 극(極)에 달하면 새로이 시작됨은 도리(道理)요 이치(理致)이며 법칙(法則)이니 우리는 세계 중심 나라와 국민이 될 것으로 이에 대한 준비를 할 때가 되었다는 것이다.

2) 현장 체험기

파워스팟

> "무지유 유지무, 기가 보이지 않는다 하여 기가 없는 것은 아니다.
> 또한 기가 없다고 말하지만 기체험을 하면 기가 있음을 알게 될 것이다."

파워스팟(power spot) 정의

파워스팟(power spot)이란 한 마디로 사찰 고궁 등 특정한 장소에서 명당 '기(氣)'를 받는 것으로, 몸과 마음을 치유할 수 있는 힐링과 웰빙하는 관광 여행으로 2010년 한국관광공사에서 관광을 활성화하기 위하여 기획한 풍수지리 관련 문화 전략 기획상품이다.

파워스팟이란

　파워스팟(power spot)이란 한 마디로 '기(氣)'를 받을 수 있는 곳으로 특정한 장소에서 운기되는 혈(穴)의 강한 기를 받는 것이며, 기(氣)가 충만한 영험한 장소에서 마음과 몸을 치유할 수 있는 여행지를 말한다. 풍수지리 관광 스토리텔링은 한국관광공사에서 2010년부터 한국의 고궁·왕릉·사찰 등 풍수지리 사상에 입각하여 조성된 주요 명소를 파워스팟 관광코스로 개발하기 위한 상품개발 활동을 추진해 오고 있다. 파워스팟 관광의 관점으로 한국의 기를 느끼게 하는 기 충만한 영험한 장소에서 마음과 몸을 치유할 수 있는 파워스팟은 한국관광공사가 전략적으로 기획한 풍수지리 문화관광이다.

　왕릉이나 사찰에 기가 있으니 단순히 기를 느껴보라고 한다면 일반인들은 좀처럼 기를 체감하기 어려울 것이다. 이에 전문가가 기를 체감할 수 있게 도와준다면 흥미 유발이나 매력적인 면에서 많이 방문할 것이며 재차 방문자가 늘어날 것이다.

저녁 8시경 흥덕사지에서 수련을 마치고 집으로 가려고 하는데 어느 분이 "여기가 흥덕사지인가요?"라고 묻는다.

2014년 7월 6일에 거행된 풍수지리세미나에서 '직지 · 흥덕사지 문화 · 풍수지리 관광 스토리텔링 개발과 파워스팟 제안에 관한 연구' 논문 발표에 참석했던 사람이 흥덕사지가 대명당이고 기가 강하다고 전해 들은 말이 생각나 갑자기 운전 중에 찾아오게 되었다고 하여 이렇게 만나게 된 것이다.

"예"라고 답하며 흥덕사지에 대하여 설명하였고, "흥덕사지 금당은 기를 전혀 모르는 일반인도 기운화(氣運化)가 강하여 기를 많이 체감하는 곳입니다. 느껴 보시겠습니까?"라고 권하자 방문인은 기를 체감하기 시작하였다.

기를 체감하는 사람마다 기체감도, 그리고 신체구조에 따라 차이가 있어 체감할 수 있는 높이와 위치를 점검하면서 가슴과 목 중간 부위에 운기되는 기를 점점 확인한 후, "가슴과 목 사이에서 기운을 느낄 것입니다. 반복하며 느껴 보세요"라고 말하자 방문인은 "예, 느껴집니다"라고 답하며 기체감의 신비하고 오묘함에 빠져 기뻐하였다.

방문자가 기를 체감하는 동안 여러 가지를 점검한 결과 타고난 성(性)이 풍수지리와 의학통(의통)과 관계가 있어 신체부위별로 기를 운기시켜 보자 모두 체감하였는데 역시나 기체감하는 체감도가 남달랐다.

그리고 나서 명산들의 대명혈의 기를 각각 운기하며 기를 방문인에게 운기하고 회공하자 그는 각각의 기운을 구체적으로 체감하면서 "처음의 기가 강하고 다 느낌이 달라요"라고 말하며 대명혈의 강한 기에 감응됨을 말로 표현하기 어려웠던지 현묘함을 표정과 몸짓으로 표현하였다.

사무실에서 필자가 연구 발표한 논문을 제시하며 화면과 함께 설명하자 방문인은 "1년 전부터 풍수지리 강의를 들었는데 앞으로 답사에 참가하며 열심히 배우겠습니다"라고 답하며 의욕을 보였다.

직지(直指) 문화적 고찰과 흥덕사지(興德寺址) 풍수지리학적 분석

청주고인쇄박물관

(1) 『직지』 문화적 고찰

『직지』는 상·하권으로 1377년에 간행된 현존 세계 최고의 주자본(鑄字本)으로서 서양의 최초 금속활자인 독일 구텐베르크의 『42행 성서』보다는 78년이 앞섰고, 명나라 『금수만화곡』보다는 110여 년이 앞선 것으로, 명실상부한 현존 세계 최고의 금속활자본으로 세상에 알려져 있다. 우리 선조들이 세계에서 최초로 금속활자를 발명해 그것을 활용한 증거로서 세계의 주목을 받고 있는 것이다.

우리 민족은 이미 고려시대에 세계 최초로 금속활자를 발명하여 인류문명을 한 단계 발전시키는 데 절대적인 역할을 하였고, 그 증거로 1377년 청주 흥덕사에서 금속활자로 간행한 『직지』가 있는 것이다.

1972년 『직지』가 프랑스 국립도서관에서 전시되고, 1985년 간행장소인 흥덕사지가 발굴됨에 따라 우리 민족의 위대한 문화 선진성을 세계인들에게 알리어 공감시킬 수 있었다. 그리하여 인류 최고의 문화자산이 『직지』임을 인식하여 2001년 유네스코 세계기록 유산으로 등재하여 유형적 문화가치로 자리하였다.

무형적 문화가치로서의『직지』는 고려 고승인 백운화상(1298~1374)이 과거 7불(佛)과 인도 28조사(祖師)·110선사(禪師) 등 과거 7불(佛)에서부터 면면히 이어져 온 선(禪)의 요체를 집대성한 책이다. 대한불교조계종 총무원에서는 문화체험사업으로 청주시의 지원을 받아 한문으로 된『직지』를 동국대역경원에서 현대인들이 친숙하게 읽고 이해할 수 있도록 한글과 영문번역을 하였다.

2006년 8월 직지를 완간하며 대한불교조계종 총무원장 법장스님은 "직지의 원뜻인 직지인심 견성성불(直指人心 見性成佛)은 '사람의 마음을 바르게 볼 때, 그 마음의 본성이 곧 부처님의 마음임을 깨닫게 된다' 며, 직지는 유물사적 의미뿐 아닌 인류에게 전하는 가르침의 지침서이고, 조상들의 높은 수행과 정신세계를 느낄 수 있는 우리 민족 정서의 함축본인 민족의 유산이라 하겠습니다"라고 말했고, 김월운 동국역경원장은『직지』에 대하여 "직지심체요절은 선(禪) 수행자들에게 자신의 참선 수행이 위로는 과거 일곱 부처님에게서 비롯되었음을 밝혀 자긍심을 잃지 않게 하였으며, 숱한 선지식들의 삶의 여정과 기연을 드러내어 수행납자의 구도길이 외롭지 않도록 배려하였습니다. 또한 형식과 체제에 얽매이지 않고 자유자재하게 펼쳐진 선(禪)의 계보와 기연과 법거량과 노래를 통해『직지』를 접하는 사람들은 선(禪)의 세계에 한 발짝 더 나아가고 자신도 선(禪) 수행에 동참하고픈 욕구를 강하게 불러일으킬 것입니다"라고 말했다.

직지를 번역하고 해설까지 덧붙인 '직지강설' 을 펴낸 조계종 승가대학장 및 교육원장을 역임한 무비(無比)스님은 "세상 사람들이『직지』의 내용이 팔만대장경과 수많은 조사어록의 요점을 집약한 만고의 보물인 점에는 주목하지 않고 단지 인쇄문화 유산으로의 가치만 보고 있으니 안타깝기 그지없었다. 이에 인쇄문화적 가치보다 천만 배 이상의 가치가 있는 인류의 정신을 구제할 소중한 가르침이라는 사실을 알리고 싶은 마음에서 부족하나마 강설을 시도해 보았다. 부처님과 조사들이 마음의 본체를 바로 가르쳐 보인 설법의 중요한 절목만을 집어내어 기록한 것이다. 그러므로 곧 직지인심 견성성불(直指人心 見性成佛)의 요긴한 지침서가 되는 셈이다. 달리 말하면 선불교에 있어서 제일의 교과서라 할 수 있다"고 하여 직지는 팔만대장경의 축소판이며 지침서로서 선종(禪宗) 제일의 교과서라 한 무비스님이 그동안 번역하고 강설했었던 것 모두 직지의 깊고 오묘함을 이해할 수 있었던 계기가 되었다고 했고 인류의 정신을 구제할 가르침이라 했으니 직지의 정신적인 문화가치의 심오함을 미루어 짐작할 수 있으리라.

이렇듯 『직지』는 7불을 비롯해 28조사와 110선사의 가르침이 담겨 있어 삶을 인도해 주는 길잡이 책인 성서(聖書)로서 무형적 문화재의 가치가 있고, 유네스코 세계기록유산에 등재되어 유형적 문화재 가치가 있어 『직지』는 명실상부한 유·무형적으로 위대한 인류문화유산 가치가 있음에 그동안 이를 널리 알려 왔던 것이다.

『직지』는 유·무형적으로 위대한 문화유산 가치가 있는 성서(聖書)이고, 흥덕사지 금당은 특히 천기가 발달한 대명혈 대명당의 성지(聖地)로서 성서(聖書)와 성지(聖地)가 공존하는 곳은 세계에서 유일하다 싶어 이를 함께 고찰하였고, 갓바위처럼 영험한 기운을 받은 사례가 있어 성서(聖書)·성지(聖地)·성불(聖佛)의 삼성(三聖)이 있다고 주장하였으며, 앞으로도 이를 지속적으로 알리고자 한다.

한편, 『직지』가 교과서에 실려 있음에도 많은 사람들이 유형 문화적 가치를 모르고 있을 뿐더러, 성서(聖書)로서 정작 위대한 무형적 문화유산의 가치에 대한 내용조차 모르고 있는 것이 안타까운 현실이다. 앞으로 직지의 위대한 가치가 민족과 국가, 그리고 학문과 종교를 초월하여 세계인의 보편적 가치로 자리함은 물론 인간의 삶을 지침하는 성서(聖書)로서 세계에 널리 알리고 또 알려져야 할 것이다.

640년이나 된 금속활자본으로서의 위대한 문화 『직지』, 박병선 박사가 프랑스 국립도서관에 근무하며 구석에 방치된 고문서 더미에서 발견하고, 또 택지개발공사로 흥덕사지가 직지의 요람으로 밝혀지던 같은 시기에 전두환 전 대통령이 차관(借款)을 부탁하러 프랑스 엘리제궁에 방문했을 때 미테랑 대통령이 직지를 친견시키며 훌륭한 문화재를 만든 나라 대통령이 방문했다고 극찬하여 차관 또한 성사되었다. 이를 계기로 대통령령(大統領令)으로 흥덕사지 금당을 복원하고 청주고인쇄박물관이 설립된 것 모두가 결코 우연이 아니라는 생각이다.

(2) 흥덕사지(興德寺址) 풍수지리학적 분석

흥덕사지(금당), 직지가 있는 청주고인쇄박물관

흥덕사지(興德寺址)는 성지(聖地)이다

흥덕사지를 풍수지리학적(風水地理學的) 분석으로 볼 때 혈(穴)의 생성원리에 부합하고 혈(穴)의 이(理)를 적용하였으며, 특히 흥덕사지 금당은 생기맥(生氣脈)이 많고 천기맥(天氣脈)의 운기(運氣)가 대운화(大運化)하는 대명당(大明堂) 대명혈(大明穴)이다. 명혈, 대명혈로 구분되고, 대명당 대명혈에서 수련하면 배가된다.

대명혈(大明穴)이 있는 흥덕사지(興德寺址)는 성지(聖地)이고, 『직지』는 선(善)과 덕(德)을 통한 인간의 아름다운 삶을 일깨워 주고 가르침을 제공하는 성서(聖書)이다. 흥덕사(興德寺)의 사명(寺名)처럼 덕(德)이 흥(興)하는 세상이 되어야 하며, 풍수지리인들이 앞장서 덕(德)을 행하고 알리는 선구자 역할을 한다면 분명 흥덕(興德)의 세상이 될 것으로 믿는다.

삼성(三聖)－성서(聖書), 성지(聖地), 성불(聖佛)

'직지(直指)'는 7불(佛)과 28조사(祖師) 그리고 110선사(禪師) 합(合) 145가(家)의 깨달음을 집대성한 삶의 길잡이 책으로서 성서(聖書)이며, 흥덕사지(興德寺地)는 명당 명혈이 많고 특히 흥덕사지 금당엔 천기맥(天氣脈)이 대기운화(大氣運化)하는 대명당 대명혈이 있어 성지(聖地)로서 대기운화와 함께 갓바위처럼 영험한 기운을 받을 수 있는 성불(聖佛)이 있음에 성서(聖書), 성지(聖地), 성불(聖佛)인 삼성(三聖)이 있다고 오래 전부터 주장하며 알렸고 앞으로도 이를 지속적으로 알리고자 한다.

늘 그랬듯이 흥덕사지 주산인 양병산에서 수련을 하고 2차 수련을 하기 위해 흥덕사지를 찾았다. 흥덕사지를 찾을 때마다 금당에서 마주치는 분이 있었는데 오늘은 그분이 보이질 않아 오지 않았나 생각하고 계단을 내려가려는 순간 그분이 계단을 올라와 동시에 마주치게 되었다.

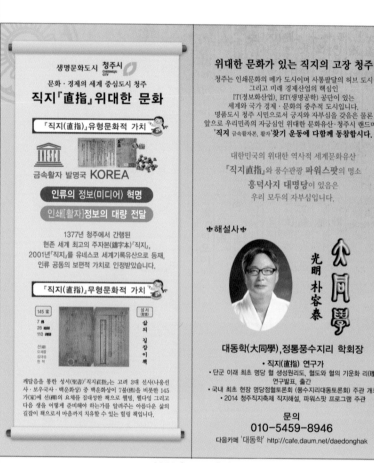

생명문화도시 청주시 CHEONGJU CITY

문화 · 경제의 세계 중심도시 청주
직지『直指』위대한 문화

『직지(直指)』유형문화적 가치

UNESCO

금속활자 발명국 KOREA

인류의 정보(미디어) 혁명

인쇄[활자]정보의 대량 전달

1377년 청주에서 간행된
현존 세계 최고의 주자본(鑄字本)「직지」,
2001년「직지」를 유네스코 세계기록유산으로 등재,
인류 공동의 보편적 가치로 인정받았습니다.

『직지(直指)』무형문화적 가치

145 호

7 卷
28 則
110 則

성시
알
의
집
장
이
책

산(繖)
요체를
짐대하
책

깨달음을 통한 성서(聖書)「직지直指」는 고려 3대 선사(나옹선
사·보우국사·백운화상) 중 백운화상이 7월(佛)을 비롯한 145
가(家)에 선(禪)의 요체를 집대성한 책으로 웰빙, 웰다잉 그리고
다음 생을 어떻게 준비해야 하는가를 알려주는 아름다운 삶의
길잡이 책으로서 마음까지 치유할 수 있는 힐링 책입니다.

위대한 문화가 있는 직지의 고장 청주

청주는 인쇄문화의 메카 도시이며 사통팔달의 허브 도시
그리고 미래 경제산업의 핵심인
IT(정보화산업), BT(생명공학) 공단이 있는
세계와 국가 경제 · 문화의 중추적 도시입니다.
명품도시 청주 시민으로서 긍지와 자부심을 갖음은 물론
앞으로 우리민족의 자긍심인 위대한 문화유산 · 청주시 랜드마크
'직지 금속활자본, 활자'찾기 운동에 다함께 동참합시다.

대한민국의 위대한 역사적 세계문화유산
『직지直指』와 풍수관광 파워스팟의 명소
흥덕사지 대명당이 있음은
우리 모두의 자부심입니다.

✼해설사✼

光明 朴容泰

大同學

대동학(大同學),정통풍수지리 학회장

· 직지(直指) 연구가
· 단군 이래 최초 명당 혈 생성원리도, 혈도와 혈의 기운화 리(理)
  연구발표, 출간
· 국내 최초 현장 명당점혈토론회 (풍수지리대동토론회) 주관 개최
· 2014 청주직지축제 직지해설, 파워스팟 프로그램 주관

문의
010-5459-8946
다음카페 '대동학' http://cafe.daum.net/daedonghak

JIKJI KOREA
2016 직지코리아 국제페스티벌
JIKJI KOREA INTERNATIONAL FESTIVAL

직지해설과
흥덕사지(금당) 파워스
Power spot

직지(直指)해설과 함께 직지(直指)의 요람
흥덕사지(금당) 파워스팟 명소에서
기(氣)를 체감(體感)해 보세요!!!

일   시 9월 1일(목)~8일(목)
장   소 흥덕사지 금당
참여시간 오전 11시, 오후1시/3시
소요시간 5분~10분

파워스팟(Power Spot)이란?

한마디로 '기(氣)'를 받을 수 있는 곳으로, 사
특정한 장소에 운기되는 강한 기(氣)와 영기(靈
영험한 기운을 받는 곳에서 마음과 몸을
치유할 수 있는 힐링관광 여행지를 말하며
한국관광공사에서 기획한 풍수문화 관광상품입

2014년, 2016년 직지코리아 국제페스티벌 파워스팟 리플릿

흥덕사지 금당

「直指」의 요람 흥덕사지 금당에서
직지해설 + 파워스팟

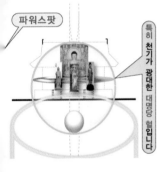

파워스팟

특히 천기가 광대한 대명혈입니다

-흥덕사지 대명혈

고궁 등 단지 명당으로 기(氣)가 있다고 하는 타 파워스팟
와 달리 흥덕사지 금당의 명당(대명혈)은 천기 기운화가 크
다는 특징이 있어 기를 전혀 모르는 일반인도 기를 느낄
흥미성과 매력성이 있는 파워스팟 명소입니다.

성지 흥덕사지 금당 대명당

명당의 생성원리

천기(天氣)

생기(生氣) · 지기(地氣)

명당(明堂)

명혈(明穴)

진혈(眞穴)

진기운화(眞氣運化 등화)

작혈(作穴)

명당-천기·지기·생기맥 기운화 작혈도

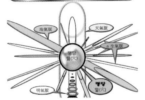

성서와 성지가 있음은 세계적으로 유일하다 할 수 있으며 더불어
소원을 들어주는 사례가 있는 영험한 곳으로, 「직지直指」의 요람
흥덕사지 금당은 국내 최초 대명당, 대명혈의 기체감, 기체험 할
수 있는 파워스팟의 성공 사례지로서 위대한 문화·풍수관광 명소
입니다.

🧑 풍수지리학적으로 명당이란?

풍수지리(風水地理)는 천(天)·지(地)·인(人)의 리학(理學)으로 이
치(理致)를 실천하는 학문이며, 풍수지리학적으로 음택, 양택 명당
(明堂)이란 밝은 진혈(眞穴)을 말합니다. 명당엔 명혈(明穴)이 있
고, 명혈엔 지기(地氣)·천기(天氣)·생기(生氣)인 각종 기(氣)의 맥
(脈)이 기운화(氣運化)하여 상호 기맥(氣脈)이 결(結)함에 작혈(作
穴)되고, 작혈된 혈은 색상·크기·위치 등 제각기 천태만상이며,
태극(太極)과 음양(陰陽) 오행(五行)의 성질이 있습니다.

3성 (三聖)

성서 (聖書)

직지는 유네스코에 등재된 유형 문화유산
이며 7불과 함께 28조사 110선사 등 145
가의 깨달음을 전하는 삶의 지침서로서 마
음을 치유할 수 있는 힐링 지침서로, 무비
스님은 직지를 팔만대장경의 축소판이라고
까지 했습니다.

성지 (聖地)

흥덕사지 금당은 풍수지리학적인 대명당으
로, 성서와 성지가 함께 있음은 세계적으
로 유일하다 할 수 있습니다.

성불 (聖佛)

흥덕사지 금당은 영험한 기운이 있어
소원을 들어준 사례가 많은 곳입니다.

실제 사례 예문>>>

3성(성서, 성지, 성불)이 있는 곳에서 마음과 몸을 치유하는 힐링 파워스
팟 명소입니다. 실제 많은 사람들이 기를 체감했으며, 패질환자가 호흡
이 편해지고 원기를 찾은 사례, 기타 치유 사례, 합격소원 사례, 한 사람
에게 다섯 가지 소원을 들어준 사례 등 기타 많은 사례가 있습니다.

*직지를 통해 마음을 치유하고, 흥덕사지 금당에서 대명당의
영험한 기운을 받으며 기 체감 해보세요. 국내외 남여노소
많은 분들이 직접 기 체험했던 파워스팟 프로그램입니다.*

*대동학 정통풍수지리 학회장이 최초 3성(三聖)을 주
장한 흥덕사지 금당에서 직지 해설과 함께 기 체감을
지도합니다.*

그동안 수없이 마주쳤음에도 서로 인사를 하지 않았는데 새벽 수련과 명상을 마치면서 오늘은 먼저 인사를 해야겠다고 생각하였고 금당에서 그분을 만나게 되자 "안녕하세요"라고 인사를 하였다. 그러나 그분은 반가운 표정을 지으며 "인사하고 싶었는데 방해될까 봐 그간 인사를 못했습니다"라 하면서 10년 동안 흥덕사지(금당)를 방문하였고 그동안 영험한 기운을 받아 5가지 소원을 이루었다는 사례를 말하며 흥덕사지 금당의 영험함을 여러 사람들에게 알렸다고 한다.

   이 여성분은 필자의 명함(풍수지리, 의학통(의통, 명리 씨)을 보며 "큰일을 하시는 분이라고 생각했었는데 정말 큰일을 하시네요"라고 말하며 대화하는 중에 젊은 여성이 옆으로 다가와 함께 자리하게 되었다.

   대화하며 젊은 여성에게 의통점검을 하며 통증부위를 말하자 인정하였고, 이에 대한 의학통(의학통 중 생멸법과 진기전환법)을 행하자 통증이 없어졌다 말하며 기

인도의 선(禪)스님과 국내외 방문객에게 직지(直指)해설과 기 체감을 지도하는 장면

를 회공시키자 태양과 같은 밝은 빛을 보았다고 말한다. 오늘 서로 인사하게 된 여성분에게 기를 체감하게 할 생각으로 "눈을 감고 손을 내밀어 기를 체감해 보세요"라고 말하며 손으로 기(氣)를 운화하자 여성분은 눈을 감은 상태에서 필자의 손동작을 눈 뜨고 보는 것처럼 그대로 표현하였다.

젊은 여성은 주차장에 아이들과 남편이 있다고 말하면서 남편에게도 행해 줄 것을 요청하여 의통과 의학통을 행하였고, 아이들에겐 명리를 행하며 "원인 없이 아파서 고통 받는 사람이 있다면 무외시(보시)하겠습니다"라고 말했다. 당일에 처음으로 인사하게 된 여성분에겐 홍덕사지와 직지의 성스러운 가치로서 성지(聖地), 성서(聖書), 성령(聖靈)인 삼성(三聖)을 앞으로 세상 사람들에게 함께 알리자고 말하자 그렇게 하겠다고 하였다.

기(氣)를 전혀 모르는 사람에게 기를 체감하게 하고 진법을 전하는 것 또한 진애(眞愛)라고 생각한다. 기(氣)의 대중화를 위하여 2014, 2016년 직지코리아 국제페스티벌 파워스팟 명당혈에서의 기체감 지도 후 기체험하는 프로그램에서 세계 남녀노소가 기(氣)체험하여 파워스팟 첫 번째 성공 사례가 되었으며, 기(氣)의 일반적 인지와 보편적 활용으로 기의 대중화가 되길 기대한다.

탑 주위 혈에서 신기한 일들이 많았다

탑 앞에 서 있기만 해도 아프거나 아팠던 곳에 통증으로 나타난다. 서 있으면 허리, 종아리, 눈 등 신체 부위별로 아픈 곳이 나타나 어디가 아팠다고 말해 의통 점검을 하며 전에 아팠던 부위냐고 물으면 그렇다고 한다. 시력이 좋지 않은 사람은 1~2분 서 있으면 눈이 맑아지는 등의 사례가 있다. 홍덕사지 내의 청주고인쇄박물관 직원들만 해도 필자가 정혈한 금혈(金穴)에서 소원과 함께 병이 호전되고 치유된 여직원이 있었고, 또 수혈(水穴)을 정혈하여 뇌수술 후 말을 더듬는 후유증에 시달리던 사람이 회복되어 손녀에 이어 손주의 이름을 지은 사례 등 이 탑과 금당혈에서

형제(形地) 홍덕사지 금당 천기맥 내(內) 혈도

천기맥   혈중심(축맥)   지면

병이 호전되거나 치유된 사례는 너무나 많다.

　이렇듯 명당혈은 병이 호전되고 치유되는 반면 흉지에선 오히려 병이 유발되니 혈이 있는 길지와 수맥, 살기, 살혈이 있는 흉지는 정반대의 결과로 나타난다.

　의학통학은 크게 둘로 나눈다. 질병부위를 점검하는 '의통'과 질병을 치료하는 '의학통'이다. 혈마다 오행에 따른 기가 발(發)하기에 치유하거나 치료하는 내용이 다르고 혈의 등급에 따라 치유 정도가 다르게 나타나는데 이는 진기전환법(眞氣轉換法)에 해당된다. 홍덕사지는 기를 전혀 모르는 사람도 기를 체감할 수 있는 곳으로 그동안 병이 호전되거나 치유된 많은 사례와 건강, 합격, 임신 등 소원 성취한 사례가 많이 있었다. 일본의 기요마사 우물은 작은 혈이 주위에 있으나 소원을 들어준다는 소문이 나서 국내 메인 TV에서도 방송된 바 있는데 홍덕사지도 진작부터 방송되었어야 했다는 생각이다.

기체험과 수련하려면 명당혈에서 하라

제자에게 기를 체감하라는 말을 하자 살혈에서 기를 체감하기 시작했고, 필자는 의뢰인과 대화하느라 제자가 기체감하는 것을 잠깐 잊고 있었는데 기체감을 계속 하고 있어 깜짝 놀라 그만 체감하라고 소리친 바 있다.

묘를 감정하며 자세히 전하려는 욕심에 재차 점검하며 살기(殺氣)를 맞는 바람에 보름간 꼼짝 못한 일이 있었다. 살기, 살혈을 체감하고 싶으면 옆에 도반이나 누군 가가 있거나 아니면 선생이 지켜보아야 사고가 나지 않기에 놀라서 소리친 것이다.

제자는 살기를 체험하고 이렇게 말한다.

"연기처럼 가스가 올라오는 것과 같이 하반신부터 감싸기 시작했습니다."

살혈의 피해가 크니 명당혈을 찾는 것도 중요하지만 수맥 살기 살혈이 있는 흉지 를 면하라고 강조하는 이유이다. 출장하여 부부에게 기체감하는 방법을 지도하여 각각 혈의 중심을 잡고 높이를 정하게 한다. 파워스팟은 실제 기를 체험하며 생활 속의 기문화가 접목되길 바라기에 행사에 노력했었다. 이제는 많은 사람들이 기를 체감하여 체험을 통한 기를 알고 시나브로 전파되면 보람되리라 생각한다.

혈의 주인 되기

집, 공원, 학교, 운동장, 가까운 산 등 세상에 무수히 많은 혈의 주인이 되라. 혈은 병이 치유되거나 호전되며 혈의 기운이 감응되면 삶이 바뀐다. 건강이 좋아짐은 물 론이고 생각도 바뀌게 되니 일인(一人) 일혈(一穴)의 주인이 되라는 것이다.

사주팔자가 있어 운명은 정해져 있다. 하지만 자신의 삶과 운명은 노력으로 개척 되는 것으로써 혈의 주인이 되면 마음까지 변화하게 된다.

과거 많은 사람들은 하루 세 끼를 어떻게 먹고 살 것인가를 고민하였고, 먹고 사는 문제가 해결되자 어떻게 하면 풍요롭게 잘 먹고 잘 사는 행복한 삶을 살 것인가에 대하여 관심을 갖게 되어 웰빙이라는 신조어가 세상에 새로이 생기게 되었다. 풍요롭게 잘 먹고 잘 사는 행복한 삶의 전제가 하루 세 끼를 해결하여 진일보된 삶을 살고자 노력하는 과정에서 사회적 통념의 진화로 웰빙(well-being)이라는 신조어가 생겨나더니 다시 웰빙이라는 용어는 사라지고 웰다잉(well-dying)이라는 신조어가 등장한다.

웰다잉(well-dying)이란 무엇인가. 웰다잉을 한 마디로 표현하자면 풍요롭게 잘 먹고 잘 살며 행복한 삶을 영위하는 것의 차원을 넘어 '어떻게 하면 생을 아름답게 살고 아름답게 마감하느냐'를 말하는 것으로, 모든 사람들은 현재 자신이 각자 처한 삶이 민생고를 해결하여야 되거나 웰빙과 웰다잉을 추구한다 하여도 더욱더 노력을 거듭하다 보면 웰빙과 웰다잉을 초월한 진일보된 삶을 영위할 수 있는 것이다.

자신이 처한 현재의 삶을 개척하려 노력하면서 운명은 이미 정해져 있어 바꿀 수 없는 것이라고 믿었던 자신에게 운명 또한 바꿀 수 있는 것이라 생각하고 삶과 운명을 개척하려고 노력하다 보면 민생고 해결은 물론 웰빙과 웰다잉에 국한된 삶에서 벗어나 자신의 참된 성(性)이 육성되는 것이다. 따라서 자신의 삶과 운명은 개척할 수 있다는 진리를 깨달아 더욱더 진일보된 성(性)을 육성하고자 적선적덕의 표본인 참사랑(眞愛)을 실천하려 노력하다 보면 아름답고 성숙된 본령(本靈)이 육성되어 성숙된 본령으로 다음 생을 맞이할 수 있게 되는 것이다.

결론적으로 웰빙(well-being)과 웰다잉(well-dying)을 초월하고자 세상의 많은 사람들에게 참사랑을 실천하면 다음 생을 아름답게 맞이할 수 있는 것이니 우리 모두 참사랑인 진애(眞愛)를 실천하고자 노력해야 한다.

이치와 진리

진혈(명당)엔 광명이 있고 광명의 빛이 밝기도 각기 다르고 빛의 색이 다채로워 혈의 광채는 영롱하며, 인간은 적선적덕에 따른 덕량에 따라 각자 빛의 밝기와 빛의 색상이 다른데 이를 광배라 한다. 탱화 등의 회화에서 볼 수 있는 성인의 머리 부분과 성체에 원으로 그려진 빛의 크기와 색상이 각각 다른데 이 또한 광배라 한다.

진혈의 빛 밝기와 색상이 다른 것은 각종 기맥의 크기, 세기, 색상 등이 각기 다르고 각종 기맥의 운화작용에 따라 명당 진혈이 작혈되어 혈의 빛 밝기와 빛의 색이 다르게 발하여 혈의 광채는 영롱하다 말할 수 있다. 그리고 사람은 덕량에 따라 빛 밝기가 다르고 다채로운 색으로 발하여 덕인과 성령 그리고 부처님들의 광명의 빛이 다른 것도 이와 같은 이치이다.

진혈의 광채의 크기와 색이 각기 다르듯이 덕을 쌓은 덕량에 따라 광명의 크기와 색이 다른 광배가 나타나게 되는데 이는 선을 행한 적덕으로 인해 영롱한 빛으로 발하게 되는 것이니 곧 진리이다. 명당 진혈은 빛의 밝기, 크기, 색상 등이 다채롭고 영롱한 반면, 사혈(死穴)과 살혈(殺穴), 그리고 악업(惡業)이 많으면 반대의 현상이 나타난다. 하여 운화(運化) 작용과 인(因)인 이치(理致)와 진리(眞理)를 깨달아 여러 가지 다름을 분별하고 볼 수 있게 된다면 혜안(慧眼)으로 풍수지리를 행할 수 있다.

인간은 저마다 작은 기운화(氣運化)가 있으며 선행과 악행에 따라 크고 작은 기운화가 작용함은 당연한 이치(理致)이며 선행과 악행에서 비롯된 결과로 나타남은 진리로서 이치와 진리를 깨닫고 선을 실천함이 무엇보다 중요하다고 하겠다.

부활, 환생, 윤회, 천국, 천당, 지옥 등을 종교에서 말하는 것은 선악의 인업(因業)인 과보(果報)에 연(緣)이 있음을 말하는 것이고, 종교와 학문에서 박애, 사랑, 자비, 인, 자애를 추구하는 것 모두 선행(善行)의 중요함을 말하는 것이니 선(善)으로 인(因)한 참사랑(眞愛)의 실천의 덕(德), 바로 적선적덕(積善積德)이 가장 중요함을 말하는 것이다.

이치와 진리를 깨닫고 깨달은 이치와 진리를 실천하는 학문으로서의 대동학, 대동학 카페 회원님을 포함한 많은 세상 사람들이 선을 행하고 덕을 쌓아 눈부시게 아름답고 찬란한 빛이 되어 지혜(智慧)롭고 광명(光明)하길 두 손 모아 기원한다.

3) 강의와 실습 병행하기

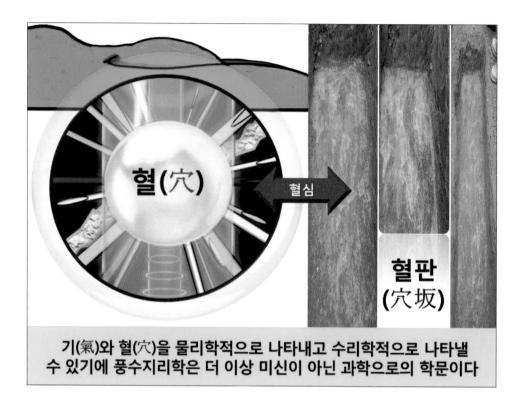

기(氣)와 혈(穴)을 물리학적으로 나타내고 수리학적으로 나타낼
수 있기에 풍수지리학은 더 이상 미신이 아닌 과학으로의 학문이다

    정통풍수지리를 강의하며 이론과 기체험 그리고 토론을 병행하며 진행한다.

    강의엔 풍수지리에 관심 있거나 수학한 분들이 참석하는데 참석자 중 수리학(수학), 물리학(자연과학), 기학(단학, 국선도, 신선도, 선도 등) 등의 전문학자와 고단수 기수련자들이 참석하여 인연이 되었다.

    기수련을 오랫동안 행한 분은 그동안 풍수지리를 배우려고 이름 있다는 사람의 강의와 책을 좇았지만 기(氣)에 대하여 논함이 전혀 없어 "답답했습니다"라고 했고, 한 분은 기수련을 하고 풍수지리 공부를 하였는데 명당혈을 기(氣)로 설명하는 사람이 없어 대화할 수 없어 "아쉬웠다"고 한다. 그런데 본 학회 강의시간에 풍수지리론과 기체험 그리고 기(氣)와 기운화(氣運化)의 작용에 따라 작혈된 명혈도 구조를 영상으로 보면서 설명을 듣게 되어 그동안 궁금했던 사항들이 해소되었다며 "통쾌합니다", "이해가 됩니다"라고 한다. 어떤 분은 자기가 출장을 소개했음에도 출장하며 동행하지 않는 선생도 있다는 불만을 토로하기도 한다.

강의에 참석한 물리학, 수리학을 전공한 선생님들에게 풍수지리에서 명당은 혈(穴)을 말하며 명당에 있어 진혈(眞穴)인 명혈(明穴)의 작혈(作穴)되는 작혈도와 기운화도를 동영상과 기운화 각도에 따른 피타고라스 정리를 대입하여 설명하였다. 또한 혈의 중심인 혈심(穴深)을 구하는 방법을 함수공식에 대입하며 설명하자 참석자는 명당이 말로만 명당이라고 하는 것이 아니라 풍수지리에서의 명당은 물리학이나 수리학 등으로도 증명할 수 있는 과학이라며 자신이 오랫동안 쌓아온 전문 분야의 학리(學理)를 풍수지리에 대입 적용할 수 있는 기쁨과 믿음이 생겼다고 한다.

다음 강의시간엔 혈심을 구하는 공식과 함께 강의에 참석한 각 분야의 전문가들과 혈의 지름인 혈장의 넓이, 평수를 구하는 방법 등을 발표하며 논할 것이고, 더불어 풍수지리(風水地理) 이(理)를 학인들과 함께 연구하여 정립할 것이다.

학회 사무실에서 수맥과 명당혈(穴)의 이(理) 등 풍수지리의 여러 이(理)를 강의한

후 가까운 장소로 옮겨 실습을 하였다. 명당찾기 강의로 내수맥과 외수맥 점검법을 실습하며 입향수수(立向收水) 이(理)에 의한 정혈법, 지맥(地脈 ; 용맥, 지기혈맥) 점검법 등으로 명당찾기 실습을 병행하고 명당혈 기(氣)체감법으로 혈(穴)의 기운화, 원리, 작용 등을 설명했다. 명당혈을 기체감한 수강생들을 보니 매우 보람되다는 생각이다.

　　풍수지리 학인에게 명당혈의 기(氣)체감법을 지도하는 과정에서 방문객들이 참여했고 모두 기(氣)를 체험했다. 참가자 중 한 분은 "저도 기(氣)를 몸에 쏴 주세요"라고 하여 기(氣)를 회공하자 오묘한 표정을 지으며 신체 부위별로 기체감하는 내용을 구체적으로 표현하면서 신기하다고 했다.

현장에서의 이론과 실습 그리고 수련

풍수지리를 강의할 땐 이론과 실습을 병행하면서 기체감법을 전수하고 있다. 1부엔 혈의 생성원리, 혈의 형태, 혈의 작용과 풍수지리(風水地理)의 이(理)인 이기상원론(理氣相原論), 입향수수(立向收水), 입자수(入字水), 양택·음택의 수맥과 명당혈 적용법 등을 강의하면서 2부엔 수맥점검법 실습을 병행한다.

수맥점검 실습을 하기 전에 표시할 내용물을 나누어주며 수맥의 넓이(폭)를 점검하고 표시하라 했는데 강의에 참석했던 분들은 각자 표시하기 시작하였고 타인이 표시한 곳을 순회하며 표시하는 방법으로 실습한 결과 표시한 지점이 모두 일치하는 결과가 나타나자 수맥점검에 대하여 자신감이 생겼다고 하고, 처음으로 참석한 분은 옆에서 지켜보면서 필자와 수강생들이 수맥 점검한 결과가 일치하자 자신도 배우겠다고 관심을 보인다. 대동학회 풍수지리 강의에 참석하시는 분들에게 명당혈과 수맥찾기 경연대회를 계획하고 있으니 준비하라고 했다. 사전에 공원, 개발 확정 지역 같은 일정한 장소에서 미리 작성한 혈과 수맥을 도면으로 작성한 후 참석자에게 혈과 수맥 등을 점혈, 점지한 곳을 각자 표시한 후 참석자 모두 순회하며 점검한 점수표 합계와 사전에 작성한 도면 등 종합적으로 평가하는 방식으로 풍수지리 경연대회를 개최할 계획이다.

혈 점검하며 기체감하기

다음쪽 도면은 대동학 정통풍수지리 학인들과 출장하여 정혈한 혈도(穴圖)이다. 명당 명혈을 점검하는 학인들, 학인 저마다 이(理)를 함께 배우는 뜻깊은 자리이다.

현장에 함께한 어느 회원의 출장 후기(대동학 카페 체험수기방 글)
편안하게 수강하고 늘 하던 습관대로 뒤풀이처럼 흥덕사지 금당을 중심으로 한

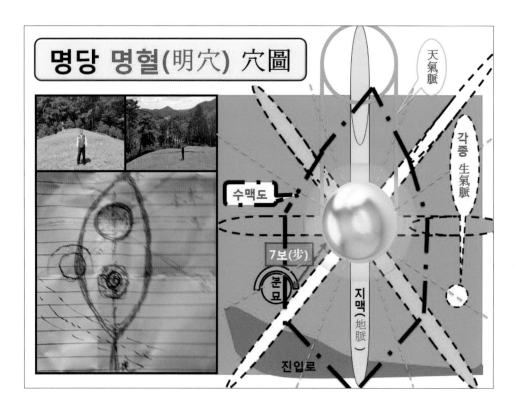

명당 명혈(明穴) 穴圖

天氣脈

각종 生氣脈

수맥도

7보(步)

분묘

지맥(地脈)

진입로

바퀴 돌아보고 내려와 다시금 사무실에 들르면서 이야기가 급진전되어 수맥과 혈자리를 보는 아주 좋은 기회가 되었습니다.

아는 지인이 묏자리 이전 관계로 풍수지리에 흥미를 느꼈음은 물론 본인이 아닌 다른 이들은 전혀 그런 쪽으로 관심이 없는 집안이라서 더욱 지인은 풍수지리에 관심을 기울임은 물론 배우고자 하는 열의가 대단하여 광명(필자) 선생님의 강의를 들을 것을 권유하여 같이 처음으로 자리하게 되었습니다.

지인은 강의를 듣고 그리고 홍덕사지를 둘러보고 다시금 사무실에 들러 풍수지리와 관련된 이야기들이 자연스럽게 오가던 중에 본인의 필요한 부분을 설명하면서 바로 수맥과 혈자리를 볼 수 있는 기회를 마련키로 함에 따라 날짜와 시간이 잡히고 오늘(9. 14) 다녀오게 되었던 것입니다.

자세한 것은 글로 게시하는 것이 한계가 있음은 물론 그저 여기선 광명선생님과 지인의 허락을 받지 않은 상태이므로 장소나 어떤 자리인지를 거론하는 것은 제 생각엔 예의가 아닐 것 같아서 저의 느낌을 중심으로 글을 올립니다.

길지란 것은 찾는다면 찾을 수 있는 사람들은 많이 있을 것이라 여겨집니다.

그런데 하늘과 땅이 허락한 풍수지리사와 동행을 해 본다면 분명 뭔가 다르다는 것을 느끼게 되는 계기가 될 것입니다.

저의 경우는 광명선생님과 지현(地現) 선생님, 그리고 학인 한 분과 지인, 이렇게 다섯 명이 함께 동행을 해서 우리가 목적한 장소에 도착하여 토지신께 제를 올리고 허락을 얻은 후에 자리를 찾게 되었습니다.

이런 과정에서 하나하나 광명선생님의 지도 아래 소위 고수이신 지현선생님의 실사와 확인하고 또 확인한 후에 저희 학인과 지인에게도 현장 실습을 하는 기회를 마련해 주셨습니다.

이런 과정을 통해서 알 수 있었던 것은 분명하게 땅은 반응을 하고 자리는 뭔가 느낌을 전해 준다는 당연한 것이었습니다만, 그도 그저 고개만 끄덕이는 것이 아니라 실습을 통해서 막연하게 알던 것에서 제대로 느낄 수가 있던 그런 시간이 되었다는 것이 무엇보다 중요할 것입니다.

한 마디로 표현하자면 유명 의과대학 수술실에서 수술을 집도하는 교수가 제자들에게 일일이 설명을 하면서 수술집도하는 장면과 실습을 할 수 있는 기회를 만들어 주는 그런 것과 유사하지만 다른 것은 엄격하게 한 점의 틀림이 없이 선생님이 발복(發福) 자리를 제대로 정혈(正穴)하고 정혈(定穴)한다는 것이었습니다.

현장에서 알 수 있었던 것은 기(氣)를 배우지 않고서는 제대로 배우는 본인이 공감을 할 수 있는 풍수지리를 알 수가 없다는 것이 제 생각입니다. 그만큼 기가 차지하는 비중이 크다는 것이지요.

일례로 여기에 올리지는 않았지만 광명선생님은 현장으로 출발하던 차에 다시금 사무실로 가서 가져가야 할 것이 있다 하셔서 사무실로 다시 가서 가지고 나오신 후 현장에서 본인께서 어제 저녁시간에 동기감응(?)으로 현장의 자리 등등을 그림처럼 펜으로 그려 놓으셨던 것을 가지고 온 것이라면서 모두에게 혈자리를 다 잡은 후에 보여주셨습니다. 와본 적도 없는 현장의 자리들을 그대로 마치 자리를 찾고 나서 그려놓은 것처럼 일치했다는 것입니다. 실제로 보지 않았고 같이 현장에 동참하지 못했다면 알 수가 없었던 놀라운 사실입니다.

저로 인해서 지인이 광명선생님에게 인연이 닿아서 어찌 보면 급하게 이뤄진 현장행이었지만 지인도 흡족해 했음은 물론 중간에서 인연의 소개자인 저로서도 너무나 기분이 좋았습니다. 혈자리 등등이 우리 모두의 얼굴을 환하게 해준 시간이 되었다는 것입니다.

현장 참여란 좋은 기회를 제공해 주신 광명선생님, 그리고 몇 번이고 우리들을 위해서 반복 실사를 해 주신 지현선생님, 어렵고 힘들었을 것임에도 흔쾌하게 출장을 할 수 있도록 여건을 조성한 지인, 다른 계획들이 있었을 텐데도 기분 좋게 동참해 주신 학인 어르신, 모두가 저처럼 기분 좋은 시간들이 되었으리라 생각합니다.

누가 뭐래도 정말 최고의 수혜자는 제가 아닐런지요.

오래 전에 잊혀져가던 기의 느낌을 다시금 되살릴 수 있는 기회가 되었구요. 특히 '할 수 있다' 라고 믿음을 주신 광명선생님! 다시금 이 자리를 빌어서 정말 고맙다는 인사를 드립니다. 꾸~~벅!

4) 현장 정혈 토론회

2014년 3월 2일 13시, 대동학정통풍수지리학회에서 국내 최초로 풍수지리 점혈 (정혈)토론회를 주관하고 개최했다. 풍수지리를 행함에 있어 수맥과 혈 등을 말로만 하기보다 실질적이고 합리적인 학문으로 거듭나기 위하여 학인들이 현장에서 각자 정혈한 후 참가인이 함께 각종 기맥을 점검하며 토론하는 방식인 현장점혈토론회 (풍수지리대동토론회)를 국내 최초로 주관 개최한 것이다.

홍덕사지에서 양택 점혈, 정혈토론회를 하고 양병산으로 이동, 음택 점검, 정혈토 론회를 하며 그들 분묘의 혈장, 혈심, 혈판, 혈판무늬, 혈등급, 좌향, 각종 기맥, 발복 등을 설명하자 참석자 중 명당혈(穴)을 저마다 각기 점검한 후 지맥(용맥, 지혈기맥, 지기혈맥), 혈장 이(理) 등 음택 명당 혈자리임을 각각 인정했던 사례가 있었다.

진행 중 질문도 많았다. 흥덕사지 금당에 대명혈이 있고 혈 중심 높이를 말하자 한 사람이 그 지점에서 빛이 보이는 이유가 무엇이냐고 하여 혈의 중심에 기운이 가장 강하고 기가 발하니 빛으로 보이는 것이라 했다.

분묘 중 혈이 있는 분묘에 대하여 좌향 등을 설명하자 한 사람은 지맥이 흐르는 것과 오차가 있어 좌향이 맞지 않는다 하여 "100기, 1000기의 분묘들 중 명당혈 중심에 정확히 용사하여 유택한 음택을 찾아보기 힘든데 그 묘는 혈 중심에 있고 좌향이 3~5도 편차가 있으나 이 정도 오차는 제대로 유택한 묘라 할 수 있다"고 하자 3~5도 틀어졌다며 인정하였다. 참석자는 용이 두 마리 보이는데 왜 그렇게 보이냐고 질문하기에 답변으로 혈판의 무늬를 보면 용 두 마리가 있으니 그렇게 보이는 것이라고 답변했었는데 후에 찾아와 사제간의 인연이 되었다.

앞으로도 저마다 행하는 이기론, 형기론, 현공론, 기통론, 물형론, 천안론 등은 물론이고 그 외의 학론이나 학파를 초월한 만남으로 풍수지리를 논하고 연구하여 풍수지리학의 이(理)가 정립되고 미래 추구학문으로 계승 발전시키려 한다. 또 기회가 되면 아시아, 유럽 등 세계 명당혈을 정혈하는 대회와 토론회를 계획하여 풍수지리가 실증의 학문임을 만방에 표방하려 한다.

풍수지리론 이제는 통일되어야 한다

이기(理氣), 형기(形氣)론 등 모두가 정통풍수지리의 범주에 있다. 그런데 저마다 행하는 갖가지 논이 전부이고 갑자기 새로운 논이라며 전부인 양 말한다. 접신된 자들까지 풍수지리의 대가라 자처하며 판을 치는 암울한 현실이 되었고 옳게 배우려는 후학들마저 사기가 땅에 떨어져 있는 상황에서 이제는 풍수지리가의 이론들을 하나로 정립시켜 통일되고 새롭게 발전시킬 때가 되었다고 생각한다.

이기(理氣), 형기(形氣) 등의 이론 모두 실재하는 기(氣)를 점검하며 실제 논(論)하는 것이니 기론과 기운화의 이(理)를 이론과 원리의 합리 이치에 부합하는지 여부를

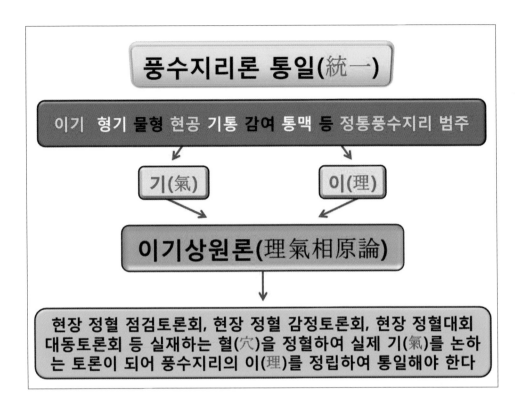

통해 함께 정립하여 풍수지리론이 통일되길 바라며 풍수지리 대동토론회와 같은 실체를 논할 수 있는 현장점혈토론 방식의 실질적인 토론회가 보다 많이 열리기를 희망한다.

　이기론과 형기론도 공통되는 기를 논하고 이기론, 형기론, 물형론, 기통론, 통맥론 등을 포함한 신안론(천안, 법안, 혜안, 성안─불안)과 각 안의 경지에 따라 깨달은 각(覺)의 차원이 각각 다르다는 등 여러 논(論)이 있음과 풍수지리엔 수많은 이(理)가 있음을 깨닫고 저마다 수학한 이를 현장에서 정혈하며 발표해 알려야 한다. 그리고 타인이 발표한 이를 겸허한 자세로 수학함으로써 기의 논과 기운화의 이(理)가 이론과 원리에 합리(合理)적 이치에 부합되는지 여부를 확인 정립하고 나아가 학리(學理)를 학계에 알린다면 머지않아 반드시 풍수지리가 통일되고 추구하는 학문으로서 확립될 것으로 믿는다.

이것이 풍수지리다

─ 사례편(事例篇)

발표한 이(理)의 이론을 현장에서 대입하고 적용하여
실제로 나타난 신묘한 일들을 사례로 공개한다

1. 양택 사례편(陽宅篇)
2. 음택 사례편(陰宅篇)

풍수지리세미나 혈(穴)의 이(理) 등 논문 발표(2014. 7. 6. 청주고인쇄박물관)

1 양택사례기

"수맥, 살기, 살혈이 있는 흉지에서 질병유발에 원인이 되고
혈이 있는 길지 명당에선 복이 있고 병이 호전되고 치유되기에
상서로운 기운이 가득한 터를 선별함은 선택이 아닌 필수이다."

- "원인을 제거해야 재발하지 않아요."
- "혈이 있는 자리에 있어야 합니다."
- "네, 대장암으로 이미 수술은 받았습니다."
- "아니! 어떻게 아셨어요."
- "맛집엔 주방에 혈이 있습니다."
- "이 식당은 잘 될 수밖에 없는 식당입니다."
- "분점 모두 실패했어요."
- "물이 나던 자리가 맞습니다."
- "이것 보세요. 소름이 끼쳐요! "
- "1년 안에 또 공장을 짓게 될 것입니다."
- "후손이 만석지기 부자였습니다."
- "지맥을 잘라서 다리가 잘렸어요."
- "말처럼 건강해지고 진급도 되셨네요."
- "나 홀로 인테리어해도 되겠네요."
- "수맥은 차단되거나 제거되지 않는다 말했습니다."
- "돈을 많이 벌어 이전했습니다."
- "향후 상가자리네요."
- "그동안 몸이 안 좋아 견디는 데 많이 힘들었습니다."

- "세 박자 갖추어진 터에서 웰빙, 웰다잉하세요."
- "저 집은 돈이 끊이지 않는 집입니다."
- "몸 아래에서 올라오는 기운을 느낍니다."
- "명당 기운을 확실히 느낍니다. 여기가 중심이네요."
- "내년 7월에 합격됩니다."
- "바꿀 수 있으면 빨리 바꾸세요."
- "아파트의 경우 동호수별로 명당혈이 있는 곳은 따로 있다."
- "그 자리에 그대로 집을 지어서는 안 됩니다."
- "저 아파트를 달라고 하세요."
- "수맥은 절대 차단하거나 제거할 수 없는 거래요."
- "명당에서 돈 번다는 소문내지 마세요."
- "아니! 지금 돈 잘 버는 집이 그 가구점인 걸 어떻게 아셨어요."
- 기혈정관법(氣穴定觀法)
- "오늘 귀인을 만난다고 했는데 귀인을 만나게 되어 감사합니다."
- "수맥을 막기 위해 여러 곳에 동판을 깔았습니다."
- "명당이니 매입하세요."
- "돈을 벌기는커녕 오히려 병만 얻게 됩니다."
- "아이는 신경질적으로 변합니다."
- "누가 원장입니까? 어느 분이 원장인지 모르겠습니다."
- "옮긴 날부터 바로 잠에 들었고 푹 잤습니다."
- 고수와의 만남
- "그 빛을 보았다고 말하는 사람이 있을 것입니다."
- "꿈에 황금새가 앉아 있었어요."
- "축하합니다."
- "혈자리 중심과 정확한 높이에 집을 지으셨네요."

- 사무실에 오면서부터 통증이 시작되었다.
- "순간 전신에 소름이 끼치도록 놀라웠습니다."
- "두드리면 열릴 것이다."
- "저 푸른 초원 위에 그림 같은 집을 짓고…."
- "그런 것까지 다 아십니까?"
- '나의 정신, 마음, 내 자신 컨트롤에 달려 있다.'

대동학 정통풍수지리 카페회원 고우(故友) 지곡 이창용(芝谷 李昶鏞) 선생 서체

"원인을 제거해야 재발하지 않아요."

　천관산(天冠山, 723m), 가끔 흰 연기와 같은 이상한 기운이 서린다고 하여 신산(神山)이라고도 했으며 천풍산(天風山)이라 했다는데 하늘의 신에 관(冠)처럼 보여 천관산(天冠山)이라 했을 듯싶다.

　관산읍 소재의 의뢰인 집에 도착하여 빙의로 병마와 싸워 고통과 괴로움에 시달리는 당사자와 가족의 아픔에 마음이 아팠다. 빙의는 이사하고부터 시작되었다. 빙의된 원인은 두 가지였다. 하나는 수맥과 살기가 교차하는 살혈이 있었고 살혈에 주로 머무르는 혼(魂)이 있었기 때문에 빙의가 된 것이다.

　보통은 학회 사무실로 환자를 데리고 오라 하여 즉석에서 빙의를 퇴치하는데 관(觀)하여 보니 그 집에서 살았던 혼으로 머물고 있어 따라오지 않을 것으로 판단하여 집으로 간 것이다.

　의뢰인에게 빙의에 대하여 자세히 말하며 혼이 어리니 부적이나 굿도 아닌 피자 한 판만 준비해 놓으라고 하고 현장에 도착하여 좋은 곳에서 태어나길 빌며 그 자리에서 천도했다. 빙의 퇴치 후 할 일 했음을 위안 삼으며 자리를 옮겨 의뢰인의 사무실 감정까지 했다.

환자는 아픔과 괴로움을 호소하는데 현대의학이나 한의학에서 빙의, 환청, 환각 등 밝히지 못하는 병들이 허다하다. 거식증 등 최첨단 장비로도 검진하지 못하고 치료하지 못하는 병들을 무외시 보시하며 덕을 쌓는다고 고통과 두려움에서 많이 벗어나게 했다.

그동안 많은 의학통학을 행하며 살혈에서의 원인이었다면 피하여 자리하게 했다. 무소식이 희소식이라 했던가. 소식이 없음은 무사히 잘 있다는 것으로 기쁜 소식이나 다름없다.

양택의 경우 수맥, 살기, 살혈이 있는지 유무를 계약하기 전에 사전 선별 계약함은 선택이 아닌 필수이다.

"혈이 있는 자리에 있어야 합니다."

어느 회원님이 사무실을 방문해 어머니가 병원에 입원하여 낮엔 근무하고 저녁에 찾아가 옆에서 잠을 자는데 자고 일어나면 몸 상태가 어지럽고 쓰러질 것 같은 좋지 않은 현상들이 있었다고 말하여, 사무실에서 원격으로 관(觀)하면서 어머니 병원 침대 옆에 수맥이 있어 그곳에서 간호하거나 잠을 자면 몸이 좋지 않게 된다고 이르고, 수맥은 제거되거나 차단되는 것이 아님을 설명하였다. 그리고 병실내의 침대 중에서 수맥이 없는 공간을 그림으로 가리키며 침대자리를 옮기라고 했었는데 옮긴 후 그런 현상들이 없어졌다고 한다.

수술한 후 병원 침대자리에 명당혈에 있으면 회복이 빠르고 퇴원 후에도 명당혈에서 근무하거나 잠을 자면 명당혈의 기운으로 활기를 찾아 회복이 빨라져 건강이 좋아진다.

오랫동안 음택을 포함한 양택의 아파트를 포함한 주택(전원주택), 사무실, 공장,

토굴 인혈(人穴)과 사무실 천혈(天穴)도

시진핑의 토굴

명당 혈(穴)-天·地·人穴

마윈의 집·사무실

양택, 천년
고찰은 3단
혈의 이(理)
를 적용

天穴
상단혈

天穴

人穴
중단혈

人穴

地穴

천기맥
(天氣脈)

地穴
하단혈

극(極)

명당 혈
(人穴)

침상

시진핑은 人穴
이 귀(貴)로, 마
윈은 天穴이 부
(富)로 기(氣)가
작용했다

후판화위안
아파트

天穴

16동 2층

시진핑의 토굴 내 침상에 있는 혈(穴-명당혈)을, 마윈의 아파트 사무실 겸 집에 혈(穴)만 표시했다.

상가 등 풍수지리의 여러 이(理)를 점검한 후 수맥이 있는 곳에 질병유발 요인과 가족 등 관계자들을 차례로 질병부위와 통증 등을 점검하는 의통학을 행하였다.

다음은 수맥을 포함한 흉지의 질병유발과 질병부위가 일치될 경우 수맥의 범위, 위치, 세기, 거주기간 등을 종합적으로 분석하여 판단한 결과를 의뢰인에게 알려준 사례들이다.

"이곳에서 잠을 자는 딸은 자고 나면 머리(전두엽, 후두엽, 측두엽) 중 뇌부위를 가리키며 아프다고 두통을 호소할 것입니다."

"이 사무실 책상자리 수맥은 대장에 염증을 유발하니 장기간 근무할 경우 염증에서 종양으로 됩니다."

"이 수맥은 중추신경을 마비시켜 연관된 팔과 다리신경에 풍(중풍)이 오게 됩니다.”

　“이 수맥은 신부전증을 유발하니 잠자리가 위험합니다. 당장 옮기세요.”

　“이곳에서 자면 가위 눌림 현상이 자주 일어나 심해지면 불면증과 정신불안증 현상이 있게 됩니다.”

　“이 침대자리(잠자리) 수맥은 성기능이 저하되니 잠자는 동안 원기를 충전할 수 있도록 이곳 혈로 옮기세요.”

　“이 묏자리의 수맥은 상부 중앙 뇌신경에 강한 자극으로 정신질환자가 있게 됩니다.”

　“이 책상자리는 수맥으로 인해 대장부위에 질병이 유발되는 자리로, 이 자리에서 오래 근무하면 대장염에서 대장암으로 전이되는 곳입니다.”

　“이 자리에서 잠을 자는 사람은 측두엽을 자극받아 편두통을 호소할 것입니다.”

　“이 터는 고혈압을 유발하여 풍(중풍)으로 악화되는 곳입니다.”

　“이곳은 빙의가 접신되는 곳이니 잠자는 방으로 사용하면 안 됩니다.”

　“이 방은 가위눌림 현상이 많은 곳입니다.”

　“공부자리는 공부하며 에너지가 많이 소모되는 곳인데 명당 수혈(水穴)에 공부자리를 배치하면 공부하며 기(氣) 에너지가 보충되면서 집중력이 향상됩니다.”

　“잠자리는 명당혈(穴)의 위치, 방향, 높이가 무엇보다 중요한데 이 안방에 침대의 높이는 맞으나 위치와 방향이 맞지 않으니 이쪽으로 정하면 원기의 활기가 좋아져 부부 원기가 회복되는 잠자리입니다.”

　“식당이 성공하려면 주방에 오행 중 수(水)의 명당혈이 있어야 하고 출입문이나 계산대에 오행 중 금(金)의 혈이 있어야 하는데 이 식당은 수와 금의 명당혈이 있으니 돈 벌어 부자 되는 터입니다.”

　“공인중개사 사무실에 금(金)의 명당혈이 있습니다. 성업하는 부동산 사무실입니다.”

　“한 상가건물이나 이 점포는 명당혈이 있어 돈을 벌고 건강도 좋아지는 반면 옆 점포는 돈을 벌기는커녕 건강까지 잃게 됩니다.”

이와 같이 말하며 혈의 기체감을 지도하여 기체험하게 하면 신기하다는 표정을 짓는다.

양택과 음택 모두 길지와 흉지에 따라 내력이 다르게 나타난다.

조상 묘와 살았던 집을 점검하면 길흉화복 내력이 나타남에 길지(吉地)와 흉지(凶地)는 분명 유별하게 나타나니 혈이 있는 명당 길지도 중요하나 흉지를 면하는 것 또한 중요하다.

"네, 대장암으로 이미 수술은 받았습니다."

문헌을 찾고자 문화원을 찾았는데 직원분들이 너무나 친절하게 안내해 줘서 그 보답으로 명함을 드렸더니 명함을 보고는 사무실의 풍수 점검을 요청하여 풍수지리 점검 중 수맥점검과 함께 신체부위별 악영향을 주는 점검을 동시에 하는 과정에서 강한 수맥(水脈)의 기(氣)가 점검되었다.

아랫배 통증과 편두통 그리고 현기증을 유발하여 "수맥의 세기가 강한 곳입니다." 수맥의 흐름을 엘로드나 기타 아무런 기구도 없이 수맥의 이동경로를 직접 가리키고 있는데 이상하게도 책상들의 배치가 수맥이 흐르는 경로(經路)를 모두 피한 곳에 있어 문화원 사무장에게 "누군가에게 수맥 점검을 받았죠"라고 말하자 사무장은 "산에서 산다는 분이 이곳에 폭포수 같은 수맥이 흐른다고 했습니다"라 하여 필자는 수맥경로와 사무장의 신체 질병과 통증부위를 가리키며 말하자 사무장은 "말씀하신 그대로입니다"라고 하였다.

자신이 오랫동안 한 자리에 앉아서 근무했던 자리를 가리키며 "여기는 어떤 곳이냐 하면 이 지점에서 오래 근무하면 대장에 염증이 생기고 더 진행되면 대장암을 유발합니다"라고 말하자 "네, 대장암으로 이미 수술은 받았습니다"라고 답하는 것이었다. 그리고 대장암 수술을 받은 뒤 수맥점검을 받고는 책상도 옮겼다고 했다.

이어 투시로 몸 상태를 세밀히 점검하는 의통을 행한 결과 대추혈 윗부분 풍문혈에 오래 전부터 지속된 통증이 점검되어 머리 통증부위를 가리키며 "이곳이 많이 아프지요?"라고 말하자 "예 맞아요"라고 인정하며 자신이 사는 집의 풍수지리 점검을 요청했다. 그리고 문화원에서 진행하는 프로그램 중 풍수지리 강의를 해줄 수 있는지 묻기에 음택일은 정해져 있지 않기 때문에 강의시간을 맞추지 못하면 누가 될 것 같아 거절했다.

수맥은 암을 비롯한 각종 질병을 유발한다. 주거지인 주택과 아파트 그리고 사무실, 상가, 공장 등의 모든 터에는 혈(穴) 중심으로 수맥도 있기 마련인데 수맥경로를 알고 대처방안으로 자리를 옮기는 등의 지혜가 필요하다.

대부분의 세상 사람들이 가장, 부모, 경영인 등으로서 열심히 노력하며 살아왔는데 근무지나 주거지에서 수맥의 악영향을 받아 질병이 되어 하루아침에 모든 것을 잃는다면 무슨 소용이 있겠는가? 풍수지리학이 미신이라고 말하는 사람도 있는데 어떤 기구도 없이 장시간 수련으로 현대의학에서 밝히지 못하는 질병부위를 미리 알려주는 풍수지리학과 의학통학은 미신이 결코 아님을 거듭 주장한다.

"아니! 어떻게 아셨어요."

전원주택의 가상중심(설계중심, 명당혈의 중심)과 높이(명당혈 중 중단혈의 중심 높이)를 정해 달라는 요청으로 출장하게 되어 의뢰인 부부의 단골집이라는 두부전문점에서 식사를 하게 되었다. 돌아오는 길에 차 안에서 "이 집은 이전한 후 전과 같이 맛이 나지 않아 맛이 변했다고 말할 것입니다"라 말하자 의뢰인은 "아니! 어떻게 아셨어요"라며 깜짝 놀란다.

"명당 맛집엔 명당혈(穴)의 오행 성질 중 수혈(水穴)이 있어야 합니다. 이전하기 전의 식당엔 혈이 있었는데 이전한 식당엔 혈이 없으니 당연히 제맛이 나지 않게 되지요. 주방에 명당혈 수혈(水穴)이 있으면 명당혈의 기(氣)가 기운화(氣運化) 작용으로 오묘하게 맛이 더해지는 묘리(妙理)가 있습니다."

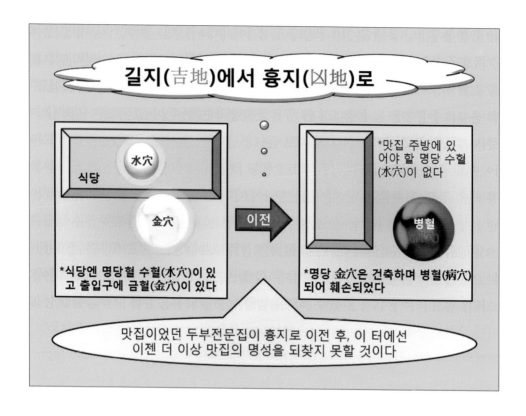

똑같은 재료와 레시피로 운영하는 프랜차이즈 사업의 경우에 본점의 성공도에 따라 모두가 성공해야 하지만 점포마다 성패가 좌우되는 것은 터에 명당혈의 유무와 혈이 자리한 위치에 따라 다른 결과로 나타나기 때문이다.

수맥, 살기, 살혈이 있는 흉지(凶地)는 질병이 유발되고 사업에 마이너스 효과가 있지만 명당혈이 있는 길지(吉地)에선 건강이 좋아지며 사업에 플러스 효과가 있어 길지, 흉지는 정반대로 작용하여 흥망성쇠의 결과로 나타나니 사전에 길지를 선별해 계약하는 것이 매우 중요하다.

"맛집엔 주방에 혈이 있습니다."

식당에도 혈이 있어야 한다. 식당(프랜차이즈 포함)은 혈, 메뉴, 주인 세 가지가 일치하면 성업을 하게 된다. 식당에 명당 명혈이 주방에 있으면 혈의 기운화작용으로 하여 음식에 오묘한 맛이 더해져 단골손님이 많아지고 시나브로 성업을 이루게 되는 것이다.

직업은 속일 수 없다고 했던가. 처음 가는 식당인 경우 점검 후 식사여부를 정하게 되고 앉는 자리도 살기와 수맥의 영향이 없는 곳이나 혈자리를 점하여 자리를 정하게 된다.

필자와 친분이 있는 한 친구가 풍수지리에 입각하여 맛있는 집을 정하라고 했을 때, 먹자골목에 같은 메뉴의 여러 식당 중 점검하고 들어가면 손님이 많아 앉을 자

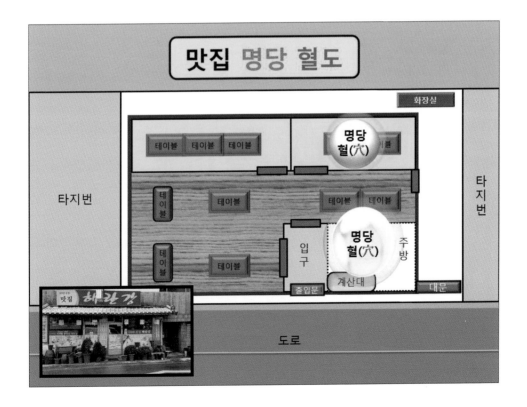

리가 없거나 식사를 하고 있으면 손님이 점점 많아지는 경우가 다반사라서 "사람을 몰고 다닌다"는 말을 자주 듣는다.

명당혈, 메뉴, 주인이 조화를 이뤄 성업 중인 명당 명혈의 식당을 여러 가지로 점검한 후 들어가면 손님이 많거나 식사 중에 손님이 많아지는 것은 당연한 이치가 아닌가 싶다. 혈이 있는 터는 매매시 거래가 잘 되고, 맛집은 성업하는 주된 요인이 주방에 혈이 있다.

"이 식당은 잘 될 수밖에 없는 식당입니다."

충북 청주시 소재 상당산성(上黨山城)에 있는 '상당집'은 기다렸다가 손님이 자

리에서 일어나면 앉을 수 있는 대단히 성업 중인 맛집이다.

언젠가 안사람과 상당산성을 등산하고 점심시간이 되어 대포 한 잔 하고 식당을 찾던 중 한 식당에서 명당 명혈의 기운과 빛이 운화하여 점검한 결과 성업하는 식당임을 예견한 후 식당에 들어섰다. 이전에도 산성을 자주 찾았던 안사람은 이 집 음식이 맛있고 손님이 항상 많아서 기다려야 먹을 수 있는 식당이라고 말했다.

식당에 들어서자 정말로 많은 사람이 기다리고 있었다. 자리가 없어 처음 만난 사람들과 동석하여 식사하게 되었다.

식당을 살펴본 결과 예견된 바와 같이 부엌, 안방, 처마끝, 마당 중심에 명당 명혈이 있었고 혈의 기운은 대단했다.

상당집(식당)은 시골에서 흔히 볼 수 있는 집인데 마당과 사랑채를 비닐로써 공간을 넓히고 고압전선을 감았던 나무틀로 테이블을 대체하여 100석 정도의 규모로 자리했는데 무엇보다 음식이 맛있고 분위기 또한 소문이 났으니 장차 체인점으로 발전할 것이라 생각했다.

"이 식당은 잘 될 수밖에 없는 식당입니다. 하나의 명당혈이 부엌(주방), 안방, 처마끝, 마당 중심까지 넓은 범위의 큰 혈이 있어 음식은 맛을 더하며 사람 또한 많이 모이게 되는 곳입니다. 식당은 명당 명혈, 주인, 메뉴가 3합되어 일치해야 성공하는데 이 식당은 모두 일치하니 당연히 문전성시하는 식당입니다."

이 말에 식당 주인은 궁금한 듯 다시 묻는다.

"저희 집이 정말 명당입니까? 체인점을 운영하려 하는데 식당 하는 사람도 터와 맞아야 합니까?"

"예, 체인점이 성공하려면 명당혈에서 똑같은 조리를 하였다 해도 기운화가 식당 주인과 맞아야 합니다. 체인점이 잘 되려면 체인점 터에 명당혈이 있어야 하고 메뉴도 맞아야 하는데 3합이 되려면 체인점 운영자와도 일치해야 합니다. 체인점이 성공해야 본점도 좋은 것이지요."

그러자 식당 주인은 평소 체인점에 대한 관심이 많았던지 "선생님 꼭 연락하겠습니다"라며 명함을 챙긴다.

"분점 모두 실패했어요."

수년 전, 집무하는 사무실에 풍수지리 인테리어 의뢰가 있었는데 좋은 일들이 많았었다는 의뢰인. 의뢰인 측에서 일산에 공원묘지가 개발 조성되어 형님을 계룡산 동편 동학사 인근 선영으로 이장한다 하여 점검 및 정혈차 출장했다.

의뢰인의 조카는 형제와 상의했다며 부친을 화장장에서 화장하여 선영에 모신다 했고, 의뢰인의 형수는 남편을 화장하고 싶지 않고 자신도 사후에 합장되고 싶어 남편의 화장을 원하지 않는다는 이견이 있었다. 그래서 필자는 그곳에 자리한 사람들에게 명당혈 중심에서 기(氣)를 체감케 하였더니 기체험한 후 모두의 결론은 화장하지 않고 명당혈(穴)로 이장하겠다는 것이었다.

청주로 돌아와 의뢰인이 맛집으로 소문난 식당이 있다며 앞의 식당 '상당집'에서

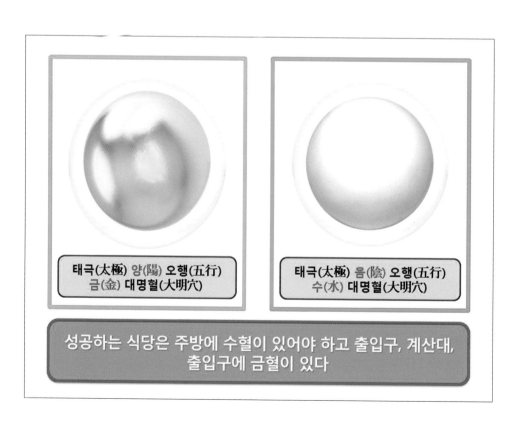

태극(太極) 양(陽) 오행(五行)
금(金) 대명혈(大明穴)

태극(太極) 음(陰) 오행(五行)
수(水) 대명혈(大明穴)

성공하는 식당은 주방에 수혈이 있어야 하고 출입구, 계산대,
출입구에 금혈이 있다

식사하던 중 의뢰인은 식당 안주인을 소개해 인사하면서 "정말 맛있습니다"라고 하기에 필자가 한 마디했다.

"이 집의 특징은 맛집으로 소문나 있겠지만 똑같은 재료와 똑같은 조리법으로 다른 곳에서 이 요리를 하면 같은 맛이 절대로 나오지 않을 것입니다."

식당 안주인 스스로도 궁금했던 점을 묻지도 않았는데 필자가 먼저 말하니 뜻밖이란 표정으로 대꾸한다.

"맛있다고 하여 다른 곳에 식당을 차려주면 이 맛이 안 난다고 손님들이 오지 않아 분점 모두 실패했어요."

"체인점이나 분점 등을 똑같은 레시피로 오픈하여도 맛이 다른 원인은 명당혈이 있고 없음의 차이에 있습니다. 명당혈의 오행(五行) 성질 중 수혈(水穴)이 주방에 있어야 하고, 그 수혈의 중심자리가 어디에 있느냐에 따라 맛이 결정되기 때문에 식당 터를 계약하기 전에 물건 중 주방이 자리할 곳에 수혈(水穴)이 있는지 유무를 선별 계약하는 것이 제일 중요합니다. 그 다음에 각기 다른 오행 성질의 혈들과 수맥의 위치에 따른 설계 및 인테리어를 하는 것이 수순입니다."

그러자 식당 안주인은 이해가 되었다며 장소를 옮겨 옆터에 신축할 건물의 위치, 설계 등 풍수지리 점검을 의뢰하는 것이었다.

"물이 나던 자리가 맞습니다."

퇴직 후 귀농하며 집을 지으려는 의뢰인. 지인과 입구에서 멀리 떨어진 밭(田)을 짚어 보이기에 밭의 한 지점을 가리키며 "저 지점이 물이 나는 자리입니다"라고 말하자, 의뢰인은 놀랍다는 표정이다.

"전에는 논이었고 어려서 직접 농사를 지어서 잘 아는데 맞습니다. 물이 나던 자리가 맞습니다."

밭(500평) 안(內)에 명당혈(穴)이 있어 정혈하며 가상 중심, 높이, 좌향, 설계 등에

대하여 자세히 설명하고, 터에 수맥과 함께 살기가 결한 살혈(殺穴)도 있어 살혈처에 나무를 심으라 하며 나무 종류도 선별해 줬다. 의뢰인에 대한 의통(의통학 ; 신체 부위별 통증과 질병 점검)을 행하며 통증부위를 손으로 짚어주자 CT, MRI에서도 나타나지 않았던 증상을 말한다며 신비롭다고 했다.

터(양택, 음택)엔 각종 기맥이 결한 명혈이 있는가 하면, 수맥과 살기로 결한 살혈처도 있으니 이를 분별해야 한다.

"이것 보세요. 소름이 끼쳐요!"

풍수지리 출장을 의뢰받고 기(氣)와 이(理)를 점검하고 감정한 후 여러 내용으로 풍수지리 컨설팅을 했다.

향은 백족산(白足山), 대명당 혈(穴)이 있는 안산에 '충청북도 단재연수원, 청주과학고등학교' 가 자리하고 있다.

기(氣)를 전혀 모르는 의뢰인에게 명당혈(穴)의 기운(氣運)을 체감해 볼 것을 권유하자 의뢰인은 "혈이 무엇입니까?"라고 묻기에 "명당은 각종 기맥(氣脈)이 한 곳에 뭉친 곳을 말하며 기(氣)가 뭉쳐 합(合)한 곳을 명당혈(穴)이라 합니다"라고 알려줬다.

의뢰인은 필자가 점지한 명당혈에서 기를 체감하면서 손가락으로 섬세하게 표현하며 "왜 사이다 같은 거 있잖아요. 그것입니다. 이것 보십시오"라고 구체적으로 기의 체감을 표현하며 감탄사를 연발하기에 이번엔 혈 중심 높이에서 기를 체감해 보라고 하자 기 체감을 더욱 구체적으로 표현하면서 팔을 가리킨다.

"이것 보세요. 소름이 끼쳐요!"라며 신비롭고 경이로움을 금치 못하면서 "여기에 집을 지으면 이처럼 기운을 느낄 수 있습니까?"라고 묻는다.

"집을 지을 때 명당혈을 파괴하지만 않는다면 당연히 계속하여 느낄 수 있고 집짓기 전에도 텐트를 치고 자 보면 똑같이 느낄 수 있을 것입니다."

토목사업을 하는 의뢰인은 10년 전 1,000평을 3필지로 나눠 택지로 조성한 상태에

서 모두 팔거나 좋은 명당자리가 있으면 집을 지으려 하였는데 자신의 터에서 대명당혈의 기운을 체감한 후 통나무집을 짓고자 가상에 자리할 터를 다시 측량하겠다고 했다. 가상의 위치와 높이 그리고 설계에 대한 중요함도 알게 되었다는 의뢰인은 자신이 보유한 부동산 모두를 팔 때 감정받아 팔겠다고 했으며 살 때도 그렇게 하겠다고 다짐했다.

"1년 안에 또 공장을 짓게 될 것입니다."

의뢰인의 소개로 2015년 12월 23일 어느 식품회사의 풍수지리 건설팅 및 공장자리 정혈을 하게 되었다.

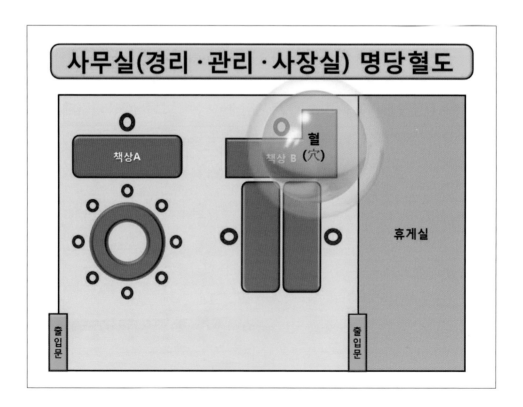

사무실(경리 · 관리 · 사장실) 명당혈도

   사무실에 들어서자 의뢰인은 책상 A를 가리키며 자신의 자리라고 하여 책상 A를 보는 순간 수맥이 보였고, 책상 B는 혈(穴) 중심은 아니지만 명당혈이 있음을 확인하는 동시에 식품회사 대표의 오행(五行 ; 火·土·金·水·木)의 기, 의학통(의통), 명리, 기타 이(理)들을 동시에 점검하면서 곧바로 "그 자리(책상 A)가 아니라 저 자리(책상 B)입니다"라고 말하자 의뢰인은 겸연쩍었는지 잠시 사무실을 나갔고, 책상 B에 가서 보니 식품회사 대표의 가족사진들이 있어 서로 웃고 말았다.
   장소를 옮겨 1,000여 평의 공장 터에 가서 혈의 위치와 혈 중심에 공장이 자리해야 하는 등의 설명을 하면서 "대혈이 있는 명당입니다. 곧바로 공장을 짓게 될 것이니 공장동을 세로로 지어 물량이 많아지면 옆으로 공장동을 지으세요"라 했고, 만 1년 되는 일주일 전날 전화가 왔다.
   주문량이 많아 공장동을 빨리 지어야 한다며 공장부지로 매입할 땅을 점지해 달라는 의뢰였다. 작년에 공장동을 세로로 지으라고 했는데 가로로 지어 새로운 공장 터가 필요해서 전화한 것이라 한다.

곧바로 5,000여 평의 필지에 혈이 있는 좋은 자리 1,800평을 선점하여 분할 매입했고 공장동을 지었으며 경영하고 영업 등에서 많은 상담이 있었는데 성업하여 날로 발전하고 있다. 명당혈의 주인이 되면 연속해서 명당혈의 주인이 된다는 속설도 있듯이 혈들의 주인이 되는 것은 큰 복이다.

"후손이 만석지기 부자였습니다."

앞의 사례를 소개했던 의뢰인 K사장이 위 터를 정혈하는 데 동행하더니 회사 사무실에 가자고 하여 학회 회원과 함께 갔다.

회사 주차장에 도착하자 K사장은 밭(田)을 가리키며 "저 밭은 어떻습니까?"라고 묻기에 손으로 명당혈이 있는 지점을 가리키고는 관(觀)한 내용을 말하며 "저기에 있는 명당혈은 금(金)의 기(氣)가 강한 명당혈입니다"라 말하고 혈자리로 이동했다.

혈 중심에 서서 "20대 대기업급에 해당하는 거부 명당혈입니다"라고 강조했더니 자신의 명의로 되어 있는 밭에 대하여 잘 알고 있었던 K사장은 "믿어야 할지 말아야 할지 참으로 신기합니다. 바로 그 자리에 묘가 있었고, 후손이 만석지기 부자였습니다"라고 말하는 것이었다.

묘가 있었던 이 혈자리는 110센티미터 아래에 시신이 있었는데 이장 후 임야를 밭으로 만들면서 한 자(尺) 정도 지면이 낮아졌다고 하자 인정했고, "이장하려 파묘하면서 광중 혈토의 빛이 대단했을 것입니다."

"예 맞습니다. 파묘하는 것을 지켜보았는데 흙색이 대단히 빛났습니다."

근처에 남아있는 묘들이 그 집안 묘라 하여 살펴보니 이 가문은 기운이 완전히 사그라져 보였다.

"땅기운이 기울어졌고 만석지기 명당 묏자리 또한 파장했으니 가문의 기운은 다

되었다고 보면 됩니다.”

"예, 현재 그렇게 되었습니다. 그 많던 가산을 모두 탕진하고……."

"양택의 주거지나 사업장에 명당혈이 있는 길지(吉地)에서 흉지(凶地)로 이사하는 경우, 음택 또한 명당(명당혈)에서 흉지로 이장하거나 화장하는 경우 그 후손의 기운은 쇠(衰)하고 망(亡)하게 됩니다. 반대로 양택과 음택 모두 흉지에서 길지로 이사하거나 이장을 하였는데 우연이라 할지라도 결과적으로 혈이 있는 명당으로 옮긴 경우 그 후손들의 기운을 점검하거나 확인해 보면 흥(興)하고 성(盛)하게 됩니다. 어쨌든 양택과 음택을 점검하면 가문이나 집안 개개인의 흥망성쇠(興亡盛衰)를 예견할 수 있는 것입니다. 그렇기에 풍수지리 감정을 하려면 도선국사의 말씀과 같이 여러 조상의 묘와 양택까지 종합해 점검하면 제대로 감정할 수 있는 것입니다.”

자리를 옮겨 K사장의 사무실에 금혈(金穴)이 있어 입찰담당 직원이 금혈(金穴) 자

리에 앉아야 하니 책상을 옮기라고 했는데 보름 남짓 되었을까 없었던 입찰이 성사되었다는 전갈이 오는 것이었다.

"지맥을 잘라서 다리가 잘렸어요."

공장 터 정혈 및 풍수지리 컨설팅을 하려 현장에 도착하니 무리한 개발로 지맥이 손상되어 대혈의 기운이 작게 변화되고 있었다. 지맥은 전기를 공급하는 동력선 역할을 하여 지맥이 끊어지는 정도에 따라 혈이 훼손되고 파괴되니 낭패가 아닐 수 없었다.

3,000평 부지에 혈이 두 개 있었는데 금혈(金穴)은 대혈이었고 작은 수혈(水穴)로 오는 지맥이 대혈 앞에서 끊겨 기운이 변화될까 염려되어 의뢰인 부부에게 대혈의

기를 체감하게 하고 즉시 지맥을 흐르는 등선에 흙을 채워 복구하라고 했다.

지맥선을 복구하는 데 사장은 필자를 믿고 복구하지만 작업자는 좀처럼 이해할 수 없는 거라고 생각하고 의뢰인 남편과 포크레인 기사, 덤프트럭 기사가 함께 있는 자리에서 지맥의 흐름과 혈과의 관계를 애써 설명하는데 포크레인 기사가 나서서는 "제가 지맥을 잘라 다리가 잘렸어요. 저도 풍수지리 공부를 오래 하였는데 지맥은 정말 중요합니다"라고 말하며 사장에게 "제대로 아는 지사님을 만나셨네요"라는 것이었다.

"말처럼 건강해지고 진급도 되셨네요."

지현선생님과 함께 현진 박사님 친구가 전원주택을 짓는다 하여 현장에 도착하여

지현선생님과 필자는 약속이나 한 듯 지맥, 혈, 수맥 등 여러 이(理)를 점검하기 시작했다.

지현선생님에게 수맥을 표시하고 관정할 지하수의 합수(合水) 지점과 혈장까지 표시해 줬다. 그리고 의뢰인과 설계사에게 위와 같이 황토방을 포함하여 전원주택 가상설계를 제안하였고 입주 택일까지 하였다.

관정자리를 미리 점해 주었는데 업자가 임의로 여러 곳을 작업하였다가 보다 못한 의뢰인이 미리 표시한 자리에서 하라고 하였더니 물이 많이 나오고 물맛도 좋다고 했다.

전원주택에 명당혈(穴)들이 있어 설계, 인테리어 등을 설명하면서 명당혈들로 인하여 수술 전보다 건강이 좋아지고 귀한 오행상 금(金)의 혈 성질로 부(富)와 귀(貴)가 모두 발복하는 특이혈이라서 진급도 될 것이라고 했었는데 고위직 공무원 진급자 명단에 의뢰인이 있어 축하를 하며 함께 기뻐했다.

"나 홀로 인테리어해도 되겠네요."

이사하기 전 집을 점검해 달라는 의뢰인.

현장에서 기(氣) 체험을 지도하며 침대방향, 높이, 장롱의 위치와 방향 등 함께 기 체감하며 풍수지리 인테리어에 대하여 설명하자 의뢰인은 놀랍게도 길(吉)한 기운과 흉(凶)한 기운을 정확히 구별했으며 수맥의 시작점과 넓이(폭) 그리고 세기까지 포함하여 혈(穴, 명당혈)의 중심과 높이까지 기(氣)를 체감하여 의뢰인 스스로 풍수지리 인테리어와 관련하여 위치와 높이를 정했다.

방 하나는 수맥의 범위가 크고 뇌신경을 자극하는 악영향 작용이 크기에 잠자는 방으로는 부적합해 옷만 보관하는 방으로 사용하는 것이 좋겠다고 말했다.

풍수지리 인테리어는 수맥과 실재하는 각종 기맥 그리고 혈 등의 실제 기(氣)와 이(理)를 적용하는 것인데 의뢰인이 모두 정하여 할 수 있으니 "이제는 나 홀로 인테

리어해도 되겠네요" 하며 풍수지리와 의학통에 타고난 성(性)이 있다고 했다.

　그 후 의뢰인 부모의 이장이 있었다. 전화로 통화하며 설명했는데 의뢰인은 광중 자리에 좌우상하로 수맥과 혈의 위치를 손수 점검하여 유리한 곳에 부모를 안장했 던 일이 있었고, 얼마 후 의학통 소개가 있어 함께 의학통을 행했다.

"수맥은 차단되거나 제거되지 않는다 말했습니다."

　청송 회원님이 학회 사무실을 방문하여 필자와 나눈 대화이다.

　"누군가가 자기 제품만은 수맥이 차단된다고 하며 제품을 팔려고 하여 수맥이 있 는 곳에 제품을 설치한 후 수맥을 측정하니 수맥이 차단되지 않았습니다. 학회 회원 님도 함께 점검하며 확인했는데 차단되거나 제거되지 않는다고 하여 그 사람에게 수맥은 차단되거나 제거되지 않는다 말했습니다."

　"수맥은 재료, 제품, 그림 등으로 제거되거나 차단되지 않는 것입니다. 수맥을 제 거하거나 차단할 수 있다고 말하는 사람이 있다면 이는 모두 제품을 팔아 욕심을 채

우려 유위(有爲)하는 사람들입니다. 수맥을 제거하거나 차단할 수 있다고 말하는 속사는 분명 둘 중 하나입니다. 하나는 수맥의 기(氣, 수맥파장)의 이(理)를 제대로 모르는 초보여서 제거되거나 차단된다고 오인하는 자, 아니면 수맥이 차단되거나 제거되지 않는다는 것을 잘 알면서도 자신만의 욕심을 채우려 유위하는 자입니다. 양음택 모두 수맥(水脈), 살기(殺氣), 살혈(殺穴)은 피하고 기(氣)들이 운기되는 명당의 혈(穴)이나 각종 진기(眞氣), 명기(明氣) 맥(脈)을 활용하는 것이 지혜롭다 하겠습니다."

산소자리가 탈이 났다 하며 처방했다는 경우와 수맥을 차단하고 제거할 수 있다고 한 경우 현장에서 점검한 결과 처방하여 제거하거나 차단한 예가 없었다.

수맥은 절대 차단되거나 제거되지 않는 것이니 더 이상 혹세무민하는 일이 없으면 하는 바람이다.

"돈을 많이 벌어 이전했습니다."

정통풍수지리 학인 지현, 육동룡과 함께 기업체에 출장하여 사장실 책상에서 "의자 위치에 수맥이 있습니다. 장시간 근무한 경우 수맥의 악영향으로 인해 대장에 염증이 유발됩니다. 검사해 보면 결과가 그렇게 나올 것입니다"라 말하자 "며칠 전 이상 징후가 있어 대장내시경을 했는데 말씀하신 내용과 똑같은 검사결과가 나왔습니다"라는 것이었다.

"가장이 돈을 벌어 가족을 챙기는 것은 당연한 일이지만 가장이 정년퇴직하기도 전에 병을 얻는다면 불행한 일이 아닙니까? 다행히 사무실 내 명당 혈자리가 있으니, 이 명당 수혈(水穴) 혈자리는 품질검사, 기술부, 연구실로 정하시고 옆 사무실에 사장과 관리자에게 맞는 명당 금혈(金穴) 혈자리가 있으니 그리로 옮기세요."

"전에 있던 회사가 그렇게 배치했었고 돈을 많이 벌어 이전했습니다."

"공장 내 기계들도 수맥권 밖에 있어 수맥이 있는 곳에 기계나 정밀기계 특히 컴

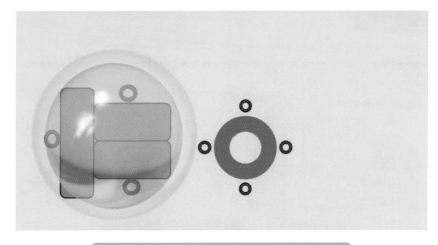

사장실(경리·관리·입찰) 책상자리 혈도

혈(穴)에 적용한 책상 배치도

퓨터 프로그램으로 동작하는 정밀기계는 오작동이나 고장이 잦을 수 있는데 여기에 있는 기계들은 수맥권의 영향에서 벗어나 있어 고장나지 않는 곳에 잘 배치돼 있습니다."

"예, 그렇습니다. 기계가 오래 되었는데도 그동안 고장이 거의 없었습니다."

다음 날 책상을 옮기는데 옮긴 자리에서 근무하였던 직원이 그 금혈자리에서 몸도 좋아졌고 좋은 일도 있었다고 얘기하며 고마워했다.

"향후 상가자리네요."

음택 사례에 김 관장님의 이사하는 집을 감정했다. 옆에서 지켜보던 관장님의 사

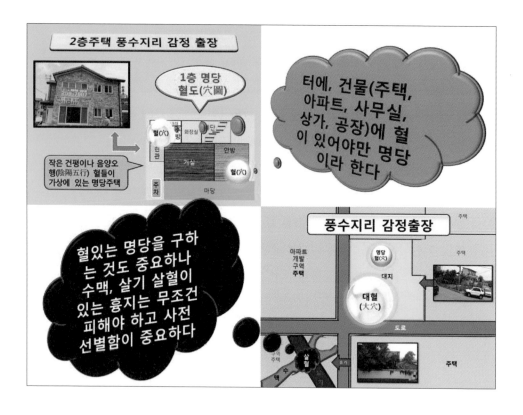

촌은 인테리어 사장이었는데 자신의 소유 부동산에 대한 감정을 의뢰하여 세 명이 함께 이동하던 중 차 안에서 "명당혈이 치우쳐져 있고 향후 상가자리네요"라 말했는데 인테리어 사장이 소유한 대지가 주택 한가운데 있다는 것을 잘 알고 있어 이해되지 않았던 관장님은 속으로 주택가에 웬 상가자리라 하는지 이해하지 못했는데 현장에서 그의 사촌이 길 건너 주택 모두가 아파트 개발구역으로 수용되었다는 말을 듣고 "이제는 이해가 되었네요. 참으로 놀랍습니다"라며 칭송했다.

  현장에서 명당혈, 수맥, 기맥 등 풍수지리의 여러 이(理)를 점검한 후 위와 같은 감정내용을 자세히 설명하며 "대각선에 있는 저 집은 수맥, 살기가 운기하는 살혈터로 저 집에선 고혈압이 유발되어 어른들이 풍(중풍)으로 고생하시겠네요"라 말하자 그 동네에서 오랜 동안 살아온 인테리어 사장은 "예 맞습니다. 부부 모두 고혈압이 심했고 중풍이 악화되어 아들집으로 가서 지금은 아무도 살고 있지 않는 흉가가 되었는데 이번에 아파트개발구역에 포함되었습니다"라며 참 신기하다는 표정을 짓고는 '놀랍다' 며 인정하였다. 현장에 함께 있었던 사람들도 '경이롭다' 하여 명당 길지와 흉지에 대한 유별의 중요성을 깨우치는 자리가 되었다.

다음 날 김종목 관장님이 학회 사무실을 방문하여 의뢰인이 매우 경이로워 한다면서 건축할 때 꼭 풍수지리 컨설팅을 의뢰하겠단 말을 전했다.

"그동안 몸이 안 좋아 견디는 데 많이 힘들었습니다."

고흥에 이장을 의뢰하였던 회원께서 외사촌이 운영하는 매장에서 만나자고 하여 점검하게 되었다. 점검하면서 "큰 수맥의 악영향으로 인해 기력이 분산되고 관절과

풍수지리 감정 및 컨설팅

매장(점포) 명당혈(穴)과 수맥도

에어컨 | 혈(穴) | 계산대 | 원탁 | 소파 | 창고 | 작업실

수객 | 진열대 | 수객 | 복도계단

출입문 | 출입문

점포 감정결과를 설명한 후 사업장을 이전하는 것으로 컨설팅했다

신경에 통증과 마비를 유발하는 곳입니다. 건강한 사람도 버티기 힘든 자리인데 그동안 어떻게 견디셨습니까?"라고 말하자 사장은 "그동안 몸이 안 좋아 견디는 데 많이 힘들었습니다"라 답하는 것이었다.

필자는 회원님의 친구가 운영하는 식당을 이야기하며 "한 건물 1층에 두 상점이 있는데 A상점은 명당혈(穴)이 있어 돈을 잘 벌며 건강이 좋아진 반면, B상점은 오픈한 지 3개월도 되지 않아 수맥과 살기의 악영향으로 살혈에서 병을 얻었고 폐업한 후 안타깝게 사망한 일이 있어 돈과 건강 모두를 잃은 사례가 있었는데 A상점은 사촌(회원님)의 친구가 운영하는 식당으로 감정한 사례를 회원님이 잘 알고 있습니다"라 했고, 함께 자리한 회원님은 "친구가 운영하는 식당은 돈을 많이 벌었고, 옆 상점은 폐업으로 점포가 비어있는 사정을 알고 있습니다"라고 말했다.

"이 상점은 돈과 건강 모두를 잃는 자리입니다. 계약만료가 언제인가요?"라 묻자 사장은 3개월 후인 9월이라 답하면서 그동안 많은 돈을 임대료와 관리비 등으로 투자만 했고 회수하지 못해 손실이 많았으며 흉지의 기운을 자신도 느낄 수 있다며 그로 인해 건강이 좋지 않아 심신이 괴롭다는 것이었다.

"여기에선 이제 그만하시고 이전하세요. 이 자리에서 계속 운영하다간 적자가 누적되고 건강도 악화됩니다. 그리고 계산대를 포함한 자리배치 모두 인테리어가 잘못되어 있습니다."

이전할 때까지 운영하는 동안이라도 피해를 줄이기 위해 자리배치에 대하여 신경쓰도록 설명하자 사장은 이전할 때 풍수지리 인테리어 등의 출장을 의뢰하겠다고 말하는 것이었다.

"세 박자 갖추어진 터에서 웰빙, 웰다잉하세요."

정년퇴직 후 제2의 인생을 준비하는 사람들이 많다. 귀농, 귀촌하는 사람이 있는가 하면 저마다 성(性)을 찾아 봉사, 연구, 서예, 서각, 음악 등 자신이 하고 싶었던 일들을 하고자 제2의 인생을 준비하면서 자신의 노후 보금자리와 함께 조상에 대해 효(孝)를 다하려고 조상묘와 텃밭을 포함한 혈(穴)이 있는 명당터를 풍수지리에 의거하여 점지, 점검, 감정, 정혈, 컨설팅 등을 의뢰하는 풍수지리 출장 사례가 부쩍 늘었다.

현장에서 명당혈(穴)을 정혈한 다음 기(氣)를 전혀 모르는 의뢰인에게 기(氣)체감을 지도하면 혈의 중앙에서 또는 혈의 중심 높이에서 기체험하며 기(氣)의 운화(運化)하는 것을 몸소 체험한 의뢰인들은 경이롭고 신기롭다는 내용을 다음과 같이 구체적으로 표현하며 이야기한다.

"발바닥이 뜨거워요."

"내 몸에 들어오는 것을 느껴요. 내 몸이 시원해지고 있어요."

"하체가 따뜻해지고 있어요."

"어떤 기운이 내 몸을 휘감고 있어요."

"커다랗고 둥근, 그러면서 밝은 빛이 보입니다."

"마음이 편해지고 기분이 좋아져요."

위와 같이 천기, 지기, 생기의 각종 기맥(氣脈)이 결하여 작혈된 명당혈(穴)에서 기체감한 의뢰인은 신축, 개축, 리모델링, 인테리어 등 출장할 때마다 혈의 중앙은 가상의 중심이고 혈 중심 높이는 거실 바닥의 높이에 기준하는 등 풍수지리 이(理)들을 설명하면 의뢰인은 현장에서 기(氣)를 체험했기 때문에 쉽게 이해했고, 부부가 각각 혈의 중심과 높이를 일치하게 점해 정하는 사례는 많았다.

살면서 보금자리는 매우 중요하다. 보금자리에서 명당혈(穴)의 기(氣)를 체감하면서 하고 싶었던 일을 하며 여생을 즐기는 것도 좋은 방법이라 생각하며 전원주택과 더불어 종갓집과 같이 전원주택 뒤에 있는 묘와 조상을 이장하여 관리하고 텃밭에서 일하며 생을 즐기는 터가 있다면 안성맞춤이겠다. 그리고 조상묘, 집터, 텃밭 모두 있어 세 박자가 갖추어진 터에서 웰빙, 웰다잉하려는 사람들이 생각보다 많아지고 있어 다행스럽다.

다음은 대동학회 회원님의 체험수기 사례이다.

"1월 14일 오후 2시 20분쯤에 시간이 되어 잠시 대동학 사무실에 방문했다. 마침 그 시간에 주역에 대해 논하다가 나중에 조상묘가 있고 텃밭이 있는 곳에 집을 지으려고 하는데 어떠냐고 문의하니 컨테이너 옆에 좋은 자리가 있다 하여 광명대사님과 함께 괴산군 문광면에 도착하여 점검해 보니 수혈과 금혈이 있었다. 두 군데를 체험해 보니 날씨가 추운데도 불구하고 따스한 기운이 느껴지는 게 새삼 풍수지리에 대해 다시 한 번 대단하고 경이롭다는 느낌이다. 광명대사님 수고하셨습니다."

"저 집은 돈이 끊이지 않는 집입니다."

임야와 밭을 포함한 2만 평에 신후지지와 전원주택 그리고 텃밭 세 필지를 사전에 선정한 다음 나머지 부동산을 개발하겠다는 의뢰인, 혈을 정혈하며 풍수지리 컨설팅을 했다.

계룡산에서 산다는 의뢰인은 부동산 사업가로 명당혈의 중요성을 잘 알고 있었고 기(氣)에 대하여 많이 알고 있어 혈에 기체감은 제대로 했다.

컨설팅 후 산에서 내려오는 길, 내려다보이는 마을에 한 주택이 명당혈 중 오행(五行) 금혈(金穴, 富穴)이 가상의 중심에 자리하고 있어 차에서 그 집을 가리키며 "저 집은 돈이 끊이지 않는 집입니다"라 하자 의뢰인은 그 집주인을 잘 안다며 그 집을 찾아가 차를 마셨고, 대화 중 의뢰인이 필자의 말을 전하자 이 터에서 태어났고 지

신후지지, 전원주택, 텃밭이 모두 있는 한옥 전원주택과 황토방이 자리할 명당혈에서 담은 사신사(四神砂).

금까지 살았다는 노인은 "예, 맞아요. 살면서 남의 돈을 한 번도 쓰지 않았어요. 살 만합니다"라며 명당 금혈의 부자 되는 부혈(富穴)의 재물 발복(發福)을 인정했다.

거실에서 먼 곳에 보이는 조립식 건물 옆을 손으로 가리키며 "저곳은 외수맥들의 합수처이니 항상 물이 나는 자리입니다"라 하자 마을 공동 샘자리로 물이 많은 곳이라 인정하는 등 감정 내용들을 모두 인정하였다.

자리에서 일어나며 노인에게 "오행 금혈(金穴)에도 부(富), 귀(貴), 부귀(富貴) 터가 각기 있어 양택에 부(富) 금혈을 득했으니 귀 또는 부귀 발복의 금혈(金穴)을 음택 신후지지로 하면 부와 귀 모두 얻게 됩니다"라 말하고 돌아왔다.

음택, 양택 모두 터에 수맥 등이 있는 흉지에선 화(禍)를 입게 되고, 명당혈이 있는 길지에선 복(福)이 있어 길(吉)과 흉(凶)으로 구별되어 이에 따른 흥망성쇠 결과를 예견할 수 있는 것이다.

"몸 아래에서 올라오는 기운을 느낍니다."

누군가가 선행을 하면 또 다른 선행이 이어진다.

필자는 도배, 장판의 견적을 알고 기타 작업에 대한 자문을 구하고자 동네에 있는 '창' 이라는 인테리어 숍(shop)을 방문했다.

인테리어 숍 사장은 너무나 친절하게 설명하며 이윤을 떠나 양심적으로 상세히 설명해 주었고, 필자는 이에 대하여 무엇이라도 보답하고 싶어 "혹시 풍수지리에 관심이 있으십니까?"라 말하자 사장의 동료로 보이는 젊으신 분이 "관심이 많습니다"라는 것이었다.

다시 "매장을 잠시 점검해도 되겠습니까?"라 말하자 사장은 '좋다'고 허락하였다. 인테리어 숍을 점검해 보니 생기의 감응으로 혈자리가 있었고 흠이 있다면 숍 출입문이 양쪽에 있는데 정작 사용하여야 할 출입문은 폐쇄하였고, 사용하는 출입문은 위치가 맞지 않았으며 전시품의 배치 그리고 책상 위치 등이 제대로 자리하지 않았다.

많은 사람들이 풍수지리는 형이상학적 개념으로만 생각하여 어렵고 비현실적이며 합리적이지 못하다고 말하는데 대부분의 사람들이 "이 자리가 좋습니다. 혈자리의 기운을 느껴 보세요"라고 권하지 않기 때문에 많은 사람들이 풍수지리를 멀리할 수밖에 없는 것이라고 생각하면서 혈의 기운을 느낄 수 있도록 지도하였다.

숍(shop) 사장이라면 혈자리의 기운을 바로 체감할 수 있다고 판단하여 "이곳에서 보세요. 몸으로 느껴 보세요. 어떤 느낌이 있나요." 15초 정도 지난 후 숍 사장은 "몸 아래에서 올라오는 기운을 느낍니다"라 말하면서 자리를 옮겼다가 혈자리에 다시 와서는 "확실히 기운이 느껴집니다"라 했다.

숍 사장과 동료들에게 기(氣)의 방향과 출입문의 방향, 책상의 위치, 금고의 위치, 전시품 배치에 대하여 상세히 설명하면서 아파트의 경우 단지별, 동별, 라인별, 층별로 기(氣)는 각기 다르게 형성되며 잠자는 자리의 위치나 방향, 그리고 아이들의 공부방에서 책상자리의 방향과 위치는 중요하다는 것을 설명했다.

설명과 함께 숍 사장에게 "사장님이 선을 베풀었으니 이에 대한 보답으로 저도 선행하겠습니다. 선을 쌓고 덕을 쌓는 적선적덕한 사람이 되고 싶습니다"라 했다.

숍을 나오면서 선은 선행을 부르니 선이 많이 행해져 시나브로 선행(善行)으로 참사랑의 세상이 되면 좋겠다고 생각해 본다.

"명당 기운을 확실히 느낍니다. 여기가 중심이네요."

자동화기기 사업자에게 호(號)와 상호(商號)를 전하자 사무실 감정을 의뢰하여 수맥과 기맥 등 여러 풍수지리의 이(理)를 점검하면서 혈을 정혈한 후 혈의 기체감을 지도하자 의뢰인은 "명당 기운을 확실히 느낍니다. 여기가 중심이네요"라 하며 책상, 의자, 출입문, 가구 위치, 높이, 방향 등의 풍수지리 인테리어를 이해하게 되었다고 기뻐했다.

그동안 많았던 현장에서 혈을 정혈하여 기를 전혀 수련하지 않은 의뢰인 가족에게 기체험 지도를 한 후 부인 먼저 아니면 남편 먼저 별도로 혈의 중심 지점의 기를 체감하여 정해 보라고 하면 똑같은 지점을 점한다.

이번엔 부부에게 눈을 감고 혈의 중심 높이를 정해 보라고 하였는데 역시 똑같이 점하며 부부는 약속이나 한 듯 눈을 마주본다. 신기하다 싶을 정도로 수맥이 흐르는 폭과 넓이를 알려주는데 이쯤 되면 의뢰인이 알아서 공부하는 책상과 의자 자리, 그리고 식탁이 자리할 위치를 정한다.

많은 사례를 통해 혈에서 기체험하여 기(氣)를 알게 하기 위해 국내외 사람들이 모두 체험하는 파워스팟 프로그램을 진행했던 바대로 세계의 남녀노소가 다 함께 느꼈으니 이제는 실생활에서 기 활용이 대중화될 것으로 기대되어 풍수지리 학문이 발전할 수 있다고 믿어진다.

"내년 7월에 합격됩니다."

현진 박사님 소개로 만난 의뢰인은 길지와 흉지의 기를 몸소 체감할 수 있는 분인데 사무실을 옮기게 되어 사무실 풍수지리 점검을 요청해 책상과 소파자리를 점지해 자리하게 한 다음 기운이 다르다 하였고 주위 분들도 의뢰인의 혈색이 좋아졌다고 했다.

의뢰인은 살고 있는 아파트에 출장을 요청하여 점검한 대로 풍수지리 인테리어를 자세히 설명하였고, '침대자리를 여기(도면 참조)로 옮겨야 한다' 고 했더니 옆에 있던 부인은 '그 자리에서 늦둥이를 가졌다' 는 것이다. 의뢰인의 가족과 함께 대화하면서 딸에 대하여 묻기에 공부자리를 점지하면서 "내년 7월에 합격됩니다. 내년 7월의 기운이 가장 좋으니 극기(克己)하며 현 상태를 유지하면 합격됩니다"라고 말하

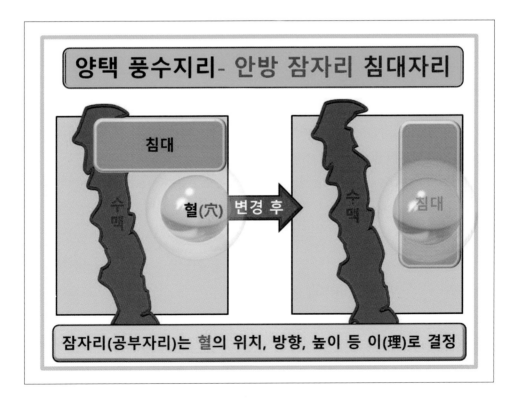

였는데 실제로 다음 해 국가, 지방공무원시험에 모두 합격하였다.

이에 지방공무원으로 진로 결정을 상담하고 출근하게 되면서 이듬해 직장동료와 결혼하게 되었는데 택일도 필자가 하고 결혼식장에도 가서 축하해 주었다.

공부자리는 공부하며 집중하는 데 많은 에너지가 소모되는데 혈자리에서 공부하게 되면 에너지 보충이 되어 피로가 감소되고 집중력이 향상되니 매우 중요해서 공부자리의 위치와 의자 높이를 세심하게 정하였다.

잠자리의 경우 하루 일과를 지내면 스트레스와 피로감이 많이 쌓이게 마련인데 혈자리에서 잠을 자는 경우 잠자는 동안 에너지가 충전되어 아침에 일어나면 활력이 생기는 바 혈자리의 묘리(妙理)로 잠자는 방향과 잠자리 높이(혈의 위치에 따라 바닥 또는 침대의 높이를 결정함) 그리고 혈자리 중심에 하단전이 위치하도록 자세한 설명을 하며 잠자리 위치를 정하였다.

"이 집은 좋은 집이니 절대 팔지 마시고 자식의 2세가 태어나는 생가로 정하시는 방법도 있습니다. 큰 인물들은 명혈 생가터와 인연이 많습니다."

"이사할려고 생각했는데 하지 말아야겠네요."

의뢰인은 침대를 옮긴 후 잠자리 금실이 좋아졌다고 현진 박사님을 통하여 전해 들었다. 의뢰인은 지인들을 소개하며 관공서 강의를 제안했으나 예정 없이 장지에 가는 일을 수행하여야 하는지라 정중히 사양했다.

그 후 두어 차례 영전하여 집무실의 책상과 소파자리를 정혈한 바 있다. 출장은 여러 학인들과 함께했다.

"바꿀 수 있으면 빨리 바꾸세요."

부동산을 매입하거나 매도할 때는 터에 혈이 있는지 여부에 따라 높은 부가가치를 창출할 수 있다. 필자의 예를 들자면 땅을 사고 팔 때 감정 의뢰가 있었고, 특히

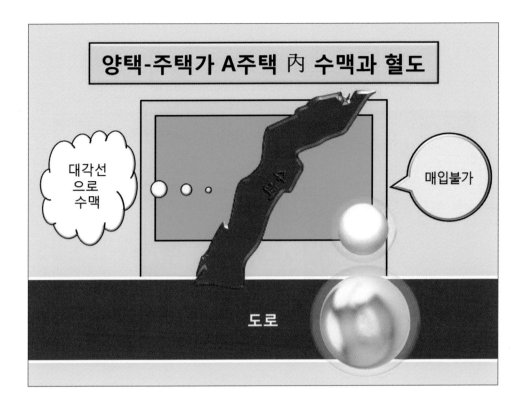

아파트나 주택(전원주택)을 계약하기 전에 감정 의뢰하는 경우가 많았다.

혈이 있는 명당터는 매도할 때 조금 비싼 가격으로 내놓아도 거래가 되는 반면 흉지는 가격을 내려도 성사되지 않은 경우가 많다.

회원이 찾아와 전라도에 분할된 밭을 매입하였다며 분할된 번지 중 A번지를 투자 매입하였다고 하고는 어떠하냐고 묻는다. A번지는 수맥이 대각선으로 강하게 흐르는 자리로 주택으로는 부적합한 터라고 하자 B번지는 어떠하냐고 재차 묻기에 수맥이 외곽으로 있어 수맥의 직접적인 영향이 없고 쌍혈이 있는 터로 주택을 2층으로 지을 경우 전방엔 해수욕장이 보이고 대문에는 강한 기가 들어와 대문과 정원, 안채에 기를 담을 수 있게 설계하면 좋은 터라고 말해 줬다. 그리고 등기되지 않았으면 빨리 B번지로 바꿔 등기하라고 권했더니 앉은 자리에서 분양사무실에 전화하였고, 다행히 계약을 바꾼 사례가 있다.

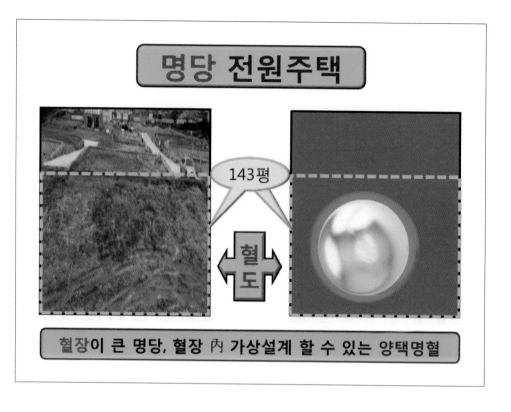

명당 전원주택

143평

혈
도

혈장이 큰 명당, 혈장 内 가상설계 할 수 있는 양택명혈

　카페 회원은 얼마 전 미국 LA에 사는 친구가 와서 만났는데 그 친구가 하는 말이 LA에서는 명당에 대해 관심이 많고 명당터는 값이 매우 비싸다는 얘기를 전하였다. 풍수지리는 우리 민족 고유의 선(禪)문화인데 오히려 홍콩, 유럽, 미국에서 더 많은 관심을 갖고 있고 명당은 고가로 매매되고 있으며 연구도 많이 하여 땅 선생이 대우를 받고 있다고 한다.

　그런데 우리의 현실은 거꾸로 미신으로 취급받고 있으니 이 모두 학인들에게 책임이 있다고 본다. 풍수지리 이론이 체계적으로 하루빨리 통일되도록 함께 노력할 일이다.

"아파트의 경우 동호수별로 명당혈이 있는 곳은 따로 있다."

모델하우스를 혈이 있는 곳으로 점지하자 건축업자 K사장은 분양률을 묻기에 답했는데 말과 같이 적중했다고 한다.

모델하우스로 활용한 후 이사할 집으로 계획하였는데 분양부터 모델하우스만 좋다는 두 사람 중 한 사람이 투자자와 연결되어 계획이 무산돼 너무도 아쉽다고 했다.

"아파트의 경우 동호수별로 명당혈이 있는 곳은 따로 있는데 혈이 있는 명당은 빨리 계약되거나 명당점지 후 계약하자고 하면 물건을 거두는 일들이 있었습니다. 최근에 서울 의뢰인의 경우 한 단지에서 두 차례 명당을 점지했지만 갑자기 물건을 거두어 세 번째 점지하여 계약에 성공한 사례도 있습니다"라고 말하자 의뢰인은 다음

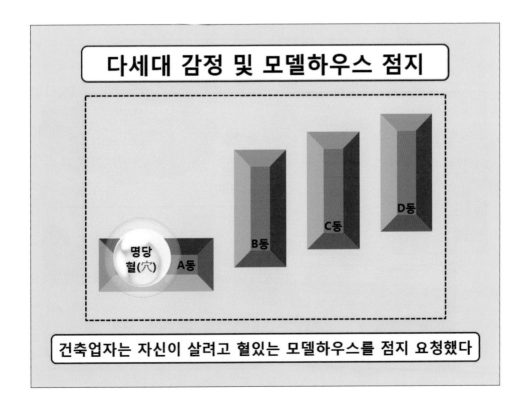

다세대 감정 및 모델하우스 점지

명당
혈(穴) A동

B동

C동

D동

건축업자는 자신이 살려고 혈있는 모델하우스를 점지 요청했다

날 오전 미분양 물건 중 자신이 이사할 집을 점해 달라고 하여 점지했다.

아파트, 주택, 전원주택 분양 물건 외 양음택 모두 명당혈(穴)이 있는 길지 명당터를 선점하는 것은 지혜이다.

"그 자리에 그대로 집을 지어서는 안 됩니다."

그 후 건축업자 K사장은 학회 사무실을 자주 찾아왔는데 방문하여 다세대 신규 건축지 선별 의뢰건을 상담하면서 대화 중 자신에게 도움을 주었던 고향 후배의 집을 짓게 되었다고 하며 대지가 작은 평수인데 형편이 어려워 그 자리에 그대로 집을 짓는다는 것이다.

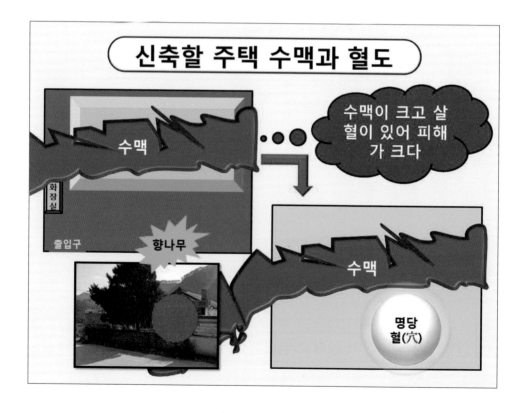

"그 자리는 수맥이 대각으로 흐르고 수맥의 폭과 세기가 너무 커 수맥의 악영향뿐만 아니라 살혈까지 있어 그로 인해 중추신경을 마비시켜 혈압과 풍(중풍) 등의 질병을 유발하고 전두엽(이마부분의 뇌)을 자극하며 신경장애로 신경계 질환자가 나타나는 자리이니 현재 그 자리에 그대로 집을 지어서는 안 됩니다"라며 원격으로 관(觀)한 것을 말해 주자 동네 후배의 집안 사정을 잘 알고 있었던 K사장은 놀랍고 신기하다는 표정을 지으며, "그의 형이 뇌성마비입니다. 아버지도 풍으로 세상을 떠났습니다"라더니 자신이 출장비를 부담하겠다며 즉석에서 점검을 의뢰하여 곧바로 이동했다.

현장에 도착하여 수맥(水脈), 살혈을 표시하며 터 내에 혈이 있으므로 신축하며 가상의 중심, 방향 등을 설계에 반영할 수 있도록 조언해 줬다.

"저 아파트를 달라고 하세요."

의뢰인은 자신이 계약한 세종시 소재 아파트를 점검해 달라는 전화가 왔다.

차를 타고 가면서 계약한 아파트에 대하여 미리 얘기를 해 주고 싶었다. 악기(惡氣)가 심하여 피해가 클 것이라고⋯. 하지만 미리 말할 수가 없었다. 혹시나 이상하게 상상할 수 있기 때문이었다. 그동안 여러 차례 현장에서 확인했었지만 미리 관(觀)한 내용이 한 번도 다른 적이 없었다.

점검하고자 하는 아파트에 도착하여 점검해 보니 역시나 거실 오른편으로 악기가 강하게 흐르는데 기감을 체감하는 과정에서 악기의 세기가 강하여 많은 통증이 느껴졌다.

다행히 의뢰인은 구입하고자 하는 조건의 미분양된 아파트가 단지 내에 다섯 곳이나 있어 다섯 곳을 모두 점검하고 제일 좋은 자리를 일러주며 "저 아파트를 달라고 하세요"라고 권했는데 우여곡절 끝에 계약하였다고 한다.

아파트 내에는 혈이 커 수맥이 없는 곳도 있으나 대부분 수맥도 있고 혈도 있다.

혈을 활용하고 수맥을 피하여 배치하면 되는데 살혈은 피해가 심하여 특별히 정확히 점검하지 못하면 명당의 발복을 받기도 전에 악기의 영향을 받아 불행하게 되는 것이니, 명당을 찾아주는 것도 좋지만 진기(眞氣)와 악기(惡氣)를 정학하게 구별하여 점검하고 감정하여야 한다.

그 후 의뢰인 자신이 근무하는 책상자리를 감정하며 관공서 감정과 관공서 이전할 터에 대하여 풍수지리 컨설팅을 의뢰했었고 그리 반영되었다.

대명당 대명혈 중 오행 성질에 금혈(金穴)은 시청, 군청, 동사무소, 경찰서, 법원, 청와대 등 관청이 자리해야 하고 수혈(水穴)은 학교, 교육청이 자리하여야 한다. 금혈 중 부(富)의 성격이 아닌 귀(貴) 또는 부귀(富貴) 성질의 혈이 자리해야 하는데 청와대는 수혈 터에 있고 수혈마저도 집무실과 멀어 인왕산을 주산으로 사직공원 쪽으로 집무하는 별관을 지으라고 필자가 제안하는 것이다.

"수맥은 절대 차단하거나 제거할 수 없는 거래요."

학회 회원의 동생 소개로 그 동생과 모 학원 원장이 사무실을 방문했다.

수맥에 대하여 관심이 많았던 학원 원장이 "함께 근무하는 선생님께서 우리 선생님(회원 동생)이 그러는데 수맥은 절대 제거할 수 없는 것이고 차단할 수도 없는 것이라고 대동학 정통풍수지리 체험방 글 중에서 보았다고 말했어요. 우리 학원 좀 살펴봐 주세요"라고 부탁하기에 수맥을 차단하고 제거했었다는 사실을 전혀 모르는 상태에서 필자는 학원을 원격으로 수맥을 포함한 각종 이(理)를 점검하면서 동시에 의통 점검을 병행하여 설명해 주었다.

"그 학원의 수맥은 폭이 넓고 강하게 흐르는 특징이 있고, 이 수맥파(수맥파장)는 뇌에 악영향을 주고 후두엽에 주는 피해가 가장 심각해 학원에서 아이들이 이해하는 기능이 저하되고 집중력 또한 저하되어 학업성취도가 상당히 떨어지게 됩니다. 특히 아이들을 가르치는 선생님들이 아이들보다 학원에 머무르는 시간이 많아 원장

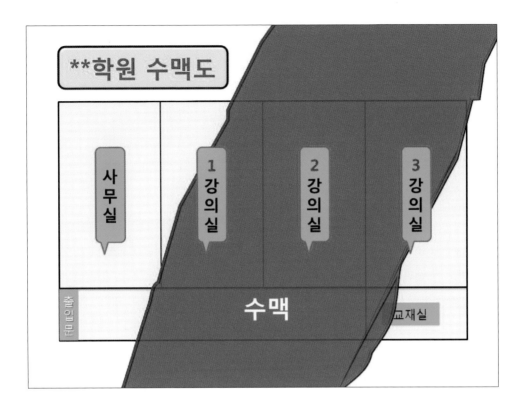

님은 측두엽 편두통이 있고, 학원 선생님은 후두엽 부위에 통증이 있으며 시신경에 이상이 있게 됩니다.”

수맥을 차단하고 제거할 수 있다는 속사의 망언을 믿고 거금을 들여 인테리어해서 수맥이 차단되고 제거되었다고 믿고 있었던 학원 원장이다. 그리고 궁금하였던 점이 많았던지 학회 사무실을 방문했던 것인데 학원 원장과 선생님 모두 필자가 의통 점검한 내용과 일치하자 거짓 수맥차단을 인정하며 놀랍고 신기하다는 표정이었다.

“수맥은 절대 차단되거나 제거될 수 없는 것입니다. 지혜로운 사람은 학원을 선정할 때 미리 풍수지리 점검을 받아 계약하는 것이 가장 지혜로우며 수맥과 살기가 있는 경우 이를 피하여 자리 배치하는 것이 지혜로운 것입니다.”

이렇게 말하자 학원 원장님은 학원 선생님과 학원생들이 걱정되었는지 앉은 자리에서 출장을 의뢰하였다.

　서울 도봉산 스님께서 함께 풍수지리를 배우자며 오서서 대동학정통풍수지리학회 학인인 지현선생님과 함께 출장하였고, 학원 원장이 거주하는 아파트도 함께 점검하고 감정하였다.

　"명당에서 돈 번다는 소문내지 마세요."

　앞의 사례 당사자인 학원 원장을 소개했던 P선생은 공부방을 오픈한다며 점지 출장을 의뢰해 왔다.

　이미 수맥차단은 불가능하다는 사례를 체험한 P선생은 수맥은 재료, 기구, 그림

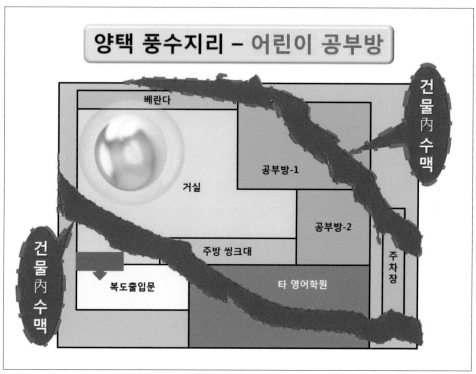

혈이 있는 명당 점지를 의뢰받고 정혈한 후 계약한 어린이 공부방의 혈과 수맥도

등으로 차단될 수 없는 것이며 공부방은 명당혈이 있어야 된다는 것을 알게 되어 학원에 근무하면서 수맥의 영향으로 몸이 좋지 않게 되었다는 것을 몸소 체험하여 수맥의 영향과 혈이 공부자리에 있어야 한다는 것을 알게 되었기에 공부방을 계약하기 전 명당 점지 출장을 의뢰하였던 것이다.

공부방을 출장 점지한 곳에 계약하였으며 공부방을 운영하며 머리부위 통증이 사라졌고 명당혈의 기운을 받아 몸이 많이 좋아졌으며 공부방 인원이 증가했다고 한다. 특히 문의전화가 많아져 돈도 벌고 건강해졌다며 직접 찾아와 신상을 밝혔다.

아침수련 중 명상수련 시간에 갑자기 P선생이 떠올라 관(觀)하면서 "공부방이 잘 된다고 소문나면 건물주가 세를 올릴 수 있으니 명당에서 돈 번다 소문내지 마세요"라고 전화했더니 P선생은 "주인이 3층에 사는데 아이들이 많음을 지켜보고 세를 인상하여 재계약한 지 며칠 되었어요"라고 답하는 것이 아닌가.

"인상하며 계약서를 작성했으면 앞으로 재계약까지 인상하지 않을 것이니 명당에서 돈 많이 버세요"라고 덕담했었는데 불과 몇 달 후 P선생은 "학생이 증가하여 큰 곳으로 옮기고 싶어요"라고 말하여 "명당에서 돈 벌어 명당보다 큰 대명당으로 이전하세요"라고 덕담을 하였다.

"아니! 지금 돈 잘 버는 집이 그 가구점인 걸 어떻게 아셨어요."

의뢰인 G사장은 살며 홀로 중대한 결정을 많이 해야만 했다. 이번엔 어찌할 수 없다 생각하고 돌아가신 아버지에게 꿈속에라도 나타나 도와달라고 하였다는데 다음 날 필자가 음식을 포장 주문하고 기다리며 G사장이 묻지도 않았는데 점포를 관(觀)하며 "여기는 명당이고 돈을 버는 자리이니 절대로 옮기지 마세요. 옮기면 3개월도 못가 망합니다"라고 했었다.

G사장은 자신이 묻지도 않은 말을 손님이 말하는 것이 심상찮아 '아버지와 비슷하게 생기신 분이 이렇게 말씀하시니 신기하다' 생각하고 점포를 타인에게 넘기지

않고 장사를 계속하여 돈을 많이 벌었던 기억이 있다는데 지금도 G사장은 필자를
은인으로 생각한다고 한다.

　당시 G사장은 안 되는 장사는 아닌데 같이 일하는 사람이 자신에게 떠넘기며 남
편과 함께 사업을 하라고 했고 그리 하겠다고 구두약속을 한 상태에서 남편은 새로
운 사업을 하겠다는데 G사장이 운영하는 점포보증금을 보태야 하는 상황에서 이 중
요한 결정을 홀로 하느라 마음고생이 심했던 모양이다.

　그런데 손님으로 홀에 앉아있던 분이 느닷없이 남편이 인수하려는 사업에 대해서
도 "손익계산이 나오지 않는 인수입니다. 인수하면 안 됩니다. 3개월도 못가 보증금
도 찾지 못할 것입니다"라고 말했다는데 G사장이 알아보니 터무니없는 일로 큰일
날 뻔했다며 다시금 필자에게 감사해 한다.

운전 중 G사장에게서 전화가 왔다. 집을 매수하려고 하는데 구입해야 할지 여부를 묻는 전화였다.

"그 집과 인연이 없습니다. 명당이 아닙니다. 기다리세요. 기다리시면 좋은 집이 매물로 나올 것입니다."

며칠 후 다른 매물이 나왔는데 매수할지 여부를 묻는 전화가 또 왔다.

"좋은 혈이 있는 명당 주택입니다. G사장과 맞는 집입니다. 구입하세요."

계약 후 사무실 사람을 소개한다며 동행한 자리에서 매수한 집을 인테리어한다고 점검을 의뢰해 왔다. 그런데 집을 찾아와 달라는 G사장과 통화는 하였는데 주소를 말해 주지 않아 다시 전화할까 생각하다가 문득 동네는 알고 있으니 미리 관(觀)한 혈의 특징과 크기, 색상을 보고 찾아가는 기혈정관법(氣穴定觀法)을 행해 보자고 마음먹고 혈을 보며 우회전, 좌회전한 후 골목으로 들어가는데 예견한 혈이 있어 찾아

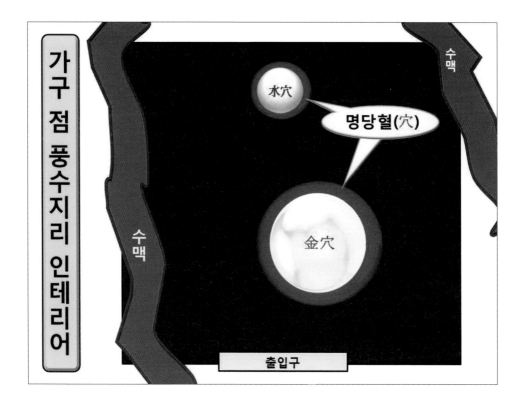

들어갔다.

대문을 열고 들어가니 아무도 없었다. 작업자들과 함께 점심 먹고 왔다는 G사장에게 수맥, 혈, 기맥 등을 점검한 내용과 함께 혈의 기체감 지도를 하며 인테리어에 반영할 수 있도록 자세히 설명하고 돌아가겠다 하고는 한 마디 했다.

"G사장님! G사장님이 주소를 나에게 말해 주지 않았는데 내가 어떻게 찾아왔죠?" 라고 물으니 G사장은 잠시 멍하니 있다가 "어머 정말 주소를 알려 드리지 않았는데 어떻게 찾아오셨어요?" 라고 말해 그냥 미소짓고 말았다.

이사 후 가구점을 한다고 하여 가구단지에 가니 남편이 도착하지 않았고 G사장은 한 가구점에 대하여 묻는다.

가구단지 내 모 가구점이 현재 돈을 가장 잘 버는 집이고 의뢰인이 의뢰한 가구점은 앞으로 돈 잘 버는 점포가 될 것이라고 감정한 내용을 의뢰인에게 전화하여 말하자 의뢰인은 "아니! 지금 돈 잘 버는 집이 그 가구점인데 그걸 어떻게 아셨어요. 맞아요. 그 집이 돈을 제일 잘 벌고 있어요" 했고, 잠시 후 만난 의뢰인 남편에게 같은 말을 하자 단지내 사정을 잘 알고 있는 의뢰인 남편도 맞다고 인정하며 신기해 하였다.

의뢰받은 점포에 대하여 G사장 부부에게 자세히 설명하며 "돈 잘 버는 조건 중엔 명당혈을 점해 주인이 되어야 하고 두 분의 기운도 동기감응되어야 하는데 명당혈과 동기감응되니 계약하시고 열심히 노력하세요. 아무리 명당혈의 주인이 되고 감응되었다 하여도 노력을 하지 않는다면 성공할 수 없는 법이니 최선의 노력을 다하세요" 라고 하고는 발길을 돌렸다.

카페에 체험수기방에 작성했던 내용을 원고로 옮기면서 재차 확인하고자 G사장에게 전화(2017. 11. 21. 16:15) 통화하며 조목조목 확인하고 사례기를 보완하였다.

기혈정관법(氣穴定觀法)

혈 중 사전에 원격으로 관(觀)한 혈만 보고 찾아가 정혈하는 법을 기혈정관법(氣穴定觀法)이라 한다.

기혈정관법(氣穴定觀法)에 대한 대동학정통풍수지리 학인 지현선생님의 글을 옮겨본다.

기혈정관법(氣穴定觀法) 체험수기

사람이 살아가면서 인간의 한계를 넘어선 거의 불가능한 일로써 상상 외로 신기하리만큼 기이하다고 느끼는 예가 있다.

나는 대동학 회장이신 광명선생님과 더불어 여러 차례 세상에 이런 일이 있을까 하는 경험을 많이 했다.

예를 들어서 회장님에게 신탄진에 사시는 어떤 여자분한테서 수맥(혈) 점검을 부탁하는 전화가 왔다. 전화 도중 회장님께서는 아파트 위치를 투시하시고 6시까지 현지 아파트에 가신다고 약속을 하셨다. 참으로 신기한 것은 아파트의 주소를 사전에 자세히 묻지도 않고 간다니 황당무계한 일이 아니겠는가? 늘 그랬듯이 대동학 사무실에서 아파트 혈(수맥)과 구조의 위치를 도면에 표시하고 난 다음 내가 운전을 하고 출발했다.

신탄진 가까이 오자 가장 높은 강변에 아파트가 목적지라면서 손가락으로 가리킨다.

시내로 들어서면서는 직진, 좌로, 우로하면서 지시대로 현장에 도착했다. 수학하고 있는 나로서는 초행길을 매우 쉽게 찾아오는데 반신반의하게 되고 놀랍기만 하였다. 위치를 찾는 방법을 물어보니 나중에 다 안다고 대꾸도 하지 않으신다. 또한 수맥 점검 후에는 집안 가족 모두의 건강을 관해 보시고 아픈 곳을 짚어 주시면서 의통(의학통)으로 안주인의 아픈 곳까지 기치료해 주셨다. 연신 놀라워하면서 탄성과 감탄을 하는 빛이 역력했다.

또한 의정부 아파트 점검 출장 중에는 부대찌개 거리를 지나면서 투시에 의해 유명 맛집을 찾아서 점심을 먹기도 하였다.(동호수 없이 투시로 찾음)

익산 사무실 점검 출장 중에도 의뢰인이 여러 곳의 사무실 위치를 알려준 바가 있으나 익산 도착 후 다른 곳은 돌아보지도 않고 그 중 가장 혈의 기운이 좋은 한 곳으로 찾아가서 혈의 기운을 점검하였다. 이것 외에도 괴산, 보은 출장 등 상당히 많이 있으나 이하 생략한다.

이와 같이 기와 혈의 투시와 원격투시로 관(觀)한 후 관한 곳으로 운전 또는 걸어서 이동하는 방법이 기혈정관법이라는 것을 알려주신 대동학 광명선생님께 다시 한 번 놀라며 감사드린다. 그리고 존경한다.

관련 댓글 1 (학회 회원의 ㅎㅅ선생님 댓글)
지현선생님의 사례 글을 읽으면서 신통하다는 것을 재확인하게 됩니다.

저도 회장님과 동행하거나 상담 중에 투시와 원격 의통학을 경험하게 되는데 아직도 신통하다는 생각을 멈출 수가 없습니다.

특히 무위와 적선적덕에 기준해서 펼치시는 투시와 원격시는 후학인과 제자들에게 귀감이 됩니다.

그 능력이 늘 그 자리에서 빛이 나는 투시력이 되고 원격시가 되어 홍덕세상과 양평세상이 하루 빨리 이루어지길 진정 바랍니다.

광명 회장님의 깊은 깨달음으로 인해 후학들의 지혜가 용솟음되어 대동학(大同學)의 함성으로 온 세상에 울림하길 기대합니다.

관련 댓글 2 (학회 회원의 ㅎㅅ선생님 댓글)

수학 수련하면서도 신기한 현상에 두 눈을 비벼보기도 했으며, 귀를 의심하기도 했습니다.

혈자리를 찾아서 처음 가는 장소를 정확하게 찾아가시는 광명 회장님을 뵈면 "회장님~! 정말로 혈(穴)이 보이시나요?"라고 반복하여 묻게 됩니다.

"보이니 찾아가지요"라며 수학 수련하면 누구나 가능한 일이라고 하십니다.

회장님의 기혈정관법(氣穴定觀法)을 수차례 체험하면서 회장님의 놀라운 경지에 머리가 숙여집니다.

관련 댓글 3 (학회 회원의 ㅎㅅ선생님 댓글)

지난달(2013.10)에 의정부 출장 때 처음 가는 의뢰인의 집을 정확히 찾으시며 "이집이 ○○님 집이죠"라고 하셨고, 오시기 전에 이미 도면 위에 혈자리를 그려서 알려주신 위치와 현장에서 점혈한 위치가 일치하여 신기함을 체험하였습니다.

신기함을 반복적으로 체험하면서 그동안의 많은 일이 스치고 지나갑니다.

"오늘 귀인을 만난다고 했는데 귀인을 만나게 되어 감사합니다."

　2014.3.15. 토요일 18시 퇴근 무렵 의뢰인은 전화로 "율량동(청주 소재)에 전세를 계약하려 하는데 수맥점검차 출장할 수 있습니까?"라고 하여 학회 사무실에 찾아 오라고 했다.

　20분 후, 학회 사무실을 방문한 의뢰인은 오랫동안 수맥으로 많은 피해가 있었고 이사할 때마다 수맥이 있는 집으로 이사했다고 말하며 앉은 자리에서 주소나 사진 없이 "율량동 집은 어떻습니까?"라고 묻는 것이었다. 이에 답하기를 "율량동으로 출장할 필요가 없습니다. 율량동(계약하려는 집)으로 이사하지 마십시오. 출장하면 저는 출장비를 받을 수 있겠지만 정통풍수지리 학인으로서 양심을 팔고 싶지는 않습니다. 율량동 집은 큰 수맥이 중심에 있는 집입니다. 흉지이니 출장할 필요가 없어 출장하지 않겠습니다." 이렇게 말하자 의뢰인은 그동안 수맥이 없는 집으로 이사 하려고 갖가지 많은 노력을 하였다는 얘기와 함께 살고 있는 집과 살펴본 집들을 하나하나 묻기에 관(觀)하며 자세히 설명하자 인정한다 했고 상담을 마치려 하는데 의뢰인은 "내덕동 2층 집은 어떻습니까?"라고 다시 묻는 것이었다. 천천히 관(觀)한 후, "그 집이 혈이 있는 명당입니다. 2층에 지상혈인 인혈(人穴)이 있습니다. 출장하 겠습니다. 가시죠" 하고 가까운 곳에 사는 지현선생과 함께 출장하며 기혈정관법을 적용해 "다 왔네요" 하자 의뢰인은 "네, 다 왔습니다. 여기입니다"라 말했다. 현장에 도착하여 늘 그랬던 것처럼 지현선생 먼저 점검하기 시작했고 필자는 사전에 관(觀)한 명당혈의 위치와 크기 그리고 성질 등이 일치하는 것을 재확인하고 수맥, 기맥 등 실재하는 기의 흐름을 실제 점검하며 수맥과 혈의 특성, 혈의 위치, 풍수지리 인테리어에 대하여 의뢰인에게 상세히 설명했다.

　사무실로 돌아오는 중 의뢰인은 "오늘 귀인을 만난다고 했는데 귀인을 만나게 되어 감사합니다"라 했고, 필자는 "아닙니다. 귀인은 제가 아니라 의뢰인께 저를 소개해 주신 제부가 귀인입니다. 저를 소개해 주신 제부에게 감사해 하시고 귀인으로 고맙게 생각하세요"라 했다. 의뢰인의 제부는 풍수지리 선생인데 필자를 소개했다. 나

중에 알고 보니 많이 공부하신 카페 회원이었다.

　의뢰인의 마지막 질문은 수맥을 차단하거나 제거할 수 있는 것인지, 있다면 어떻게 해야 하는지 묻기에 "땅속 물길은 성인도 바꾸지 못합니다. 다 부질없는 것이니 명혈의 기를 잘 활용하고 수맥을 피하여 배치하는 등 적소에 잘 활용하는 것이 지혜입니다"라고 답했다.

　양택 풍수지리 출장에 있어 이사하려는 집이 혈이 있는지 선별하여 점지하는 것과 이사하려는 집이나 살고 있는 집에 대한 혈과 수맥, 살기 등 이(理)를 적용하는 풍수지리 인테리어 모두 중요하나 다른 것이다.

"수맥을 막기 위해 여러 곳에 동판을 깔았습니다."

　점심시간이 되어 자주 찾던 대전의 맛집에 가니 주차할 곳이 없어 다른 맛집을 찾았는데 이곳에도 주차할 곳이 없어 가다 보니 주차할 수 있는 식당이 있었다.

　직업은 어쩔 수 없나 보다. 식당 내 혈이 있는 곳에 앉아 식사를 하면서도 식당에 혈과 수맥 그리고 풍수지리 인테리어, 명리 등 여러 가지를 점검하고 있었다.

　이 식당은 주방에 작은 혈이 있고 주차장과 휴게실 사이에 큰 혈이 있었다. 수맥 중 외수맥은 식당 내부에서 식당 입구로 강하게 흐르고 있었고 내수맥은 손님 테이블에 위치해 있었다. 식당 문을 포함한 구조와 배치가 모두 일치하지 않아 풍수지리 인테리어 측면에서 본다면 점수를 전혀 줄 수 없는 곳이었다.

　20년 넘게 차량 관련 제품을 순회하며 전국에 수천의 상점을 방문하여 풍수지리 점검과 감정을 동시에 하며 오랫동안 지켜보았으니 필자에겐 많은 공부가 되었다.

　이 식당의 경우 종업원 수와 규모 등으로 볼 때 손익계산과 손익분기점엔 답이 없다는 생각을 하여 착하고 친절한 식당 주인에게 "식당문에 큰 수맥이 있네요"라고 엘로드가 없는 상태에서 식당 내부의 수맥들을 가리키자 식당 주인은 신기해 하고 관심을 보인다.

"문에 수맥이 있다고 하여 수맥을 막기 위해 돈을 많이 주고 동판을 깔았습니다."

"동판을 깔면 수맥을 막을 수 있다고 누가 말합니까. 좋은 혈자리 옆에는 수맥이 있어야 하는 법입니다. 사람도 혈도 물이 없으면 죽는 법인데 수맥을 왜 막는다고 하는 겁니까. 수맥을 막는다고 해서 막을 수 있는 것입니까? 혈에 대하여 얘기하며 배치에 대해 얘기를 했습니까?"

"아니요. 수맥이 있다고 동판만 깔면 모두 차단 제거되어 처방된다고 업자가 말했습니다."

풍수지리에서 수맥보다 중요한 것은 혈인데 혈은 점혈하지도 않고 선한 사람들을 현혹하여 돈이나 벌겠다는 욕심으로 수맥을 막는다 하며 금전적 피해를 주는 세상이니 참으로 안타까운 일이다.

참사랑(眞愛)을 통한 홍덕(興德)을 좌우명으로 필자는 이를 실천하고 세상에 알리고자 한다고 생각하고 식당 주인에게 추가비용이 들지 않는 상태에서 혈 중심의 배치 방법과 활용 등 풍수지리 인테리어 방법을 말하자 식당 주인은 고마워 했다.

시간이 지나 의뢰인은 부친의 신후지지 정혈을 요청하여 지현선생과 함께했다.

"명당이니 매입하세요."

몇년 전 밤(21시경)에 현진 박사님과 홍덕사지 앞 식당에서 식사를 하고 함께 금당에 가서 잔을 붓자고 했는데 어느 식당 주인과 동석한 할머니에게 의통을 행한 것으로 인연이 된 분이다.

식당 주인이 아픈 곳을 점검하는 의통을 행하며 허리 부분 추간판(티스크)에 문제가 있다며 그곳을 짚어 보이자 맞다고 했고 그 자리에서 의학통을 행하자 통증이 사라졌다고 했는데 후에 손주 작명을 의뢰하여 사주에 의한 작명과 태어날 때부터 받은 이름을 관(觀)하여 두 이름을 전해 주자 깜짝 놀라 하며 자신이 생각했었던 이름이라는 것이다.

할머니는 의통 점검하며 대장에 혹이 여러 개 있다고 하자 할머니는 인정할 수 없다며 3개월 전에 검사했는데 이상이 없다고 했는데 무슨 소리냐는 것이다. 그리고 이틀이 지났을까? 오후에 할머니는 사무실에 찾아와 고개를 숙이며 죄송하고 감사하다는 것이다. 할머니는 대장에 혹이 있다는 필자의 말을 듣고 밤새 잠을 이루지 못했다며 재검한 결과 혹이 여러 개가 있어 제거 수술을 하고 왔다고 했다.

그동안 할머니에게 여러 차례 명리, 의통, 풍수지리학을 행했는데, 며칠 전 같은 장소에서 할머니를 만나게 되었다. 할머니는 필자가 금당에서 수련하는 것을 알고 있고 자신의 2층집 거실에서 바라보니 눈에 보여서 올라온 것이다.

할머니는 "○○에 매물이 어때요?"라고 묻기에 "명당이니 매입하세요"라고 답하자 할머니는 "집을 지으려고 하는데 선생님이 시간 되면 가서 자세히 봐 주세요" 한다.

대동학 정통풍수지리 학인 지현선생님이 점검한 내용과 본인이 관(觀)한 혈도

출장할 필요가 없다고 생각하여 할머니에게 이같이 말했는데 할머니는 좌향과 수맥 기타 여러 가지를 묻고는 확인하고 싶었던지 갑자기 현장에 가자고 노부부가 사무실을 방문하여 마침 사무실에 함께 있던 지현선생과 함께 할머니 내외 등 4명이 현장에 도착하여 집 바닥의 높이 등 자세히 알려주며 부부가 혈의 중심과 높이에 기를 체감하라 했는데 할아버지가 먼저 체감했고 다음 할머니가 체감했다.

"명당이니 바로 계약하세요" 했더니 즉시 계약한다고 했다.

지난 주 토요일(2014. 10. 4.) 부산에서 온 아석선생과 지현선생이 함께 홍덕사지 금당에서 풍수지리 이(理)를 논하던 중 할머니는 홍덕사지 금당으로 향하는 필자를 보았다며 찾아와 계약했다고 고맙다는 인사를 하였다.

계약한 지 보름도 되지 않았는데 땅값이 두 배 가까이 뛰었다고 했고, 집을 지은 후 남편 꿈에 할아버지가 나타나 "이것이 집이다. 커다란 무지개가 집 안에 있는 것을 보았다"고 했는데 할아버지와 진화(2017.11.21. 16:15) 통화로 확인하고 사례기를 마무리한다.

"돈을 벌기는커녕 오히려 병만 얻게 됩니다."

얼마 전 의뢰인이 이장할 목적으로 점지를 의뢰하여 출장하여 정혈하게 되었다. 의뢰인 부인은 정혈의 위치를 확인한 후 "여기에 모시고 싶다고 생각하였는데 신기하게 일치하네요"라는 것이었다. 정혈 후 의뢰인이 운영하는 식당으로 가며 차 안에서 "의뢰인께서 운영하는 식당은 자리가 좋고 의뢰인과 기운이 맞는 좋은 명당자리입니다"라 말한 후 식당에 도착하여 명당의 혈자리를 가리키며 "혈자리 안에 식재료(양념), 금고, 식탁이 있네요. 아주 좋습니다. 이 식탁에 앉아있으면 건강에 좋습니다"라고 말하자 의뢰인 부인은 "남편이 이 자리에서 신문을 보고 평소 앉아 있을 때는 여기에 앉아 있습니다"라며 호응해 왔다.

이후 여러 가지 점검내용과 풍수지리 인테리어에 대하여 설명하였다.

식당의 규모는 테이블 5개 정도 놓을 수밖에 없는 작은 평수이나 단순 메뉴로 상당한 매출로 성업하는 식당임을 예견하여 "하루 매출 ○백만원, 월매출 ○천만원, 년매출 ○억원 정도 되지 않습니까?"라 묻자 의뢰인은 "11년 동안 전체 매출을 년, 월, 일 평균매출로 계산하면 그렇게 된다"고 인정하며 신기해 한다. 그리고는 아무에게도 말하지 않고 자신만 알고 있는 비밀인데 "후배님을 도사님이라고 불러야 하겠네요"라고 말하는 것이었다. (*참고로 의뢰인은 금오공고 선배로서 '음택 고흥 사례기'의 의뢰인과 동기여서 필자를 후배라 한다.)

의뢰인 식당에 손님이 많아져 자리에 앉지 못하고 출입문 밖에서 얘기를 나누었는데 의뢰인이 "같은 건물 같은 층에 두 개 상점 중 옆의 상점은 어떠냐"고 하여 "여기는 식당 터로 좋지 않은 자리입니다. 이 터에서 오랜 동안 장사하면 돈을 벌기는커녕 오히려 병만 얻게 됩니다"라 말하자 의뢰인은 "중국집이 있었는데 개업 후 병이 나고 실패하여 폐업하였다는데 병으로 결국 세상을 떴어요"라고 말하는 것이었다. 의뢰인 부인에게 의통 점검을 행하자 통증부위가 일치하다 했고, 의학통을 행하며 많은 것을 설명하였다.

그동안 수많은 식당을 점검하며 연구한 결과, 풍수지리학적 측면에서 볼 때 식당이 성공하고 실패하는 원인과 이유에 대한 몇 가지 결론을 얻게 되었다.

성공하는 식당은 조리실에 혈자리가 있으면 식재료가 혈의 혈기와 운(運)하여 맛을 더하는 등 많은 것이 달라진다. 명당 혈자리와 사혈, 살혈 흉지에 각각 계란을 놓고 시험해 보면 명당 혈자리에 있는 계란의 신선함이 오래 가는 결과를 쉽게 볼 수 있다.

명당의 혈자리에 체백을 모시면 육탈이 되어 황골이 되는 반면, 살혈, 사혈에선 유골이 검게 변하거나 일부 또는 전부가 훼손되는 등의 각종 결과가 나타나는 것과 같은 이치라 할 수 있다.

식당이 성공하려면 명당 혈자리가 있어야 하며 조리실과 테이블, 출입문과 금고의 위치 등 몇 가지의 점검 결과 일치하면 성업을 이루는데 프랜차이즈 창업도 이에 해당된다.

　같은 건물의 같은 층이라도 모두 혈이 있는 명당이 아니다. 하나가 혈이 있는 명당이라면 옆에는 대부분 흉지라고 보면 된다. 길지와 흉지가 따로 있어 이같이 길흉화복(吉凶禍福)의 결과가 나타나니 사전에 혈이 있는 길지와 흉지를 구별하여 계약해야 함은 매우 중요하다.(*이 사례에 해당하는 건물 사진을 올리지 못하는 것은 건물주가 재산권 침해 우려를 제기했기 때문임을 양해 바란다.)

"아이는 신경질적으로 변합니다."

　○○선생님 소개로 청주시 가경동 소재 11층 아파트를 감정했다.
　고층인데도 수맥의 세기는 대단했다. 수맥은 나무뿌리와 같이 여러 경로로 형성되어 파장하고 있어 아이들 공부자리와 잠자리에 직접적인 영향을 주었고, 공부자리에서 느껴지는 수맥의 파장은 소화계통에 질병을 유발하는 위장장애의 원인이 있어 이 자리에서 공부하는 아이는 소화불량 증세로 속이 더부룩한 증상이 있을 것으로 예견하였다. 침술에 조예가 깊은 의뢰인은 속이 더부룩한 증상이 있다고 인정했다.
　다른 잠자리를 점검하니 머리와 가슴부분으로 강력한 수맥이 있는데 이 수맥의 파장은 정신분열을 유발하는 수맥으로서, 인간은 잠자는 동안 에너지가 충전되고 뇌신경도 휴식을 취해야 하는데 아이의 잠자리는 수맥의 악영향으로 잠을 자고 나면 오히려 에너지가 감소되어 기력이 감소하고 뇌신경 자극으로 과민 반응을 보이는 자리임에 여기서 잠을 자고 일어난 아이는 신경질적으로 변한다고 하자 이 또한 인정했다.
　이번엔 혈(穴)의 유무를 점혈해 보았다. 점혈해 보니 크고 작은 혈이 있었고, 혈을 정혈하여 공부자리와 아이들 잠자리를 점지했으며, 부부 잠자리의 위치, 방향, 높이 그리고 하단전을 혈의 중심에 일치하도록 자세히 설명하며 위치를 표시하자 의뢰인은 '하단전의 중요함을 잘 알고 있다' 고 했다. 이 아파트의 경우 15층 중 11층에 의뢰인이 살고 있는데 혈의 위치가 11층 바닥에서 약 70센티미터 높이에 형성되어 있어 11층이 혈 중심이고 아래 10층과 위 12층에도 혈의 기운이 있다고 설명했다.

의뢰인에게 국내 교수가 정자실험하며 정자가 떨어져 있어도 같은 반응을 보인다는 실험결과와 미국 국방부에서 DNA를 실험하며 500킬로미터 떨어진 상태에서 DNA가 같이 반응한다는 실험결과를 공중파 방송에서 보도한 내용을 의뢰인 부부에게 말하면서 양택과 음택 모두 기(氣)에 감응되기에 혈이 있는 길지와 수맥, 살기, 살혈이 있는 흉지는 구별함이 중요하다고 설명하니 의뢰인은 '맞다' 고 하며 '풍수지리는 결코 미신이 아니고 과학' 이라 했다.

"누가 원장입니까? 어느 분이 원장인지 모르겠습니다."

중소기업 사장이 대동학 학회 사무실을 찾아와 의통학 점검을 하게 되었다. 의통 점검하며 대장에 냉기가 많고 냉기로 인해 결장과 직장에 이상이 있어 이런 증상은 설사를 자주 하게 된다고 하자 사장은 신기하다는 표정으로 어려서부터 설사를 달고 살았다고 한다.

○○동 특정지역 내에서 남향 명당터를 매입하려고 10여 년 동안 찾았는데 찾지 못했다 하여 필자가 풍수지리의 명당을 설명하자 사장은 필자가 명당이라 추천하면 무조건 매입할 것이며 평수, 가격, 대지, 건물 모두가 관계없다고 하며 명당 정혈, 점지 의뢰가 있어 다음페이지 상단의 도면으로 설명했다.

현진 박사님 소개로 방송사 PD가 찾아왔다. 동네 병원에서 큰 병원으로 가기 전날 찾아와 목 삼각부에 있는 종양들을 그 크기와 위치를 종이에 표시했었는데 종합병원에 갔다 온 남 국장은 그림처럼 그대로 나왔다고 했다.

지인의 소개로 ○○병원장과 점심을 한 후 병원을 방문하여 풍수지리 감정 및 풍수지리 컨설팅을 했다. 병원 터와 건물을 점검하면서 1층에 있는 점포 중 약국에 혈

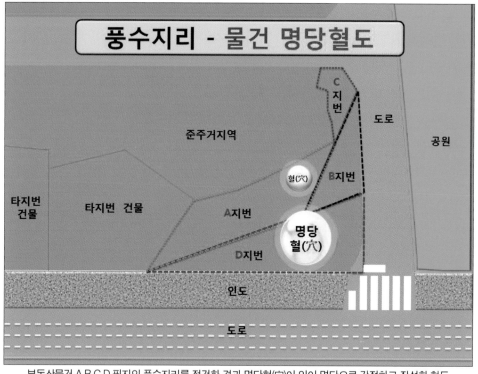

풍수지리 - 물건 명당혈도

부동산물건 A,B,C,D 필지의 풍수지리를 점검한 결과 명당혈(穴)이 있어 명당으로 감정하고 작성한 혈도

(穴, 명당혈)이 있고 혈 중심에 있다고 하자 병원장은 약국이 돈을 많이 벌어 대박이라고 했다. 수맥, 기맥(氣脈) 등 풍수지리의 여러 이(理)를 대입 점검하며 설명하는데 병원장 부인이 자리하게 되어 부인에게 의통학 점검을 하며 의통 점검 결과를 말하자 신기하다는 표정으로 인정하였다.

이어 병원장도 의통 점검을 요청하여 "소화기관인 위, 소장, 대장이 전반적으로 차고 냉기가 모여 있어 활기가 되지 않고 있습니다. 현대 양학(의학)에선 복부팽만감 증상 등으로 이를 과민성대장증후군이라 소견할 수 있겠습니다"라고 말하자 내과전문의 병원장은 "맞습니다. 평상시 그런 증상입니다"라고 답하는 것이었다.

함께 자리한 조 회장이 이 모습을 시종 지켜보았다. 조 회장은 병원장을 원장이라 하고 필자에게도 원장이라 했었던 지인으로서 의통학 점검과 과정을 지켜보고 웃으면서 "누가 원장입니까? 어느 분이 원장인지 모르겠습니다" 하여 함께 웃어 넘겼다.

병원건물 점검. 감정 풍수지리 컨설팅

건물 후면 사진   필지 내 명당혈(穴)도

穴 후면 주차장

입구   穴   건물

1층 약국 3층건물

전면 주차장
입노

명당 혈(穴) 위치에 따른 설계를 건물 뒤로 했어야 했다.

    병원 사진에 찍힌 건물을 점검, 감정하면서 필지 내(內) 터에 명당혈(穴)이 위치하는 곳에 따른 터에 후면·전면·측면 등 건물이 자리할 배치를 설계에 반영하여야 함을 설명했다. 혈(穴, 명당혈)의 위치와 수맥, 좌향 등을 설명하면서 "두 혈(명당혈)이 건물 안에 자리하려면 건물을 터 후면에 자리하도록 설계했어야 했는데 건물이 터 중간에 자리하여 혈들을 모두 적용받지 못해 흠이라면 흠입니다. 혈 하나가 건물 내에 있고 건물에 혈은 일 층 두 점포 중 약국에 자리했고 좌향은 이(理)에 부합합니다"라 말했다.

    재건축하거나 리모델링하려면 어떻게 해야 하는지를 묻기에 풍수지리 컨설팅을 하였고 매각할 경우에도 명당을 매각하는 방법에 대하여 자세히 설명하자 병원장이 계획하고 있는 전원주택 터의 가상(家相)과 향(向)을 의뢰하겠다 했으며 선영의 감정도 의뢰하겠다고 확약했다.

"옮긴 날부터 바로 잠에 들었고 푹 잤습니다."

전화가 왔다. 내용은 잠을 이루지 못한다며 괴로워 죽을 지경인데 어떻게 푹 잘 방법이 없냐는 것이었다. 관(觀)하니 거대한 수맥이 합수하는 자리에 살혈까지 있어 흉지 중에서도 아주 심한 흉지였고 더 버티면 정신분열증이 일어날 것으로 예견되었다.

의뢰인은 출장을 해달라고 했지만 집 전체가 수맥이기에 집 안에서 피할 수 있는 공간이 없어 갈 필요가 없다고 했다. 출장을 하면 출장비는 받겠지만 대책 없이 갈수는 없다고 거절하며 수맥과 살기는 차단하거나 제거할 수 있는 것이 아니기 때문에 계약 만료 전이라도 빨리 이사하는 방법 밖에 없다고 했다.

의뢰인은 남편과 상의하여 소유한 부동산이 있다며 거기에 '전원주택을 짓는다'고 하기에 '혈자리가 있다'고 말하고 현장에 도착하여 혈의 기를 체감할 수 있도록

지도를 한 후 부부는 기체험을 했다. 그런 후 집을 지었다고 전화가 왔다. 입주한 지 일주일이 되었는데 거기에서도 제대로 잠을 이루지 못한다는 것이었다.

의뢰인에게 사진을 보내달라고 했고 사진을 보니 가상(주택)이 뒤로 그리고 옆으로 혈에서 떨어져 집을 지었다. 혈 중심에 꼬챙이를 꽂아놓고 혈 중심의 높이를 바닥으로 하라고 거듭 강조했었는데 측량하며 공간이 뒤로 더 나오자 벗어나게 지은 것이었다.

터에는 크고 작은 혈이 두 개 있었는데 작은 혈이 잠자는 안방(현관문 옆 창문쪽)에 있어 원인을 분석한 다음 의뢰인에게 "안방에 있는 혈 중심이 아랫목에 가까이 있으니 윗목에서 아랫목으로 잠자리를 옮기세요"라고 일렀다.

그러고 난 후 삼 일째 되는 날 의뢰인은 통화하며 "옮긴 날부터 바로 잠에 들었고 푹 잤습니다. 고맙습니다"라고 기뻐하며 조만간 초대하겠다고 했다. 혈 옆에는 수맥이 있기에 수맥에서 혈이 있는 곳으로 옮겨 잠을 자면 술을 먹으면 취하듯 혈의 기에 감응되어 잠을 보다 쉽게 이루고 자고 나면 원기 회복되어 활기 있게 된다.

고수와의 만남

2013년 11월 3일. 부산에 사는 여성 도인과 전화 상담을 하였다.

관(觀)하니 의뢰인은 온몸에 살기가 많았고 기(氣)가 막혀 제대로 통(通)하지 않았으며 혈(穴)도 막혀 심한 통증으로 고통과 괴로움에 시달리고 있었다.

의뢰인은 젊어서부터 50여 년간 선도(禪道)를 수련하여 대단한 경지에 도달한 고수였다. 바둑판에서 상대가 한 수를 두자 고수는 졌다 하며 돌을 놓듯 고수였음을 단번에 알아볼 수 있었다. 그런데 안타깝게도 기력을 잃게 되어 과거와 같이 원격으로 관(觀)하면 과거(전생), 현재(현생), 미래(내생)까지 꿰뚫어 TV 화면처럼 보였고, 천도도 그 자리에서 할 정도의 고단계 경지였는데 지금은 도력(道力)을 펼칠 수 없는 상태라고 솔직히 말하며 막힌 맥과 혈을 뚫어달라고 부탁하는 것이었다.

통화하면서 원격으로 관하여 점검한 의통(醫通) 내용을 그대로 말하자 의뢰인은 "그렇다"고 인정하며 이사할 수밖에 없는 사정을 말하면서 당일 계약한 집이 어떠냐고 묻는다.

"오늘 계약한 집은 명당혈이 없습니다. 먼저 보았던 집이 명당입니다. 계약금을 포기하고 먼저 보았던 집으로 빨리 계약하고 이사하세요."

결국 계약금을 포기하고 필자가 정혈한 집으로 우여곡절 끝에 매입하고 이사했다.

통화 후 부산 출장을 의뢰받으면서 필자는 의학통으로 몸 전체의 맥과 혈이 통하게 되면 기를 쌓는 축기를 하고 명당혈의 기운화로 탁기를 진기로 전환하는 진기전환법(眞氣轉換法)을 할 목적으로 몸의 혈을 뚫고 터에 혈의 중심을 짚어달라고 부르는 것임을 잘 알고 있었다.

2013년 11월 5일, 부산에 출장하여 역에서 의뢰인을 만나 사전에 정혈하였던 이사할 집에 도착하여 원격으로 관하고 점검한 의통 내용과 명당혈에서 의뢰인에게 의학통을 펼치며 진기전환법, 기력, 염력, 생법, 멸법, 안수, 기사회생주, 법보법, 사기혈통법, 사기수술법, 72룡법, 결계법 등 여러 가지 의학통 중 몇 가지를 펼치자 참으로 신기한 일들이 일어났다.

의뢰인에게 여러 가지 의학통을 펼칠 때마다 의뢰인은 구체적으로 기의 특성과 흐름, 회공되는 기의 흐름과 혈의 위치 등을 구체적이고 정확히 표현하며 말함에 필자는 예상은 했지만 이 정도로 최고수였는가 하고 놀라지 않을 수 없었다.

"살기가 많고 막힌 혈이 심한 곳에선 부드럽게 맑고 강하게 해주세요"라고 하여 필자는 "묵은 병일수록 초기엔 부드럽게 통해야 합니다. 아니면 핏줄이 터집니다. 핏줄이 터지고 혈이 파혈되면 회복불가가 되는데 감당할 수 있겠습니까?"

"예, 맞습니다. 잘 알겠습니다."

명당혈의 혈장과 혈 중심을 짚으며 회음혈(생식기와 항문 중간에 있는 혈)을 통해 축기법과 기회공법, 진기전환법 등을 설명하자 "느끼는 것은 저도 잘 느낍니다. 여기가 혈 중심 맞습니다. 회음혈로 기운이 강하게 올라옵니다"라 답하여 "이곳에서 축기, 회공하여 기력을 빨리 회복하십시오. 그리고 결계법을 가르쳐 드릴 테니 살기(殺氣)부터 방어하고 몸을 보호하세요"라고 이르고 많은 내용을 자세히 설명하였다.

그리고 혈 명칭과 수련·수행과정에서 나타나는 현상들, 또 천안통의 투시, 원격시 등 의뢰인이 과거 행했던 도리(道理)에 대해서도 많은 대화가 있었다.

함께한 ㅎㅅ선생은 많을 것을 직접 듣고 볼 수 있었던 동행이었다고 의미 있어 한다. 학인에게는 끝없는 수학과 수련은 당연한 삶이지만 잃는 것 또한 순간이라는 생각을 하며 돌아왔다.

"그 빛을 보았다고 말하는 사람이 있을 것입니다."

2012년 2월 10일, 존경하는 은사님인 김동명 선생님이 근무하시는 시골 중학교를 찾아갔다.

중학교 2학년 때 담임을 하신 분으로 당시를 회고해 보면 교육에 대한 열정이 대단하신 분이었고 학생들을 바르게 육성하고자 도덕생활 지도교육을 열성(熱誠)으로 하셨던 분이다.

은사님을 뵈며 큰절을 올리면서 선생님의 건강과 덕령(德靈)을 살피니 건강하셨고 덕령이 큰 분이셨다. 평소 덕(德)을 많이 쌓으시며 무아(無我)의 참뜻을 깨닫고자 하심(下心)을 행하시고 유(柔, 부드러움)함이 많으셨는데 앞으로 도덕성본(道德性本)의 교권위본(敎權爲本)을 나라의 흥망성쇠에 근원이 되는 교육에 도덕성 회복과 도덕(道德)을 바탕으로 참교육이 실현되어 정치적 유위(有爲)가 없는 교권회복과 참교육이 실현되었으면 좋겠다는 생각을 하였다.

은사님은 교장실 자리가 어떠한지 궁금해 하여 상세하게 점검해 드렸고 교무실과 서무실을 찾아 수맥과 질병 유발요인 등을 설명하고 혈(穴)자리에 대한 설명을 하며

자리를 점검했다. 더불어 선생님들께 명리학 상담도 했다.

은사님은 필자에게 앞으로 김구선생처럼 한복을 입고 다니라고 권하시며 강의도 하라고 말씀하셨다. 필자는 은사님께 "내년 봄에 좋은 소식이 있을 것입니다. 시골 학교에서 큰 학교로 가시면서 영전하여 선생님의 교육관을 펼치셨으면 합니다"라 며 축원의 인사를 드렸다.

발길을 돌리며 군사부일체(君師父一體, 나라의 왕과 스승 그리고 부모의 은혜는 같은 것이다)를 머리 속 깊이 각안시켰다. 김동명 선생님께 스승의 은혜에 대한 아 주 작은 보답을 하였다고 생각하니 필자 스스로가 행복한 사람이라는 느낌이다.

이듬해 초 은사님께서 전화를 주셨다.

바라던 대로 청주공업고등학교 교장으로 영전하셨고 교장실을 점검해 달라고 하 셨다. 그리고 학교 졸업생이 기증한 상징석 3개 놓을 자리를 점지해 달라고 하셔서 상징석이 자리할 혈(穴)자리를 정혈하고 3개의 상징석의 기(氣)를 점검한 후 각각의 혈과 상징석이 합할 수 있는지도 확인한 후 사진과 같이 3개의 혈자리에 상징석이 자리하게 하였다.

그 위치는 신관과 구관의 중간이었으며 의도한 바 없는데도 교목인 소나무와 상징석이 잘 어우러졌고, 교문에서 들어서면 한가운데 자리하며 3개의 혈과 상징석의 기운이 합일(合一)되어 거대한 투명막이 빛으로 작용하여 그 빛이 학교 전체에 퍼지고 있었다.

교장선생님과 동문회장 등 여러 관계자가 있는 자리에서 필자는 "동쪽의 태양(日)빛이 석물에 비쳐지면 혈자리에 있는 석물에서 빛이 나타나니 밝은 영(靈)의 사람, 바로 그 빛을 보았다고 말하는 사람이 있을 것입니다. 석물과 혈자리의 기운이 합해져 그 기운으로 청주공고에 좋은 일이 많을 것이며 앞으로 인재들이 많이 배출될 것입니다"라고 축원했다.

상징석이 자리한 날 밤 11시경 수석 전문가라고 하는 동네 사람이 상징석을 보고는 영험한 기운이 빛난다며 잔을 올릴 수 있는지 묻는 말을 했다는 전갈을 학교관계자들이 필자에게 전해 왔다.

필자가 은사님과 동문회 임원들이 초대한 자리에 갔더니 "이 학교 핸드볼팀이 처음으로 전국대회 우승을 하였고, 태권도팀도 전국대회 우승을 하였으며, 기능대회도 우승하여 경사가 겹쳐 개교 이래 최고의 성과가 있었습니다"라며 무척이나 고맙다는 것이었다.

"꿈에 황금새가 앉아 있었어요."

카페 회원이 운영하는 가구점을 찾은 노부부는 카페 회원의 절친한 친구의 부모라고 했다.

회원의 부인은 친구 모친을 의통 점검해 달라는 요청으로 점검하며, "위장의 내벽 상단부에 염증이 있으며 심장의 상단부에 이상이 있어 부정맥증상이 있네요"라고 하고 위장과 심장을 종이에 그리며, "위의 염증은 오래된 것인데 헬리코박터균은 모든 사람에게 다 있으나 어머니는 정도 이상으로 이 균이 많아 위의 상부 내벽에 염증이 있는 것이니 의사의 처방을 잘 따르시고 음식도 의사가 조심하라는 것은 철저하게 지키세요. 그리고 심장에 부정맥증상이 있는 것은 마음의 문제가 제일 큰데 바로 조급증 때문이며 기거하는 집의 수맥도 연관이 있습니다"라 설명하자 친구의 어머니는 "신통하시네요. 그렇잖아도 내시경 검사를 했는데 그 부분이 그렇다 하네요. 염증 때문에 약을 먹고 있어요. 한약방에도 갔는데 부정맥이라고 하네요. 진맥도 하지 않고 만져보지도 않으면서 어떻게 정확하게 아시는지 정말 신통하시네요"라며 거듭 말씀하셨다.

이번엔 친구 부모님이 살고 있는 휴암동 집을 원격으로 점검해 달라고 요청하셨고 회원님도 거듭 요청을 하여 거절할 수 없어 관(觀)하기 시작했다.

멀리 떨어져 있는 집에 원격 점검과 정혈을 시작했고 잠시 후 종이에 집 구조와 혈의 위치를 표시하며 설명하자 놀랍다는 표정을 지으며 친구의 부친은 "그곳에 황금새가 앉아 있는 꿈을 꾸었어요"라고 말한다.

며칠 후 노부부의 집에 방문하여 친구의 부친에게 혈자리를 가리키며 "여기가 혈자리입니다"라고 말하자 친구의 부친은 "맞아요. 여기에서 꿈에 황금새가 앉아 있었어요"라 말하는 것이었다.

"축하합니다."

앞에 언급된 가구점에서 어느날 커피를 마시고 있는데 회원의 부인은 '교차로' 신문을 보며 부동산 매물 번지만을 말하면서 명당자리인지 묻기에 관(觀)하면서 "혈이 건물바닥에 정확히 있고, 그 혈이 건물 전체를 감싸는 큰 혈이며 아들(1남2녀)과 남편에게 잘 맞는 좋은 자리입니다"라 했다.

옆에 있던 회원은 건물을 얼마에 매수하게 되는지 궁금한지 뜬금없이 매매가격을 묻기에 "2억 8천에서 2억 7천으로 되니 2억 7천에 거래가 될 것입니다"라 했더니, 회원의 남편은 놀라며 "3억에 나왔는데 현재 2억 8천까지 떨어졌답니다"라 하였고, 필자는 "2억 7천까지 기다려보십시오"라 했었다.

며칠이 지났을까. 회원 부부는 부동산을 매수하려면 많은 돈을 준비하여야 되는데, 그리하려니 살고 있는 아파트를 매도하여야 하고 매도한다 하여도 매수자금이 부족하며 그 사이 매수하려는 건물을 타인이 매수하면 어쩌나 하고 초조해 하여 필자는 회원이 매수하려는 터의 주인이 누구인지 기학과 명리학으로 점검하기 시작하여 류씨(柳氏)가 주인임을 확인하고는 회원에게 "이씨(李氏)와 류씨(柳氏) 중 류씨(柳氏)가 주인이 되니 너무 걱정하지 마세요"라며 안심시켰다.

시간이 지나면서 점점 초조해 하는 회원 부부를 생각하여 명혈을 재점검하고 명리학과 투시론으로 회원 부부의 아들과 가족이 최소 6급에 해당하는 명혈의 주인됨을 확인하고 관(觀)한 집 구조를 종이에 그리며 설명하자 집을 보고 왔던 회원 부인은 깜짝 놀라며 말한다.

"정말 맞습니다. 어떻게 그 집에 가 보지도 않고 집 내부도와 가구의 배치도를 정확히 그리시나요. 사람 몸속을 보고 아픈 곳을 짚어내는 줄은 알고 있었지만 광명대사님 정말 대단하십니다."

사실 이 명혈의 집이 매매되는 과정에서 몇 개월의 시간이 흐르는 동안 수없이 많이 관(觀)한 이야기들이 있으나 본서에 현묘하고 오묘한 내용들을 다 기재할 수 없음을 안타깝게 생각한다.

오늘은 회원이 2억7천에 매매계약서를 작성하는 날이다. 회원의 요청으로 계약서를 작성하는 데 동행하여 매수한 건물의 3층 거실에 들어가는 순간 명혈의 기와 명혈의 빛을 체감하면서 '회원님들이 이제는 드디어 명혈의 주인이 되는구나'라고 생각하니 정말 기분이 좋았다. 그리고 그동안 관(觀)한 내용들이 모두 일치하는지 여부를 현장에 와서 직접 확인한 결과 모두 일치하는 것이었다.

가상 정면으로 물형의 기운이 전혀 막힘 없이 직선으로 들어와 물형의 형태를 회원 부부에게 설명하자 회원 부부는 물형의 이목구비를 이해하면서 기뻐했고 물형에는 암수가 있어야 하는데 또 다른 물형이 짝짓기하는 형국도 설명했다.

사전에 이사하는 날을 택일했고 매매계약서 작성을 마친 후 회원님께 손을 내밀었다.

"축하합니다."

"다 광명대사님 덕분입니다."

"혈자리 중심과 정확한 높이에 집을 지으셨네요."

예산군 삽교읍에 사는 회원의 친정 언니와 전화상담을 했다.

가구점을 운영하는 회원님 부인이 소개한 언니, 의뢰인은 집을 지으려고 하는데 마땅한 터인지 확인하려 하였고 전화상담하며 좋은 혈이 있는 터라고 말하고 집을 짓는데 혈(穴)의 중심 높이가 중요하니 땅을 파거나 높이지 말고 그대로 지어야 한다고 말했다.

의뢰인 부부가 집을 지은 후 혈자리 중심에서 잠을 자고 생활하여 혈색이 좋아지고 기(氣)가 충만되어 건강한 의뢰인에게 "혈자리 중심과 정확한 높이에 집을 지으셨네요"라고 하고는 의뢰인의 초대로 가구점을 운영하는 회원 부부와 함께 그 집에 도착하여 점검을 하니 청주에서 의뢰인에게 전화상담한 내용 그대로 혈자리 중심과 바닥의 높이가 정확하게 집을 지었다.

의뢰인은 새로 지은 집의 혈자리 중심에서 잠을 잘 수 있게 배려해 주었고 잠을 자면서 기체감을 하자 청주에서 기체감하였던 것과 같은 기운이 필자의 온몸에 운기되어 감응되었다.

자고 일어난 다음 날, 의뢰인의 친척과 동네 사람에게도 풍수지리 점검과 의학통을 행했는데 의뢰인의 시누이와 1.5미터 정도 떨어진 상태에서 "척추 꼬리뼈 윗부분의 신경에 이상이 있어 왼쪽 종아리에 통증이 심하시죠?"라 말하자 의뢰인의 시누이는 "예, 2년 전에 목욕탕에서 넘어진 후 그곳 치료를 받았는데 지금까지 많이 아파요"라고 말해 같이 자리한 사람들이 경이롭다 했고 어떤 분은 "만능 도사이시네요"라고도 하자 의뢰인은 3년 전의 일을 기억하였는지 "동생의 몸속에 혹(자궁 종양)이 있는 것도 맞추었시유. 아주 귀한 분이 오신 거유"라며 반겼다. 시누이는 홍성에서 왔다며 집터에 대해 질문하여 이에 대한 답과 방법을 알려 주었다.

사무실에 오면서부터 통증이 시작되었다

○○아파트 내의 매물에 대해 감정하여 혈이 있는 아파트 명당찾기 점지 출장을

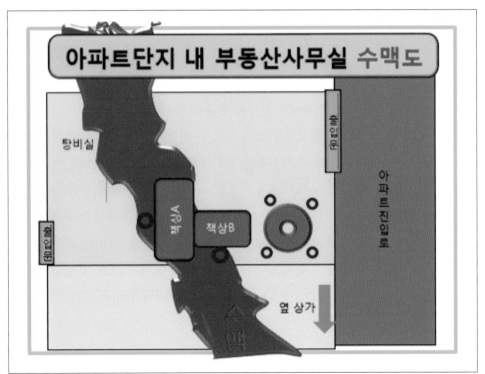

동작구 현충원 부근 아파트단지 內 공인중개사 사무실 수맥도.

하였고 물건을 소개하는 공인중개사를 만나게 되어 의뢰인과 부동산 사무실을 방문했다.

공인중개사의 요청으로 사무실을 점검하게 되었고 수맥이 점검되어 동시에 수맥으로 인한 신체부위별 건강에 미치는 영향을 함께 점검하는 과정에서 수맥이 인체 부위별 질병유발의 원인과 공인중개사의 신체부위별 질병 중 일치되는 증상들이 있어 감정결과를 말해 주었다.

"뇌부위 후두엽에서 측두엽으로 이어지는 편두통이 있으며 후두엽에서 시신경을 자극하여 눈에도 통증이 동반되면서 전두엽에 통증으로 이어지게 됩니다."

수맥점검 기구는 물론 신체에 아무런 접촉도 없이 여러 증상을 말하자 공인중개사는 소스라치게 놀란 표정을 지으며 답한다.

"머리가 흔들려 무척 아팠고 눈도 아픕니다."

"여기 수맥의 원인으로 인체에 미치는 악영향으로 나타나는 증상들입니다."

"2년 전 부동산 사무실에 오면서부터 통증이 시작되었습니다."

"수맥 중앙에 책상이 자리하고 있으니 책상을 옮기면 통증은 없어질 것이고 배치하는 방법으론 두 가지가 있습니다."

그리고 책상배치에 대하여 자세히 설명하자 그 중 하나를 선택했다.

수맥으로 인하여 갖가지 질병이 유발되지만 위 사례의 경우 현대의학의 고도로 발달한 의료장비로도 원인이 나타나지 않기에 사람들은 원인 모를 통증, 정신계 이상 증상인 빙의, 환청, 환각 등으로 고통만 받는 사례가 너무나 많은 것이 현실이다. 이는 수맥, 살기, 살혈의 기(氣)로 인한 질병유발 원인인 경우로 그동안 사례들로 볼 때 수맥을 정확히 점검하여 자리를 옮기기만 해도 상당부분 해소된다는 결론이다.

흉지를 길지로 바꿀 수 없기에 계약, 이사, 이전 전에 병까지 치유, 호전되게 하는 혈이 있는 길지를 선택함이 가장 중요함을 거듭 강조하는 이유이다.

"순간 전신에 소름이 끼치도록 놀라웠습니다."

풍수지리에 관심이 많았던 앞의 사례에 의뢰인은 딱히 공부한 바 없었는데 기감이 남달라 혈의 기운과 수맥의 기운을 잘 구별하는 분으로 기억된다.

의뢰인 부부는 맞벌이하며 열심히 노력해 ○○아파트에 이사하려고 마음먹은 지 오래되었다. 전세기간이 만료되자 필자와 인연이 된 위 사례의 의뢰인은 아래와 같이 체험수기를 써서 대동학 카페에 올렸다.

안녕하세요, 광명선생님.

선생님 덕분에 좋은 집을 양택풍수지리하게 되어 기쁩니다.

하지만 선생님께서 점해 주신 명당이 제가 들어가지 못할 곳이었나 봅니다.

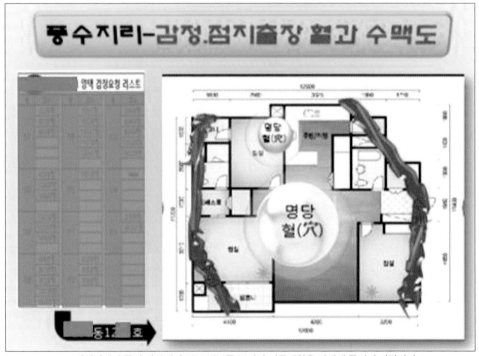

※선생님께서 주신 파일에서 일부 정보를 보안상 비공개함을 양해해 주시기 바랍니다

12층과 계약을 추진하였으나 매도인이 갑자기 거래를 하지 않겠다고 하더군요. 매도인이 지금은 안 팔고 올해 겨울 정도에 집을 다시 내놓을 생각이랍니다. ㅎㅎ 그래서 10층과 계약하려 했으나 어제 오전에 계약이 완료되었다고 합니다. ㅠㅠ 어제는 상실감이 커서 하루 종일 멘붕이었습니다. 7월이 전세만기라서 지금 살고 있는 집에서 나와야 하는데 어찌 해야 할지 난감합니다.

아무튼 상황은 그렇고…, 선생님의 놀라운 능력에 대해 감복하여 체험수기를 남겨야겠다는 생각이 들어 글을 올립니다.

카페에 2주 전에 가입하여 많은 자료를 살펴보고, 선생님의 능력이 남다르시다는 것을 알게 되어 바로 전화상담을 드렸었죠. 전화상담을 하면서도 뭔지 모를 포스에 압도당하는 느낌이었다고 할까요? 하하

그런데 선생님…, 어떻게 전화 통화만으로 저의 사주 오행을 맞추셨는지요? 생년월일시도 말씀 안 드렸는데…, 대단하십니다. ··

선생님께서 아파트단지에 나온 매물의 동과 호수를 모두 보내달라고 하셔서 전체 목록표를 정리해 보내드렸죠.

그 다음 날 선생님께서 콕 집어 말씀해 주신 해당 아파트의 라인에 있는 2개의 매물을 예약하고, 지난주에 현지답사를 하였죠.

그런데 이 부분이 정말 놀라웠습니다. 선생님께서는 와서 보시지도 않았는데 어떻게 원격으로 그 아파트의 명당혈과 수맥을 정확하게 감정하셨는지요? 특히 엘로드로 혈과 수맥의 기를 보여주시기 전에 먼저 선생님께서 손바닥(?)으로 기를 측정하시고, 이후 엘로드로 측정한 곳이 정확히 일치되는데, 순간 전신에 소름이 끼치도록 놀라웠습니다.

그런데 이게 다가 아니었습니다. 감정을 마치고 현장에서 선생님께서 메시지로 보내주신 앞의 그림(혈과 수맥도)을 보고 또 한 번 놀랐죠. ㅎㅎ

이미 선생님께서는 원격(?)으로 감정을 마치시고, 현장감정을 통해 원격감정한 것이 맞다는 것을 확인하셨는데, 100% 정확도에 놀랐습니다.

정말이지 놀라운 경험이었고 오랜 기간 고된 수련을 통해 능력을 갖추셨을 선생

님께 절로 고개가 숙여집니다.

　앞으로도 많은 부분을 선생님께 부탁드리고, 배움을 키워 나가도록 하겠습니다.

　감사합니다. 선생님.

"두드리면 열릴 것이다."

　위 사례의 현장에서 의뢰인에게 "혈이 있는 아파트는 매물이 빨리 계약되는 사례가 많았습니다. 살면서 좋은 일이 많았으면 매도자가 망설여 물건을 거두는 경우도 있으니 빨리 계약하세요"라고 노파심에서 말했었는데 12층은 남편이 퇴근하면서 거실의 TV에서 금리에 대한 뉴스를 보고 '다음으로 미루자고 했다' 고 했고, 10층은

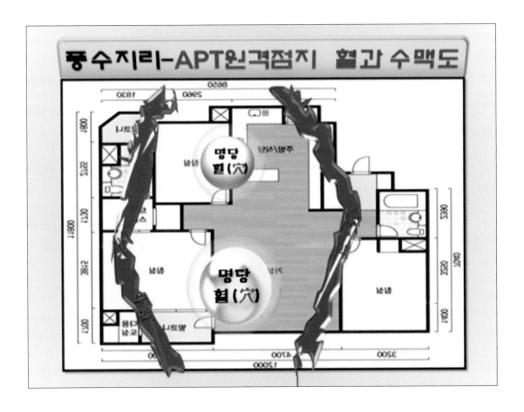

바로 매매되어 '또 나올 것이니 기다리라' 고 했다. 의뢰인은 전세 임대인에게 전화하니 자신의 '아들이 살 것이니 연기해도 괜찮다' 는 것이었다.

얼마 후 의뢰인에게서 전화가 왔다. 삼세 번 명당찾기를 하자고 점지를 요청한 의뢰인은 이사철이 되어 여러 물건이 나왔다고 했다. 물건들을 보고 하나를 점지하며 계약하라고 했다. 출장할 수 있었지만 출장하는 것은 무의미했기 때문에 계약하고 나면 이사하기 전에 혈의 높이와 침대의 높이, 사이즈 등 배치에 맞는 가구를 준비해야 하기에 계약하고 이사하기 전에 풍수지리 인테리어 출장을 하겠다고 했다.

출장하니 부부가 함께하여 혈의 기운을 각각 다른 방에서 혈의 기를 체감하라 했고, 또 방을 바꾸어 체감한 후 이번에 부부가 눈을 감고 같은 혈에서 혈의 높이를 점해라 했더니 약속이나 한 듯 일치했는데 순간 부부는 눈으로 대화하고 있었다.

수맥이 흐르는 곳에 부부가 서게 하자 부부는 안 좋은 느낌을 구체적으로 말한다.

이젠 침대자리와 가구배치 등 풍수지리의 이(理)를 적용하는 인테리어에 대하여 쉽게 진행되었다. 때론 부부가 알아서 다 정하고 있어 웃음을 머금으며 지켜보기만 했다.

부부는 혈이 있는 명당의 가치를 알았고 명당 보금자리의 가치를 알았으니 만족감으로 부자라고 생각하고 더욱 행복하도록 더욱 노력할 것이다. 이것이 풍수지리의 진면목이 아닌가 싶다.

이번 출장에서도 관(觀)하여 예견한 혈과 수맥도를 거실에서 문자 메시지로 보내자 부부가 동시에 그림을 보고는 이번엔 부부가 입가에 웃음을 머금었다.

'두드리면 열릴 것이다' 라는 명언처럼 혈이 있는 명당찾기를 하고자 노력한다면 혈의 주인이 된다.

"저 푸른 초원 위에 그림 같은 집을 짓고…."

전원주택 가상이 자리할 명당혈(穴)을 정혈하며 대문, 현관, 좌향 등 여러 가지를 설명하며 가상(건물)의 중심과 높이(바닥 높이) 그리고 설계 등을 설명했다.

부부가 등산하면 하산하며 쉬는 곳에서 '여기에 집을 짓고 살면 좋겠다' 고 생각했는데 우연히 전원주택 분양지와 일치하여 택지를 매입하게 되었고, 건축업자가 혈자리를 점해 달라 하여 7년 전 혈 중심과 높이 등을 점하며 공부방이 자리하면 좋을 것이라고도 했다.

입주한 후 아이의 성적이 좋아지는 등 좋은 일이 많았고, 그 집에서 잠을 자 본 사람들이 '또 오고 싶다' 고 하는 경우가 많다고 안주인은 말했다. 그 자리에 함께했던 강○○ 씨는 대동학회 사무실을 방문하여 이 집에서 몇 차례 잠을 자면서 몸소 체험

7년 전 사진

혈장이 커 집 안에 수맥 이 없다

부부는 대화 중 오늘 사진에 담았다고 했고 다음엔 집으로 초대하겠다고 했으며 이장에 대한 얘기도 있었다

한 사례들을 말하며 전원주택에 대하여 상담했다.(2014.10.31.)

   2017년 5월 4일 목요일 저녁, 전원주택 의뢰인 내외가 고맙다며 부부 동반으로 식사하자고 하여 함께 자리했다.
   부부는 명당 집에서 숙면한다는 등 여러 대화 중 남편은 "참 신기합니다. 엘로드 없이 두 곳을 가리키며 나무가 죽을 것이라 했었는데 나무가 죽어 재차 옮겨 심어도 또 죽습니다. 그것이 눈으로 보이십니까?"라고 하여 그냥 웃음으로 답하며 노랫말 가사처럼 "저 푸른 초원 위에 그림 같은 집에서 건강하고 행복하게 지내세요"라고 말했다.

"그런 것까지 다 아십니까?"

   음택과 양택의 감정의뢰로 선영이 보이는 입구에서 의뢰인에게 "대(代)를 이어 덕망이 높았던 가문인데 조부 때부터 급격히 가세가 기우는 등 큰 변동이 있었습니다"

라 말하자 "예 사실 그랬습니다. 할아버지 때부터 그랬습니다. 그런 것까지 다 아십니까?"라며 의아해 한다.

묘는 3기(모, 조모, 조부묘)인데 모두 수맥을 피하지 못했다. 묘들을 점검하며 의뢰인의 의통(통증 및 질병점검)을 병행했으며 의뢰인을 점검한 결과 3가지 이상 증상이 있다 하며 구체적으로 내용을 말하자 모두 인정했다.

머리부위의 이상 증상은 조부의 묘에 있는 수맥의 악영향 유발이 원인이었고, 대장의 이상 증상은 어머니 묘에 있는 수맥이 원인이며, 대추혈 신경계마비 증상은 할머니 묘에 있는 수맥이 원인으로 신체부위별 이상 증상과 각각 묘에 있는 수맥과 질병유발 요인이 일치했다.

3기 조상묘 모두 수맥에 있으나 피할 수 있는 공간이 많았는데 불구하고 모두 수맥에 있어 "비 사이로 막가라는 말도 있는데 이와 반대로 조상묘 모두가 수맥에 모셔졌습니다"라고 말하며 필지 내 명당혈(穴)이 두 개 있고, 두 혈의 오행과 등급을 말하며 오행 성질 금(金)의 도반급(장관급) 부귀혈(富貴穴)의 주인은 덕을 쌓은 부친이라고 했으며 기타 감정 결과를 설명했다.

이번엔 의뢰인의 시골집으로 갔다. 아버지가 살고 있다는 집은 거실에 작은 명당혈(穴)이 있어 혈자리를 활용하는 방법을 설명했고 마당 옆 축사의 한쪽을 가리키며 살혈(殺穴) 자리니 사료를 보관하는 곳으로만 사용하라고 했다. 집앞 50미터 지점의 마을 입구에 수맥 합수처가 있어 손으로 가리키며 '저곳은 물이 많이 나는 자리'라고 말하자 "맞습니다. 저곳에 샘이 있었습니다"라고 답하는 것이었다.

이어 배밭으로 이동하여 배밭에서 일하는 의뢰인의 부친을 만나 대화하면서 관상 등으로 덕자임을 확인할 수 있었고 의뢰인에게 예견해 말한 바와 같았다. 대화 중 배밭 근처 타번지에 평수는 작지만 명당혈 두 개가 있는 밭이 있어 매물로 나오면 아들(의뢰인)에게 전하여 매입할 수 있도록 하라고 하자 의뢰인은 "어릴 적부터 그 밭이 좋다고 생각했었는데 그 밭을 말씀하시네요"라고 했다.

밭으로 가서 명당혈이 있는 지점과 기맥, 좌향, 사신사 등 풍수지리 이론을 대입해 설명하자 이를 듣고는 볼수록 좋고 누가 봐도 정말 좋은 자리라 했다. 전원주택지,

별장 등 용도를 설명하자 의뢰인은 매입하겠다고 했다.

다시 의뢰인의 아파트로 가는 중 차 안에서 길가의 논을 가리키며 자신의 소유 부동산이라 말하여 풍수지리적 감정평가와 향후 부동산가치 분석을 병행 설명했고 이동하며 종중산을 가리켜 종중산에 대한 풍수지리론과 형세 등을 설명했으며 의뢰인 아버지가 이장하려 매입하고 싶다는 밭에도 가서 명당혈이 2개 있다고 했다.

18시 30분에 아파트에 도착했다. 의뢰인 부인이 함께한다고 했었는데 5분 후 부인이 퇴근하여 집에 도착하자 인사하면서 곧바로 부인의 신체부위 통증과 질병부위 점검 결과를 말하자 4가지 이상의 증상 모두를 인정했다. 부인은 종교가 없다고 했으며 오랫동안 병원에만 근무하여 의학지식이 많은 분인데 첨단 의학장비로도 나타나지 않는 자신의 이상 증상과 질병부위를 진맥도 없이 짚어내자 어안이 벙벙한 눈으로 필자를 쳐다보았다.

부인의 증상은 풍문혈 부위와 후두엽 부위에 기(氣)막힘 불통현상으로 편두통과 시신경 이상이 있었고, 대장과 대추혈에 이상 증상들이 있었으며, 디스크 추간판의 변형에 의한 허리통증이 있어 부위별 증상들에 대한 운동법과 치유법을 시범으로 보이며 자세히 설명했다.

아파트에 명당혈이 3개가 있어 안방의 경우 혈(穴)의 위치와 혈 중심 높이에 따른 침대자리 높이와 중심을 설명하며 기체감 지도 후 각자 높이를 정해 보라 하자 혈의 기운을 체감하면서 혈의 중심 높이 또한 약속이나 한 듯 부부가 일치하게 감지했음을 확인하고는 눈으로 대화하듯 신기롭단 표정이다.

명당을 지사(풍수지리사)가 정혈했다면 혈의 기(氣)를 설명할 수 있어야 하고 의뢰인 또한 지사가 정혈한 혈의 기(氣)를 체감할 수 있게 하여야 합리적이다. 그리고 합리적이 되어야 풍수지리가보다 발전할 수 있다. 기(氣)를 전혀 모르는 일반인이 명당혈의 기(氣)를 체감하고 보편적으로 체험한다면 풍수지리학은 더 이상 형이상학적 학문이 아니다. 이제 풍수지리학은 형이하학적 학문으로의 발전을 거듭 주장하며 직지코리아 국제페스티벌에서 파워스팟(명당혈 기체험) 프로그램에서 기체감 행사를 주관했던 사례들을 알려 주었다.

의뢰인은 풍수지리에 관심이 있어 여러 책을 보았는데 내용은 비슷한데 명당혈에 대한 본질이 없다고 했다. 필자는 "명당혈(穴) 그 자체가 기(氣)의 총체이고 일반인들도 기를 체감하는데 자칭 풍수지리사라고 하는 사람들이 기를 전혀 모르고 기의 존재를 애써 무시하는 안타까운 현실입니다"라고 했다.

자녀의 진로 상담까지 하고 청주로 발길을 돌려 23시 30분에 도착했고 다음 날, 전하지 못한 내용이 있어 전화하여 수험생 고3짜리 딸의 잠자리 공부자리 방이 수맥의 범위와 악영향이 많아 부적합하기에 다른 작은 방의 침대 위치와 바꾸라고 말하고 책상자리 또한 조정할 것을 설명했다.

'나의 정신, 마음, 내 자신 컨트롤에 달려 있다.'

위 의뢰인이 대동학 카페에 올린 글을 옮기며 "우리는 살며 인연 되며 사랑하며 배운다"라는 생각을 했다.

양택 음택 풍수지리 출장 사례

오늘 제 처와 간만에 외식하고 좀 쉬고 집 정리한 후 취침하기 전에 이 글을 올립니다. 말씀드렸었지만, 예전부터 개인적으로 풍수지리에 조금은 관심이 있었습니다.

여차저차 우연히 시간이 좀 나서 기회를 잡아 전화 연락드렸었지요~. 처음으로 풍수지리 등을 보시는 분을 만나니 개인적으로 행복했었습니다.

참으로 현대인은 바쁘게 살아가고 있다고 느낍니다. 어떨 적엔 목욕, 이발할 시간도 부족하니까요. 하지만 그런 와중에도 모든 것이 잘 되고 행복하려면, 즉 짧게 이야기하자면 나의 정신, 마음, 내 자신 컨트롤에 달려 있다고 봅니다.

서두가 길었습니다.

광명선생님을 만나 이곳저곳을 다니며 이야기를 나누면서 선생님을 만난 게 정말 인연이라 느꼈고, 저의 궁금증에 대한 답…, 나름 확신도 갖게 되었습니다.

사실 선생님을 만난 것이 지인의 소개 또는 예전부터 제가 알던 그런 것이 아니었지요.

그냥 우연히 갑작스럽게 제가 마음 가는 대로 연락을 했으니, 저의 조부모 및 어머님 산소에 대하여 수맥 및 혈자리 안내(저의 부친에게도 좋은 말씀)에 대해 이 카페를 통해서나마 깊이 감사드립니다.

그리고 시간을 쪼개어 명당에 준하는 토지 두어 군데 정도 알려주신 것도 고맙고요.

특히, 우리 가족이 사는 아파트에 오시어 제 처에 대하여 아픈 곳을 알아맞히시고 건강에 대한 안내, 가족의 잠자리(침대방향), 주방, 거실 내의 좋은 자리 안내 등에 거듭거듭 감사드립니다.

지금 제가 생각나는 느낌은 선생님의 말처럼 덕을 쌓아야 하고, 봉사할 줄 알고, 감사하는 마음을 갖고 살며, 주머니가 가벼운 현재에도 만족할 줄 알아야 하고, 욕심을 버리면 행복해진다는 말씀 등. 짧으나마 이번 기회에 새롭게 삶의 교훈을 얻고 좋은 느낌을 간직하고 있겠습니다.

광명선생님, 앞으로도 좋은 활동 많이 하시고 행복한 시간 항상 가지십시오.

감사합니다~.

2

음택사례기

"묘를 점검하면 흉지에 따른 화가 나타나고 혈이 있는 길지에
다른 복을 예견할 수 있다. 길지와 흉지에 따라
길흉화복이 정반대로 나타나는데 어찌 중요하지 않다 말할 수 있겠는가."

- "은빛 흰 점박이 노루가 있어요."
- "이젠 훨훨 날으소서."
- 대가족묘 조성
- "할아버지 묘가 좋습니다. 잘 보존하고 관리하셔요."
- "선택 분양받을 수 있는 공원묘지를 빨리 알아보세요."
- '저를 아시나요?'
- "모두 의뢰인의 복입니다."
- "이제는 묏자리 일을 하지 않겠습니다."
- "말씀처럼 어머니가 위독하십니다."
- "그대로입니다. 지금 그렇습니다."
- "풍수지리를 하시면 안 되는 분입니다."
- "저 묘의 후손이 누구입니까?"
- "이름 모를 지사님께 잔을 올리세요."
- 납골당과 대가족묘
- "덕을 베풀어 주십시오!"
- "집안에 그런(정신병) 사람이 있습니다."

- "꿈에 이 자리에서 큰 잉어 두 마리가 놀고 있었어요."
- "태어난 날부터 89년 3개월 28일입니다."
- 세상에 이런 일이!
- 닮고 싶은 부부
- "집안 내력까지 나옵니까?"
- "여보! 있잖아 그 형."
- "죄송합니다. 떠봤습니다."
- 세상에 이럴 수가!
- "꿈에 옥새를 보았다."
- 우리 모두는 인연입니다

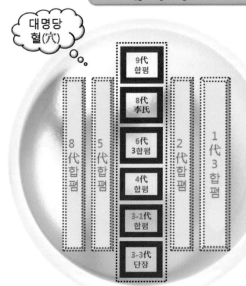

대가족묘 조성 계획도

대명당 혈(穴)

| 9代 합폄 |
| 8代 李氏 |
| 6代 3합폄 |
| 4代 합폄 |
| 3-1代 합폄 |
| 3-3代 단장 |

8代 합폄 · 5代 합폄 · 2代 합폄 · 1代 3합폄

이장 및 혼패·각혼장

- **이장** 八代(2位)
  五代(2위)
  三代(2위)
  二代(2位)
  一代(3位)
  合: 11位
- **혼패장: 合3位**
- **각혼장: 合8位**

총합 : 22位

"은빛 흰 점박이 노루가 있어요."

　추천사를 써주신 황정하 박사님이 묏자리 정혈을 의뢰하여 혈들의 위치를 사전에 말한 후 박사님과 대동학회 정통풍수지리 학인 그리고 필자가 함께 출장하였다. 사전에 관(觀)했던 혈에 이르자 빛나는 은색 바탕에 흰색 점무늬가 뽀송한 노루와 눈이 마주쳤다. 노루는 놀라는 기색도 없이 한동안 있다가 유유히 사라졌고 필자가 먼저 올라갔기에 일행은 노루를 보지 못했는데 선영을 자주 찾는 황정하 박사님은 그 노루를 몇 차례 보았다고 했다. 원격으로 정혈한 자리를 재점검한 후 일치함을 확인하고 정혈을 말했다. 의뢰인과 학인이 이를 점검하고 또 다른 명혈과 대명혈도 함께 점검하고 확인하며 정혈하였다.

　양택을 정혈한 곳에서는 오죽(烏竹)이 자생하고 있었고 박사님의 신후지지로 대명혈을 정혈했다. 박사님은 퇴임 후에 저명한 학자로 이름 날 것이며 학자 집안의 맥을 잇는 대학자 명문가의 출현이 예견된다.

박사님은 수련한 경험이 전혀 없음에도 기를 체감함은 지금까지 쌓은 덕으로 타고난 성(性)의 계위가 높기 때문으로 정혈한 잠자리에서도 기체감하며 이를 구체적으로 표현한다.

적선적덕하여 계위가 높은 박사님과 인연이 되어 그동안 풍수지리, 의학통, 명리, 작명학을 펼칠 수 있도록 많은 분들을 소개받는 인연도 지었다.

증도가자 그 예로 남명천화상송증도가 문화재 사건이 있었다. 1377년 금속활자로 세계 최초로 간행되어 문화적 가치를 인정받아 유네스코에 세계기록문화유산으로 등재된 직지(直指, 백운화상초록 불조직지심체요절)보다 앞선 증도가 금속활자를 발견했으며, 이와 함께 증도가 금속활자로 인쇄되었다며 인쇄본을 도록과 함께 문화재 등록을 신청한 것이다.

청주시의 랜드마크가 '직지' 이기에 청주시는 물론 청주고인쇄박물관 학예실의 장인 현진 황정하 박사님은 이에 답변을 해야 하는데 막막했던 때 필자가 관(觀)하며 "도록에 있는 인쇄본의 제작 연도는 1470년으로 보이고 증도가 금속활자와 이 활자는 기운이 전혀 다릅니다. 이 활자는 위조로 보입니다"라고 하며 '1470년' 이라 표기했는데 박사님은 '1470년' 이라는 힌트를 얻어 인수대비가 발원하여 1472년에 제작된 목판본을 확인하여 금속활자본이 아닌 목판본이 제출된 것임을 확인하였고 발견물로 제출한 금속활자 또한 국립과학수사연구소에서 위조임을 밝혀 사건이 해결된 일이 있었다.

2년의 착오가 있었던 것은 제작하기 시작한 연도를 관(觀)한 것과 제작이 완성된 발문에 기록한 연도의 차이라고 생각했다.

그밖에 박사님과 직지찾기 등 많은 만남을 통하여 박사님은 본글 외 음택, 양택 사례기 대부분을 알고 있는 분이기도 하다.

"이젠 훨훨 날으소서."

오후, 충주에서 음성군 대소면으로 갔다. 위 사례의 박사님과 학인 등이 함께한 점검출장에서 "고인은 큰 수맥의 영향을 받고 있고 큰 수맥의 영향을 후손들이 받고 있습니다. 이장하세요. 고인은 덕(德)이 많았던 분으로 고인에게 맞는 좋은 자리가 산 중턱에 있습니다"라고 말했었는데 예외 없이 이번에도 적중했다. 발복이 속발하는 금시발복 혈이었다.

음성군 금왕에 약 400평 정도의 임야에서 3개의 혈(穴)을 점혈하였는데 예견한 혈은 얼마 전까지 주인을 알 수 없는 묘가 있었으나 꿈에 옷에서 물이 떨어지는 아버지의 모습이 자주 나타나 아버지와 형을 이장하려 마음먹었는데 소식도 없이 이장해 갔다고 한 묏자리에 가장 등급이 높은 혈자리가 있었으니 '혈의 주인은 따로 있다' 라는 말을 이해하는 데 좋은 예라 하겠다.

*관에 물이 가득 차 있는 상태   *이장한 내광중 혈토

　음성의 의뢰인은 박봉임에도 자비로 산을 매입하여 부모와 형 그리고 장모를 모시고자 생각하는 마음이 너무나 갸륵하여 의뢰인의 요구를 차마 거절할 수 없어 선(善)하고 덕(德)이 있는 고인에게 적합한 혈자리를 정혈(正穴)해 향후 묏자리로 정혈(定穴)했다.

　정혈한 곳을 가리키며 "여기 명당혈이 고인의 자리이니 이 자리에 이장하면 됩니다"라고 하자 의뢰인은 "참 이상하네요. 올봄에도 묘가 있었는데 언제 이장했는지 알 수 없으나 이장하려 하니 파묘해 간 그 자리를 정하시네요"라고 하였고, "이장일은 음력 4월 23일입니다"라고 말하자 의뢰인은 "어머니 제삿날과 똑같네요"라 말한다. 세상엔 신기한 일들도 많다. 부부합장묘 이장 택일이 부인의 제삿날과 같으니 말이다.

　이장하는 날 청송 회원과 함께 했다. 파묘하기 전 "관속에 물이 가득 찼다"고 말하자 지역의 장묘업자는 "석관에 무슨 물이 차냐"고 했다. 포크레인 기사에게 관뚜껑 깊이를 사전에 말한 지점에 관뚜껑이 있었는데 관뚜껑을 여는 순간 물이 가득 고여 있었고 사방으로 냄새가 진동했다.

의뢰인의 이장 요청으로 23년간 수맥으로 고통 받은 고인을 위하여 위와 같이 이장한 후, 사진과 같이 유택을 조성했다. 유택 후 즉시 발복이 있었던 사례로, 혈(穴)은 황룡(黃龍)의 주된 기(氣)를 받는 혈(穴)로, 유택 후 분묘에서 거대한 파랑새가 힘차게 비상하는 형상을 보았고 이를 말했었다.

'파랑새가 날듯 고인도 이젠 훨훨 날으소서!' 라고 기원했었는데 의뢰인의 딸이 몇 년 동안 100대 1이 넘나드는 여경시험에 합격하지 못했었는데 이장 후 3개월 만에 합격했다고 기쁨에 찬 전화가 왔다. 파랑새와 경찰마크의 상징새인 파랑새와 일치하니 참으로 신묘하다.

위 사례로 파묘한 자리에도 명당혈이 있다는 것이다. '구혈은 발복(發福)하지 않는다' 라는 말이 있는데 이 또한 사례로 보아도 맞지 않는 말이다.

혈(穴, 명당혈)의 발복시기는 혈마다 생(生)하여 성장하는 정점시기에 따라 각기 다르기에 발복이 없다 하여 무조건 이장하는 것은 지혜롭지 못한 판단이다.

발복이 되지 않아 이장하려 할 때는 흉지인지 여부, 혈의 유무, 혈의 발복시기, 혈의 발복내용을 제대로 점검하고 감정한 다음 이장을 결정하여도 늦지 않는다는 말이다.

다음은 이장하며 현장에 참석했던 대동학 카페 회원 청송님이 작성한 글이다.

새벽 4시 35분쯤 일어나서 대사님과 약속한 새마을금고에 4시 57분쯤 도착해서 대소 풀무원 뒤쪽에 있는 묘소 2기에 5시 35분쯤 도착했다. 도착하니 상주 되시는 분이 기다리고 있었다.

대사님께서 산소 2기의 점검을 하면서 묘소에 수맥이 중앙을 통과한다고 말씀하신 뒤 저에게 엘로드로 점검을 해보라고 하셨다. 점검한 결과 수맥이 봉분 중간을 가리켰다. 상주분과 포크레인 기사분께서 "심하진 않겠지" 하고 대사님께 다시 궁금중에 대해 물어보았다. 대사님께서 "몇 미터 몇 센티 석관에 물이 고여서 있을 거"라 얘기하셨다.

파묘를 해 보니 대사님께서 말씀하신 것과 똑같았다. 뼈는 검은색이 물감을 발라 놓은 것처럼 진했고 살은 약간 뼈에 붙었으며 많은 살들은 물 불려서 석관을 열자마자 물과 함께 흘러내리자 상주분과 가족, 포크레인 기사분께서 "대사님같이 안 보고 말씀하시는 분은 처음 봤다"며 저에게 신기하고 놀랍다고 말씀하셨다.

그리고 난 뒤 이장 장소로 금왕읍 근처 산으로 이동했다. 혈과 수맥이 지나가는 곳을 대사님께서 점혈한 뒤 중심혈을 점검하고 포크레인 기사분과 산역하시는 분들께 "90센티 파면 좋은 흙이 나올 것"이라 하셨다. 작업을 해 보니 대사님 말씀대로 좋은 흙이 나왔다.

그러자 그 자리에 있던 분들이 다시 한 번 신기하고 대단하시다고 말씀하셨다. 산역하시는 분과 포크레인 기사분이 20년을 넘게 일을 해 봤지만 대사님 같은 분은 처음 본다며 신기해 하셨다.

보람 있는 일을 4시쯤 마친 뒤 대소 근처의 마트에 들렀는데 대사님께서 의경 5명에게 덕행을 행하시는 것을 보고 많은 것을 깨달았다. 수고하셨습니다. 대사님.

대가족묘 조성

이 사례는 위 사례자가 소개하여 의뢰인에게서 전화로 왔다. 선산이 타인의 명의로 갑자기 넘어가 7월 말까지 조상님들을 모실 방법이 없다고 생각한 의뢰인은 얼마 전 이장해 드린 분의 소개로 전화한 것으로 전화 상담하며 "밭에 좋은 자리가 2개 있습니다. 큰 혈자리 주인은 고조부(4대조)입니다. 의뢰인 고조부께서 덕(德)을 많이 쌓아 혈자리에 모실 수 있는 것이며 다른 조상도 고조부의 덕으로 함께 모실 수 있습니다. 혈자리 등급이 높고 혈의 넓이가 크니 고조부를 중심으로 모두 10분을 모실 수 있는 대가족묘 자리가 있습니다"라고 예견하고 현장에 출장하여 도참으로 예

9위(位) 유택한 대가족묘 사진

견한 혈자리를 점검한 후 정혈하였고 이장하면서 고조부를 혈 중심으로 하며 조상 9위(位)를 함께 유택했다.

"이 묘의 발복으로 장차 집안에 학자들과 큰 인물들이 나올 것입니다"라고 하자 의뢰인의 어머니는 "5대 선영이 모셔진 선산이 갑자기 타인의 명의가 되어 불행하게도 후손들 모두가 화장할 수밖에 없다고 생각했는데 전화상담 후 200평 정도의 밭에 이장하여 모시겠다고 하여 모두가 반대하는데 아들이 할아버지 고집을 닮아 그런지 이장하겠다고 고집했어요. 이장을 하고 보니 참 좋네요. 누군가가 그랬습니다. 우리 집안에 큰 박사가 나온다고 했어요. 전혀 생각지도 못했는데 이렇게 좋게 만들어졌네요. 정말 수고하셨어요"라고 말하며 뿌듯해 했다.

이장 전 점검 결과 "조상님들 모두 불리한 자리에 있습니다. 파묘할 때 보면 알게 됩니다. 수맥도 일반 수맥이 아닌 큰 수맥입니다"라고 말하자 의뢰인은 "조상님들

개장하며 개렴하는 사진   유택 사진

이 얼마 전부터 저의 꿈에 여러 차례 모습을 보이셨습니다"라고 하여 "조상님들은 조상을 잘 모실 후손에게 나타나 예시하며 불리한 자리에서 혈이 있는 명당으로 이장하면 묘의 발복과 함께 조상 혼이 주는 복 모두 받습니다"라고 했다.

　사실 이 밭을 빨리 팔려고 하였는데 팔리지 않았다고 한다. 다른 의뢰인의 경우도 이런 예가 많은데 참으로 신기한 일이 아닌가. 명혈과 대명혈은 지신과 조상이 지키는 법인데 세상 사람들이 이러한 현묘함을 알고 조상을 잘 모시며 효(孝)와 연관된 풍수지리에 대하여 이해했으면 좋겠다.

　200평의 밭에 묏자리 하나로 대가족묘를 조성하여 5대 선영 9분[9위(位)]을 모시고 훗날 의뢰인 부부 묏자리와 전원주택도 지을 수 있으며 음택 발복의 주인이 될 것이니 참으로 좋은 일이다.

"할아버지 묘가 좋습니다. 잘 보존하고 관리하셔요."

위 두 사례에서 이장하는 현장에 함께했던 대동학회 회원의 청송님 관련 체험수기

대사님을 처음 뵈었을 때 제게 하신 말씀이 떠올랐다. 조상님 묘를 점검하면서 다시 한 번 놀라지 않을 수 없었다.

할아버지 묘소를 옮기지 않아도 된다고 하신 말씀과 향에 수맥이 1m 정도 스쳐 지나간 것과 옮기려 했던 장소에 수맥이 3m 정도 중앙을 통과하는 것이었다. 하지만 더욱 놀란 건 어떤 지관이 할아버지 묘를 옮기라고 했는데 광명대사님은 가 보시지 않고 말씀을 주셔서 액운을 막을 수 있어서 천만다행이다. 할아버지 묘와 선대묘를 금초 및 점검하며 많은 것을 느꼈다.

12.06.28. 11:26 청송님!
조상님 뵈러 다녀오셨군요.
우연히 대동학 사무실에 발길이 멈춰져 대동학사무실에 오셨는데 청송님이 묻지도 않았는데 "할아버지 묘가 좋습니다. 잘 보존하고 관리하셔요"라고 말했는데 청송님은 "내일 이장하기로 했습니다"라고 하여 "이장하지 마십시오. 이장하면 안 됩니다. 현재 자리가 할아버지가 쌓은 덕만큼의 혈자리입니다. 이장하려는 자리는 수맥자리입니다"라고 말했죠. 그리고 또 이렇게도 말했죠. "나중에 풍수지리를 알게 되면 내 말이 무슨 말인지 알게 될 것입니다"라고……

의뢰자의 조상님을 살펴본 바, 명당에 잘 계시는데 왜 이장하려 하느냐고 물어보니 사실 내일 약속된 이장 날짜로 은행에서 준비금을 찾아 보관했는데 언제 어디서 분실되었는지 전혀 생각이 안 나고 답답한 마음을 추스르려고 거리를 헤매다가 대동학회 앞에서 발길이 멈춰 사무실에 들어오게 되어 인연이 되었으니 이는 우연만은 아니라 생각한다.

좋은 명당 하나가 훼손될 뻔하였던 것을 하루 전에 방지하게 되었다는 것은 참으로 다행한 일이며 풍수지리에 대하여 관심이 많았던 청송님은 선생을 찾고 싶어 그 누군가에게 필자에 대하여 물으니 "전국에 큰 자리만 보러 다니는 분이랍니다"라 했다고 하며 풍수지리를 배우겠다고 하여 현장을 함께 동행하게 되었다.

"선택 분양받을 수 있는 공원묘지를 빨리 알아보세요."

위 사례 및 기타 사례에서 현장에 함께했던 ○○○선생님, 선생님 어머니가 위독하다며 충남 광천 소재 선산에 어머니를 모실 수 있는 묘자리가 있는지에 대하여 정혈을 요청하여 투시(투명)론으로 점검한 결과 명혈(明穴) 3급(차관급 자리)에 해당하는 묘자리가 있어 "혈(穴)은 하나뿐이고 명혈 3급에 해당하는 묘자리로 위치는…, 선대 묘 중 수염(수맥염)에 심하게 영향을 받는 묘도 있습니다"라고 말하자 선생님

은 선산에 가자 하여 2011년 10월 9일 일요일 오후 2시에 충북 청주에서 충남 광천으로 출발했다.

현장에 도착하여 명혈 3급의 혈자리와 수염(수맥염)이 심한 묘자리의 위치와 방향을 투시(투명)론으로 점검내용을 일치하게 표시하며 말하자 그동안 다른 학회에서 수학하셨던 선생님은 표시한 곳을 확인 점검하며 "도사님이 청주에서 투시론으로 점검하며 말한 혈자리와 수맥이 있는 묘자리가 일치합니다. 도사님 정말 신기하고 대단하십니다"라고 말했다.

정혈을 마치고 선산 아래 동네에 살고 있는 선생님의 사촌을 찾아갔는데 선산을 얼마 전에 매각하였다는 말을 듣고 필자는 대처방안으로 여러 가지를 말하며 신규 분양될 아파트의 경우 동과 호수를 선택하여 분양받을 수 있는 것처럼 묘지도 선택하여 분양받을 수 있는 공원묘지들이 있으니 좋은 혈자리를 사전 점검하여 묘지를 분양받게 되는 행운도 있을 수 있다고 말하며 "묘지를 선택하여 분양받을 수 있는 공원묘지를 빨리 알아보세요"라고 하자 빨리 알아보겠다고 하였다.

이틀 후, 선생님은 충남 소재 공원묘지에 묘자리를 선택할 수 있다는 반가운 소식을 전하여 출장 점검을 통화하며 원격 투시(투명)로 점검한 결과 명혈(明穴) 2급(장관급 자리)에 해당하는 좋은 혈자리임을 판단하고 빨리 선택하고자 현지에 급히 가자 했다.

현지에 도착하니 32년 된 공원묘지엔 합장묘는 단 한 개뿐으로 누군가 계약했던 것인데 사용하지 않는다며 해약한 것이라고 하였다. 석물과 묘지 형태는 처음부터 만들어 놓은 것이라서 용사되지 않았던 묘자리임을 확인하고는 점검에 들어갔다.

점검 결과 하나뿐이었던 합장묘만 혈자리였으며 공원묘지 안의 수천 기의 묘자리 중 최고 등급의 혈자리로 사전에 투시(투명)론으로 점검한 내용과 일치하는 명혈 2 등급의 장관급에 해당하는 자리였으며 좌향도 일치하여 선생님은 정말 복받은 행운의 분이라고 생각했다.

현장에서 점검을 하며 위 명혈의 혈 크기와 수맥 등을 표시한 후 선생님이 직접 점검해 보라고 하자 꼼꼼히 점검하고는 표시한 내용과 일치하고 좋은 자리라며 너무나 기뻐하며 투시(투명)론과 어떤 기구도 없이 혈자리를 정확하게 원격으로 투시하고 현지에서 점검한 내용이 일치한 것에 대하여 경이롭고 신기하다며 거듭 감탄했다. 필자가 계약서를 즉시 작성하라고 말하자 선생님은 현장에서 계약서를 작성했다.

'뜻이 있으면 반드시 길이 있다' 라고 평소 자주 말했는데 오늘의 경우 효자이며 조상을 잘 모시려는 지극한 정성과 뜻이 있었기에 하늘과 조상님이 감동하여 혈이 있는 묘를 계약한 것이라 생각했다.

(*위 사례는 회원님이 직접 작성한 카페의 체험수기이다.)

김○○ 회원님 체험기

나는 어머니께서 병환이 위중하시어 타계하시면 선산에 모시기로 작정하고 대동학 회장님을 모시고 고향 선산에 다녀왔다.

좋은 자리가 있다고 해서 일단 묘터를 점검하고 측정한 결과 미리 투시론으로 본 것과 똑같으므로 사촌 동생을 만나서 어머니를 이곳 선산에 모시려 한다고 하니 펄쩍 뛰면서 산을 모두 2억에 팔았다고 하였다.

황당하기 그지없었고 힘없이 청주로 돌아오고 있는데 우리 도사님께서는 걱정 말라고 아마도 더 좋은 다른 곳이 있는 것 같으니 묘지 분양이나 공원묘지를 빨리 알아보라고 해서 찾아보던 중 가격으로 보나 위치로 보나 적당한 곳이 나타났다 하여 우리 도사님에게 출장을 가 보자고 하니 열일을 제쳐놓고 빨리 가자고 오히려 자기 부모님 모시는 것처럼 정성을 다해 주시니 미안하고 감사할 따름이었다.

가서 점검해 본 결과 시골 선산 묘터보다 훨씬 등급도 높은 아주 좋은 곳을 발견하게 되었으며 어머니는 물론 아버지까지도 함께 합장할 수 있는 곳이라 마음이 모두 흡족하고 편안해지고 무척 기뻤다. 다시 한 번 이 글을 통해서 도사님께 고맙고 감사한 마음을 전해드립니다.

2011. 10. 12. 불정 김○○

'저를 아시나요?'

위 사례 불정선생의 어머니가 소천하여 2011.10.27(음10.1) 장지에 혈(穴)자리를 용사하여 고인을 모신 날이다.

2개월 전으로 기억된다. 불정선생과 필자는 청주 소재 흥덕사에서 만나 많은 얘기를 나누었는데 불정선생은 어머님이 89세이고 앞으로 3~4년 정도는 더 오래 사실 수 있지만 그래도 걱정된다며 명리점검을 요청하시어 명리점검을 한 후 "올해 음력 9월을 넘기셔야 합니다"라고 말하며 구체적으로 점검내용을 말한 바 있다.

그런데 불정선생의 어머니께서 2011.10.25(음9.29)자 소천하시기 며칠 전에 미리 하관 일시를 말해 드렸으며 소천하신 당일에는 위급했던 시간과 운명을 다하는 시간, 그리고 소천(김天) 후 천명(天命)을 받는 내용 등을 도참하여 명리를 점검한 결과까지 말씀드렸다. 위급할 것이라 말했던 시간에 위기가 있었다고 하였고, 통화를 한 지 얼마 되지 않아 불정(김성태) 선생께서 전화하시며 "어머니께서 방금 돌아가셨습니다. 돌아가신다고 말한 시간에 운명하셨습니다"라고 전해 왔다.

조문 후 고인의 따님이며 주상인 불정선생의 여동생이 필자의 얼굴을 보고는 반갑다는 듯 다가와 "이 얘기는 아무에게도 하지 않았는데 며칠 전에 저의 어머님이 좋은 데 가시는 꿈을 꾸었는데 묘자리에서 광채가 나며, 하늘에서 천녀신이… 조상님들이 함께…"라고 말하는 것이었다.

순간 며칠 전에 도참하여 명리까지 점검하여 상주 중 주상인 불정선생에게 말한 내용을 여동생이 모두 말하니 이를 확인하고자 천녀신의 모습(자태)과 조상의 모습(옷 색상 포함) 등을 상세히 질문한 결과 옷 색상까지 똑같이 맞다는 것이었다. 그래서 혹시라도 필자를 알고 있거나 도참한 내용을 알고 있는가 싶어 "저를 아시나요"라고 묻자 불정선생의 여동생은 "아니요. 모릅니다. 꿈에서 본 것들을 아무에게도 말하지 않았는데 얼굴을 뵈는 순간 그냥 말하고 싶었어요"라고 했다.

대화 도중 불정선생이 다가와 모든 얘기를 듣고는 "며칠 전에 도사님이 나에게만 말한 내용을 동생이 꿈에서 보았다는 게 정말 신기한 일이네. 나는 꿈에서 보지 못했는데 동생이 정말 꿈에서 보았어?" 라고 묻자 여동생은 "예, 보았어요" 라고 말하는 것을 자리에 함께한 사람들이 보고 듣고는 "세상에 이런 일이 있을 수 있느냐" 고 말하며 경이함에 신기하고 놀랍다는 표정을 감추지 못했다. 이에 필자가 "고인이 덕을 많이 쌓아서 그 능력으로 후손에게 복을 많이 줄 것입니다" 라고까지 말했는데 막내아들이 묻지도 않았는데 "어제 꿈에서 어머니가 나타나 두 아들에게 로또복권 여섯 숫자를 말해 줬는데 아들 모두 똑같이 같은 숫자 하나를 기억 못하고 있어요" 라고 말하니 세상에 이럴 수가!

그밖에도 신기한 일들이 많이 있었고 좋은 징조들이 있었는데 자세한 내용들은 밝힐 수가 없기에 생략하기로 한다.

그 후 불정선생의 아버지도 소천하여 함께 합장했다.

주상과 상주들이 가족회의를 하여 출장비를 생각보다 많이 책정하였기에 주상의 부인을 저녁에 따로 찾아갔다.

"종손과 장손의 부인은 생각이 많을 수밖에 없고 할 일이 많다는 것을 당사자가 아닌 사람들은 잘 몰라요. 주상께서는 많은 출장비를 저에게 주시면서도 적게 책정하였다며 미안해 하셨는데 저는 의뢰인의 형편과 묘자리(혈)의 등급 등 여러 가지를 종합적으로 판단하여 받을 만큼만 받습니다. 조상을 모시려면 비용이 많이 필요한데 큰며느리께서 이 돈은 조상님을 더욱 잘 모시는 비용으로 사용해 주세요. 조상님에게 제사 지내고 혈이 있는 명당에 모시면 반드시 복을 받습니다."

김해김씨인 회원님의 가정과 가문이 더욱 화목하고 조상을 더욱더 잘 모시어 장차 명문가문이 되기를 기원하면서 출장비와 사례비로 받은 금원 중 75퍼센트를 불정선생의 가문에 돌려드렸다.

진정한 풍수지리 학인(風水學人)은 '자리(음택과 양택)를 점해 주는 것만이 다가 아니라 한 가정과 가문에 비전을 제시하며 화목과 번창이 함께 하길 기원하는 마음을 갖는 것' 이라고 마음 속 깊이 되새기며 발길을 돌렸다.

"모두 의뢰인의 복입니다."

앞서 황정하 박사님이 소개하신 이○○ 청장에게 명리와 함께 안방 침대자리만 혈자리로 옮겼는데 건강에 놀라운 변화가 있었다며 김○○ 사장과 인연이 되었다.

이○○ 청장 사무실에 도착하자 청장은 본인이 사전에 관(觀)하여 명당혈이 없으면 출장하지 않고, 혈이 있어도 혈의 주인이 아니면 이 또한 출장하지 않으며 명당혈과 주인이 일치해야 출장한다는 것을 익히 잘 알고 있는 사람이다.

김 사장이 "조상을 이장할 산에 명당 혈자리가 있습니까?"라며 먼저 묻기에 필자는 "선대 조상 산소 앞에 다섯 발짝 안에 자리가 있습니다. 게다가 몇 개 더 있습니다"라고 말하자 청장은 "제가 아끼는 사람입니다. 개발지에 포함되어 이장할 수밖에 없다고 하여 소개했습니다. 오랫동안 입찰을 보지 못했다고 합니다"라 했다.

속발한 자리(2012년 12월)를 의뢰인이 합폄한 내광중 사진이고, 유택 사진이다

잠시 후, 김 사장이 도착하자 청장은 "이장할 좋은 자리가 있다고 하시니 빨리 모시고 가"라며 김 사장의 등을 떠밀어 자리를 떴다.

김 사장과 출발하며 중간에 '아버지를 모시고 산에 올라간다' 하여 함께 산 입구에 도착했다. 기혈정관법으로 사전에 관(觀)한 혈을 보고 먼저 산을 올랐다. 오르는 동안 주변을 보니 묘와 묵묘가 많았다. 관한 혈에 도착한 후 여러 가지 점검하고 있는데 한참 후에 도착한 김 사장과 그의 부친은 필자를 보고는 신기하고 놀랍다는 표정으로 입을 다물지 못하고 있는 것이었다. 산의 일부만이 자신의 필지이고 묘가 사방에 많이 퍼져 있는데 묻지도 않고 하나뿐인 그들의 조상묘 다섯 발짝 되는 곳에 서있으니 놀라는 것은 지극히 당연했으리라.

김 사장은 더 이상 묻지도 않고 그 자리에서 이장해 달라고 말했다. 사실 김 사장은 풍수지리에 관심이 많아 한 때 열심히 수학했었고, 선대 조상묘를 이장하고자 여러 선생에게 풍수와 관련한 묘터 감정을 의뢰했었다는 것을 이장한 다음에 알게 되었다.

의뢰인 김 사장의 증조부모를 합폄하며 유택하였고, 부친, 형님, 김 사장 본인의 가묘까지 100여 평에 4개의 혈을 정혈하여 4기를 조성했고, 후손이 자리할 곳까지 일러주며 산세를 절대 훼손하지 말라고 일렀다.

이장하면서 명당혈(穴)의 성장 정점시기를 점검하고 발복시기와 발복내용을 점검하여 3개월 후 발복을 예견하면서 "3개월 후인 내년 3월부터 발복 정점 시기이니 3월에 조짐이 있을 것입니다"라고 말했었다. 유택 후 김 사장은 "실제로 건설회사 사장이 찾아와 공사입찰이 여러 차례 성사되었고 집안에 좋은 일들이 있었습니다. 모두 덕분입니다"라고 말하여 필자는 "아닙니다. 이 모든 것이 조상을 잘 모시려 했던 효심(孝心) 깊은 김 사장님의 복(福)입니다"라고 칭송했다.

김 사장은 사업이 잘 된다며 토지를 매입할 때마다 필자에게 점검 의뢰하였고 집안이 확 달라졌으며 건설사 합병 등 여러 가지 좋은 일들이 있었다고 하여 "앞으로도 조상 더 잘 모시고 선행을 베풀어 적선적덕하세요"라고 당부의 말을 했다.

그 후 김 사장에게 잠자리, 사무실 자리, 부동산 풍수지리 감정 등 그동안 여러 상담이 있었다. 잠자리를 정혈한 후 의뢰인 부인은 몸이 좋아지는 것을 느낀다며 고맙다고 했다.

이로써 효(孝)는 덕(德)으로 이어지고 덕자는 혈의 발복(發福)을 받으니 명문가문(名門家門)이 되고자 원한다면 효와 덕을 행하여야 한다.

"이제는 묏자리 일을 하지 않겠습니다."

의학통학 중 72룡법을 행하여 완쾌된 사례 등으로 인연이 된 P선생, 하루는 예고 없이 찾아와서는 다짜고짜로 차에 타라고 하여 차에 오르니 "광명님을 납치하는 것입니다"라며 도착한 곳이 동승한 여성분의 친정 선영이었다.

그 여성의 선영은 대전 부근으로 고조, 중조, 조부, 부모 합장묘 4기를 차례로 점검하는 동시에 여동생들과 현장에 자리하지 않은 오빠까지 차례로 질병이나 통증부위를 점검하는 의통을 행하니 모두들 중추신경계에 공통적인 이상 증상이 보여 이와 같은 감정결과를 말하자 '그렇다'고 인정하였다. 그러더니 이장에 대한 의문점을 묻기에 상세하게 답하자 예정에 없었던 시댁 선영의 감정도 의뢰하여 진천군 덕산으로 가게 되었다.

그곳 선영에 도착하여 여러 이(理)를 점검하던 중 한 묘가 살혈(殺穴)에 자리하여 살기(殺氣)가 심하게 발(發)하는 것이 보여 "후손들에게 뇌의 후두엽 상부의 이상으로 정신분열증이 있고, 후두엽마비증을 원인으로 인하여 후두엽과 연결된 시신경 장애가 자식에게 나타납니다"라고 말하였다. 그러자 의학 분야에서 저명한 그 여성은 놀랍다는 표정으로 모두 인정하며 산소가 나쁘다 하여 처방까지 했었는데도 불구하고 감정한 결과가 그대로 가족에게 나타나자 여성은 "서둘러 이장해 주세요"라고 하여 "여기에는 혈이 하나밖에 없으니 후일을 생각하여 소유한 부동산 중 임야와 밭 목록을 감정해 합당한 명당혈(穴)들이 없다면 대체 매입하는 방법도 있습니다"라고 설명하였다.

산소를 처방했었던 P선생이 간접적으로 감정을 의뢰한 것이라 볼 수 있는데 P선생이 산소를 처방했어도 지켜본 현상이 그대로 나오자 "앞으로 풍수지리를 안 하겠습니다. 다 소개하겠습니다"라고 얘기했고 P선생은 지금까지 여러 차례 필자에게 소개를 하고 있다.

P선생은 혈을 볼 줄 알고 혈의 기운을 체감할 수 있어 상당한 수준임에도 산소 처방이 안 되니 풍수지리의 무서움을 깨닫고 다시는 풍수지리를 행하지 않겠다고 선언했다. 살기는 제거될 수 없는 것이고 혈의 깊이가 용사하는 데 무엇보다 중요하다는 필자의 주장을 인정하며 선생 자신은 땅속 혈심까지 볼 수 없으니 모두 필자에게 소개하는 이유라고도 말했다.

"말씀처럼 어머니가 위독하십니다."

의뢰인 가족과 오랫동안 친분이 있는 위 사례의 P선생이 소개하여 묘지를 조성하

이장, 혼패장, 각혼장, 가묘한 묘지 조성 사진(2017. 3. 8~11)

게 되었다. 390평의 밭(田)에 조부모 이장과 증조부, 증조모(2)를 화장했었던 것을 후회하고 혼패장, 각혼장을 하여 조상의 5위(位)를 하나의 묘에 안장했고, 부모의 가묘와 4형제까지 5기의 가묘를 조성하겠다는 의뢰를 받아 6개의 혈을 정혈하여 나흘간 묘지를 조성했다.

명당혈이 있는 음택을 조성하며 작업량이 많아 힘들었지만 형제들이 조상을 잘 모시려는 효심이 깊어 감복했다. 그리하여 명문 가문이 되길 기원했으며 가묘와 가족묘를 조성하면서 작은아버지의 혈자리가 있기에 장손에게 이 사실을 작은아버지에게 말하라 하였고, 이 내용을 들은 작은아버지는 큰집에서 묏자리까지 주니 기뻐하며 화해한 일도 있어 형제와 가족 그리고 집안이 화합하는 계기가 되어 감사하다는 말에 더욱 보람이 있었다.

부모의 가묘를 한 이유는 어머니가 편찮은 이유도 있었는데 서울 가는 버스 안에

서 이것이 생각나더니 갑자기 어머니의 건강 상태가 위독하게 느껴져 형제 중 맏이에게 전화했다. "어머니의 병환을 점검하니 위중한데 실상은 어떻습니까?"라 묻자 "말씀처럼 어머니가 위독하십니다. 오늘을 넘기기 힘들 것 같습니다"라고 했고 얼마 안 되어 가묘한 묘에 안장하게 되었다.

"그대로입니다. 지금 그렇습니다."

정혈을 마치고 돌아오는 차에 의뢰인의 여동생과 동석하게 되었다. 여동생은 친정아버지와 어머니 신후지지(身後之地)를 정하며 점검하고 정혈한 내용을 지켜보고는 궁금한 점이 많았던지 대화 중 시댁의 유택에 대하여 묻기에 여러 묘를 원격으

이장 전·후 사진

로 관(觀)하자 시어머니의 묘가 대단히 불리해 보여 그로 인한 가족들의 건강에 미치는 의통을 점검하였다.

"시어머니 묘(강원도 소재)가 살혈 자리입니다. 그로 인해 인체의 기(氣)와 신경이 교차되는 사통팔달의 인터체인지와 같은 인체의 대추혈(大椎穴)은 양어깨를 잇고 머리와 척추를 이어 열십자(一十字) 중심에 고개를 숙이면 가장 높게 튀어나오는 부근으로서 묘의 살기로 인해 생기는 대추혈 기능저하로 형제가 혈압으로 의심되는 혈관계 이상증상과 뇌신경 이상이 발생할 수 있으며 살혈의 살기 작용이 지속되면 후손 중 뇌신경장애 증상과 정신질환까지 발생하게 됩니다"라고 말하자 그녀는 놀랍고 신기하다는 표정을 지으며 "그대로입니다. 지금 그렇습니다"라고 말하는 것이었다.

이에 필자는 "묘에서 다섯 걸음 위에 우백호 쪽으로 두 걸음 반에 혈이 있습니다.

살혈자리에서 혈자리로 이장한 사진

그리로 이장하는 것이 좋을 것입니다"라고 했다. 그리고 여동생 부부와 동행하여 현장 점검을 하니 원격으로 관(觀)한 내용과 같았고 앞의 사진과 같이 이장하였다.

현장에 있던 사람들은 비석비토를 보며 "나쁜 자리는 흙이 시커멓다고 하고 좋은

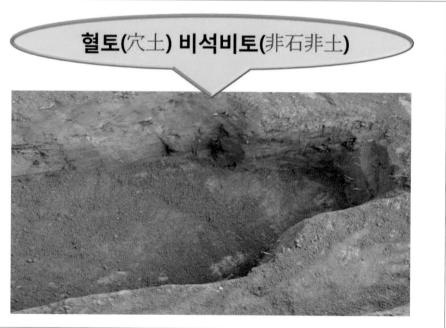

의뢰인 부모를 합장한 묘(충북 괴산 소재)이고, 아래 사진은 묘의 내광 중 혈토 모양이다

자리는 흙에 빛이 나며 색이 정말 다르네요"라고 했다. 천광하며 혈의 중심 깊이와 혈심의 혈 기운을 체감한 작업자는 "후끈한 게 다르네요. 정말 기가 막히네요"라고 했다. 그 후에도 그 작업자는 묻지도 않는데 "강원도 그 자리 정말 대단했습니다"라고 회상한다.

충북 괴산 소재, 혈심이 두 자(二尺)가 되지 않아 두 자 가까이 보토한 후 천광하기 전 항상 그랬던 것처럼 작업자들에게 "포크레인은 75센티미터 광중작업하고 수작업으로 30센티미터 내광중작업합니다"라고 하였다. 천광작업 후 작업자는 "혈토가 105센티미터 나옵니다"라고 하며 5년 동안 함께 작업할 때마다 정확히 혈심을 투시한다며 신기하다고 말했다.

상주의 친척 되는 80 넘은 노인은 "이곳을 내가 오래 살아서 잘 알아요. 여기는 돌밭이라 걱정했는데 여기 광중자리만 신비한 빛깔에 좋은 흙이 나오니 정말 용하십니다. 명함 좀 주세요"라고 하였고, 옆에 있던 사람들도 덩달아 명함을 달라 해서 명함을 건네며 정중히 인사도 했다.

"풍수지리를 하시면 안 되는 분입니다."

충북 음성군 모터에 유택하는 날이다. 전화로 출장을 의뢰받으며 원격으로 점검한 결과 고인이 자리할 혈자리는 명혈 1급(국무총리급)에 해당하는 대단하게 성장하고 있는 혈로서 오행 성질 중 금혈(金穴)이며 부(富)와 귀(貴)가 함께 하는 부귀(富貴)의 내용으로 발복(發福)하며 발복의 시기는 55년이고 혈심은 네 자 반(四尺半)에다 하관(下棺) 시간은 오전 9시이다.

위 내용을 통화하면서 상주에게 내수맥이 가까이 있고 혈장이 좁아 탈관하여 하관할 것이니 관은 가장 저렴한 것으로 마련하도록 했고 통화를 마치고 용사에 대하여 계획하고자 투시(투명)론으로 혈자리를 여러 차례 사전 점검했다.

장지에 도착하니 이장과 동네 사람 그리고 지역 장묘업자가 있었다. 여러 가지 이

(理)를 점검하고 점검에 따른 현상과 혈을 설명하며 용사 전 모든 점검을 마치고 광중작업을 시작하기에 앞서 혈심의 넓이와 깊이, 수맥의 위치 등을 같이 일하는 분들에게 자세히 설명하며 작업시 주의사항도 말했다.

수십 만 년 이상 기(氣)의 응집으로 형성된 혈(穴)의 훼손과 파손을 방지하기 위하여 작업자들이 혈자리에서 혈의 깊이(穴深)를 알고 작업할 수 있도록 돌에 줄을 묶어 길이를 표시해 줄에 표시된 만큼만 깊이를 작업하라고 하였다. 요컨대 이 세상에서 똑같은 사람이 없듯 혈자리도 똑같은 혈자리가 없기에 용혈을 용사하는 내용은 모두 다르다고 하겠다.

광중작업하기 전에 혈판이 있는 깊이를 말했고, 작업자는 돌에 묶은 줄이 바닥에 닿자 정확하게 혈토가 나타났다. 혈토는 오색토로 빛나는 것을 지켜본 참석자들은 신기하다 감탄했고, 이장은 "앞으로 우리 동네 일이 있으면 모두 다 해 주세요"라고 했다.

참석자 중 한 사람이 다가와 정중하게 인사를 하며 명함을 달라고 요청하여 명함을 드렸는데 명함을 보며 하는 말이 "풍수지리를 하시면 안 되는 분입니다. 생계 때문에 궁여지책으로 풍수지리를 하시고 계시지만 풍수지리는 이미 통달(通達)하셨고 사통팔달 도통(道通)하신 분이십니다. 이런 곳에 와서 풍수지리를 하실 분이 아닙니다. 조용한 산속에 계시면서 후학을 양성하며 글을 쓰며 강의하실 분입니다. 너무나 귀한 분을 만나게 되어…"라고 과찬하며 필자를 보기에 딱하고 애타 몹시 답답하다는 표정을 지었다.

그러기에 필자는 "법사님! 과찬이십니다"라고 말하자 "저는 처사(處士)입니다. 거사(居士)이기도 합니다"라 말하여 그를 명리학적으로 점검하기 시작했다. 점검 결과 고학(古學; 도가, 유가 등의 학문)을 많이 수학한 선비이며 불교에 연(緣)이 있는 사람이라고 판단되어 "처사님이 아니라 법사님이십니다. 너무 낮추는 것도 예가 아니라 생각합니다"라고 하자 그는 "부산에 있는 큰 절에서 큰 스님에게 가르침을 받았고 큰 스님이 속세에 물들지 말라고 무염이라 이름도 지어 주셨습니다. 작은 불상을 모시고 있습니다"라고 하는 것이었다.

　무염법사님은 필자에게 "30대에 이미 무불통달(無不通達)하셨고 세상을 관망만
하고 계셨는데 이제는 입신양명(立身揚名)할 때가 되었습니다. 도선국사의 후신이
었고 무학대사의 후신이십니다"라고 덕담하여 만나게 되어 기쁘다고 하며, "저는
너무나 많이 부족한 사람입니다. 앞으로 더 많이 수학하고 수련하고자 노력하겠습
니다. 오늘 뵙게 된 것은 큰 인연이라 생각합니다"라고 했었다.

　그 후 여러 번 만나고 통화하면서 누차 책을 내라고도 했고 학회 개소식에 상당한
도움을 주시는 등 많은 선연(善緣)을 맺고 있다.

　축시와 발문을 써주신 현동선생 내외, 추천사를 써주신 현진 박사님, 무염법사님,
불정선생 등 많은 분들이 대동학회 개소식에 함께 했다.

"저 묘의 후손이 누구입니까?"

몇 년 전 유택하며 사방에 있는 분묘들을 둘러보았는데 그 많은 묘 중에 정혈이 제대로 된 묘가 없었고 그나마 어느 한 분의 묘만이 명당혈 중 금(金)의 기운이 있는 혈에 가까이 있었지만 정확히 자리하지는 않았다.

명당혈 중심에서 조금 벗어난 위 분묘는 오행(五行)상 금(金)의 혈(穴)이었고 성장이 완성되어 발복시기가 되었으며 풍수지리의 여러 이(理)를 점검한 결과 자손 중공무원 등 공직에 있는 자는 관직에 복을 받는 자리이기에 장지에 있는 동네 사람들에게 멀리 떨어져 있는 그 묘를 가리키며 "저 묘의 후손이 누구입니까?"라고 하자한 노인이 "우리 아버지와 어머니 합장묘입니다"라고 하여 "자식 중 관록(官祿 ; 국가에서 봉급을 받는 자)을 받는 자는 진급할 것입니다. 장차 후손 중 공직에 근무하는 자들이 있을 것이며 관복을 받는 발복(發福)이 있을 것입니다"라고 했었다.

한편, 김종목 씨는 고향을 찾아 형님을 만났더니 그 형님(위 노인)은 필자가 했던 말을 전하며 기뻐했고 김종목 씨는 진급되어 관장으로 취임하였다. 그런데 취임한 관장실 또한 필자가 몇 해 전에 감정하고 정혈하여 책상자리

와 소파자리 등을 풍수지리의 이(理)를 적용해 인테리어한 곳으로서 하필 그 자리에 진급해 취임했으니 우연치고는 참으로 기묘한 인연이다.

　관장과 인연이 되어 현장정혈토론회 개최 장소로 흥덕사지 금당 입장을 허가하여 참가했고, 직지축제에서 파워스팟 프로그램을 행사할 수 있도록 배려했으며, 거식 증 환자를 치료하게 소개하는 등 선연(善緣)이 지속되어 함께 행복한 일이 많았다.

"이름 모를 지사님께 잔을 올리세요."

　입산수행하고 내려오던 중 분묘들이 있어 투시로 분묘들을 점검한 일이 있었다.

　투시한 분묘는 동에서 서로 강한 백색과 청색의 기(氣)가 흐르며 기가 교차하는 혈자리로 특이한 것은 묘에 두 개의 혈판이 상하로 있었다.

　지면에서 2자(尺) 깊이로 위에 있는 혈판은 두 마리의 청룡무늬 혈판이었고, 아래의 혈판은 3자 깊이에 매화무늬 혈판이었다.

　분묘 속의 체백을 투시해 보니 부부 합장묘였고 백색의 체백은 황금색으로 코팅이 되듯 체백의 테두리에는 황금색 막으로 감싸져 있었고, 우측 체백의 입에서 지맥이 갈라져 흐르고 있었다. 지맥은 용광로에서 황금이 녹아내리듯 생동감이 넘치고 있었다.

　점검 후 위 분묘의 비문을 보니 부부 합장 묘임을 확인할 수 있었고 매화무늬의 혈판과 청룡무늬의 혈판이 있어 이 분묘의 후손들 중에는 학자와 교수 그리고 교육부

관직에 등극하는 후손들이 많을 것이라고 분석되었다.

　후에 확인하여 보니 나의 판단과 같이 후손들이 명문가문을 이루었고 지금도 청주에서 이 집안의 후손들은 귀재들이 많고 앞으로도 더욱 많을 것으로 확신한다.

　투시로 본 땅속은 경이로움 자체였으나 눈은 너무나 아팠다. 투시하며 긴 시간 집중해서 그랬겠지만 혈판의 빛이 너무나 찬란하게 빛나서 눈이 아팠던 것이다. 지금도 투시론을 행하고 나면 한동안 눈동자가 아프고 어지러운 현상이 지속되는데 이는 투시론을 행하다 보면 강한 집중력에 의한 기의 에너지가 많이 소모되어 이러한 현상이 발생되기 때문이지만 수련이 부족한 결과라고 생각한다.

　그 후에도 그 분묘를 찾아 여러 차례 점검을 반복하였고 수련하는 중 분묘를 관리하는 종중회장과 만나 신후지지를 상담하며 "이 묘는 명당혈의 오행 성질로 수혈(水穴)입니다. 수혈이기에 후손 중 학자, 교수, 교사, 교육공무원(교육청), 교육부 등에서 관록을 받는 자가 많을 것이며 혈판이 쌍혈판으로 그 혈판의 특이성 무늬들과 혈의 등급으로 보아 판서 벼슬에 해당하는 장관급의 인물이 나올 것입니다"라고 말하자 종중회장은 "현재 교사 등 교육계에 근무하는 후손이 많으며 교육부 차관을 지낸 분도 있었습니다"라고 했다.

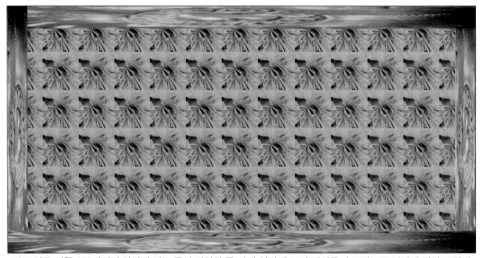

위 그림은 앞쪽 473페이지 하단에 있는 묘의 쌍혈판 중 아래 혈판에 그린 매화무늬 그림으로 필자가 직접 그렸다

장관까지 배출될 것이라고 하며 이름 모를 지사를 찾아 감사의 잔을 올리라 했었는데 오늘은 교육장으로 퇴임한 종중회장보다 항렬이 높다는 분과 우연히 만나 류(柳)씨 노모에 대하여 이야기하면서 앞의 묏자리를 유택한 이름 모를 지사가 생각나 혁(赫)자 항렬 분에게 "100기, 1,000기의 분묘들 중 명당혈 중심에 정확히 용사하여 유택한 음택을 찾아보기 힘든데 저 묘는 좌향이 3~5도 편차가 있으나 이 정도면 제대로 유택한 묘이고 층으로 된 쌍혈판이 있는 특이한 명당묘입니다. 이 묘를 용사한 지사님을 아시면 찾아서 지사의 묘에 잔을 올리라 하세요"라고 말했다.

'호랑이는 가죽을 남기고 사람은 이름을 남긴다' 고 했는데 지사의 정혈로 세상을 구하는 영웅과 개척하고 봉사하는 명문가가 출현하니 풍수지리학은 분명 구세(救世)의 학문임을 자부한다.

납골당과 대가족묘

납골당을 계획하였던 상담인이 대동학(大同學)학회 사무실을 방문하여 "일만 평의 선산에 계신 7대조를 포함한 조상님을 납골당에 모시려 하는데 괜찮은지 궁금합니다"라고 물어 "화장하고 납골당에 모시는 것은 의뢰인이 결정하는 것이지만 화장하거나 납골당하면 안 되는 이유를 정확히 알고 결정했으면 합니다. 주위에 선산을 팔아먹고 조상을 화장하거나 납골당한 사람들이 잘못되는 것을 보셨지 않습니까?"라고 하자 의뢰인은 "예, 잘못되는 일들을 보았습니다"라고 답하기에 "선영이 있는 조상 땅을 팔아먹고 화장하거나 명당에 계신 분을 흉지로 이장하면 탈이나 화(禍)로 나타나는 경우가 많습니다. 화장하면 유전학적 DNA가 파괴되어 발복이 작용하지 않습니다. 명문가문을 뼈대 있는 집안이라 말하지 않습니까. 조상이 명당에 모셔져 뼈의 혼이 명혈과 감응하여 후손에게 동기감응해 발복이 이루어지는 것입니다"라며 만류하였다.

이어서 "화장과 납골당은 절대 하지 마십시오. 여러 조상을 함께 모시고 싶다면 화장하여 납골당하지 말고 한 봉분에 조상님들을 함께 모시는 대가족묘를 하세요. 이렇게 하면 종중이 자연스럽게 결성되며, 대가족묘 조성시 오히려 비용이 절감됩니다. 의뢰인이 조상님들을 함께 모실 대가족묘 명당혈이 있습니다"라고 말하자 의뢰인은 상담 중에 정혈출장을 의뢰하여 학인과 함께 출장하게 되었다.

사전에 관(觀)하며 "봉분에서 여덟 발짝에 명당혈이 있습니다"라고 말했는데 현장에 도착하여 입향수수와 합리되게 정혈한 혈 중심을 표하자 의뢰인이 여덟 발짝임을 직접 확인하며 화장하지 않고 대가족묘를 행하겠다고 말하며 기뻐하는 것이었다.

이장하면서 화장하면 별도의 추가비용 발생과 함께 DNA 파괴로 인하여 명당혈 발복이 작용하지 않는다는 것을 알았으면 한다.

"덕을 베풀어 주십시오!"

오창과학단지 조성으로 조상의 묘를 이장하게 된 의뢰인이 대동학회 사무실을 찾아와 딸이 상담한 후 다 해결되었다고 찾아가 보라 해서 왔다며 화장을 하고 싶은데 어떻게 해야 하는지 상담을 요청하여 "할머니가 생전에 덕을 많이 쌓은 분이니 좋은 자리에 주인이 될 수 있습니다. 땅이 없다니 땅을 살 능력이 없으면 어쩔 수 없지만 작은 평수에 싼 땅에도 명당혈이 있으니 알아보세요. 조상혼이 화장을 하면 화가 나는 것은 당연하고 명당혈에 유택하면 혈의 발복을 받고 조상도 고마워 복을 줍니다. 선택은 알아서 하시기 바랍니다"라고 말했다.

그 후 며칠이 지나 의뢰인은 130평의 땅을 매입하려 하는데 좋은 자리가 있는지 전화로 묻기에 "할머니가 주인 될 혈자리 외에 혈자리가 하나 더 있습니다"라고 하여 화장 아닌 이장을 하게 되었다.

이장 당일 작업이 시작된 지 30분도 되지 않는데 모씨 종중회장이라는 사람이 찾아와 "이 산 전체가 종중산인데 후손 중에서 개인명의로 된 이 땅을 팔아먹었어요. 여기는 내가 길을 내주지 않으면 못 들어오는 겁니다"라고 말하며 노기를 부려 심기가 매우 불편했다. 종중회장으로서 종중과 종중재산을 지키려는 마음은 이해하면서도 이장작업이 중단되는 사태가 발생되면 덕이 있는 고인을 모시지 못하는 등 여러 가지 문제가 발생하기에 어려운 상황을 해결하고자 대화 중에 종중회장의 조상과 묘를 동시에 관(觀)해 보았다.

점검한 결과 종중회장의 부, 조부, 증조부, 고조부 모두 5대(代)를 이어 덕을 쌓았고 명당혈에 모셔져 있었다. 종중회장도 적덕하여 혈이 정해져 있음을 관하고 "회장님의 조상은 5대를 걸쳐 덕을 쌓은 덕자 집안으로 모두 명당에 계십니다. 회장님도 덕을 많이 행하셨군요. 덕이 있어야 명당의 주인이 될 수 있는데 조상님들 모두 명당에 계시고 회장님도 덕행으로 적덕함에 이미 정해진 명당이 있습니다. 저쪽 방향에 있는 혈자리를 무상으로 정혈해 드리겠습니다"라고 말한 뒤 "저는 출장의뢰를

받아도 고인에게 덕이 없으면 명혈의 주인이 될 수 없다는 것을 잘 알기에 덕을 쌓지 않은 고인의 후손이 출장을 요청하면 출장하지 않습니다. 여기 모시는 분 중 생전에 덕을 많이 행한 덕자에게 복을 주어야 하니 이해해 주시고 이장할 수 있도록 덕을 베풀어 주십시오"라고 하며 명함을 내밀었다.

종중회장은 "우리 조상들이 덕을 많이 쌓은 것을 아시네요. 지장 없도록 하겠습니다"라며 노기를 풀어 작업은 다시 시작되었다.

고인의 덕량에 따라 혈의 등급(대명당, 대명혈의 등급)이 다르며 덕량에 따라 체백의 위치가 다르게 자리하게 하고 유택을 완성하자 그동안 의뢰인들이 그랬던 것처럼 이번에도 의뢰인은 "작업이 이렇게 많은 줄 몰랐고 이런 형태가 될지 상상도 못했습니다. 고맙습니다"라고 했다.

*아래는 여러 차례 현장에 함께 했던 지현선생님이 대동학 카페에 올린 글이다.

▶ 참으로 회장님의 투시와 일처리는 한 치의 오차도 없이 신의 경지인 듯한 놀라움과 감탄 그 자체입니다.

위의 사진에서도 보듯이 최선을 다해 혈자리를 잡고 광중작업을 하는 동안 혈이 다치지 않도록 세심한 관심을 갖고 고인들을 잘 모시기 위해서 기도하는 마음 자세로 적선적덕을 쌓고 계셨습니다. 학인으로서 배울 점이 상당히 있어서 늘 고마움을 저절로 갖게 됩니다.

다시 한 번 고개 숙여 회장님께 감사드립니다.

▶ 회장님께서는 모든 출장에 앞서 의뢰인과 상담하면서 출장지를 관(觀)해 보시고 혈의 위치와 크기, 구조를 도면으로 작성하고 난 다음 의뢰인에게 알려주시고 현장 점검을 가신다. 늘 그렇듯이 이번에도 현장에 가서 혈자리를 점검 확인해 보니 같았다. 혈의 깊이는 3자인만큼 1자 보토, 2자 포크레인 작업, 1자 내광중 수작업을 해야 될 것이라고 예견하였다.

실제로 작업을 해 보니 땅 깊이에 따라 표토 60cm 후 혈토에 가까워지면서 차츰 금색에서 은빛 문양으로 바뀌지는 비석비토가 조금 비치기도 하였다. 모두 놀란 기색이다. 장묘 유 사장님도 봉분 높이에 맞추어 디자인을 아주 멋지고 튼튼하게 자로 재면서 빈틈없이 하시는 것에 감탄했다.

"집안에 그런(정신병) 사람이 있습니다."

일요일엔 ○○ 회원이 간산을 하자며 6시경 문자가 왔다. ○○ 회원은 조상의 이장을 계획중으로 선산과 함께 인접한 곳에 명가의 양택과 음택을 간산할 생각으로 문자한 것이다. 문자를 받고 여러 가지를 점검하고 판단하며 입산하는 시간을 관(觀)해 보니 오후 3시로 회원에게 "오후 3시에 산에 도착하여야 하니 2시에 학회 사무실에서 뵙겠습니다"라고 전화했다.

간산(看山)하려 산에 올라가면 산신이나 토신이 자리하는 곳에 제를 올려야 하기에 산신 토신제를 올려야 할 자리를 손으로 가리키며 도착하니 선대가 산제를 모셨던 곳이라고 한다.

날씨는 평소와 달리 안개가 있어 조금 흐린 날씨였으며 의뢰인의 선대 묘를 점검하며 이장할 혈자리를 정혈하였는데 정혈한 혈자리 중 가장 큰 혈자리를 정혈하면서 전에도 사무실과 카페 글에서 사진의 선산에 혈자리들의 위치를 말씀해 드렸고, 수맥의 흐름도와 수맥의 영향으로 집안에 머리 통증이 있고 심하면 정신병이 될 수있다고도 말해 드렸는데 사전에 점검했던 내용들과 현장에서 점검한 내용 모두 일치하여 "이장할 선대 중 증조부께서 덕을 가장 많이 쌓았으니 여기에 증조부를 모시면 됩니다"라고 하며 "이 묘는 정신질환자가 나는 자리입니다"라고 하자 "집안에 그런(정신병) 사람이 있습니다"라고 말하는 것이었다.

정혈한 위치에서 손으로 방향을 가리키며 "안산은 이 방향입니다"라고 말하며 "이곳에 서서 보세요"라고 하자 회원은 "앞에 있는 봉, 중간 봉, 멀리 있는 봉 등 3봉이 겹으로 있고 끝에 있는 봉은 큰 새의 형상입니다"라고 말하며 안산의 형격에 감탄하며 기뻐하였다. 10년 이상 풍수지리를 열심히 수학하며 선산을 자주 찾는다는 회원님께 "선산에 와서 큰 새의 형상을 본 적이 있습니까?"라고 묻자 "없었습니다. 오늘 처음 봅니다"라고 답했다.

오늘 입산하는 시간을 오후 3시로 정했는데 그 전에 왔더라면 볼 수 없었을 것이다. 방금 전에도 앞을 볼 수 없었는데 3시가 되자 안개가 걷히며 보이지 않는가.

이장하며 택일과 하관시간, 간산일과 입산시간이 뭐 그리 중요하냐고 말하는 사람이 많은데 이는 대자연의 운행 시간에 따른 조화를 알지 못하고 하는 말이다.

"꿈에 이 자리에서 큰 잉어 두 마리가 놀고 있었어요."

도인들을 많이 알고 있는 의뢰인, 대동학회 사무실에 찾아와 장흥, 순천 등 타인의 땅에 여기저기 흩어진 조상묘를 고흥으로 이장하겠다는 상담을 하게 되어 4위(位)의 조상을 함께 합장할 수 있는 가족묘 혈자리가 있다고 했다.

예견하여 말한 후, 고흥에 정혈 출장하여 산과 밭을 간산하며 밭의 혈자리(경계 가까이 있는 혈)를 짚자 옆에 있던 의뢰인의 어머니는 "꿈에 이 자리에서 큰 잉어 두

마리가 놀고 있었어요"라고 했다. 불리한 묘를 감정하며 후손에게 나타나는 질병의 증상을 말하자 모두 인정하였다.

혈자리는 밭에 있지만 타인의 밭이 바로 붙어 있어 이장하는 날 시끄러울 일이 있을 것이라고 하고 택일하며 이장하고 하관하는 시간을 정하며 천보시(天補時) 시간을 관(觀)하여 말했다. 이장할 때 하관시간은 사주로 정하는 방법도 있으나 하늘이 돕는 시간 천보시로 정하고 초장할 때는 하늘 문이 열리는 시간 천개시(天開時)로 정한다.

말과 같이 동네 사람 때문에 작업이 한 시간 가량 지연되었고, 30센티미터 보토, 경사가 높아 2단으로 작업, 잔디 8400장 등 토목공사라 할 만큼 작업량이 많았다.

의뢰인의 누나는 파묘 전 이틀 동안 체백이 불리한 상태를 꿈에서 보았다고 말한 내용과 파묘하며 조상의 체백이 불리한 상태를 동생에게 현장에서 전해 들은 내용이 일치한다며 신기하고 고맙다는 말을 했다.

청룡과 황룡이 합하는 묘터, 150여 평의 작은 평수의 밭이나 대대손손 함께할 수 있는 가문의 묘터로, 4형제의 가묘 모두 순서에 따라 혈의 등급까지 일치하며 주인이 정해졌음은 "사람은 태어나면서 이미 혈의 주인이 정해져 있다"라는 무학대사의 말이 생각났다.

모두 7개의 혈자리에 묘를 조성했고 밭에 2개의 혈자리가 더 있으나 아직 말할 때가 아닌지라 말하지 않았다.

전방에 도로가 보이고 도로를 넘어선 넓게 펼쳐진 전답들과 저수지가 있으며 저수지 넘어 영험한 봉이 여덟 개가 있는 유명한 팔영산 조산(朝山)이 있다. 팔영산 남동 방향에 거대한 소머리(牛頭) 형국이 있다. 물형인 소(牛)는 조상을 상징하기도 하지만 큰 소(牛)의 형국(形局)은 국왕(國王)을 상징한다. 팔영산의 영험함을 알고 일본이 우리 민족의 정기를 말살하고자 훼손하려 한 일이 있다고 전해진다.

유택 후 의뢰인은 카페에 "그동안 미루었던 일들을 정리하느라 아직 경황이 없습니다만, 이번 저희 가족묘역 조성은 하늘이 내려주신 은혜로 여깁니다. 후손들은 더욱 분발해서 세상을 사랑하라는 하늘의 명이겠지요?"라고 했고, 의뢰인의 누나는 사업장을 찾아다니다 잠시 잠에 들었는데 좋은 꿈을 꾸고 눈을 뜨는 순간 필자의 얼굴이 나타나 무작정 전화한 것이라고 하며 사업장을 점지해 달라 하여 익산으로 출장했었다. 세상엔 묘한 인연도 참 많다. 출장엔 지현선생이 함께 했었다.

"태어난 날부터 89년 3개월 28일입니다."

맥(脈) 자(字)를 써주신 표지 제자(題字) 미산 맹창균(未山 孟昌均) 선생님을 서실에서 만난 현담 류재선(泫譚 柳在善) 선생님, 선생님이 선산에 가자고 했다. 부친이 연로하고 병환이 있어 부친께서 미리 정해 치표한 자리의 감정을 의뢰한 것이다.

현담선생의 형이 동행했다. 그는 대기업 건설회사의 임원이었는데 풍수지리를 많

이 알고 있고 지사도 많이 알고 있다고 했다. 형제는 명문가문의 자손답게 예를 알았으며 조상을 잘 모시겠다는 마음이 남달랐다.

선생의 부친이 치표한 자리는 혈 중심에서 많이 벗어났고 수맥이 있었다. 점검하는 동시에 부친께서 쌓은 덕량을 관(觀)하며 덕량이 의외로 많아 부친에 대해 물으니 조상을 위하는 종중 일을 많이 했고 어려운 사람을 많이 도왔다고 한다.

부친의 자리는 치표한 혈보다 두 단계 높은 혈자리이기에 여기는 아니라고 하고 다른 곳에 정혈했다.

백마강 근처 식당에서 식사 중 형은 뜬금없이 "도사님 우리 아버지 얼마나 사십니까?"라고 한다. 하늘의 부름을 받는 소천하는 날은 함부로 말할 수 없다고 하니 정혈한 자리에 자리하게 하려면 많은 공사를 해야 한다고 하며 재차 묻기에 조상을 잘 모시려는 형제의 마음과 효를 행하려는 마음이 있어 "아버님의 소천 일은 태어난 날부터 89년 3개월 28일까지입니다"라고 답하니 형제는 아버지 생일을 알고 있어 약속이나 한 듯 계산대에 있는 미니 달력을 보고 고개를 끄덕인다. 필자는 생일이 언제냐고 그날이 언제냐고 묻지도 않았다.

그 후 어느날 아침 수련 중 전화가 왔다. 현담선생에게서 전화가 온 것이다.

"형님이 아버지 돌아가시는 날을 맞추었다고 광명선생님을 모시라 해서 전화했습니다"라고 했다. 대동학정통풍수지리 학인 지현(地現)선생과 현장에 도착하여 지현선생에게 혈과 혈심, 지맥, 수맥과 합수지점을 점검케 하고 정혈하라 했는데 지현선생은 지맥이 하나에서 셋으로 갈라지고 다시 합세하는 것을 말하며, 혈이 위에 하나 있고 그 아래 옆으로 혈이 세 개 있는 것까지 말하니 놀라왔고 혈심을 각도기로 각을 재며 "혈심은 78.8센티미터입니다"라고까지 말하니 '맞다'고 격려하며 정말 놀랍고 보람되어 기뻤다.

지현선생은 수맥과 합수점을 또한 정확히 찾아 표시하고 있었다. 광중작업하며 혈심을 확인할 수 있었고 보토하기 위해 흙을 파내는 지점을 합수점으로 하라고 하여 땅속에 흐르는 물을 보여주고 싶었다. 1.3m 깊이에 물이 날 것이라 했는데 흙을 파는 지점에서 물이 흐르는 것을 눈으로 확인한 지현선생은 자신감에 고취되었다.

작업을 마치고 돌아오는 차 안에서 미리 작성한 혈들과 수맥, 지맥, 살기맥 그림을 보여주자 선생은 빙그레 웃기만 한다. 현장에 갈 때마다 관(觀)한 점검도를 보여주었기 때문이다.

유택 후 후손이 다 모인 자리에서 혈을 설명하며 교육계에 근무하는 후손은 진급할 것이고 후손들이 교육계에 많이 있을 것이라 예언하였는데 현담선생은 기대하지 않았던 진급이 되어 도교육청 공보관으로 영전했다.

그 후 여러 사람을 소개하는 등 많은 인연이 있었으며 출간하는 데 조언이 있었다.

2017. 11. 21. 18:15, 서실을 오가던 현담선생은 학회 사무실에서 집안의 대가족묘에 대하여 말하던 중 "태어난 날부터 89년 3개월 28일을 또 확인했는데 한 달을 음력 29일로 보아야 합니까 아니면 30일로 보아야 합니까. 29일로 기준하면 그날이 맞고 30일로 하면 하루 차이가 납니다"라고 말하며 4년 전 일을 회상한다.

세상에 이런 일이!

그동안 묘한 일도 많았다. 묘한 일들을 필자가 말하면 믿기 어려운 것은 당연하다고 생각한다. 세상에 이런 일이 있을 수 있냐고 꾸민 말이라고 할 것이니 이런 신기한 일들은 많았는데 좀처럼 말하지 못했다.

대동학 카페에 카페지기를 하다 보니 느닷없이 글을 올리거나 아주 뜻밖의 만남도 있었다.

닉네임 '프리스타일' 회원은 카페에 아래와 같은 글을 올렸다.(2013. 11. 26. 06:58)

"어디다 올려야 할지 난감하여 인사를 먼저 드립니다. 새벽 꿈에 일면식 없는 회장님께서 누우라고 하셨는데 온몸에서 두두둑하더니 뜨거운 기운이 나던데요. 좀 전에 깨어보니 요사이 어깨가 너무 아팠는데 안 아픈 게 너무 생생하여 인사부터 올립니다. 감사합니다."

아마도 이런 일이 있다면 찾아가 기사화하는 등 호들갑을 떨었을지 모르나 만난 적도 없지만 찾아가본 적도 없다. 이런 신기한 일들이 그동안 많아서 웃으면서 '병이 났으면 좋은 일이지' 하며 '서로 얼굴 볼 인연이 있으면 만나겠지' 했다.

포항에 산다는 분이 갑자기 찾아온 사례를 지현선생이 아래와 같이 카페에 글로 남겼다. (2013.11.22. 17:00)

하늘이 알고 혼이 안다. 우리가 살아가면서 대부분 일이 평생 동안 평탄하고 순조롭게 잘 되어가는 사람이 있는 반면에 매사가 꼬여가면서 본인을 무척 당황하게 하는 사례도 꽤 많다고 본다. 또한 남이 부러워할 정도로 가정과 주위 환경이 좋은데 어느 한순간 일이 풀리지 않고 불행한 일들이 블랙홀에 빨려 들듯이 헤어나오지 못하는 당황스러운 일을 당하는 사례도 종종 듣고 본다.

어느 날 포항에 계신다는 한 회원으로부터 후자의 경우와 같이 사촌 형님이 조상 대대로 내려온 선산을 팔고 파장한 후 조상님을 화장하였다. 자신의 아버님도 납골당에 모시고 어머님은 화장하게 되었다. 이후 사촌 형제는 물론 자신도 사업에 실패하고 집안까지 풍비박산이 되어 온 가족이 뿔뿔이 흩어져 내일을 기약할 수 없는 처지라고 한다.

아버님은 자주 나타나서서 현재 이곳이 아닌 다른 장소로 옮겨 달라고 하신다. 아울러 꿈속에서도 청주와 선생과 연관 있는 꿈을 꾸고 인터넷에서 풍수지리 카페를 검색하다 보니 대동학 카페가 눈에 들어와 반갑게 회원으로 가입하게 되었다고 하고 그간의 일들을 소상히 대동학 사무실 선생님에게 전화로 알려왔다고 한다.

회장님께서는 하소연을 듣고 조상님을 관해 보시고 난 다음 고인이 덕을 많이 쌓으신 분이므로 반드시 좋은 장소로 모실 수 있다고 하시면서 산소 이장 방법 등 여러 가지를 일러주셨다.

공사장 일용직으로 일하면서 시간과 경제적인 사정으로 이장을 피일차일 미루던 중 어머님이 꿈속에 나타나서서 "명당을 볼 수 있는 분이 그 분인데 어서 찾아가 인사드리지 않고 지금 뭐하고 있느냐"고 호통을 치셔서 자식 된 도리로 한 번 시간을 내서 찾아뵙겠다고 하기에 거리도 멀고 사정이 여의치 않으므로 전에 전화 상담한 내용대로 일을 빠른 시간 내에 처리하는 것이 순서이니 찾아올 필요가 없다고 말씀을 드렸다고 한다.

그러나 고인(어머님)이 호통치시던 모습이 자꾸 생각나고 걸리신다며 어느 날 약속도 없이 새벽 4시쯤 되어서 지금 청주 버스 터미널에 도착했으니 좀 만나게 해달라고 문자 메시지가 왔다. 장거리 출타(서울 집안 결혼식 참석 : 토요일) 중인 회장님께서는 저더러 대신 그분을 만나서 이런 저런 방식으로 이야기를 해 주면 어떻겠냐고 하시기에 흔쾌히 가서 말씀을 드리겠다고 하고 상담인을 만났다.

이렇듯 훌륭한 지사는 하늘이 알고 혼들이 알고 있는 것이 아닐까 하는 생각에 더욱더 수련하고 수학에 힘써서 매진해야 할 것을 다짐해 본다.(2013년 11월 22일)

회원님과 통화하면서 선한 마음으로 열심히 살다 보면 좋은 일이 있을 것이라 했고 조상을 모시려는 마음만 있다면 선산이 없는 경우 동네 공동묘지에도 명당혈이 있으니 알아보라 했다. 가장 저렴한 비용으로 모실 수 있는 방법 중 공원묘지의 파장한 자리에도 혈이 있어 공원묘지도 알아보라 했는데 그 후 또 찾아온다 하기에 차마 거절할 수가 없어 학회 사무실에서 만나게 되었다.

위 사례로 포항 사는 분의 돌아가신 어머니는 청주에 살고 있는 필자를 어찌 알고 찾아가라 했는지 재차 꿈에 나타나 찾아가 인사하라 했는지 이처럼 신기한 사례는 많다.

닮고 싶은 부부

우리 동네에 조상들을 잘 모시는 부부가 있다.

오랫동안 가까이서 한 부부를 지켜보았는데 문중의 종손이 아님에도 시제와 제사를 정성을 다해 봉행했고 산책을 하다 보면 새벽부터 예초기 소리가 들리는데 할아버지는 예초기로 작업하고 할머니는 잡초를 제거하시는 모습을 해마다 여러 차례 보아왔다.

20여 년 전부터 부부는 조상님들을 더 가까이 모시고 싶은 생각으로 조상님의 분묘들이 모셔진 곳에서 30m 떨어진 거리에 택지를 구입하여 집을 짓고 더욱더 정성스럽게 조상묘를 관리했다.

노부부는 결혼하여 60년 이상을 살면서 그동안 시제와 제사를 모시고 선산을 관

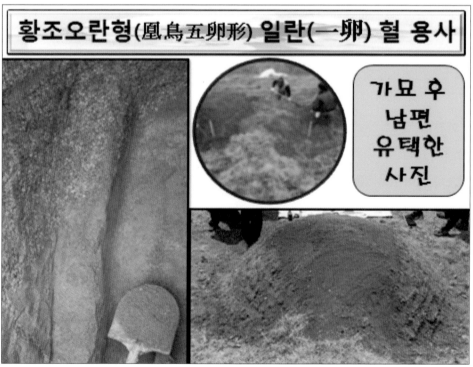

미망인은 남편이 자리한 후 꿈에 묘속에서 밝게 빛나는 커다랗고 둥근 빛을 보았다고 했다

리하였지만 모든 사람이 생로병사에 예외가 없듯 할아버지도 뇌출혈로 인하여 손발이 마비되어 거동을 못해 병문안을 갔더니 노부부는 자신들의 안위는 돌보지 않고 앞으로 조상님들을 어찌 모실지에 대한 걱정만 한다.

노부부는 평생을 위와 같이 조상님들을 정성스럽게 모셨지만 종중묘가 너무 많아 더 이상 분묘를 만들 묘자리가 없다며 자신들은 화장하여 참전용사 자격으로 국군묘지에 간다고 했다.

노부부의 얘기를 들으며 많은 감동을 받았고 한편으론 마음 아파하며 진정으로 풍수지리를 행하는 이유가 무엇인가. 그리고 풍수지리학이 발전되게 하기 위하여 어떤 일을 하여야 하는가 등 여러 가지를 생각했다.

풍수지리학이 진정으로 발전하기 위한 과제 중 조상을 정성으로 잘 모시는 분들이 복(福)을 받게 되고 그 후손들이 복을 이어받아 조상을 더욱 잘 모시면 복이 이어진다는 것과 더불어 풍수지리학이 계승 발전되기를 바라면서 노부부의 덕량을 관한 후 혈자리를 정혈하기로 마음먹고 혈의 감응을 체험해 보라 하자 사위의 부축을 받고 산에 올라 혈자리에 서서 죽어서도 같이 있고 싶다 하며 합장자리를 원하여 "부부가 같이할 묘자리가 여기입니다"라고 하며 혈자리에 서게 하고 좌향을 말하자 기운을 체감하면서 좋다고 했다.

조상을 잘 모시고 죽어서도 함께 하시려는 노부부의 사랑이 참으로 아름다워 할아버지와 할머니의 삶을 본받아 닮고 싶다는 생각을 했으며 조상을 잘 모시면 반드시 복을 받는다는 말이 위 노부부에게 해당되는 말이 아닌가 생각했다.

"집안 내력까지 나옵니까?"

　선영과 고향 집을 점검한 후 감정결과를 자세히 설명하면서 집안 내력을 말하자, 풍수지리 감정결과로 집안 내력까지 나타나는 것에 대하여 신기하고 놀랍다는 표정을 지으며 "집안 내력까지 나옵니까?"라고 인정하며 그동안 풍수지리에 대하여 궁금했던 사항들과 부모를 선영에 모셔야 할지 아니면 다른 묘지에 모셔야 할지 등 여러 고민이 한꺼번에 해결되었다 하면서 10년 묵은 체증이 내려가는 듯하다며 묘지를 조성하면 작업량이 많다는 것을 알고 가묘하겠다고 했다.

　혈이 있는 길지 생가터를 점검하면 인재가 나타남을 예견할 수 있고, 묏자리를 보면 발복내용이 각기 다르기에 예견할 수 있으며, 양택과 음택 모두 흉지이면 질병 등의 내력을 알 수 있어 풍수지리 감정할 때는 음택·양택을 함께 점검하면 보다 종합적인 분별로써 분석하고 감정할 수 있다.

"여보! 있잖아 그 형."

　정통풍수지리 학인과 함께 음택 감정 및 정혈과 양택 전원주택지를 정혈 및 점지하고자 현장에 도착하여 조물형(鳥物形)의 목 부위에 있는 사진의 묘들을 점검한 후 감정결과를 설명하면서 명당혈(穴)들을 정혈하며 명당혈의 오행(화·토·금·수·목) 성질과 혈의 등급 그리고 발복내용 등을 자세히 설명하였고 이장할 자리를 정혈하였다.

　이번엔 A, B 밭(田) 중 전원주택으로서 명당 B필지를 점지하며 A필지에 대하여 "의뢰인이 계획했었던 저 자리(A)에 집을 짓고 살면 살혈로 정신질환자가 나오게 됩니다"라고 말하자 의뢰인은 깜짝 놀라며 "여보! 있잖아 그 형, 겨울에도 덥다고 발가벗고 다니는 형, 그 형이 그 자리에서 살았었어"라고 하며 신기하다는 표정을 지으며 부부가 인정하였다.

　필자는 "명당혈에 집을 짓고 사는 것도 중요하나 수맥과 살기가 있는 살혈처(殺穴處)를 면하는 것 또한 중요합니다"라고 말하며 함께한 학인에게 살혈을 체감해 보라 하자, 학인은 "시커먼 기운이 아래부터 위로 올라옵니다"라고 말하며 체감 후 명당혈과 다르다 했고, 살혈을 면함이 보다 중요하다 하며 살혈을 체험함에 이해되었다고 했다.

　혈(穴)이 있는 명당에서는 질병이 치유되지만 수맥, 살기, 살혈처는 각종 질병이 유발되어 정반대로 나타나니 사전에 길흉지를 선별하는 것이 무엇보다 중요하다고 하겠다.

　"죄송합니다. 떠봤습니다."

　몇 년 전의 일이다. 시내(청주시) 운전 중에 한 통의 전화가 와서 통화한 내용이다.
　"○○까지 출장이 가능하십니까?"
　"가능합니다만, 왜 그러십니까?"

"할머니의 묘자리가 안 좋아 이장하려고 합니다."

"풍수지리하는 사람이 출장하면 좋은 일이지만 할머니 자리(묘)가 이상이 없는데 무엇하러 이장하려 합니까. 이장하려면 불리한 곳에 모셔진 조부와 부친의 묘를 이장해야죠."

"죄송합니다. 떠봤습니다. 말씀하신 대로입니다. 아버지와 할아버지 자리가 안 좋아 이장하려 합니다."

"할머니가 덕을 쌓으셔서 할머니를 큰 혈의 주인으로 모시면서 합장할 자리가 있습니다."

이렇게 통화했고 그 후에도 여러 차례 통화하였던 기억이 있다.

현장엔 음택 사례편 '저를 아시나요?' 당사자인 불정선생과 함께 갔다.

출장하기 전 불정선생에게 "의뢰인 ○○○ 씨는 풍수지리 9단계 중 1단계 풍수지리 점검을 할 수 있는 사람입니다. 자칭 풍수지리 교수, 선생이라 하는 사람들이 세상에는 너무나 많지만 풍수지리 점검 단계인 1단계만이라도 제대로 할 수 있는 사람은 드물고 풍수지리 2단계인 명당혈을 정혈(正穴)할 수 있는 사람은 극히 드물며 고인의 덕량을 점검하여 혈의 등급에 맞는 주인을 정하는 정혈(定穴)을 할 수 있는 사람은 이제껏 찾아볼 수 없었으며 혈을 뚫어 용사할 수 있는 사람은 아직까지 없었습니다. 의뢰인은 점검할 수 있으니 제 나름대로 고수라 생각할 것입니다. 그리고 이 사람 나중에 풍수지리한다고 할 사람입니다"라고 말했었다.

필자가 의뢰인과 불정선생보다 앞장서 올라가 사전에 관(觀)하여 정한 곳을 찾아가는 기혈정관법(氣穴定觀法)을 행하였다. 조상의 묘를 찾아가는데 숲이 우거져 사방을 몇 미터밖에 볼 수 없었음에도 한참 앞장서 올라가며 묘의 방향과 위치를 손으로 가리키며 "이제 다 왔네요. 할아버지 할머니 묘가 저기 나무 숲 뒤에 있네요"라고 말하자 의뢰인은 놀랍고 신기하다며 "예! 맞습니다. 선생님! 아니, 그것을 어떻게 아십니까?"라고 말한다.

전화로 상담하면서 사전에 관(觀)하며 말했던 정혈(定穴)을 현장에서 수맥도, 혈장, 혈심, 좌향을 정하며 알아볼 수 있도록 표시하였고, 동행한 학인과 의뢰인이 동시에 정혈을 점검한 후 의뢰인은 "혈이 맞습니다"라고 말하며 불정선생에게 함께한 현장에서 그동안 있었던 기이한 일들과 자신이 의뢰했었던 선생들을 말하며 "차원이 달라 비교할 수 없습니다"라고 했다.

정혈출장을 의뢰한 서른한 번째인 필자에게 '이장해 달라' 요청해 '그렇게 하겠다' 답하며 풍수지리 4단계인 음택용사단계의 여러 이(理) 중 기벽(氣壁)에 대해 설명하며 기벽용사의 중요성을 누차 강조했었던 기억이 있다.

의뢰인은 풍수지리 카페 등의 많은 활동으로 사람들이 많이 알고 있는 사람으로 그동안 명당 대혈(大穴, 대명혈)에 조상을 모시기 위해 전국에 유명하다는 선생들을 찾아가 살피고 정혈출장을 의뢰했었고, 여러 풍수지리 카페, 답사 활동 등에 참석하여 선별하는 등 그동안 30명에게 정혈출장을 의뢰했었지만 정혈하는 자가 없었다는 것이다.

그러면서 혈(穴, 명당혈)을 자신 만큼 아는 자 또한 없었다고 말했는데 필자가 정혈한 혈을 점검한 후, 현장에서 이장을 의뢰하기에 이장시 용사에 있어 기벽의 중요성과 기벽용사법 그리고 명혈은 명당을 정혈하게 된 명사가 반드시 뚫어야 한다는 선사의 가르침을 거듭 강조한 바 있었다. 혹시나 욕심으로 의뢰인 자신이 이장하여 대명혈과 명혈 특유의 기벽을 알지 못하면 용사시 혈이 파괴되기 때문에 이를 거듭 강조했었는데 혹시나가 역시나로 되었다.

풍수지리를 한다는 사람에게 출장을 의뢰받는 경우들이 있다. 자신보다 잘 보는 사람이 있다면 확인하고자 부르는 것인데 대부분 자기가 불렀다는 것을 알리지 말아 달라는 말을 한다. 의뢰인은 지관을 30명이나 불렀다고 한다. 그동안 30명을 불렀다고 했으니 필자가 31번째인 셈이다. 필자에게 이장을 해 달라고 하기에 대명혈의 혈 중심 광중 깊이인 혈심 좌향을 짚어주었는데 결국 계약금만 주고 나를 부르지 않았다.

의뢰인이 기벽이 무엇인지 물어 설명은 해 주었지만 기벽을 뚫는 용사법은 말해 주지 않았다. 이유는 말해도 이해할 수 없기 때문이었는데 의뢰인이 자신의 조상을 대명혈에 이장했다고 알리기 위하여 그랬을 것으로 이해되나 결국 기벽 파괴로 혈이 죽어 사혈(死穴)되었다.

진혈을 점하고도 혈심, 혈판, 기벽을 알지 못하고 용사하면 명혈이 훼손되고 파괴되는데 용사 후 재점검해 보면 혈이 파괴된 여부를 바로 확인할 수 있을 것이다. 재혈, 정혈한 후 용사한 사진을 보면 불행하게도 용사한 후에 명당, 대명당혈이 파괴된 것조차 전혀 알지 못하고 사진으로 출간 또는 인터넷에 올린 경우가 있는데 이같은 일들은 매우 불행한 것이다.

특히 대명혈(大明穴)인 경우엔 정혈하기까지 판단할 것들이 너무나 많고 유택하기 위해 여러 용사법을 사전 연구 계획함에 최소 한 달이 소요된다. 기벽이 파괴되면 주위의 대명혈과 명혈이 파괴되고 기맥도 파괴되었다면 주위의 혈도 파괴되며 명혈 주위에 있는 수맥의 수맥로 또한 파괴하면 같은 결과가 초래된다.

세상에 이럴 수가!

여성의 혼(魂)은 죽어서 구천에서도 친정을 생각하는가 보다. 만남에는 여러 만남이 있지만 혼이 연결하는 만남도 있다.

2013년 7월경 휴대전화로 전화가 왔다. 어머니가 건강이 좋지 않다는 전화였다. 통화하며 어머니의 증상을 이야기하려 하기에 말하지 말라 하고 의뢰인 어머니의 건강상태를 이야기하자 모두 맞다고 했다.

통화하며 청주에 있는 학회 사무실로 어머니를 모시고 오면 의학통학을 행해 주겠다 말하니 어머니가 거동이 불편하여 출장할 수 없냐고 하여 의뢰인의 집으로 가게 되었다.

집에 들어서자 세상에 이럴 수가! 필자의 8대조 할머니가 나타나 얼굴을 보여주는 것이었다. 의뢰인에게 "저의 8대조 할머니가 보이네요. 왜 나타나신 거죠. 우리 8대조 할머니는 규중모범 열행을 하시어 정려를 받으신 분인데 문화(文化)류씨(柳氏)

혼패 · 각혼장 용사도

이고 좌상공파(左相公派)이며 할머니의 친정아버지는 밝을 철(喆)자, 법 모(模)자입니다”라고 했는데 확인한 결과 문화류씨 중에서도 정일품 벼슬을 하여 파(派)가 갈라져 종중 인원이 많지 않은 파인데 의뢰인의 족보를 확인하니 필자의 8대조에 대한 족적이 상세히 기록되어 있었다.

조상의 묘에 대하여 묻자 13위(位)의 여러 조상을 한꺼번에 화장했다고 하여 “화장하고부터 집안에 우환이 시작되었을 것입니다. 맞나요?”라고 묻자 “그렇습니다”라 답했다. 선산이 있었음에도 관리하기 편하다는 고모의 말에 조상을 화장한 후로 우환이 많았고 고모집도 큰 상처가 된 우환이 있었다고 했다.

양택을 점검하며 안방에 혈이 있어 의뢰인과 함께 장롱을 옆으로 옮겨 잠자리를 정했고 의학통학을 행했다. 마당 옆에 어머니를 위해 지었다는 황토방은 수맥과 살기가 교차하는 살혈지로서 살기가 심하여 황토방을 사용하지 말고 안방에서 자리해라 했다.

조상과 사돈지간의 인연도 있고 필자의 8대조 할머니가 정려받은 영광도 있으며 의뢰인이 친정어머니를 생각하는 극진한 효심에 조상의 혼이 편히 머물도록 혼패장을 하고 각혼까지 부르는 각혼장을 해 주리라 마음먹고 선산으로 가자고 하니 화장한 후 작은 집에 주었다 하여 마을 공동묘지로 가서 혈을 정혈하여 유택했다.

공동묘지에 혈을 정혈한 후 의뢰인 어머니인 종부(宗婦)의 꿈에서 대궐집을 보았다고 했고, 유택한 후 사물놀이패가 봉분을 돌고 도는 꿈을 꾸었으며 며칠 후 시아버지가 나타나 깨를 줬다는 꿈을 꾸었다고 했다.

유택 후 생각지도 않았던 하나밖에 없는 어린 피붙이 종손이 외국에서 어렵사리 돌아왔고 명가재건이 되길 바라는 마음으로 인연지은 날부터 지금까지 하루도 빠짐없이 종손에게 기를 보내면서 관(觀)하여 살피고 있다.

"꿈에 옥새를 보았다."

의뢰인은 화장하지 않고 이장하며 대가족묘를 조성하여 여러 조상의 묘를 전부 점검하면서 혈의 기(氣)를 체험하는 지도를 하고 기체험하게 하자 의뢰인은 길지와 흉지를 구분해냈다.

할머니의 묘를 점검하게 되었다. 할머니 묘를 점검하면서 할머니 묘 바로 위에 군왕지지(君王之地) 대명당 대명혈이 있다고 하자 기체감하며 "전의 것보다 확실히 강합니다. 어머니는 생전에 꿈을 꾸시면 정확하게 맞았었는데 어머니가 이곳에 큰 자리가 있다는 꿈을 꾸었다고 했고 꿈에 이 골짜기에서 국새(國璽, 옥새)를 보았다며 집안에 큰 인물이 나올 것이라 하셨지만 명당을 정확하게 찾을 수 없어 짐작하여 여기에 할머니를 모셨습니다"라고 했다.

의뢰인의 여러 조상의 체백을 대명혈 하나의 광중과 내광중을 각기 작업하여 조상 모두 함께 안장하는 대가족묘 장법과 혼폐장과 각혼장을 설명했고, 기타 여러 가지를 설명하며 정혈한 대명혈 대명당에 등급과 발복내용 및 발복시기는 본인만 알고 절대 발설하지 말라고 거듭 당부했으며 유택 후 표석할 때 필자 이름을 표기해 주겠냐고 웃으며 말하니 그렇게 하겠다고 답했다.

의뢰인도 평소 꿈을 자주 꾸는데 정말 꿈처럼 된다고 하며 그 대명혈에 이장을 하려고 마음먹은 후 꿈에서 봉분과 샘, 정자를 보여주었다고 한다. 혈을 얻으면 거듭해서 혈을 얻는다는 속설이 있다. 양택 명당으로 간 후, 음택의 명당을 얻은 경우, 이어서 혈의 명당에 주인이 되는 경우가 많아 명당을 연속해서 얻는다는 말로 유택 후 묘를 조성한 후 의뢰인의 꿈에 농지정리되기 전의 논에 필자와 의뢰인의 조상이 함께 나타나 대혈이 있는 명당이라고 했다 했는데 그 터는 의뢰인이 나고 자라난 곳이기에 그 위치를 잘 안다고 꿈 이야기를 하여 찾아가 확인하니 양택 대명혈이 있어 가상에 중심자리, 좌향 등과 구입하는 방법을 알려 주었다.

위 사례의 경우 유택 후 100일이 지났다며 의뢰인에게서 전화가 왔다. 아내의 병이 큰집에서 임의로 화장하고부터 생긴 병은 점검 등 음택과 관련된 내용으로 이장, 혼패장, 각혼장을 함께하여 유택 후 몸에서 나타나는 이상한 증상이 없어질 것이라 했는데 정말 없어졌다며 고맙다는 전화였다.

유택할 때마다 점검하고 사전 계획하며 준비하고 용사하는 과정은 너무나 많고 시간적으로도 많이 소요된다. 유택할 때마다 내용과 사연이 많아 아마도 한 권의 책을 만들 수 있을 만큼 될 것이다.

명당혈을 정혈하고 이장하는 데 있어 천지신명, 조상, 후손의 3합이 되어야 이루어지는 것이다. 삼합이 되었다면 지사를 만남도 우연이 아닌 다 연에 따른 것이니 연이 되면 만나서 정혈하고 용사하여 유택해 주는 것이다. 지사는 단지 그 역할뿐이다.

필자는 깨친 것이 있다. 명당혈에 고인이 주인이 되면서 승계위가 동시에 된다는 엄청난 하늘의 도를 알게 된 것이다. 하늘의 도를 알게 되어 책임이 막중하다는 것을 잘 알기에 전에도 그랬던 것처럼 매번 모든 것을 걸고 정혈과 용사에 임한다.

선행하여 복받는 것은 당연한 진리이니 덕자에게 정혈하고 용사하는 이치를 행함에 있어 더 없는 영광이요 사명임을 잘 알고 있다. 현장에서 의뢰인을 만나면 산에 올라가기도 전에 혈의 위치를 말하니 혈을 참 쉽게 찾는다고 생각하는 사람들이 많다.

하지만 필자에게도 고충은 있다.

TV에서 백미터달리기 선수가 달리는 것을 보면 정말 잘 뛴다고 하는데 백미터달리기 선수가 출발대에 서려면 평소 고된 연습이 없으면 경기 자체를 포기한다고 한다. 권투선수도 마찬가지다. 링 위에 오르기 전이 더 고통스럽다고 한다. 싸울 때는 잊고 하는데 링에 오르기 전에 연습과 체중조절이 장난이 아니기 때문이다.

필자도 하루 5~6시간 기본적으로 수련하고 그 이상을 할 때도 많다. 이론 공부를 하며 연구에 매진한다. 제자들은 수련하지 않아도 될 수준이면서 매일 수련을 반복하는 이유를 모르겠다고 하는데 "죽을 때까지 수련을 해야 하는 것입니다. 현장에서 백미터달리기 선수와 권투 선수처럼 변함없이 기를 체감할 자세가 되어야 합니다"
라고 말한다.

특히 이장이나 초장을 하러 장지에 가는 날이 정해지면 금기하는 사항을 철저히
챙기고 몸과 마음을 더욱더 수련한다. 그 누가 알아주지 못하는 일이지만 그렇게 해
야 바르게 정혈할 수 있고 바르게 관(觀)할 수 있는 것이다.

세계적으로 유명한 조수미 씨가 무대에서 한두 곡 부르며 뇌성(腦聲)으로 감성을
전하기 위해 무대 뒤에서 평소 연습을 해야만 하는데 뇌성으로 하는 노래연습이 꼭
즐겁기만 할까? 꼭 그렇지가 않다는 것이다.

우리 모두는 인연입니다

한 통의 전화가 왔다. 아들이 아프다는 것이다.

다음 카페 '대동학'에서 병을 고치는 사례의 글을 우연히 보았다고 했고 아들의

土立
光明 朴容泰
大同學

청주예술의전당(인공폭포) 옆. 010-5459-8946
정통풍수지리(명당·점검·이장)·명리(진로·작명·궁합)·의학통·氣·理學·外
Daum 카페에서 [카페검색▼] [대동학] http://cafe.daum.net/daedonghak

질환을 설명하려 하기에 말하지 말라고 했다. 선입견이 작용하면 오히려 관(觀)하는 데 방해가 되기 때문이다.

200Km 떨어진 곳에서 서로 통화하며 아이의 질환을 상세히 얘기하자 모두 맞다고 했다. 필자 또한 자식을 키워본 아비로서 또 머지않아 손자를 볼 할아비로서 돌도 지나지 않은 아이가 반년 이상을 응급실에 갔었다니 참으로 애간장이 녹았을 부모를 생각하고 마음도 아파왔다.

중요한 것은 아이가 병이 낫는 것인데 돌도 지나지 않은 아이라서 난감했다.

원격으로 기를 운기하려 하여도 아이가 너무 어려 단행할 수 없고 또 아이가 병원에 입원 중이라니 갈 수도 없어 일단 비방을 전한다 하니 아이 아버지가 청주 사무실로 한달음에 달려왔다.

아이의 아빠는 장손으로 늦깎이 결혼하여 얻은 귀한 외아들이라고 했다. 비방을 전하자 어떻게 사례해야 하는지 묻기에 "아픈 사람 치료하며 여지껏 돈을 얘기한 적이 없습니다. 그냥 가시면 됩니다. 저도 자식을 키우는 아비이고 앞으로 손자가 있을 터인데 어린 아이가 아파 마음이 아픕니다. 빨리 내려가셔서 일러준 대로 해 보세요"라고 말했다.

아이의 아빠는 병원에 누워 있는 아들의 침상에 다가가 세 곳에 비방을 놓고 집으로 갔고 아이 엄마는 곁에서 밤새 간호하였다는데 이른 아침 아이 엄마가 아이 아빠에게 전화를 했다고 한다.

"아침에 아이가 퇴원해도 된대요."

비방은 대단한 것이 아니었다. 다름 아닌 나의 명함 세 장이었고 아이 아빠가 아이에게 가는 동안 그리고 밤새 쾌차하길 기원했을 마음 뿐이다.

연락이 없으면 희소식이라 생각했었는데 이 아이도 한동안 전화가 없어 마음 속으로 다행이다 싶었다. 그런데 몇 개월 후 새벽에 전화가 왔다. 갑자기 아이에게 이상한 마비증상이 나타났다는 것이다. 이상한 증상이 있으면 전에는 바로 응급실로 달려갔을 것인데 아이의 아빠는 그것도 새벽에 전화하여 아이가 아프다고 말한다.

통화하며 의학통을 행하니 언제 그랬냐는 듯 "됐습니다. 괜찮습니다"라고 말하는 것이었다.

그 후 몇 년이 지났는데 아무 일 없었고 다른 일로 이런저런 만남이 있었다. 필자는 아침 수련 중 4차 수련이 끝나면 가족과 그동안 인연 지은 여러 분들을 관(觀)하며 의학통을 행하고 염원하는 등을 순으로 수련을 마치고 사무실에 가는 중 산기슭에서 5차 수련하며 6차 수련은 홍덕사지 금당에서 한 후 학회 사무실로 간다.

매일 아침 관하는 아이를 만나게 되었다. 기(氣)의 교감으로 친근감이 생겼는지 할아버지에게도 낯가림을 한다는 아이가 필자에겐 오히려 다가와 안긴다.

아이의 아빠와 인연 되어 '자유(慈惟)' 라는 호(號)를 전하게 되었고 자유님 동생이 오랫동안 시험공부를 하고 있어 안타까워 관(觀)해 보니 늦게 오는 운세로 중도에 포기하지 않았으면 하는 바람과 사람은 이름처럼 산다고 했는데 이름도 태어날 때부터 이미 정해진 이름과 사주로 지은 이름이 너무 차이가 있어 도움되길 바라는 뜻에서 관한 이름으로 개명했으며 음택 사례기 전 사례에 의뢰인을 소개하여 대명당 대명혈을 정혈하여 22위(位)의 조상을 하나의 대명혈 대가족묘로 유택하는 또 다른 인연이 있었고 그 외 인연들이 있었으며 여기저기 흩어져 있는 자유님 조상 여러 위(位)를 인근에 땅을 매입하여 묘지를 조성하려고 계획 중이다.

자유님은 언제든지 출장을 의뢰하는 선 티켓이라 자임하며 도움을 주고 있으며 꼭 좋은 책을 쓰라고 격려하면서 필자가 추구하고 행하는 풍수지리가 학문으로서 꼭 세상에 알려지게 해달라고 기원하며 이 책을 출간하는 데 경제적으로도 많은 도움과 함께 많은 용기를 주셨다.

자유님의 은혜는 정말로 백골난망이라 고개 숙여 감사드린다.

자유님! 우리는 인연입니다. 🙏

인연으로의 또 다른 만남 모두 우리는 인연입니다. 🙏🙏

모두 선연 되어 적선적덕 승계위하시길 바랍니다. 🙏🙏🙏

光明

양택의 정혈(正穴)로 혈(穴)의 기(氣)가 운기되어 병이 호전되고 치유된 사례들과 혈에서 발하는 복이 있고 혈의 주인을 정해 정혈(定穴)하고 제대로 용사하여 유택한 후 음택의 후손에게 발복이 있는 것은 당연한 이치이나 정혈된 묏자리의 주인이 승계위까지 된다는 엄청난 하늘 도(道)를 깨달았을 때 풍수지리학의 중대성을 말로 표현할 수 없어 이를 다 전달하지 못함을 매우 유감스럽게 생각한다.

출간을 통하여 승계위된다는 하늘 도(道)를 전하는 자체만으로도 필자는 더없는 영광으로 생각한다. 또한 영원불변의 인간이 추구하는 삶에 대한 수식어가 많지만 결국은 선(善)을 행하여 덕(德)을 쌓는 적선적덕임을 깨달았음은 현생에서 가장 큰 깨달음이라 생각하고 수학하고 수련만 하기에도 짧은 인생이나 선은 오직 참사랑, 진애(眞愛)임을 함께 실천하는 세상이 되길 갈망(渴望)한다.

내용과 같이 풍수지리는 수리학과 물리학 등 합리의 이학(理學)으로 풍수지리가 실제 생활에서 활용되고 더불어 풍수지리학이 선과 덕의 가르침을 통하여 실천하며 과학으로의 학문이기에 미래의 필수 학문이 되어야 한다는 것이며, 나아가 세계인이 풍수지리학을 함께하는 학문이 되길 바라는 바이다.

우리 민족 특유의 풍수지리가 이치와 진리의 학문이며 도리(道理)의 학문임을 알고 도(道)를 알고 펼치는 세상이 올 것으로 확신하며 이런 세상이 도래하면 우리 민족과 나라는 세계중심국가와 더불어 하늘민족의 정통성이 회복되고 나아가 세계인의 사상에 중심이 될 것이다.

끝으로 《풍수지리 맥》의 출판을 계기로 인간에게 삶의 극치는 선(善)을 행하여 적선적덕(積善積德)하는 아름다운 삶을 깨치게 되길 바라며, 덕을 쌓는 향기 나는 삶이 되고 생활 속에 기(氣)의 대중화가 접목되는 순간 우리나라와 우리 민족이 세계 최고, 최대의 중심 민족으로 도래함에 있어 풍수지리학이 중추적 역할을 하게 될 것임을 거듭 주장하면서 풍수지리의 맥을 잇는 진정한 후학(後學)들이 많아지기를 간절히 바라면서 붓을 놓는다.

유지무(有之無) 무지유(無之有)

도(道)가 있다 말하면 없음이요, 도가 없다 말하면 있음이다.

달을 가리키며 해가 없다 하지만 해는 아침이면 뜨고 해를 가리키며 달이 없다 하지만 달은 저녁이 되면 뜬다.

- 〈대동학(大同學) 명상 글〉 중에서

대동학 정통풍수지리 카페 회원 명인(明人) 정산 김학만(靜山 金學萬) 선생 서체

아름다운 대동세상을 위한 응원

1. 인연

  나는 그를 네 번 만났다. 네 번이란 만남의 횟수가 아니라 만남의 대상이 달랐다는 것이다. 대상이 달랐다는 건 내 눈에 비친 박용태 선생의 모습이 크게 네 번 달라졌다는 뜻이다. 또 한편으로 그는 오랜 세월 동안 전혀 변하지 않은 초지일관한 내 친구 박용태 군이기도 하다.

  첫 번째 만남은 아득한 세월의 저편으로 저물어간 고교 시절이었다. 1980년대 초입, 우리는 구미의 어느 특수한 고등학교에서 동문수학하는 인연으로 만났다. 우리는 서로 전공이 달라서 한 번도 같은 교실에서 수업을 받은 적은 없지만, 그는 한눈에 알아볼 만한 외모의 소유자였다. 100킬로그램에 육박하는 우람한 풍채에 긴 눈꼬리와 형형한 눈빛이 예사롭지 않은 인상을 풍겼다. 씨익, 사람 좋게 웃기를 잘하는 그는 척 보아도 절간의 보살상을 연상케 하였다. 하지만 그의 실상은 그냥 예사로웠다. 그 풍채와 힘으로 체육대회에서 씨름을 하는 것과 가끔 책을 옆구리에 끼고 도서관을 오가던 일 외에 내 눈에 특별히 띈 바는 없었다. 따라서 당시에는 서로 특별한 교감이 없었다. 그냥 아는 동기였다. 우리는 3년간 함께 기숙사 생활을 하며 군사 훈련을 받고, 졸업과 동시에 기술하사관이 되어 5년간 의무복무를 감당해야 했다.

  두 번째 그를 만난 건 첫 만남 이후 20년만이었다. 군 복무를 끝내고 결혼을 하여 가정을 꾸리고 사회에서 자리를 잡아가던 시기였다. 나는 어려서부터 꿈꾸던 대로 작가가 되어 월악산 골짜기에 칩거하여 나름의 공부와 작품 창작에 여념이 없었다. 그러다가 아이들 교육 때문에 청주라는 도시로 이거할 때, 이미 청주에 자리잡고 있던 그가 몇몇 동기들과 더불어 이사를 도와주고 환영 술자리도 마련해 주었다. 당시 그는 자동차 관련 도소매업을 하고 있었는데 IMF 이후라 어렵사리 사업을 꾸려가고 있었다. 이때까지 그는 그냥 내 친구 용태였고, 그 당시 내 눈에 비친 그는 발등에 불이 떨어진 본인의 가정 경제보다도 나랏일을 걱정하는, 지나치게 오지랖이 넓은 사내였다.

세 번째 만남은 그 후 6년쯤 지난 때 이루어졌다. 당시 우리는 어느 기수련 단체에서 잠시 같이 수련을 한 도반이었다. 하지만 그는 몇 달 하지 않고서 그만두었다. 여러 가지 수련을 섭렵했던 나도 큰 진척이 없고, 수련단체도 퇴보하는 분위기여서 그쯤에서 그만 접었다.

그 무렵 우리는 종종 깊은 대화를 가졌는데, 그는 자신만의 수련법으로 수련을 계속한다는 것이 좀 불안해 보였다. 명상에 들면 백발의 노인이 보인다고도 하고, 용이 불쑥 나타나기도 한다는 게 아닌가. 혼자 수련을 하다 보면 허상에 사로잡히거나 접신이 되는 경우가 왕왕 있기 때문에 나는 은근히 걱정스러웠다. 나는 실제가 아닌 것은 과감히 버려야 하고, 상이 보이면 붙잡지 말고 물에 흘려보내듯 무시하고, 증명할 수 없는 것은 다른 사람에게 내놓지 말아야 한다고 주의를 주었다. 선도의 역사나 수련의 이론에 관한한 그는 나를 인정하는 터여서 겸손하게 잘 수긍했다.

이 무렵부터 그는 '대동(大同)'이란 호를 사용했고 나도 그렇게 불러주었다. 그는 가끔 풍수지리에 관해 이야기했으며, 보다 다양한 분야들을 통틀어 대동학(大同學)이라는 용어를 쓰기도 했다. 하지만 내가 보기엔 어느 분야에도 전문성을 갖지 못한 그저 흥밋거리를 붙잡고 기웃거리는 것에 불과해 보였다.

그러던 그가 어느 날 자못 흥분한 채로 찾아왔다. 조상들의 묘를 선산으로 이장한 후에 수련을 정진하다 경이로운 일을 겪었다는 것이었다. 어느 순간 하늘에서 찬란한 빛이 내려와 자신을 한동안 비추더니 급기야 눈이 열려 버렸다는 게 아닌가. 그리고 지맥, 수맥 등의 흐름과 혈들 그리고 질병부위까지 확연히 보이기 시작했다는 것이었다. 특정 장소를 떠올리기만 해도 그곳의 지세는 물론 땅속까지 보인다고 했다. 그리고 실제 점검을 해 보면 그것이 다 맞는다는 거였다.

그동안 대화를 통해 그가 풍수지리에 관심이 있다는 걸 알고 있었지만 그 정도일 줄은 몰랐다. 조상을 위하는 지극한 정성과 순수한 그의 마음에 하늘이 축복을 내린 것으로 나는 이해했다.

"산안(山眼)이 열렸나 보이. 감축하네."

나는 성취를 축하하면서도 걱정이 꼬리를 물었다. 그것이 일시적인 현상일 수도 있고, 그로 인해 일상과 정신이 매우 혼란스럽게 될 가능성도 컸다. 무속인들도 신기가 좋을 때는 잘 맞추지만 신력이 떨어지면 거짓말을 하게 되고, 수도자들 또한 그와 유사한 행로를 보이는 걸 나는 잘 알고 있었다. 더욱이 그는 아직 어느 쪽에도 이론이 정립되어 있지 않았고, 기 수련도 뚜렷한 성취를 보이지 않은 상황이어서 덮어놓고 축하만 할 수는 없었다. 다소 주제넘지만 나는 친구로서 또 도반으로서 그에게 마음을 가라앉히고 수련에 더욱 정진할 것을 당부했다.

그는 꾸준히 수련을 계속했고, 마침내 자신감을 확보하고는 병행하던 일을 접고 풍수지리를 상담하는 지관(地官)으로서 새 사무실을 열었다. 이미 그의 실력을 인정하고 제자로 들어온 사람도 몇 있었다. 이때 나도 풍수지리에 관한 그의 실력을 인정할 수밖에 없었는데, 그의 제자 중에 아는 분이 있었기 때문이었다. 그 분은 바로 고교 시절의 은사로 그를 직접 가르친 선생님이었다. 그 시절부터 풍수지리나 명리에 해박했던 그 분이 제자를 선생님으로 호칭하며 풍수지리를 배우는 데야 어찌 인정하지 않을 수 있으랴.

개업식 날 나는 그가 지관에서 더 나아가기를 응원하며 기꺼이 축시를 선물했다. 진정으로 그의 수련이 진척되어 보다 크고 넓은 진리의 세계에 도달하기를 빌었고, 세상의 빛이 되는 모습을 나도 지켜보고 싶었다. 이것이 그와의 세 번째 만남이었다.

네 번째 만남은 그로부터 다시 7년이나 지난 최근에 이루어졌다. 바로 이 책의 원고를 통해서 다시 그를 새롭게 만났다. 이때 사용한 그의 호는 광명(光明)이었는데,

수련 중에 얻은 이름이라고 하였다.

네 번째 만남에서 나는 두 가지에 큰 감명을 받았다. 그 하나는 그가 산안이 열려 풍수지리에 일가를 이루었음에도 세속에 물들거나 유혹에 흔들림이 없고, 여전히 경제적 압박에 시달리면서도 전혀 자신의 이익을 도모하지 않는다는 점이었다. 수련도 한층 진척되어 터와 관련된 질병이나 영적인 병을 치유하는 능력을 보이기도 했다. 그런데 그는 풍수지리에 관하여 출장료나 용사의 대가를 받는 것 외 치병을 비롯한 모든 것은 무상 보시하는 덕을 쌓고 있었다.

또 한 가지는 그 동안의 지독한 외로움을 견디어낸 것에 대한 감동이었다. 사실 그는 십대 후반부터 풍수지리에 관심을 두었고, 삼십대 후반부터 나름의 수련으로 내공을 길러오면서도 일체 그 사실을 드러내지 않았다. 말을 해도 제대로 이해해 줄 사람이 없었고, 잘못 표현하면 이상한 사람으로 오해받기 십상이라 그저 꾹 눌러 담아 놓은 채 홀로 그 길을 걸어왔던 것이다. 그것이 얼마나 고통스럽고 세상과 유리된 외로운 행로였는지 나는 능히 짐작한다. 그나마 가끔씩 나를 만나 그간의 경험과 성취를 이야기하는 정도가 유일한 소통 창구였음을 뒤늦게 알게 되었다. 오랜 벗이요 도반이라고 하는 내가 미안하고 부끄럽기까지 했다.

여기쯤 이르러서는 내 오랜 벗이라 하여도 선생으로 칭하지 않을 수 없다. 한 세계를 성취한 수도자로서 그는 존중받아야 마땅하고 그럴 자격이 충분하며, 비견할 바 없는 풍수지리의 선생으로 부르기에 부족함이 없다고 믿어지기 때문이다. 비로소 이 땅에 풍수지리에 관한한 온전한 선생이 출현한 것이다!

2. 출간

그런 그가 책을 내고자 의논을 붙여왔다. 그것은 그가 풍수지리에 관한 중요한 이론을 이미 정립하였고, 그것을 다년간 용사하여 확증한 자신감의 발로였다.

책을 낸다는 건 실로 중차대한 일이다. 그것은 한 세계를 정리하여 세상에 공표하고 그것을 후대에 전승하는 일이 아닌가. 자칫하면 다시 곡해와 파벌만 형성하게 되어 진리를 흐리는 폐단을 만들 수도 있다. 또한 아무리 높은 도를 깨달았다 하더라도 불립문자(不立文字)에 가까운 그것을 문자로 전달하는 것은 수박 겉핥기가 되기 십상이다. 마음은 간절하되 그 마음은 전해지지 않고 껍데기와 티끌만 전해지기 일쑤인 것이 우리네 역사의 서글픈 그늘이 아닌가.

그러나 지금은 예전보다 문명이 발달하여 다양한 방법으로 표현할 수 있기에 한결 본체에 다가서기 용이하니 그나마 다행이라 하겠다. 그럼에도 책을 내는 일은 신중에 신중을 거듭해야 마땅하다고 본다.

광명, 그는 어떤 사람인가?

전생을 본다는 어떤 이는 그에게서 도선국사를 보기도 하고 무학대사도 본다고도 한다. 실제로 그는 무학대사와 한 집안으로 후예이기도 하다. 하지만 내게 그런 것들은 전혀 중요하지 않다. 책을 내는 면에 있어서는 그 사람보다도 책의 내용이 중요하기 때문이다. 간혹 어떤 능력 있는 사람에 휩쓸려 진작 내용은 간과하고 사람에 빠져 휘둘리는 것은 수도판이나 종교판에서 흔히 있는 일이다. 책을 냄에 있어 필자가 중시하는 것은 그가 풍수지리의 핵심 이론을 명쾌하게 정립한 것과, 그것을 증명할 수 있는가 하는 것이 핵심일 뿐 다른 것은 사족에 불과하다.

이 책에서 광명선생은 그동안 설로만 전해지던 명당과 풍수지리의 각종 이론들을 명확하게 갈파하여 체계를 세웠다. 설(說)이 아니라 이(理)로써 정립한 것이다. 작혈(作穴)이 되는 원리와 터가 사람에게 영향을 미치는 이유와 원리, 혈의 모양과 색깔, 크기 등을 명확하게 규명해냈다. 그리고 수맥이 혈과 인체에 미치는 영향도 상세히 설명했다. 더불어 그것들을 언어와 문자로 설명하는 데서 더 나아가 측정하고 증명하기까지 했다.

이러한 증명이 가능했던 것은 순전히 그의 능력과 하늘의 도우심 덕분이라고 본다. 풍수지리에 대한 그의 애정과 지극한 정성, 그리고 순수한 마음으로 파고든 기수련이 관건이었다. 특히 현실 세계와 이상 세계인 하늘을 이어주는 매개체인 기를 수련하여 운용하는 능력을 발휘한 까닭에 이처럼 정확한 실측이 가능했던 것이다.

연정화기(鍊精化氣) 연기화신(鍊氣化神)이다. 정(精)이 충만하면 기(氣)가 장(壯)해지고, 기가 장해지면 신(神)이 명(明)해지는 건 수련의 기초 이론이다. 그러나 실제로 이것을 성취하는 건 쉬운 일이 아니다. 신명(神明)하게 되어 신명들과 통하게 되는 건, 신명의 도우심 즉 하늘의 마음을 얻지 못하고서는 이루어지지 않는 까닭이다. 하늘은 순전하고 지극한 자를 언제나 기다리고 있다. 사욕에 사로잡혀서는 아무리 수련을 해도 신명의 도움을 얻지 못하니 신안이 열리지 않는다. 즉 하늘에서 열어주지 않는다는 말이다. 혹 한순간 지극 정성으로 그 문을 열었다 하더라도 곧 닫히거나 흐려지고 만다. 그 후에도 변함없이 지극한 정성과 순수한 마음을 견지하고 나아가야만 가능한 것이다.

광명선생은 신안이 열린 후에도 초지일관 그런 자세를 견지하여 점차 더 수승한 경지에 다다랐다. 그리하여 기로써 측정하는 정도에서 더 나아가 신안으로 터를 관측하고 점혈 정혈 용사하는 경지에 이르렀던 것이다.

지금까지 대다수의 지관들은 서적으로 전래되는 이론과 들은 풍월과 어림잡음으로 풍수지리를 논한 것이 현실이다. 그에 반해 그는 스스로 수련하고 연구하여 깨달았을 뿐만 아니라 기와 혈을 실측하여 논증했다.

백문이 불여일견이라고 했다. 신안으로 본 기의 색깔과 명당의 모양, 천기 생기 지기의 모임과 흩어짐, 이런 것들을 느낌으로 아는 게 아니라 눈으로 보고, 그것을 문명의 이기를 통해 그대로 도식화하여 증명해냈다. 그리고 실제로 현장에서 땅을 파 증명한 사례가 책의 후반부에 즐비하다.

이런 점에서 그의 성취는 획기적이며, 또한 풍수지리의 완성이라 할 만한 것이다. 도선국사와 무학대사가 깨달아 용사는 했어도 이토록 명료하게 입체 그래픽(graphic)과 도표로 설명하고 수리(數理)와 물리(物理)의 이(理)들을 대입 적용하여 증명하지는 못했다. 물론 그것은 시대적 한계이기도 했지만 오늘날 광명선생은 현대문명의 이기를 힘입어 그것을 합리적으로 증명해 냈으니 참으로 장한 일이 아닐 수 없다.

3. 소망과 응원

필자는 선도와 명상 등에 관심이 있어 자칭 타칭 도인들을 두루 겪은 경험이 있다. 그런데 그들 대다수는 자기 세계에 빠져 있거나 자신만의 상에 사로잡혀 알음알이와 깨달음을 논리적으로 설명하거나 객관적으로 증명하지 못하는 한계를 품고 있었다. 또한 그들의 깨달음이란 것이 범인들의 일상과 이 사회에 별 도움이 되지 않는 허황한 것들이 많았다. 그런 점 때문에 나는 그들이 아무리 높은 하늘의 깨침을 얻었다고 해도 크게 관심두지 않았다.

진리란 첫째로 건강에 도움이 되어야 하고, 일상에서도 쓸모가 있어야 하며, 객관적으로 증명할 수 있어야 한다는 게 나의 지론이다. 성인의 말을 말씀이라고 존중하는 것은 그 말이 곧 쓰임이 되어 현실로 이루어지기 때문이다.

이런 견지에서 풍수지리에 관한 광명선생의 깨달음과 능력은 실제적이다. 그것은 우리의 일상에 지대한 영향을 미치는 삶터(음택, 양택)에 관한 것이고, 그가 본 것은 땅을 파 보면 즉시 증명되는 현실이다. 그리고 그가 세운 풍수지리의 이론을 검토해 보니 인정할 만한 합리적인 논리 안에 있었다. 또한 풍수지리가 동떨어진 어느 한 세계가 아니라, 그것은 우리 겨레의 정통 선도의 한 갈래이며, 그 본원(本源)이 우리 민족이라는 주장이다.

선도는 삼국시대 이전의 신도(神道)로 이어지고, 신도는 다시 환웅천왕 시대의 대도(大道)에서 기원한 흐름이라는 것이다. 그러므로 이 성취를 통해 모호해진 선도와 그 이전의 대도를 찾아 회복할 수도 있으리라는 것이 필자 현동과 광명선생의 공통된 희망이다. 그래서 그가 발문을 부탁했을 때 필자는 망설임 없이 붓을 들었다. 하긴 그동안 그의 수련 과정을 쭉 지켜보며 이야기를 들어주고 논의한 사람이 나 하나밖에 없고, 나는 마침 문필의 업보를 타고난 팔자이니 우리 인연에 이런 보시나마 마땅히 해야 하지 않을까 싶기도 하다.

재미난 것은 사인파 곡선처럼 비슷한 모습으로 되풀이되는 우리 역사의 흐름이다. 풍수지리의 시조로 받드는 도선국사는 천여 년 전에 출현하여 태조 왕건을 도와 고려를 창업하고 그 기틀을 닦았고, 오백여 년 후에는 풍수지리의 중시조인 무학대사가 출현하여 역시 태조 이성계를 도와 새 나라 조선을 창업하는 데 크게 기여하였다. 다시 오백여 년 후에 풍수지리를 완성한 광명은 어떤 역할을 하게 될지 궁금하고 기대된다.

그는 여전히 하루 여섯 시간 이상을 지극 정성으로 수련하고 무상 보시를 행하고 있으니 수련에도 더욱 진척이 있으리라고 짐작된다. 현재는 풍수지리의 한 세계를 열었지만 차후에는 또 어떤 세계를 규합하여 더 큰 세계를 열지는 지켜볼 일이다.

컴퓨터와 인공지능이 사람을 능가하고 우주 왕복선이 오가는 첨단 과학의 시대에 웬 풍수지리 타령이냐고 의아해 하는 사람도 많을 줄로 안다. 그러나 아무리 과학이 발달하고 새로운 문명이 도래한다 해도 사람의 생로병사는 변함이 없다. 또한 인간은 누구도 땅을 떠나서는 살 수 없다. 인간은 땅의 소산을 먹어야 살 수 있고, 일생에 안락한 지상의 집 한 채 갖는 것은 대다수 서민들의 꿈이다.

그런 땅이 당대는 물론 후손에게까지 지대한 영향을 미친다면 그것을 결코 가벼이 여겨서는 안 될 것이다. 게다가 풍수지리가 비단 음택과 양택의 문제로 발복과 해악을 야기한다는 것뿐만 아니라 의통학, 명리학 등과도 연계되어 작용한다면 인류가 잃어버린 진리의 길도 회복할 수 있으리라는 기대를 걸어봄직하지 않은가. 그 통합적인 학문을 일컬어 그는 대동학이라 칭했다. 아마도 그 세상을 향한 더 높은 성취가 이루어진다면, 그때 우리는 다섯 번째 만남을 갖고 함께 대동세상을 위한 징검돌을 놓게 되지 않을까 추측해 본다.

뜻 있는 지사라면 한민족이 세상의 중심이었던 환웅 단군 시절에 펼쳐졌던 그 대동세상이 오늘날 다시 재현되는 모습을 보고 싶은 마음이 간절할 것이다. 더욱이 글로벌 시대인 오늘날에 그것은 이 세계에 두루 어떤 모습으로 영향을 미칠지 지켜보는 것은 무척 흥미롭고 기대되는 일이다. 이미 풍수지리를 통해 한 세계를 성취한 광명선생이 한결같은 겸손과 참사랑을 견지한 초심으로 더욱 정진하여 더 깊고 넓은 세계의 길을 열어가기를 염원하고 기대해 본다.

대동세상, 그 아름다운 날을 위하여, 힘껏 응원한다!

2017 정유년 겨울

월악산 우거에서 현동(玄同) 박 윤 규 합장

긴 여정의 반환점 쯤 될 것인가?

여기까지 오는 동안 참 많은 일들을 겪었다. 힘들고 고달팠던 일들은 그저 흘려보내고 아름답고 좋은 일들만 떠올려 눈앞을 휙휙 스쳐간다.

필자는 특정 종교인이 아니지만 초등학교 졸업 무렵인 13세 때에 성경을 읽게 되었고, 족보도 보게 되어 조상의 의미를 가슴으로 알았다. 이어 성인이 되어서는 도학·유학·불학 등을 독학하는 중에 모든 학문과 종교가 추구하는 근본(根本)이 참사랑 진애(眞愛)임을 깨닫고 '진애로 큰 하나다!' 라는 결론을 체득했다. 그리고 바로 그 진애를 인류가 배워야 하고 실천하여야 하는 '대동학(大同學)' 이라 명명(命名)하기를 시원(始原)했으며, 풍수지리(風水地理), 의통(醫通), 기학(氣學), 성리(性理), 명리(命理) 등을 함께 시현하는 이학인(理學人)으로서의 길을 걸어왔다.

우연인지 필연인지 굳이 따져볼 필요 없이 어린 시절 누군가가 읽다 버린 '풍수지리' 서적을 주워 본 것을 시작으로 지자불혹(智者不惑)의 시기를 넘겨 나름대로의 '풍수지리' 를 연구해 온 지도 어언 40년을 바라본다. 하지만 풍수지리와 관련이 깊은 다른 학문들은 아직 체계를 세우지 못했다. 의통학, 명리학, 성명학, 도학 등이 아직도 낯설고 모르는 게 너무나 많지만 입문한 지 지천명(知天命)에 이르면 좀 더 밝아질까 기다려지기도 한다. 풍수지리의 '이(理)' 는 끝이 없지만 생을 거듭해 지속할 수만 있다면 끝간데까지 가보려 한다. 그리하여 더욱 정진할 따름이다.

이제 어느 정도 체계가 정립된 정통풍수지리학도 앞으로 후학 양성과 함께 과학적인 연구가 뒷받침되어야 한다는 과제가 상존하고 있음을 잘 알고 있다. 그 필연적인 과제 또한 지속적으로 동행하는 진정한 풍수지리 학인들이 있는 한 그 고결한 뜻을 모아 함께 해결하도록 노력할 것이다.

독자들께도 그 길에 많이 동행해 주었으면 하는 바람이다.

필자가 지금의 위치까지 오는 데도 음으로 양으로 많은 분들의 도움에 힘입은 바 크다. 함께 연구하고 실증했던 다음 카페 '대동학' 회원님들과, 의학통으로 인연을 맺어 자신처럼 원인불명의 통증으로부터의 고통과 두려움에서 벗어나도록 만인에게 알리고 필자의 갈구하는 사상이 알려져야 된다며 책을 출판해 달라는 후원으로 붓을 들게 해 주신 자유 정선조님, 마음을 다하고 더없는 정성으로 출판에 임하시는 김영란 한누리미디어 대표님, 현담 류재선(음택 사례기, "태어난 날부터 89년 3개월 28일입니다.") 선생님이 교정을 도와주셨으며, 늘 믿고 힘을 불어넣어 주셨는데 추천사까지 써주신 현진 황정하 박사님께 특별한 감사의 인사를 드린다. 그리고 미진한 도반의 성취에 밝은 귀를 열어 들어준 친구이자 도반인 현동 박윤규 선생에게도, 그의 축시와 발문이 곧 나의 소망이며 가르침이기에 고개 숙여 고마움을 전한다.

더불어 끝이 잡히지 않는 수련과 이학인(理學人)의 길을 가느라 가정과 생활경제에 소홀할 수밖에 없었던 가장을 믿고 변함없이 지지해 주는 아내와 스스로 자신의 길을 개척해 나가는 든든한 두 아들 서진과 윤진에게도 미안함과 함께 고마운 마음을 전한다. 그리고 돼지가 집에 들어와 대청에서 대감 갓을 쓰고 책을 읽는 태몽을 품고 필자를 낳으신 어머니! 참으로 안타깝게도 젊은 나이에 미망인이 되신 그 깊은 아픔과 한을 생각하면서 자식으로서 진정으로 존경하고 사랑하지 않을 수 없는 어머니께 그 고단한 삶의 여정에 작은 위안이라도 되기를 희망하며 이 책을 바친다.

종교와 학문을 초월하여 적선적덕(積善積德)하는 참사랑이 삶의 극치임을 본서 출간을 통해 알린다는 명분 하나만으로도 필자에게는 과분한 영광임을 상기하면서 보다 많은 사람들이 풍수지리가 지향하는 아름답고 향기로운 삶을 함께 영위해 가기를 희망한다. 모든 것이 참으로 감사하기만 하다.

2017년 동지(冬至)에 현동선생의 축시를 거듭 새기며

광명(光明) **박 용 태**(朴容泰)

지은이 | 박용태
발행인 | 김영란
발행처 | 한누리미디어
디자인 | 지선숙

08303, 서울시 구로구 구로중앙로18길 40, 2층(구로동)
전화 | (02)379-4514
Fax | (02)379-4516
E-mail | hannury2003@hanmail.net

신고번호 | 제 25100-2016-000025호
신고연월일 | 2016. 4. 11
등록일 | 1993. 11. 4

초판1쇄발행일 | 2018년 1월 21일

ⓒ 2018 박용태 Printed in KOREA

값 36,000원

ISBN 978-89-7969-769-8 03140